임동석중국사상100

춘추좌전
春秋左傳

左丘明 撰 / 林東錫 譯註

11. 定公 12. 哀公

"상아, 물소 뿔, 진주, 옥, 진괴한 이런 물건들은 사람의 이목은 즐겁게 하지만 쓰임에는 적절하지 않다. 그런가 하면 금석이나 초목, 실, 삼베, 오곡, 육재는 쓰임에는 적절하나 이를 사용하면 닳아지고 취하면 고갈된다. 그렇다면 사람의 이목을 즐겁게 하면서 이를 사용하기에도 적절하며, 써도 닳지 아니하고 취하여도 고갈되지 않고, 똑똑한 자나 불초한 자라도 그를 통해 얻는 바가 각기 그 자신의 재능에 따라주고, 어진 사람이나 지혜로운 사람이나 그를 통해 보는 바가 각기 그 자신의 분수에 따라주되 무엇이든지 구하여 얻지 못할 것이 없는 것은 오직 책뿐이로다!"

《소동파전집》(34) 〈이씨산방장서기〉에서 구당(丘堂) 여원구(呂元九) 선생의 글씨

책머리에

　무려 19만 6,800여 자나 되는 이 방대한 저술을 역주하는데 내가 생각해도 참 애 많이 썼다. 세상에 완벽함이란 없다. 완벽을 추구하는 것만으로도 이미 그 가치는 어느 정도 인정받을 수 있으리라는 소박한 자기합리화에 만족한다.

　자료를 모아 선뜻 손을 대었다가 너무 힘들고 지쳐 '내가 왜 이 짓을 하나?' 하고 후회해본 것이 한두 번이 아니다. 나에게는 단순반복 작업을 울면서라도 그냥 해내는 묘한 힘이 있다. 이는 어릴 때 깊은 산속에서 살 때 배운 철리哲理였다. 나뭇짐에 실어온 큰 등걸나무에 톱질을 하면서 백 번을 썰면 끊어지겠지 하던 의지였다. "당연한 고통은 참고 넘겨라. 그것이 이치에도 맞다"라는 자기 최면이었다. 이 작업도 그런 생각을 하면서 나도 모르게 다시 컴퓨터 앞에 앉아 있기 일쑤이며 풀리지 않던 부분이 다른 자료와 교차 검증하다가 해결되자 나도 모르게 성취감에 들떠 점심 식사도 거른 경우도 부지기수다. 공자가 말한 "吾嘗終日不食, 終夜不寢, 以思, 無益, 不如學也"가 바로 이러한 경지리라 감히 깨닫는 자체가 송구스럽다.

　금년 새해 벽두 북경에 갔다가 책방에 들러 다시 자료를 눈에 띠는 대로 욕심내다가 그만 너무 많아졌음에도 이를 들고 오다가 우편으로 부칠 것을 그랬나 하고 끙끙대며 수속을 마치고 인천 공항을 나서면서는 그래도 얼른 볼 수 있으니 고생값이 있으렸다 하고 안위의 기쁨에 매서운 한겨울 추위도

반가웠다. 아니 조선시대 같았으면 이러한 책을 어찌 이토록 쉽게 얻어 볼 수 있었겠는가 하는 비교우위 행복감에 젖어 공항 리무진 버스 창문 밖을 내다보니 밤빛 찬란한 서울의 한강 가가 참으로 아름다운 곳이라는 생각이 들었다.

　이렇게 다시 작업은 이어졌지만 지루한 재점검은 다시 반 년 넘더니 또 한해가 흘렀다. 들여다보면 볼수록 미진하거나 아차 잘못된 탈자, 오자, 오류가 나를 주눅들게 하였다. 마치 비밀 번호를 숨겨놓은 것과 같은 문장, 수수께끼를 풀도록 숙제를 안겨주는 것과 같은 내용, 역사적 배경과 인물의 특징, 242년의 얽히고 설킨 수많은 제후국들의 국내외 사정, 족보가 뒤얽힌 경대부들의 가계, 忠과 賊이 무시로 바뀌는 끝없는 반전의 인간군상, 봄풀 나서 봄 한 철 살고, 사람 나서 한 일생 산다는 만물의 원리를 번연히 알고 있으면서도 영원히 살 것처럼 욕심과 배신의 굴레 속에서 날뛰는 사람들의 이야기. 정말 너무 복잡하여 어떻게 손을 대고 어떻게 진행해 나아가야 할지 막막할 때가 많았다.

　그보다 유가儒家의 경전이라는 엄숙한 명제 앞에 내 기분나는 대로 마구 풀이해 나갈 수도 없었다. '미언대의微言大義'라는 대원칙을 숨겨놓았고, 포폄褒貶과 시비是非를 바로잡고자 성인이 찬집했다니 범속한 사람이 다루어도 될까 적이 두려움이 엄습하기도 하였다. 아니 두예杜預는 천재성을 발휘하였고 스스로 '좌전벽左傳癖'이 있다고 자처할 정도였으니 내용을 훤히 알고 좋아서 한 일이었을 것이다. 그 때문에 그의 '집해集解'는 가위

믿을 만하고 경탄스럽다. 마찬가지로 '정의正義'를 붙인 공영달孔穎達이나 기타 수많은 학자들도 그 당시 공구서도 그리 많지 않았을 것이니 머릿속에 모든 것이 들어 있지 않고서야 어찌 한 치의 오차도 없이 그렇게 착종錯綜해 낼 수 있었겠는가?

그러나 나도 '이미 벌여놓은 춤'(已張之舞)이니 다 추고 무대에서 내려올 수밖에 없는 상황에 이제 마무리를 지었다. 미진하기 그지없지만 단락은 지어야 한다. 강호제현江湖諸賢께서 해량하시어 오류와 탈자, 누소漏疏함이 있을 것이란 전제 아래 참고해 주시기 바라며 끝없고 혹독한 질책을 내려 주시기도 아울러 바란다.

줄포茁浦 임동석林東錫이 부곽재負郭齋에서 적음.

일러두기

1. 책 이름은 《春秋左傳》, 《春秋左氏傳》, 《左氏春秋》, 《左氏傳》, 《左傳》 등 여러 가지가 있으나 《春秋》의 經文과 左丘明 傳文을 모두 포함한다는 뜻의 《春秋左傳》으로 하였다.
2. 이 책은 《左傳正義》(十三經注疏本, 臺灣 藝文印書館 印本), 《春秋經傳集解》(杜預, 上海古籍出版社 活字本), 《春秋左傳注》(楊伯峻, 中華書局), 《左傳會箋》(竹添光鴻, 臺灣 鳳凰出版社 印本) 등을 저본으로 하여 相互 交叉 對照하여 經文과 傳文 전체를 완역한 것이다.
3. 그 외 《左傳全譯》(王守謙 外 貴州人民出版社 1991), 《春秋左傳今註今譯》(李宗侗 臺灣商務印書館 1980), 《左傳》(漢籍國字解全書 早稻田大學出版部 明治 42년(1909)) 등도 매우 유용한 참고 자료로 활용하였다.
4. '經文'은 전체 1,861조항을 001(隱公 元年. B.C.722. 己未)부터 1,861(哀公 16년. B.C.479. 壬戌) "夏四月己丑, 孔丘卒"까지 모두 일련번호를 부여하고 괄호 안에 공의 이름과 재위 연도 및 해당 기사의 일련번호를 넣어 찾기 쉽도록 하였다.
5. 각 해당 공의 재위 연도가 시작되는 앞에 周나라와 기타 諸侯國의 당해 연도 군주의 묘호와 이름을 표로 작성하고 이를 제시하여 이해에 도움이 되도록 하였다.
6. '傳文'은 해당 경문의 아래에 넣되 ㊖으로 조항의 구분을 표시하여 經文과의 관계 및 내용의 정확한 소속관계를 알 수 있도록 하였다.
7. 한문 원문을 앞에 제시하고 해석을 하였으며 해석 다음에 人名, 地名, 事件名, 用語, 御諱 등 해석상 註釋이 필요한 것들을 제시하고 풀이하였다.
8. 註釋은 이미 제시된 것이라 할지라도 해당 장의 이해에 필요하다고 여겨지는 것은 반복하여 실은 것도 있다.

9. 직역을 위주로 하였으나 문의를 순통하게 하기 위하여 일부 의역을 한 곳도 있으며, 특히 미묘한 '微言大義'를 위한 표현 등은 지면상 번거로운 해석을 피하기 위하여 부연설명하지는 않았다.
10. 주석의 근거는 孔穎達 疏나 기타 학자들의 의견을 인용할 경우 가능하면 이를 밝혔으며 그 문장은 따로 해석해 넣지 않고 원문을 그대로 제시하였다.
11. 작업상 오자, 탈자, 오류 등은 불가피하였던 부분에 대해서는 발견되는 대로 앞으로 계속 수정 보완해 나갈 것이다.
12. 이 책의 역주 작업에 참고한 문헌은 다음과 같다.

● 참고문헌
1. 《左傳注疏》十三經注疏本(宋本) 嘉慶 21년 江西 南昌府學開彫. 臺灣 藝文印書館 印本.
2. 《春秋經傳集解》晉, 杜預 上海古籍出版社 1988 上海
3. 《春秋管窺》(印本) 文淵閣本(故宮博物院所藏)
4. 《左傳會箋》(日, 1903)竹添光鴻 鳳凰出版社(覆印本) 1977 臺北
5. 《春秋左傳》(十三經全文標點本) 吳樹平 北京燕山出版社 1991 北京
6. 《春秋經傳集解》(四部叢刊) 晉, 杜預(撰) 唐, 陸德明(音義) 景玉田蔣氏藏本 書同文(電子版) 北京
7. 《春秋左傳》韓盧甫 普天出版社 1973 臺中 臺灣
8. 《春秋左傳注》楊伯峻 中華書局 2009 北京

9. 《左傳全譯》王守謙(外) 貴州人民出版社 1991 貴陽 貴州
10. 《春秋左傳今註今譯》李宗侗 臺灣商務印書館 1980 臺北
11. 《左傳》(漢籍國字解全書) 早稻田大學出版部 明治 42년(1909) 東京
12. 《春秋傳》毛奇齡〈皇清經解〉漢京文化事業有限公司 印本 1983 臺北
13. 《春秋說》惠士奇〈皇清經解〉漢京文化事業有限公司 印本 1983 臺北
14. 《春秋地理考實》江永〈皇清經解〉漢京文化事業有限公司 印本 1983 臺北
15. 《春秋正辭》莊存與〈皇清經解〉漢京文化事業有限公司 印本 1983 臺北
16. 《春秋異文箋》趙坦〈皇清經解〉漢京文化事業有限公司 印本 1983 臺北
17. 《左傳杜解補正》顧炎武〈皇清經解〉漢京文化事業有限公司 印本 1983 臺北
18. 《春秋左傳補註》惠棟〈皇清經解〉漢京文化事業有限公司 印本 1983 臺北
19. 《春秋左傳補疏》焦循〈皇清經解〉漢京文化事業有限公司 印本 1983 臺北
20. 《左氏春秋考證》劉逢祿〈皇清經解〉漢京文化事業有限公司 印本 1983 臺北
21. 《春秋左傳補注》馬宗璉〈皇清經解〉漢京文化事業有限公司 印本 1983 臺北
22. 《春秋左傳正義》晉 杜預(注), 唐 孔穎達(疏)〈四庫全書〉文淵閣(印本) 臺灣商務印書館
23. 《春秋釋例》杜預(撰)〈四庫全書〉文淵閣(印本) 臺灣商務印書館
24. 《春秋左氏傳補注》元 趙汸(찬)〈四庫全書〉文淵閣(印本) 臺灣商務印書館
25. 《左傳杜林合注》明 趙如源(等)〈四庫全書〉文淵閣(印本) 臺灣商務印書館
26. 《春秋世族譜》淸 陳厚耀(撰)〈四庫全書〉文淵閣(印本) 臺灣商務印書館
27. 《公羊傳注疏》十三經注疏本(宋本) 嘉慶 21년 江西 南昌府學開彫. 臺灣藝文印書館 印本.
28. 《穀梁傳注疏》十三經注疏本(宋本) 嘉慶 21년 江西 南昌府學開彫. 臺灣藝文印書館 印本.

29. 《春秋左傳詞典》楊伯峻・徐提(編) 中華書局 1985 北京
30. 《世本》周渭卿(點校) 齊魯書社 2010 濟南 山東
31. 《帝王世紀》晉, 皇甫謐(撰). 陸吉(點校) 齊魯書社 2010 濟南 山東
32. 《逸周書》袁宏(點校) 齊魯書社 2010 濟南 山東
33. 《竹書紀年義證》雷學淇 藝文印書館 1977 臺北
34. 《竹書紀年》張潔・戴和冰(點校) 齊魯書社 2010 濟南 山東
35. 《十三經注疏》藝文印書館 印本
36. 《史記》鼎文書局(活字本) 1978 臺北
37. 《二十五史》鼎文書局(活字本) 1978 臺北
38. 《中國歷史紀年表》華世出版社 1978 臺北
39. 《中國歷史大事年表》上海辭書出版社 1986 上海
40. 《中國歷史年表》柏楊 星光出版社 1979 臺北
41. 《中國帝王皇后親王公主世系錄》柏楊 星光出版社 1979 臺北
42. 《中國帝王譜》田鳳岐(編) 天津市普文印務公司 2003 天津
43. 《經學辭典》黃開國(編) 四川人民出版社 1993 成都
44. 《中國儒學辭典》趙吉惠・郭厚安(編) 遼寧人民出版社 1989 瀋陽
45. 《中國大百科全書》(哲學) 中國大百科全書出版社 1992 北京
46. 《中國大百科全書》(歷史) 中國大百科全書出版社 1992 北京
47. 《中國儒學百科全書》中國大百科全書出版社 1997 北京
48. 《郡齋讀書志》宋, 晁公武(撰), 孫猛(校證) 上海古籍出版社 1990 上海
49. 《簡明中國古籍辭典》邱蓮梅(編) 吉林文史出版社 1987 長春
50. 《詩經直解》陳子展 復旦大學出版社 1991 上海
51. 《四書集註》林東錫(譯) 東西文化社 2009 서울

52. 《漢書藝文志問答》臺灣中華書局 1982 臺北
53. 《列子集釋》新編諸子集成 中華書局 1979 北京
54. 《荀子集解》(印本) 藝文印書館 1973 臺北
55. 《中國通史》李符桐(外) 文鳳出版社 1973 臺北
56. 《圖說中國歷史》周易(主編) 二十一世紀出版社 2002 南昌 江西
57. 《圖說中國歷史》中央編譯出版社 2007 北京
58. 《說話中國》李學勤(外) 上海文藝出版社 2004 上海
59. 《中國史綱》張蔭麟 九州出版社 2005 北京
60. 《上古史》張清華 京華出版社 2009 北京
61. 《正說中國三百五十帝》倉聖 黑龍江人民出版社 2006 哈爾濱
62. 《中國歷史》聞君 北京工業大學出版社 2006 北京
63. 《中國歷史》周佳榮(外) 香港教育圖書公司 1989 香港
64. 《中國歷史博物》朝華出版社(編) 2002 北京
65. 《國學導讀叢編》周何·田博元 康橋出版社 1979 臺北
66. 《經學通論》王靜芝 國立編譯館 1982 臺北
67. 《中國學術概論》林東錫 傳統文化研究會 2002 서울
68. 《說文解字》,《太平御覽》,《山海經》등.
   工具書 등 기타 文獻은 기재를 생략함.

해제

> I. 《春秋》
> II. 《春秋左傳》
> III. 《春秋左傳集解》
> IV. 《春秋釋例》
> V. 杜預
> VI. 《春秋左傳正義》
> VII. 孔穎達

I. 《春秋》

1. 史書로서의 《春秋》

'春秋'란 원래 孔子 이전 각 나라마다 있었던 '國史'를 통상적으로 부르던 일반명사였다. 예를 들면 《公羊傳》 莊公(7년) 傳에 "不修春秋", "魯春秋云", 《左傳》 昭公(2년) 傳에 "晉韓起聘魯, 觀書於太史氏, 見易象與魯春秋" 등의 기록은, 공자가 근거로 했다는 魯나라 사서는 이미 원래부터 '春秋'라 불렸던 것임을 알 수 있다. 또한 《國語》 楚語의 "敎之以春秋"나 晉語의 "羊舌肹習於春秋"로 보아 楚나라나 晉나라 역사도 역시 '춘추'라 불렸던 것임을 알 수 있다. 그 외, 《管子》의 "故春秋之記", 《韓非子》의 "魯哀公問於孔子云:「春秋之記, 冬十二月, 霜不殺菽, 何謂記此?」", 《戰國策》의 "今臣逃而奔齊趙,

是可著爲春秋"등 많은 기록에 '史書'를 곧 '春秋'라 부르는 예는 널리 찾을 수 있다.

한편, 여기서 말하는 《春秋》는 현존하는 중국 최초의 編年體 史書이며 동시에 儒家의 經典으로 초기 六經(五經)의 하나이다. 이는 공자가 魯나라 역사를 근거로 노나라 군주의 世系를 '紀'로 하여 簡策의 기록을 재정리한 것이다. 年, 時(四時), 月, 日(干支)을 근간으로 하였으며 그 중 時, 즉 四時, 春夏秋冬의 '春'과 '秋' 두 글자를 취하여 《춘추》라 부르게 된 것이다. 공자가 《춘추》를 刪定하였다는 기록은 《孟子》, 《史記》, 《漢書》 등에 널리 실려 있다.

우선 《孟子》 滕文公(下)에 "世衰道微, 邪說暴行有作, 臣弒其君者有之, 子弒其父者有之. 孔子懼, 作春秋. 春秋, 天子之事也. 是故孔子曰:「知我者其惟春秋乎! 罪我者其惟春秋乎!」…… 孔子成春秋而亂臣賊子懼."라 하였고, 離婁(下)에도 "孟子曰:「王者之迹熄而詩亡, 詩亡然後春秋作. 晉之乘, 楚之檮杌, 魯之春秋, 一也. 其事則齊桓·晉文, 其文則史. 孔子曰:『其義則丘竊取之矣.』」"라 하였으며 盡心(下)에도 "春秋無義戰"이라 하는 등 가장 강하게 거론하였다. 이에 司馬遷은 《史記》 孔子世家에서 "子曰:「弗乎弗乎, 君子病沒世而名不稱焉. 吾道不行矣, 吾何以自見於後世哉?」 乃因《史記》作春秋, 上至隱公, 下訖哀公十四年, 十二公. 據魯, 親周, 故殷, 運之三代. 約其文辭而指博. 故吳楚之君自稱王, 而春秋貶之曰'子'; 踐土之會實召周天子, 而春秋諱之曰「天王狩於河陽」: 推此類以繩當世. 貶損之義, 後有王者擧而開之. 春秋之義行, 則天下亂臣賊子懼焉. 孔子在位聽訟, 文辭有可與人共者, 弗獨有也. 至於爲春秋, 筆則筆, 削則削, 子夏之徒不能贊一辭. 弟子受春秋, 孔子曰:「後世知丘者以春秋, 而罪丘者亦以春秋.」"라 하여 자세히 설명하고 있으며, 〈十二諸侯年表〉 序에도 "孔子明王道, 干七十餘君, 莫能用; 故西觀周室, 論史記舊聞, 興於魯, 而次

《春秋》. 上記隱, 下記哀之獲麟, 約其文辭, 去其煩重, 以制義法. 王道備, 人事浹"이라 하였다. 班固의 《漢書》 藝文志에는 "古之王者世有史官, 君擧必書, 所以愼言行, 昭法式也. 左史記言, 右史記事, 事爲春秋, 言爲尙書, 帝王靡不同之. 周室旣微, 載籍殘缺, 仲尼思存前聖之業. ……"이라 하였다.

그러나 공자의 일상과 언행을 자세히 적은 《論語》에는 도리어 이러한 언급이나 기록이 단 한 마디도 없어 이 때문에 錢玄同 같은 학자는 《춘추》를 공자가 지었다고 확정적으로 말할 수는 없다고 회의를 표하기도 하였다. 좌우간 공자는 이 《춘추》를 육경의 하나로 삼아 제자들을 가르친 것으로 알려져 있으며 공자의 역사관, 정치관 등 사상의 일면을 깊이 담고 있는 고전이다.

한편 기록 내용은 경학 중에 《尙書》와 함께 역사 부분에 해당한다. 그러나 그 기록은 아주 간략하여 역사 배경이나 사건의 전말 등은 거의 알아볼 수 없을 정도의 綱目 위주로, 마치 '大事年表'와 같다. 문자의 숫자로 보아도 제일 많은 것이 47자(僖公 4년), 적게는 1자 '螟'(隱公 8년)로만 되어 있는 것도 있다. 이처럼 《춘추》는 기록이 매우 은미隱微하여 사건마다 오직 결과와 결론만 있을 뿐 경과나 전모는 생략되어 있다. 그 때문에 뒷사람의 많은 부연설명의 여지를 남기고 있었던 것이다.

모두 12편으로 되어 있으며 기간은 魯 隱公 원년(B.C. 722)으로부터 哀公 14년(B.C. 482)까지 242년 간, 12명의 公의 역사이며 대체로 1만 7,000여 자에, 그 經文의 條項도 1,834조에 불과하다. 그러나 이는 《公羊傳》과 《穀梁傳》을 기준으로 한 것이며 左傳에는 哀公 16년(B.C. 479) 4월 己丑 孔子의 죽음까지 기록하여 모두 244년까지이며 經文은 1,861조이다. 《公羊傳》昭公 12년 傳의 徐彦 疏에는 《春秋說》을 인용하여 "孔子作春秋一萬八千字, 九月而

書成"이라 하여 "1만 8,000자이며 9개월 만에 마쳤다"라 하였으나 지금 이는 억설로 보고 있다.
 한편《춘추》는 공자가 직접 저술하고 교재로 사용한 육경의 하나이기 때문에 이를 해석하고 부연 설명한 저작들은 '傳'이라 불렀다. '漢'나라 때까지만 해도 이미 이러한 전이 5종류가 있었다. 즉《公羊傳》,《穀梁傳》,《左氏傳》,《鄒氏傳》,《夾氏傳》이 그것이다. 이들 중 지금은 '公, 穀, 左'만 남아 이를 「春秋三傳」이라 하여《춘추》연구에 아주 중요한 자료로 활용되고 있다.
 《公羊傳》과《穀梁傳》은《춘추》의 의리, 즉 '微言大義'를 疏正한 것이며, 《左氏傳》은《춘추》經文의 구체적인 史實과 역사적 경과, 배경 등을 서술한 것이다.《漢書》藝文志에 실려 있는《春秋古經》12편이 바로《춘추》經文만을 의미하는 것이 아닌가 한다. 한편,《좌전》은 古文經을 근거로 한 것으로 보고 있으며,《공양전》과《곡량전》은 今文經을 근거로 한 것으로 보고 있다. 즉 금문과 고문은 문체는 같으나 금문은 莊公과 閔公(閔公은 2년 밖에 되지 않음)의 합하여 한 편을 줄여 11편이 된 것이다. 그리고《좌전》은 공자의 죽음(哀公 14년)까지 경문이 실려 있으나, '공·곡'은 '獲麟'(哀公 14년)에서 경문이 끝을 맺고 있어 2년 차이가 나는 것이다. 그러나《춘추》의 경문은 지금 모두 삼전의 傳文 앞에 나누어 실려 있으며 단행본은 없다. 杜預는 《좌씨전》과《춘추고경》을 합하여 集解를 붙여《춘추좌씨전》이라 하였고, 《公羊傳》과《穀梁傳》은《춘추금문경》을 기준으로 이를 각기 傳文 앞에 실어 단행본《춘추경》은 아예 사라지고 말았다. 그러나 금문의《춘추경》과 《공양전》,《穀梁傳》과의 배합은 실제 어느 때부터 시작되었는지는 확실치 않다. 何休의《公羊傳解詁》에는 다만 傳文만 해석해 놓아 杜預의《經傳集解》와는 체제가 다르며, 漢 熹平石經의《공양전》殘片에는 傳文만 있다. 이로 보아 漢末까지도 今文經과 傳은 각기 따로 있었던 것이 아닌가 한다. 다만 〈四庫全書總目提要〉에는 今文經과 《公羊傳》의 배합은 그 義疏를 쓴 唐의 徐彦에 의해, 또 《穀梁傳》과의 배합은 그 集解를 쓴 晉 范寧에 의해 시작된 것이라 보고 있다. 이러한 과정을 거쳐 宋代까지 오면서 九經, 十二經, 十三經 등의 변화를 거쳐 지금은 모두 十三經에 들어 있으며 이들만을 묶어 「春秋三傳」이라 하게 된 것이다.

2. 「十二公」과 「三世」

《春秋》에서 紀가 되는 魯나라 12公은 隱, 桓, 莊, 閔, 僖, 文, 宣, 成, 襄, 昭, 定, 哀公까지의 총 242년에 대한 기록은 흔히 公羊家들에 의하면 三世로 나뉜다. 즉 공자가 전해들은 세대(所傳聞之世), 공자가 들은 세대(所聞之世), 공자가 직접 보았던 세대(所見之世)이다.

(1) 孔子所傳聞之世(총 96년)
① 隱公(11) ② 桓公(18) ③ 莊公(32) ④ 閔公(2) ⑤ 僖公(33)

(2) 孔子所聞之世(총 85년)
⑥ 文公(18) ⑦ 宣公(18) ⑧ 成公(18) ⑨ 襄公(31)

(3) 孔子所見之世(총: 61년)
⑪ 昭公(32) ⑫ 定公(15) ⑬ 哀公(14)

3. 《春秋》의 本義(本旨)

《춘추》의 本義(本旨)는 대체로 「正名分」, 「寓褒貶」, 「明是非」 등 세 가지를 들고 있다. 그러나 혹은 '寓褒貶'을 大義로 삼고, '정명분'과 '명시비'를 그 하위개념으로 낮추어 설정하기도 하며 혹 '정명분'을 '명시비'와 같은 것으로 여겨 '정명분'과 '우포폄' 두 가지라고 하기도 한다. 그러나 司馬遷은 '微言大義'를 가장 주된 본지로 여겨 《史記》太史公自序에서 "上大夫壺遂曰:「昔孔子何爲而作春秋哉?」 太史公曰:「余聞董生曰: '周道衰廢, 孔子爲魯司寇, 諸侯害之, 大夫壅之. 孔子知言之不用, 道之不行也, 是非二百四十二年之中, 以爲天下儀表, 貶天子, 退諸侯, 討大夫, 以達王事而已矣.' 子曰: '我欲載之空言, 不如見之於行事之深切著明也.' 夫春秋, 上明三王之道, 下辨人事之紀, 別嫌疑, 明是非, 定猶豫, 善善惡惡, 賢賢賤不肖, 存亡國, 繼絶世, 補敝起廢, 王道之大者也. 易著天地陰陽四時五行, 故長於變; 禮經紀人倫, 故長於行; 書記先王之事, 故長於政; 詩記山川谿禽獸草木牝牡雌雄, 故長於風; 樂樂所以立, 故長於和; 春秋辯是非, 故長於治人. 是故禮以節人, 樂以發和, 書以道事, 詩以達意, 易以道化, 春秋以道義. 撥亂世反之正, 莫近於春秋. 春秋文成數萬, 其指數千. 萬物之散聚皆在春秋. 春秋之中, 弑君三十六, 亡國五十二, 諸侯奔走不得保其社稷者不可勝數. 察其所以, 皆失其本已. 故易曰'失之豪氂, 差以千里'. 故曰'臣弑君, 子弑父, 非一旦一夕之故也, 其漸久矣'. 故有國者不可以不知春秋, 前有讒而弗見, 後有賊而不知. 爲人臣者不可以不知春秋, 守經事而不知其宜, 遭變事而不知其權. 爲人君父而不通於春秋之義者, 必蒙首惡之名. 爲人臣子而不通於春秋之義者, 必陷簒弑之誅, 死罪之名. 其實皆以爲善, 爲之不知其義, 被之空言而不敢辭. 夫不通禮義之旨, 至於君不君, 臣不臣, 父不父, 子不子. 夫君不君則犯, 臣不臣則誅, 父不父則無道, 子不子則不孝. 此四行者, 天下之大過也. 以天下之大過予之, 則受而弗敢辭. 故春秋者, 禮義之大宗也. 夫禮禁未然之前, 法施已

然之後; 法之所爲用者易見, 而禮之所爲禁者難知."라 하였다. 이에 여기서는 '정명분'과 '우포폄'을 예를 들어 간단히 설명하기로 한다.

(1) 「正名分」

① 事物의 名分을 바르게 함.

《論語》子路篇에 "子路曰:「衛君侍子而爲政, 子將奚先?」子曰:「必也正名乎!」子路曰:「有是哉, 子之迂也! 奚其正?」子曰:「野哉, 由也! 君子於其所不知, 蓋闕如也. 名不正, 則言不順; 言不順, 則事不成; 事不成, 則禮樂不興; 禮樂不興, 則刑罰不中; 刑罰不中, 則民無所措手足. 故君子名之必可言也, 言之必可行也. 君子於其言, 無所苟而已矣."라 하였으며 董仲舒의 《春秋繁露》深察名號篇에는 구체적으로 "《春秋》辨物之理, 以正其名, 名物如其眞, 不失秋毫之末, 故名實石, 則後其五, 言退鷁, 則先其六. 聖人之謹於正名如此, 君子於其言, 無所苟而已, 五石六鷁之辭是也"라 하여 僖公 16년 "十有六年春王正月戊申朔, 隕石于宋五. 是月, 六鷁退飛, 過宋都"에서 '五'자를 뒤로, '六'자는 앞으로, '石'자를 '鷁'자로보다 먼저 쓴 것을 두고 분석한 것으로《公羊傳》에는 "曷爲先言隕而後言石? 隕石記聞, 聞其磌然, 視之則石. 察之則五, ……曷爲先言六而後言鷁? 六鷁退飛, 記見也. 視之則六, 察之則鷁, 徐而察之則退飛"라 하여 정확하고 과학적인 관찰을 통한 사물의 기록이라는 뜻이다.

② 君臣上下의 名分을 바로잡음.

《춘추》는 君臣, 上下, 尊卑, 貴賤 등의 名分을 중시하여 봉건 전통을 고수하고자 하였다. 예를 들면 楚와 吳는 자신들은 王을 참칭했지만 끝까지 '子'를 칭했고, 齊와 晉은 처음 작위를 받은 그대로 '侯'로 불렀으며, 宋은 비록 약소국이었지만 '公'으로 부른 예가 이것이다.

(2) 「寓褒貶」

《춘추》의 포폄에 대한 판단은 기사 속에 나타난다. 예를 들면 36번이나 '弑君'의 사실을 기록하면서도 그 판단은 그 때의 상황이나 사건 발단의 원인, 선악의 소재에 따라 표현 방법이 달랐다.

이를 몇 가지 거론해 보면 다음과 같다.

① 隱公 4년 3월 戊申 "衛州吁弑其君完": '弑'를 넣어 州吁에게 죄가 있음을 밝힘.
② 桓公 2년 正月 戊申 "宋督弑其君與夷及其大夫孔父": 대부 孔父를 임금과 함께 적음으로써 그의 忠을 높임.
③ 文公 元年 10월 丁未 "楚世子商臣弑其君": '世子商臣'을 밝힘으로써 아들이 아버지이며 임금인 윗사람을 시해하였음을 표현한 것.
④ 宣公 2년 9월 乙丑 "晉趙盾弑其君夷皐": 임금을 죽인 자는 趙穿이었으나 趙盾이 이를 토벌하지 않았으므로 趙盾이 죽인 것으로 기록함.
⑤ 隱公 4년 9월: "衛人殺州吁于濮": 殺를 넣어 마땅히 죽임을 당할 대상이었음을 시사하였으며 州吁가 당시 임금이었으나 君을 칭하지 않은 것은 백성이 인정하지 않았고, 濮이라는 지명까지 밝혀 衛人이 外力을 빌려 그를 죽였음을 드러낸 것.
⑥ 文公 16년 10월 "宋人弑其君杵臼": 피살된 임금(杵臼, 昭公)의 위치는 인정하여 '君'을 칭하였으나 그 자리를 스스로 지켜내지 못하였음을 지적한 것.

⑦ 文公 18년 "莒弑其君庶其": 나라 이름(莒)을 들어 그 임금을 시해했다는 것은 전체 백성의 원망을 샀다는 뜻으로 임금의 不德을 심히 폄하한 것이며 이곳에 마땅히 태자 僕의 이름이 거론되어야 하나 기록하지 않음.
⑧ 成公 18년 "晉弑其君州蒲": 실제 임금을 죽인 자는 欒書였음에도 그렇게 기록하지 않고 나라 이름을 들어 임금을 시해한 것으로 기록함으로써 임금의 악행이 지나쳐 백성의 이름으로 시해한 것임을 표현한 것.

4. 三傳의 차이

漢代까지 5가의 전이 있었음은 앞에 밝혔다. 지금은 三傳만 전하며 이 모두 十三經에 들어 있다. 그러나 이 三傳은 각기 다른 특색을 가지고 있다. 특히 각기 다른 각도와 관점에서 春秋 經文을 해석하였으므로 당연히 그 차이 및 장단점에 대하여 역대 이래 의견이 많았다. 그 중 元나라 吳澄의 평이 비교적 합당한 것으로 여기고 있다. 그는 "載事則左氏詳於公穀, 釋經則公穀精於左氏"라 하여 《좌전》은 사건의 서술에 뛰어났고, 《공양전》과 《곡량전》은 경문의 해석에 뛰어났다고 평가를 내린 것이다. 《좌전》은 역사 사건을 기록하여 경문의 짧고 간단한 표현을 알 수 있도록 뒷받침하고 있으며 《공·곡》은 訓詁의 傳으로 經義를 해석하는 데에 주력하였다. 특히 《공·곡》은 아예 질문을 만들어 제시하고 그 풀이의 정답을 밝혀줌으로써 포폄의 내용은 물론 서술에 사용된 낱자의 이유를 알 수 있도록 하고 있다.

그러나 范寧의 〈穀梁傳序〉에는 "左氏艷而富, 其失也誣; 公羊辯而裁, 其失也俗; 穀梁淸而婉, 其失也短"이라 하여 각기 단점을 들고 있으며, 그 밖에 鄭玄은 〈六論〉에서 "左氏善於禮, 公羊善於讖, 穀梁善於經"이라 하여 각기 그 장점을 들고 있다. 그 밖에 皮錫瑞는 《春秋通論》에서 "惟公羊兼傳大義微言, 穀梁不傳微言, 但傳大義. 左傳並不傳義, 特以紀事詳贍, 有可以贈春秋之義者"라 하였다.

Ⅱ. 《春秋左傳》

1. 작자

《史記》,《漢書》 등에는 《春秋左傳》의 작자를 공자와 동시대 인물 左丘明이라 하였으나 역대 이래 이에 대한 의혹은 끊임없이 제기되어 왔다. 무려 19만 6,800여 자나 되는 이 방대한 저술은 그 양이나 질, 내용으로 보아 일찍이 편찬자가 분명히 밝혀졌을 수도 있었으나 실제로는 그렇지 않다.

우선 左丘明이 지은 것으로 알려진 것은 《史記》 十二諸侯年表에 "是以孔子明王道, 干七十餘君, 莫能用; 故西觀周室, 論史記舊聞, 興於魯, 而次《春秋》. 上記隱, 下記哀之獲麟, 約其文辭, 去其煩重, 以制義法. 王道備, 人事浹. 七十子之徒口受其傳指, 爲有所刺譏褒諱挹損之文辭不可以書見也. 魯君子左丘明懼弟子人人異端, 各安其意, 失其眞, 故因孔子史記具論其語, 成左氏春秋"라 한 것이 그것이다. 그 뒤 劉向, 劉歆, 桓譚, 班固 등도 이를 그대로 따랐으며 특히 班固는 《漢書》 藝文志에서 "古之王者世有史官, 君擧必書, 所以愼言行, 昭法式也. 左史記言, 右史記事, 事爲春秋, 言爲尙書, 帝王靡不同之. 周室旣微, 載籍殘缺, 仲尼思存前聖之業, 乃稱曰:「夏禮吾能言之, 杞不足徵也; 殷禮吾能言之, 宋不足徵也. 文獻不足故也, 足則吾能徵之矣」以魯周公之國, 禮文備物, 史官有法. 故與左丘明觀其史記, 據行事, 仍人道, 因興以立功, 就敗以成罰. 假日月以定曆數, 藉朝聘以正禮樂, 所褒諱貶損, 不可書見. 口授弟子退而異言. 丘明恐弟子各安其意, 以失其眞. 故論本事而作傳, 明夫子不以空言說經也. 春秋所貶損大人當世君臣, 有威權勢力, 其事實皆形於傳, 是以隱其書而不宣, 所以免時難也. 及末世口說流行, 故有公羊·穀梁·鄒·夾之傳. 四家之中, 公羊·穀梁立於學官, 鄒氏無師, 夾氏未有書"라 하였으며, 《漢書》 劉歆傳에도 "歆以爲左丘明好惡與聖人同, 親見夫子, 而公羊·穀梁載七十子後, 傳聞之與親見之,

其詳略不同"이라 하여, 공자와 같은 시기에 몸소 겪은 일을 적은 것으로 보았다.

또한 杜預의 《春秋經傳集解》에는 "左丘明受經於仲尼, ……身爲國史, 躬覽載籍, 必廣記而備言之"라 하여 國史 벼슬로 몸소 많은 책을 보고 갖추어 적었다고까지 하였으며, 孔穎達은 《左傳正義》에서 沈氏의 말을 인용하여 "孔子將修春秋, 與左丘明乘, 如周, 觀書於周史, 歸而修春秋之經; 丘明爲之傳, 共爲表裡"라 하여 기정 사실화하였다.

2. 左丘明

左丘明이란 사람이 어느 때의 어떤 사람인지가 확실하지 않음으로써 문제가 발단된 것이다. 더구나 공자와 동시대로서 제자도 아니면서 공자의 經을 바탕으로 傳을 지었을 가능성은 확실성에서 의문을 자아낸다. 여러 역사 기록에 실린 것을 근거로 보면, 左丘明은 《左傳》의 작자라 알려진 것 외에 《漢書》 藝文志에는 魯나라 太師라 하였고, 《史記》, 《漢書》 등에는 魯나라 君子로서 공자와 동시대 인물이라 하였으며, 《論語》 公冶長篇에는 "子曰:「巧言・令色・足恭, 左丘明恥之, 丘亦恥之. 匿怨而友其人, 左丘明恥之, 丘亦恥之.」"라 하여 또한 공자보다 연장자로 공자가 존경하였던 인물로 보았으며 〈四書集註〉 夾註에는 "或曰: 左丘明非傳春秋者耶?」 朱子曰:「未可知也.」"라 하여 朱子 당시에도 같은 인물인지 모른다고 하였다. 그런가 하면 《史記》 太史公自序에는 "左丘失明, 厥有國語"라 하여 실명한 뒤 발분하여 《國語》를 지은 인물로 보았다. 이로 인해 여기서 말하는 左丘明이 어느 때

인물인지, 《左傳》을 지은 바로 그 사람인지, 또는 《左傳》은 과연 春秋經目에 대해 傳을 쓰는 입장에서 씌어진 것인지 하는 의문이 생긴다. 더구나 經을 근거로 하였다면 어찌하여 《春秋經》보다 멀리 17년이나 더 많은지, 《左傳》과 《國語》는 같은 체재로 쓰인 책이 아닌 점, 즉 《左傳》이 편년사임에 비해 《國語》는 別國史이며 이를 근거로 《國語》를 「春秋外傳」이라고도 부르게 된 경위, 《左傳》은 과연 劉歆이 위조한 것인가 등의 문제가 속출한다. 이 때문에 唐의 趙匡, 宋의 王安石·葉夢得·鄭樵, 元의 程端學, 淸의 劉逢祿, 그리고 근대의 康有爲·錢玄同(이상 張心澂의 《僞書通考》를 참조할 것) 등은 모두 의심을 버리지 못하였다. 趙匡은 《論語》에서 말한 左丘明은 공자보다 앞선 시대의 현인으로, 《左傳》을 지은 左氏는 公羊이나 穀梁처럼 모두가 공자 문인 이후의 인물로 논어에 보이는 좌구명과는 전혀 다른 인물이라 하였고, 王安石은 11가지를 들어 《左傳》은 左丘明의 작이 아니라 하였다. 또 葉夢得은 《左傳》의 기록에 智伯까지 등장하는 것으로 보아 전국시대에 이루어진 것이라 하였으며, 鄭樵는 8가지를 들어 《左傳》의 작자 左氏는 丘明이 아니고 楚나라의 다른 인물이라 하였다. 그리고 청대에 今文學에 대한 홍기로 劉逢祿은 《左氏春秋考證》을 지었고, 康有爲는 《新學僞經考》를 지어 劉歆이 《國語》를 근거로 僞造한 것이라 주장하였다. 한편 左丘明의 이름에 대해서도 어떤 이는 左丘는 複姓(衛聚賢, 《左傳的硏究》), 복성이 아니다(兪正燮, 《癸巳類稿》), 혹은 左는 官名이며 丘가 姓씨이고 明이 이름이며 이를 丘氏傳이라 하지 않은 것은 孔子 弟子들이 孔子의 이름(丘)을 諱(諱)하여 한 것(劉師培, 《左傳問答》) 등 다양한 의견이 있다.

3. 《左傳》의 出現

이 《좌전》이 언제 나타났는지에 대해서는 확실치 않다. 대체로 세 가지 說이 있다.

① 漢代에 秘府에 소장되었다가 劉歆에 의해 발견되었다는 설
《漢書》 劉歆傳에 실려 있는 劉歆의 〈移讓太常博士書〉에 "春秋左氏, 丘明所修, 皆古文舊書. ……藏於秘府, 伏而未發. 孝成皇帝, 閔學殘文缺, 稍離其眞. 乃陳發秘藏, 校理舊文, 得此三事"라 하였는데 여기서 三事란 《左傳》,《古文尚書》,《逸禮》를 가리킨다. 또 劉歆本傳에 "歆校秘書, 見古文春秋左氏傳. ……初左氏傳多古字·古言, 學者傳訓故而已. 及歆治左氏, 引傳文以解經, 轉相發明, 由是章句義理備焉"이라 하여 劉歆이 《左傳》을 발견하게 된 경위가 설명되어 있다.

② 漢初에 張蒼이 바쳤다는 설
許愼의 《說文解字》 序에 "北平侯張蒼, 獻春秋左氏傳"이라 하였고, 《隋書》 經籍志에는 이 설을 근거로 "左氏, 漢初出於張蒼之家, 本無傳者"라 하였다.

③ 공자의 구택 벽 속에서 발견되었다는 설
王充의 《論衡》 案書篇에 "春秋左氏傳者, 蓋藏孔壁中. 孝武皇帝時, 魯恭王壞孔子教授堂以爲宮. 得佚春秋三十篇·左氏傳也"라 한 것이 그 근거이다.

그러나 이상의 세 가지 설은 모두 충분한 믿음을 주지 못하며, 더구나 서한 이전의 책에는 기록이 전혀 없어 더욱 알 길이 없다.

4. 《左傳》과 《春秋》와의 관계

《좌전》에 대하여 고문학자들은 《春秋經》을 해석한 것이라 하였다. 고래로 '傳'이란 '經'의 다음 단계의 기록으로 《博物志》 文籍考에 "聖人制作曰經, 賢者著述曰傳·曰章句·曰解·曰論·曰讀"이라 하였다. 그러나 금문학자들은 《左傳》을 별개의 史書로 보아 《춘추》를 해석한 것이 아니고 《呂氏春秋》과 같은 계통이라 여겼다. 따라서 《公羊傳》, 《穀梁傳》과 같은 계열로 취급하여 묶어서 三傳이라 하는 것은 부당하다고 주장한다. 이는 《左傳》이 史實에 대한 기록 위주로서 公·穀처럼 訓詁를 위주로 한 經文 해석이 아니기 때문이다. 더구나 三傳과 經과 傳을 비교해 보면 《左傳》과 다른 두 傳의 현격한 차이를 발견할 수 있다.

① 《左傳》과 經文·傳文은 서로 다루고 있는 부분이 다르다. 즉 《左傳》에서는 經文이 魯 哀公 16년, 즉 공자의 卒年까지로 되어 있어, 실제 《春秋》 本經의 魯 哀公 14년보다 2년이 많다. 또 傳文에 있어서도 哀公 27년을 넘어 다음의 悼公 4년까지 이어져 《春秋》 본경에 비하면 무려 17년이나 더 많다.

② 《左傳》과 《春秋》를 비교해 보면 經에서는 다루었으나 傳에서는 다루지 않고 빠진 부분이 있다. 예를 들면 莊公 26년의 經文에는 "春: 公伐戎.", "夏: 至自伐戎.", "曹殺其大夫.", "秋: 公會宋人, 齊人伐徐.", "冬: 十有二月癸亥朔, 日有食之" 등의 기록이 있으나, 傳에는 전혀 상세한 기록이 없이 다만 간단한 다른 이야기만 나열되어 있다. 이에 대해 杜預는 《集解》에서 "此年經傳各自言其事者, 或經是直文, 或策書雖存, 而簡牘散落, 不究其本末. 故傳下復申解, 但書傳事而已"라 하여 강변을 하고 있지만 어쨌든 公·穀 二傳과는 크게 다르다.

5. 《左傳》의 傳授

陸德明의 《經典釋文》에 의하면 左丘明은 이를 曾申에게, 申은 衛의 吳起에게, 吳起는 그의 아들 吳期에게, 期는 다시 楚의 鐸椒에게, 鐸椒은 趙의 虞卿에게, 이는 다시 荀況에게, 荀況은 다시 張蒼에게 전수한 것으로 되어 있으며, 이때부터 한인의 《左傳》 연구가 시작되었다고 한다. 그 후에 賈誼, 張禹, 翟方進, 劉歆 등이 계속해서 이어왔으며, 유흠은 이를 동한의 賈逵에게 전하였는데, 가규는 《左傳長義》,《左氏解詁》 등을 지었다. 그 뒤에 陳元, 鄭衆, 馬融, 服虔 등은 모두 주석을 달았으며 한말의 鄭玄에 이르러 《鍼膏盲》,《發墨守》,《起廢疾》을 지어 何休와 대립하였다. 그 후 진에 이르러 杜預는 《左傳》에 심취하여 賈逵, 服虔의 注를 중심으로 하여 《春秋經傳集解》와 《春秋釋例》를 지어 지금까지 전하고 있다. 청대에도 《左傳》에 대한 연구가 깊었으며, 그 중에 洪亮吉의 《春秋左傳詁》, 李貽德의 《賈服古注輯述》과 劉文淇의 《春秋左氏傳舊注疏正》, 姚培謙의 《春秋左傳補輯》, 章炳麟의 《春秋左傳讀》, 현대 왕백상의 《春秋左傳讀本》, 楊伯峻의 《春秋左傳注》 등을 대표로 꼽을 수 있다. 그리고 日本에서도 일찍이 竹添光鴻의 《左傳會箋》이 明治 36년(1903)에 나와 널리 알려져 있다.

Ⅲ.《春秋左傳集解》

　　西晉 杜預가 지은 것으로《춘추좌전》에 관한 해석들을 모으고 자신의 의견과 주석을 추가한 것으로 현존《춘추좌전》에 대한 最古의 해석서이다. 두예는 西晉 開國 元勳으로 정치와 군사면에서도 커다란 공훈을 세운 인물이기도 하다. 그는 三國의 마지막 吳나라를 평정하고 돌아와 그 당시 새로 출토된〈汲冢叢書〉를 참조하여 비로소 이 책을 마쳤다고 하였다(序文을 볼 것). 당시 晉나라 武帝 太康 2년(281)으로부터 5년이 소요된 것이다. 序文에서 그는《춘추》와《좌전》의 성격, 가치,《좌씨》의 經傳 조례를 歸納, 漢代 古文經學에 있어서의「春秋學」에 대한 개괄을 집중적으로 설명하고 있다.《集解》는 모두 30권이며 馬融, 鄭玄의 '分傳附經'의 방법을 택하여 원래《춘추》와 분리되어 있던《좌전》을 하나로 묶어 배합하였다고 하였다. 이에 劉歆, 賈逵, 許淑, 穎谷 등의 설을 광범위하게 채택하였으며 거기에 더하여 결론과 문자의 훈고, 文意의 해석에 精密함을 다하였으며, 제도와 지리 등에 대해서도 아주 상세하게 주석을 더하여 독창적인 주석서로 탄생시켰다. 이 때문에 唐代〈五經正義〉와 淸代〈十三經注疏〉에는 모두 杜預의 이《집해》를 표준으로 하였던 것이다.

　　이《집해》의 판본은 아주 널리 판각되어 단행본과 孔穎達 疏를 함께 묶은 合刊本 등이 있었다. 단행본으로는 宋代〈巾箱本〉, 嘉定 9년의 興國軍의〈遞修本〉,〈足利本〉, 송대〈鶴林于氏刊本〉,〈相台岳氏本〉,〈永懷堂本〉등이 있으며, 합간본으로〈注疏本〉, 남송 慶元 연간 吳興의〈沈中賓刊本〉,〈明監本〉,〈汲古閣本〉, 淸 阮元의〈阮刻本〉및〈四庫全書本〉등이 있다.

Ⅳ. 《春秋釋例》

《춘추》와 《좌전》에 대한 依例를 밝힌 현존 最古의 全釋 자료이다. 역시 西晉 杜預가 지은 것이며 《集解》와 함께 저술한 것으로 原書는 모두 40부 15卷이다. 《崇文總目》의 목록에 의하면 모두 「53例」였으나 明나라 때 이미 사라지고 〈永樂大全〉에 30篇이 수록되어 있다. 〈四庫全書〉에는 이를 바탕으로 하고 다른 典籍을 輯佚하여 15권, 47편으로 정리하여 싣고 있다. 그 중 43편은 '例'라 칭하여 〈公卽位例〉, 〈會盟例〉 등이 있으며 나머지 4편은 《釋土地名》, 《世族譜》, 《經傳長曆》, 《會盟圖疏》 등으로 되어 있다. 지금 전하는 것으로 〈四庫全書本〉외에 〈聚珍本〉, 〈葉氏山房本〉, 〈古經解匯函本〉 등이 있다. 《釋例》는 《春秋經》의 '條貫'은 모두 《左傳》에 나타나 있다고 여겼으며 《좌전》의 條貫 依例는 모두 '凡'이라는 표현에 귀속시켰다. 따라서 《左傳》에 '凡'이라 귀납된 글자 50여 조항을 '五十凡'이라 하여 이는 周公의 '正例'에서 나온 것이라 하였다. 이러한 주장은 뒷사람에게 큰 영향을 미쳐 南朝 齊나라 杜乾光은 이를 위해 《引序》를 지었다 하나 지금은 전하지 않는다.

V. 杜預(222-284)

《春秋左傳集解》(春秋經傳集解)를 지은 杜預는 西晉 초기 경학가이며 정치가, 군사가로 널리 알려진 인물이다. 자는 元凱, 京兆郡 杜陵(지금의 陝西 西安) 사람이다. 魏末에 한 때 鎭西將軍 鍾會의 副官으로 長史가 되어 蜀을 멸하는 전투에 참가하기도 하였고 법률을 제정하는 작업에 임하기도 하였다. 司馬氏가 西晉을 건국하자 武帝(司馬炎) 太始 연간에는 河南尹을 거쳐 文官黜陟考課法을 만들기도 하였다. 武帝를 도와 吳나라 공격에 나서서 羊祜가 죽자 鎭南大將軍·荊州都督諸軍事가 되어 吳나라 평정에 온힘을 쏟았다. 과연 오나라를 멸하고 실질적인 통일 대업을 이루자 그 공으로 當陽侯에 봉해지기도 하였다. 평소 經學을 좋아하여 스스로 "左傳癖을 가지고 있다"라 할 정도였으며 당시 玄學의 영향도 받은 것으로 알려져 있다. 만년에 《春秋左氏傳經傳集解》,《春秋釋例》,《春秋長曆》 등을 지어 '春秋學'을 집대성하였다. 그는 《춘추》에 대하여 '正例'와 '變例'라는 條例를 만들어 正例는 周公으로부터, 變例는 孔子로부터 나왔다는 설을 제창하기도 하였다. 그 중 《經傳集解》는 南朝와 隋, 唐, 宋, 明에 이르도록 장기간 學官에 교재로 채택되었으며 그 공로는 중국 경학에 큰 영향을 미친 것으로 널리 평가받고 있다.

그의 逸話는 《世說新語》 등 많은 전적에 널리 실려 있으며, 그의 傳記는 《三國志》와 《晉書》에 전하고 있다. 그 중 두 史書의 전을 轉載하여 참고로 삼는다.

○ 杜預傳

1.《三國志》(16) 魏書 杜畿・杜恕傳(附)

甘露二年, 河東樂詳年九十, 上書訟畿之遺績, 朝廷感焉. 詔封恕子預爲豐樂亭侯, 邑百戶.

(註) 預字元凱, 司馬宣王女壻. 王隱《晉書》稱預智謀淵博, 明於理亂, 常稱「德者非所以企及, 立功立言, 所庶幾也」. 大觀群典, 謂《公羊》・《穀梁》, 詭辨之言. 又非先儒說《左氏》未究丘明意, 而橫以二傳亂之. 乃錯綜微言, 著《春秋左氏傳集解》, 又參考衆家, 謂之〈釋例〉, 又作〈盟會圖〉・〈春秋長曆〉, 備成一家之學, 至老乃成. 尚書郎摯虞甚重之, 曰:「左丘明本爲《春秋》作傳, 而《左傳》遂自孤行;〈釋例〉本爲傳設, 而所發明何但《左傳》, 故亦孤行」預有大功名於晉室, 位至征南大將軍, 開府, 封當陽侯, 食邑八千戶. 子錫, 字世嘏, 尚書左丞.

2.《晉書》(34) 杜預傳

杜預字元凱, 京兆杜陵人也. 祖畿, 爲尚書僕射. 父恕, 幽州刺史. 預博學多通, 明於興廢之道, 常言:「德不可以企及, 立功立言, 可庶幾也.」初, 其父與宣帝不相能, 遂以幽死, 故預久不得調.

文帝嗣立, 預尚帝妹高陸公主, 起家拜尚書郎, 襲祖爵豐樂亭侯. 在職四年, 轉參相府軍事. 鍾會伐蜀, 以預爲鎮西長史. 及會反, 僚佐並遇害, 唯預以智獲免, 增邑千一百五十戶.

與車騎將軍賈充等定律令, 既成, 預爲之注解, 乃奏之曰:「法者, 蓋繩墨之斷例, 非窮理盡性之書也. 故文約而例直, 聽省而禁簡. 例直易見, 禁簡難犯.

易見則人知所避，難犯則幾於刑厝．刑之本在於簡直，故必審名分．審名分者，必忍小理．古之刑書，銘之鍾鼎，鑄之金石，所以遠塞異端，使無淫巧也．今所注皆網羅法意，格之以名分．使用之者執名例以審趣舍，伸繩墨之直，去析薪之理也．」詔班于天下．

泰始中，守河南尹．預以京師王化之始，自近及遠，凡所施論，務崇大體．受詔爲黜陟之課，其略曰：「臣聞上古之政，因循自然，虛己委誠，而信順之道應，神感心通，而天下之理得．逮至淳樸漸散，彰美顯惡，設官分職，以頒爵祿，弘宣六典，以詳考察．然猶倚明哲之輔，建忠貞之司，使名不得越功而獨美，功不得後名而獨隱，皆疇咨博詢，敷納以言．及至末世，不能紀遠而求於密微，疑諸心而信耳目，疑耳目而信簡書．簡書愈繁，官方愈僞，法令滋章，巧飾彌多．昔漢之刺史，亦歲終奏事，不制算課，而清濁粗舉．魏氏考課，即京房之遺意，其文可謂至密．然由於累細以違其體，故歷代不能通也．豈若申唐堯之舊，去密就簡，則簡而易從也．夫宣盡物理，神而明之，存乎其人．去人而任法，則以傷理．今科舉優劣，莫若委任達官，各考所統．在官一年以後，每歲言優者一人爲上第，劣者一人爲下第，因計偕以名聞．如此六載，主者總集採案，其六歲處優舉者超用之，六歲處劣舉者奏免之，其優多劣少者敍用之，劣多優少者左遷之．今考課之品，所對不鈞，誠有難易．若以難就優，以易而否，主者固當準量輕重，微加降殺，不足復曲以法盡也．〈己丑詔書〉以考課難成，聽通薦例．薦例之理，即亦取於風聲．六年頓薦，黜陟無漸，又非古者三考之意也．今每歲一考，則積優以成陟，累劣以取黜．以士君子之心相處，未有官故六年六黜清能，六進否劣者也．監司將亦隨而彈之．若令上下公相容過，此爲清議大穨，亦無取於黜陟也．」

司隸校尉石鑒以宿憾奏預，免職．時虜寇隴右，以預爲安西軍司，給兵三百人，騎百匹．到長安，更除秦州刺史，領東羌校尉・輕車將軍・假節．屬虜兵彊盛，石鑒時為安西將軍，使預出兵擊之．預以虜乘勝馬肥，而官軍懸乏，宜并力大運，須春進討，陳五不可・四不須．鑒大怒，復奏預擅飾城門官舍，稽乏軍興，遣御史檻車徵詣廷尉．以預尚主，在八議，以侯贖論．其後隴右之事卒如預策．

是時朝廷皆以預明於籌略，會匈奴帥劉猛舉兵反，自并州西及河東・平陽，詔預以散侯定計省闥，俄拜度支尚書．預乃奏立藉田，建安邊，論處軍國之支要．又作人排新器，興常平倉，定穀價，較鹽運，制課調，乃以利國外以救邊者五十餘條，皆納焉．石鑒自軍還，論功不實，為預所糾，遂相讐恨，言論諠譁，並坐免官，以侯兼本職．數年，復拜度支尚書．

元皇后梓宮將薦於峻陽陵．舊制，既葬，帝及群臣卽吉．尚書奏，皇太子亦宜釋服．預議「皇太子宜復古典，以諒闇終制」，從之．

預以時曆差舛，不應晷度，奏上〈二元乾度曆〉，行於世．預又以孟津渡險，有覆沒之患，請建河橋于富平津．議者以為殷周所都，歷聖賢而不作者，必不可立故也．預曰：「『造舟為梁』，則河橋之謂也．」及橋成，帝從百僚臨會，舉觴屬預曰：「非君，此橋不立也．」對曰：「非陛下之明，臣亦不得施其微巧．」周廟欹器，至漢東京猶在御坐．漢末喪亂，不復存，形制遂絕．預創意造成，奏上之，帝甚嘉歎焉．咸寧四年秋，大霖雨，蝗蟲起．預上疏多陳農要，事在〈食貨志〉．預在內七年，損益萬機，不可勝數，朝野稱美，號曰「杜武庫」，言其無所不有也．

時帝密有滅吳之計，而朝議多違，唯預・羊祜・張華與帝意合．祜病，舉預自代，因以本官假節行平東將軍，領征南軍司．及祜卒，拜鎮南大將軍・都督荊州諸軍事，給追鋒車・第二駟馬．預既至鎮，繕甲兵，耀威武，乃簡精銳，襲吳西陵督張政，大破之，以功增封三百六十戶．政，吳之名將也，據要害之地，恥以無備取敗，不以所喪之實告于孫晧．預欲間吳邊將，乃表還其所獲之眾於晧．晧果召政，遣武昌監劉憲代之．吳大軍臨至，使其將帥移易，以成傾蕩之勢．

預處分既定,乃啓請伐吳之期.帝報待明年方欲大舉,預表陳至計曰:「自閏月以來,賊但敕嚴,下無兵上.以理勢推之,賊之窮計,力不兩完,必先護上流,勤保夏口以東,以延視息,無緣多兵西上,空其國都.而陛下過聽,便用委棄大計,縱敵患生.此誠國之遠圖,使舉而有敗,勿舉可也.事爲之制,務從完牢.若或有成,則開太平之基,不成,不過費損日月之間,何惜而不一試之!若當須後年,天時人事不得如常,臣恐其更難也.陛下宿議,分命臣等隨界分進,其所禁持,東西同符,萬安之舉,未有傾敗之慮.臣心實了,不敢以曖昧之見自取後累.惟陛下察之.」預旬月之中又上表曰:「羊祜與朝臣多不同,不先博畫而密與陛下共施此計,故益令多異.凡事當以利害相較,今此舉十有八九利,其一二止於無功耳.其言破敗之形亦不可得,直是計不出己,功不在身,各恥其前言,故守之也.自頃朝廷事無大小,異意鋒起,雖人心不同,亦由恃恩不慮後難,故輕相同異也.昔漢宣帝議趙充國所上事效之後,詰責諸議者,皆叩頭而謝,以塞異端也.自秋已來,討賊之形頗露.若今中止,孫皓怖而生計,或徙都武昌,更完修江南諸城,遠其居人,城不可攻,野無所掠,積大船於夏口,則明年之計或無所及.」時帝與中書令張華圍棊,而預表適至.華推枰斂手曰:「陛下聲明神武,朝野清晏,國富兵強,號令如一.吳主荒淫驕虐,誅殺賢能,當今討之,可不勞而定.」帝乃許之.

預以太康元年正月,陳兵于江陵,遣參軍樊顯‧尹林‧鄧圭‧襄陽太守周奇等率衆循江西上,授以節度,旬日之間,累克城邑,皆如預策焉.又遣牙門管定‧周旨‧伍巢等率奇兵八百,泛舟夜渡,以襲樂鄉,多張旗幟,起火巴山,出於要害之地,以奪賊心.吳都督孫歆震恐,與伍延書曰:「北來諸軍,乃飛渡江也.」吳之男女降者萬餘口,旨‧巢等伏兵樂鄉城外.歆遣軍出距王濬,大敗而還.旨等發伏兵,隨歆軍而入,歆不覺,直至帳下,虜歆而還.故軍中爲之謠曰:「以計代戰一當萬.」於是進逼江陵.吳督將伍延僞請降而列兵登陴,預攻克之.既平上流,於是沅湘以南，至于交廣，吳之州郡皆望風歸命，奉送印綬，預仗節稱詔而綏撫之。凡所斬及生獲吳都督·監軍十四，牙門·郡守百二十餘人。又因兵威，徙將士屯戍之家以實江北，南郡故地各樹之長吏，荊土肅然，吳人赴者如歸矣。

王濬先列上得孫歆頭，預後生送歆，洛中以爲大笑。時衆軍會議，或曰：「百年之寇，未可盡克。今向暑，水潦方降，疾疫將起，宜俟來冬，更爲大舉。」預曰：「昔樂毅藉濟西一戰以幷强齊，今兵威已振，譬如破竹，數節之後，皆迎刃而解，無復著手處也。」遂指授群帥，徑造秣陵。所過城邑，莫不束手。議者乃以書謝之。

孫晧既平，振旅凱入，以功進爵當陽縣侯，增邑幷前九千六百戶，封子耽爲亭侯，千戶，賜絹八千匹。

初，攻江陵，吳人知預病癭，憚其智計，以瓠繫狗頸示之。每大樹似癭，輒斫使白，題曰「杜預頸」。及城平，盡捕殺之。

預既還鎮，累陳家世吏職，武非其功，請退。不許。

預以天下雖安，忘戰必危，勤於講武，修立泮宮，江漢懷德，化被萬里。攻破山夷，錯置屯營，分據要害之地，以固維持之勢。又修邵信臣遺跡，激用滍淯諸水以浸原田萬餘頃，分疆刊石，使有定分，公私同利。衆庶賴之，號曰「杜父」。舊水道唯沔漢達江陵千數百里，北無通路。又巴丘湖，沅湘之會，表裏山川，實爲險固，荊蠻之所恃也。預乃開楊口，起夏水達巴陵千餘里，內瀉長江之險，外通零桂之漕。南土歌之曰：「後世無叛由杜翁，孰識知名與勇功。」

預公家之事，知無不爲。凡所興造，必考度始終，鮮有敗事。或譏其意碎者，預曰：「禹稷之功，期於濟世，所庶幾也。」

預好爲後世名，常言「高岸爲谷，深谷爲陵」，刻石爲二碑，紀其勳績，一沈萬山之下，一立峴山之上，曰：「焉知此後不爲陵谷乎！」

預身不倦，敏於事而愼於言。既立功之後，從容無事，乃耽思經籍，爲《春秋左氏經傳集解》. 又參攷眾家譜第, 謂之〈釋例〉. 又作〈盟會圖〉·〈春秋長曆〉, 備成一家之學, 比老乃成. 又撰《女記讚》. 當時論者謂預文義質直, 世人未之重, 唯祕書監摯虞賞之, 曰:「左丘明本爲《春秋》作傳, 而《左傳》遂自孤行.〈釋例〉本爲傳設, 而所發明何但《左傳》, 故亦孤行.」時王濟解相馬, 又甚愛之, 而和嶠頗聚斂, 預常稱「濟有馬癖, 嶠有錢癖」. 武帝聞之, 謂預曰:「卿有何癖?」對曰:「臣有《左傳》癖.」

預在鎮, 數餉遺洛中貴要. 或問其故, 預曰:「吾但恐爲害, 不求益也.」

預初在荊州, 因宴集, 醉臥齋中. 外人聞嘔吐聲, 竊窺於戶, 止見一大蛇垂頭而吐. 聞者異之. 其後徵爲司隸校尉, 加位特進, 行次鄧縣而卒, 時年六十三. 帝甚嗟悼, 追贈征南大將軍·開府儀同三司, 諡曰成.

預先爲遺令曰:「古不合葬, 明於終始之理, 同於無有也. 中古聖人改而合之, 蓋以別合無在, 更緣生以示教也. 自此以來, 大人君子或合或否, 未能知生, 安能知死, 故各以己意所欲也. 吾往爲臺郎, 嘗以公事使過密縣之邢山. 山上有冢, 問耕父, 云是鄭大夫祭仲, 或云子產之冢也, 遂率從者祭而觀焉. 其造冢居山之頂, 四望周達, 連山體南北之正而邪東北, 向新鄭城, 意不忘本也. 其隧道唯塞其後而空其前, 不填之, 示藏無珍寶, 不取於重深也. 山多美石不用, 必集洧水自然之石以爲冢藏, 貴不勞工巧, 而此石不入世用也. 君子尚其有情, 小人無利可動, 歷千載無毀, 儉之致也. 吾去春入朝, 因郭氏喪亡, 緣陪陵舊義, 自表營洛陽城東首陽之南爲將來兆域. 而所得地中有小山, 上無舊冢. 其高顯雖未足比邢山, 然東奉二陵, 西瞻宮闕, 南觀伊洛, 北望夷叔, 曠然遠覽, 情之所安也. 故遂表樹開道, 爲一定之制. 至時皆用洛水圓石, 開隧道南向, 儀制取法於鄭大夫, 欲以儉自完耳. 棺器小斂之事, 皆當稱此.」

子孫一以遵之, 子錫嗣.

Ⅵ. 《春秋左傳正義》

唐 太宗 貞觀 연간에 孔穎達이 찬술한 〈五經正義〉, 즉 《周易正義》, 《毛詩正義》, 《尙書正義》, 《禮記正義》, 《春秋左傳正義》의 하나이다. 孔穎達은 谷那律, 楊士勛, 朱長才, 馬嘉運, 王德韶, 蘇德融 등과 함께 당시 전하던 五經을 편찬, 정리하고 趙弘智의 심의를 거쳐 貞觀 16년(642)에 완성하였다. 이에 대해 《舊唐書》 孔穎達傳에는 "先是, 與顔師古·司馬才章·王恭·王琰等諸儒受詔撰定《五經義訓》, 凡一百八十卷, 名曰《五經正義》. 太宗下詔曰:「卿等博綜古今, 義理該洽, 考前儒之異說, 符聖人之幽旨, 實爲不朽.」"라 하여 처음에는 《五經義訓》이었으나 太宗이 정식 이름으로 《五經正義》라 한 것이며, 《貞觀政要》 崇儒學篇에도 "太宗又以文學多門, 章句繁雜, 詔師古與國子祭酒孔穎達等諸儒, 撰定五經疏義, 凡一百八十卷; 名曰《五經正義》, 付國學施行"라 하여 같은 기록이 실려 있다.

그 중 《春秋左傳正義》는 注文은 杜預의 주를, 疏文은 劉炫의 義疏를 기본으로 하고 沈文何의 주로 보충하되 두 사람 주가 마땅하지 않을 때 자신의 의견을 가하여 밝혔다. 모두 36권이었다. 한편 書名에 대해서는 唐나라 때에는 《春秋正義》로 불렸으나 宋 慶元 紹興刻本부터 《春秋左傳正義》라 하였으나, 宋 劉叔剛의 〈刻本〉에는 다시 《附釋音春秋左傳注疏》로 개명되었으며 권수도 60권으로 재편되었다. 그 뒤 淸 乾隆 英武殿本에는 이름을 《春秋左氏傳注疏》로 하여 60권으로 하되 〈正義序〉 1권, 〈左傳序〉 1권, 〈原目〉 1권, 〈傳述人〉 1권이 더 있으며 말미에는 모두 〈校刊記〉가 실려 있다. 그 뒤 阮元 校刊本도 역시 60권으로 편정하였다. 한편 〈四庫繕寫本〉에서는 다시 이름을 《春秋左傳正義》(60권)라 하였으며 〈四庫全書總目提要〉에는 "有注疏而後左氏之義明, 左氏之義明而後二百四十二年內善惡之迹一一有徵"이라 평하였다. 이러한 과정을 거쳐 오늘날 〈十三經注疏本〉에는 《春秋左傳正義》로 굳어져 널리 활용되고 있다.

Ⅶ. 孔穎達(574-638)

《春秋左傳正義》를 쓴 孔穎達은 당나라 초기 경학가이며 자는 沖元, 冀州 衡水(지금의 河北 衡水) 사람이다. 북조 때 태어난 관료 집안 출신으로 당시 유학자이며 천문학자였던 劉焯에게 배워 隋 煬帝 大業 초(605) 明經科에 급제하여 河內郡博士에 올랐다. 隋末 대란 때에는 虎牢(武牢)로 피신하였다가 秦王 李世民이 王世充을 평정한 뒤 秦王府 文學館學士를 거쳐 高祖(李淵) 武德 9년(626)에 國子博士에 올랐다. 唐 太宗(李世民) 貞觀 초에 曲阜縣男으로 봉해졌다가 곧이어 給事中으로 자리를 옮겼으며 貞觀 6년(632) 國子司業에 올랐다. 그 뒤 太子右庶子를 거쳐 魏徵과 함께 《隋史》를 편찬하였고 그 공으로 散騎常侍에 올랐다. 11년에는 《五禮》를 편찬하였고 책이 완성되자 작위가 子爵으로 승격되었다. 이듬해 국자좨주國子祭酒가 되어 東宮의 侍講을 맡았으며 顔師古, 司馬才, 王恭, 王琰 등과 《五經義訓》을 편찬하여 貞觀 16년 (642) 이를 완성하였다. 모두 180권의 방대한 책으로 太宗이 이를 《五經正義》로 명명하여 널리 반포하도록 하였다. 17년 벼슬을 버리고 관직에서 물러났으며 18년 凌煙閣에 그 도상이 걸리는 영광을 얻기도 하였다. 貞觀 22년 생을 마치고 昭陵에 陪葬되었다. 太常卿을 추증받았으며 시호는 憲이다. 그의 일화는 《貞觀政要》 등에 널리 실려 있으며 전기는 《舊唐書》와 《新唐書》에 모두 실려 있다. 이를 전재하여 참고로 삼는다.

○ 孔穎達傳

1.《舊唐書》(73) 孔穎達傳

孔穎達字沖遠,冀州衡水人也.祖碩,後魏南臺丞.父安,齊青州法曹參軍.穎達八歲就學,日誦千餘言.及長,尤明《左氏傳》·鄭氏《尚書》·王氏《易》·《毛詩》·《禮記》,兼善算曆,解屬文.同郡劉焯名重海內,穎達造其門,焯初不之禮,穎達請質疑滯,多出其意表,焯改容敬之.穎達固辭歸,焯固留不可,還家,以教授爲務.隋大業初,舉明經高第,授河內郡博士.時煬帝徵諸郡儒官集于東都,令國子秘書學士與之論難,穎達爲最.時穎達少年,而先輩宿儒恥爲之屈,潛遣刺客圖之,禮部尚書楊玄感舍之於家,由是獲免.補太學助教.屬隋亂,避地於武牢.太宗平王世充,引爲秦府文學館學士.武德九年,擢授國子博士.貞觀初,封曲阜縣男,轉給事中.

時太宗初卽位,留心庶政,穎達數進忠言,益見親待.太宗嘗問曰:「《論語》云:『以能問於不能,以多聞於寡,有若無,實若虛.』何謂也?」穎達對曰:「聖人設教,欲人謙光.己雖有能,不自矜大,仍就不能之人求訪能事;己之才藝雖多,猶以爲少,仍就寡少之人更求所益.己之雖有,其狀若無;己之雖實,其容若虛.非唯匹庶,帝王之德,亦當如此.夫帝王內蘊神明,外須玄默,使深不可測,度不可知.《易》稱『以蒙養正』,『以明夷莅衆』,若其位居尊極,炫燿聰明,以才凌人,飾非拒諫,則上下情隔,君臣道乖,自古滅亡,莫不由此也.」太宗深善其對.

六年,累除國子司業.歲餘,遷太子右庶子,仍兼國子司業.與諸儒議曆及明堂,皆從穎達之說.又與魏徵撰成《隋史》,加位散騎常侍.十一年,又與朝賢修定《五禮》,所有疑滯,咸諮決之.書成,進爵爲子,賜物三百段.庶人承乾令撰《孝經義疏》,穎達因文見意,更廣規諷之道,學者稱之.太宗以穎達在東宮數有匡諫,與左庶子于志寧各賜黃金一斤,絹百匹.十二年,拜國子祭酒,仍侍講東宮.

十四年,太宗幸國學觀釋奠,命穎達講《孝經》,既畢,穎達上〈釋奠頌〉,手詔褒美.後承乾不循法度,穎達每犯顏進諫.承乾乳母遂安夫人謂曰:「太子成長,何宜屢致面折?」穎達對曰:「蒙國厚恩,死無所恨.」諫諍逾切,承乾不能納.

先是,與顏師古・司馬才章・王恭・王琰等諸儒受詔撰定《五經義訓》,凡一百八十卷,名曰《五經正義》.太宗下詔曰:「卿等博綜古今,義理該洽,考前儒之異說,符聖人之幽旨,實為不朽.」付國子監施行,賜穎達物三百段.時又有太學博士馬嘉運駁穎達所撰《正義》,詔更令詳定,功竟未成.十七年,以年老致仕.十八年,圖形於凌煙閣,讚曰:「道光列第,風傳闕里.精義霞開,摛辭飈起.」二十二年卒,陪葬昭陵,贈太常卿,諡曰憲.

2.《新唐書》(198) 儒學傳(孔穎達)

孔穎達字仲達,冀州衡水人.八歲就學,誦記日千餘言,闇記《三禮義宗》.及長,明服氏《春秋傳》・鄭氏《尚書・詩・禮記》・王氏《易》,善屬文,通步曆.嘗造同郡劉焯,焯名重海內,初不之禮.及請質所疑,遂大畏服.

隋大業初,舉明經高第,授河內郡博士.煬帝召天下儒官集東都,詔國子秘書學士與論議,穎達為冠,又年最少,老師宿儒恥出其下,陰遣客刺之,匿楊玄感家得免.補太學助教.隋亂,避地虎牢.

太宗平洛,授文學館學士,遷國子博士.貞觀初,封曲阜縣男,轉給事中.時帝新即位,穎達數以忠言進.帝問:「孔子稱『以能問於不能,以多聞於寡,有若無,實若虛』.何謂也?」對曰:「此聖人教人謙耳.己雖能,仍就不能之人以咨所未能;己雖多,仍就寡少之人更資其多.內有道,外若無;中雖實,容若虛.非特匹夫,君德亦然. 故《易》稱『蒙以養正』,『明夷以莅眾』. 若其據尊極之位, 銜聰燿明, 恃才以肆, 則上下不通, 君臣道乖. 自古滅亡, 莫不由此.」帝稱善. 除國子司業, 歲餘, 以太子右庶子兼司業. 與諸儒議曆及明堂事, 多從其說. 以論撰勞, 加散騎常侍, 爵爲子.

皇太子令穎達撰《孝經章句》, 因文以盡箴諷. 帝知數爭太子失, 賜黃金一斤·絹百匹. 久之, 拜祭酒, 侍講東宮. 帝幸太學觀釋菜, 命穎達講經, 畢, 上〈釋奠頌〉, 有詔褒美. 後太子稍不法, 穎達爭不已, 乳夫人曰:「太子旣長, 不宜數面折之.」對曰:「蒙國厚恩, 雖死不恨.」剬切愈至. 後致仕, 卒, 陪葬昭陵, 贈太常卿, 謚曰憲.

初, 穎達與顏師古·司馬才章·王恭·王琰受詔撰《五經義訓》, 凡百餘篇, 號《義贊》, 詔改爲《正義》云. 雖包貫異家爲詳博, 然其中不能無謬冗, 博士馬嘉運駁正其失, 至相譏詆. 有詔更令裁定, 功未就. 永徽二年, 詔中書門下與國子三館博士·弘文館學士考正之, 於是尙書左僕射于志寧·右僕射張行成·侍中高季輔就加增損, 書始布下.

3.《貞觀政要》

1)「規諫太子」(12)

貞觀中, 太子承乾數虧禮度, 侈縱日甚, 太子左庶子于志寧撰《諫苑》二十卷諷之. 是時太子右庶子孔穎達每犯顏進諫. 承乾乳母遂安夫人謂穎達曰:「太子長成, 何宜屢得面折?」對曰:「蒙國厚恩, 死無所恨!」諫諍愈切. 承乾令撰《孝經義疏》, 穎達又因文見意, 愈廣規諫之道. 太宗並嘉納之, 二人各賜帛五百匹, 黃金一斤, 以勵承乾之意.

2)「謙讓」(19)

貞觀三年,太宗問給事中孔穎達曰:《論語》云:『以能問於不能,以多問於寡;有若無,實若虛』.何謂也?」孔穎達對曰:「聖人設教,欲人謙光.己雖有能,不自矜大,仍就不能之人,求訪能事.己之才藝雖多,猶病以爲少,仍就寡少之人,更求所益.己之雖有,其狀若無;己之雖實,其容若虛.非惟匹庶,帝王之德,亦當如此.夫帝王內蘊神明,外須玄默,使深不可知.故《易》稱『以蒙養正』,『以明夷莅衆』.若其位居尊極,炫耀聰明,以才陵人,飾非拒諫,則上下情隔,君臣道乖.自古滅亡,莫不由此也.」太宗曰:《易》云:『勞謙,君子有終,吉.』誠如卿言」詔賜物二百段.

3)「崇儒學」(27)

貞觀四年,太宗以經籍去聖久遠,文字訛謬,詔前中書侍郎顏師古於秘書省考定五經.及功畢,復詔尙書左僕射房玄齡集諸儒重加詳議.時諸儒傳習師說,舛謬已久,皆共非之,異端蜂起.而師古輒引晉宋已來古本,隨方曉答,援據詳明,皆出其意表,諸儒莫不歎服.太宗稱善者久之,賜帛五百匹,加授通直散騎常侍,頒其所定書於天下,令學者習焉.太宗又以文學多門,章句繁雜,詔師古與國子祭酒孔穎達等諸儒,撰定五經疏義,凡一百八十卷;名曰《五經正義》,付國學施行.

《春秋左傳注疏》(十三經注疏本) 臺灣 藝文印書館 覆印本

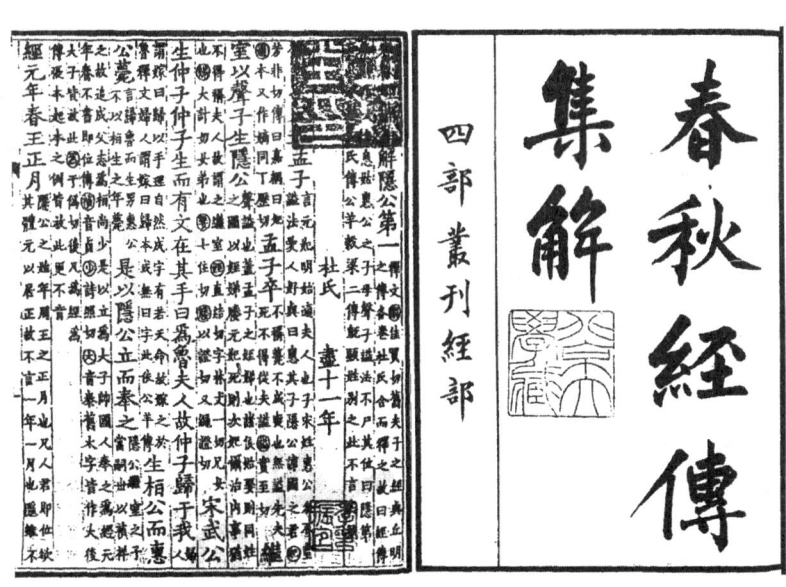

《春秋經傳集解》(杜預) 巾箱本．四部叢刊本 初編 經部

《春秋左傳補疏》清，焦循〈皇清經解〉學海堂本

皇清經解卷一千二百九十四　學海堂

左氏春秋考證

武進劉禮部逢祿著

左氏春秋酒晏子春秋呂氏春秋也直稱春秋太史公所據
舊名也冒曰春秋左氏傳則東漢以後之以訛傳訛者矣此
亦可證向書序為東晉人偽作
惠公元妃孟子
證曰此為非左氏舊文比附公羊家言桓為
右媵子隱為桓立之文而作也不知惠公並非再取經云惠
公仲子云考仲子之宮皆惠公之母穀梁說是也晉世家云
而惠公適夫人無子晓妾聲子生子息息長為取於宋女至
好惠公奪而自妻之生子文為晉文夫人亦不云仲子證太
年表桓公母宋武公女生手文為晉夫人以允為宋女為太
史公所見左氏舊文如此劉歆等改左氏為傳春秋之書而
未及兼改史記往往可以發蒙善周司馬貞反因為左氏疑
史記失之甚矣　又云劉歆倒五經使學士迷惑因為左氏
博士在西漢欲為昌明故不敢顯改經文而特以秘府古文
書經為十二篇曰春秋古經不知公穀鄰夾首十一篇為夫
子之舊何卲公氏於莊公篇詳之矣欲迷惑公羊義例則多
緣飾左氏春秋以售其偽如此篇似與公羊相合然公羊乃
設質家立子法改作紀實則大窒礙矣　又云余年十二讀
左氏春秋疑其書法是非多失大義總讀公羊及董子春乃
恍然於春秋非記事之書不必待左氏而明左氏為戰國時
人故其書終三家分晉而續經乃劉歆妄作也實以誣宋翱

皇清經解卷一千二百七十七　　桐城馬進士瑲著　　學海堂

春秋左傳補注

買服之注左傳猶康成之注六蓺糟粕不可弃也其地名
有京相璠爲之注釋酈元水經注引之於三家説融冷貫通
左傳學思過半矣元凱集解於漢晋諸儒解未能擇善而從
其地理又未能根度遠近妄爲影附此則光伯規過之書所
由作也顧大惠先生楨遘四代之家學廣搜京君之書所
揆引於惠君補注間有遺憾復妄參末議爲效亡慎之作服
廿載於惠君補注間有遺憾復妄參末議爲效亡慎之作服
故家注是守鄭冲遠之爲疏證曲説鄴通是亦惠君所仰望
於後學者也

隱元年傳邾公弗生　衆經音義引倉頡篇云弟而有音曰庶
爲之請制　鄭國志河南苑陵有制澤酈元水經注苑陵故
陵苑宛古字通鄭元曰鄹有二城二城以東悉多陂澤即古
制澤
不義不暱　說文引作不義不㾕郭與小通爾雅曰㾕膠也郭
先生晉涵曰釋詁云膠固也言不義者不能堅固故下文云
厚將崩今本作不䎞社預據視則與厚將崩不相屬
矣瑷裵南史祭常紀論亦作不義不昵
二年經紀子帛　柰水經淮水注游水又東北過紀鄣故城南
故紀子帛之國是鄭元以帛爲紀子名也
三年傳四月鄭祭足帥師取温之麥秋又取虎周之禾　此傳

春秋左傳卷十二

【註】盡十年。

成公

【註】名黑肱、宣公子、諡法、安民立政曰成。

【經】元年、春、王正月、公即位、

【註】無傳。

二月、辛酉、葬我君宣公、

【註】無傳。

無冰、

【註】無傳、周二月、今之十二月而無冰、書冬溫、喪禮が調たとなり、時ならず溫かなり、

三月、作丘甲、

【註】周禮、九夫爲井、四井爲邑、四邑爲丘、丘十六井、出我馬一匹、牛三頭、四丘爲甸、甸六十四井、出長轂一乘、戎馬四、牛十二頭、甲士三人、步卒七十二人、此甸所賦、今魯使丘出之、譏重歛故書。【注】周。今魯では甸の地より出すべき大軍を丘より出させた、是では課役の過ぐるをそしつた、

夏、臧孫許及晉侯盟于赤棘、

【註】晉地、魯晉合體したなり、

秋、王師敗績于茅戎、

【註】茅戎、戎別種、不言職、王者至奪天下莫之得校故以自敗爲文、不書敗地而書茅戎、明爲茅戎所敗、書秋從告、【注】茅。校は物を張り合ふことと、王に對して張り合ふものはない、それ故職が有ても、それを書かず、たゞ自然に敗れたと書く也、○不書何れの地で敗れたとは書さぬ然れども茅戎とたゝかは、茅戎に敗られたと云ことを明したものである、

春秋正義卷第二

國子祭酒上護軍曲阜縣開國子臣孔穎達等奉

勅撰

春秋經傳集解隱公第一

正義曰五經題篇皆出注者之意人各有心故題非常準此本經傳別則經傳各自有題注者以意裁定其本難可後知據今服虔所注題云隱公无氏傳諡第一不題春秋二字然則春秋二字蓋是經之題也服言无氏傳諡之題也杜氏既集解經傳共為一書故以春秋冠其上序說左氏言已備悉故略去左氏而當此題為經傳集解四字是杜所加甚餘皆歸本也經傳者傳也博釋經意俗本後人者常也言傳是有典法可常遵用也傳者附集而解之故謂之經傳集解傳舉君後爵社君來分年相附集而解之故謂之族譜略記國之興滅譜云魯姬姓文王子周公旦之俊也周公股肱周室成王封其子伯禽於曲阜為魯侯今曹國是也自隱公下九世二百一十七年而楚之滅魯

春秋經傳卷第十六

襄公

盡二十二年

經十有六年春王正月葬晉悼公三月公會
晉侯宋公衛侯鄭伯曹伯莒子邾子薛伯杞
伯小邾子于溴梁戊寅大夫盟晉人執莒子
邾子以歸齊侯伐我北鄙夏公至自會五月
甲子地震叔老會鄭伯晉荀偃衛甯殖宋人
伐許秋齊侯伐我北鄙圍成大雩冬叔孫豹

《春秋經傳》中國版刻圖錄 宋刻本(杭州)

春秋傳卷第一

左朝散郎充徽猷閣待制提舉江州太平觀賜紫金魚袋臣胡安國奉
聖旨纂修

隱公上

孟子曰王者之迹熄而詩亡詩亡然後春秋作今按邶而下多春秋時詩也而謂詩亡然後春秋作何也自離降爲國風天下無復有雅而王者之詩亡矣春秋作於隱公適當雅亡之後又按小雅正月刺幽王詩也而曰赫赫宗周褒姒威之逮魯孝公之末幽王已爲犬戎所斃惠公年周既東矣春秋不作於孝公惠公者東遷之始流風遺俗猶有存者鄭武公入爲司徒善於其職則猶用賢也　侯捍王于艱錫之秬鬯則猶有詰命也王曰其歸視爾師則諸侯猶來朝也義和之蕢謚爲丈侯則列國猶有請也及平王在位日久不能自強於政治棄其九族葛藟有終遠兄弟之刺王不撫其民周人有束薪蒲楚之譏至其晚年失道滋甚乃以天

차례

◈ 책머리에
◈ 일러두기
◈ 해제
  Ⅰ.《春秋》
  Ⅱ.《春秋左傳》
  Ⅲ.《春秋左傳集解》
  Ⅳ.《春秋釋例》
  Ⅴ. 杜預
  Ⅵ.《春秋左傳正義》
  Ⅶ. 孔穎達
◈ 〈春秋序〉杜預
◈ 〈春秋後序〉杜預

春秋左傳 ⑤

11. 定公(총 15년)

214. 定公 元年 ·············· 3276
215. 定公 2年 ·············· 3290
216. 定公 3年 ·············· 3294
217. 定公 4年 ·············· 3301
218. 定公 5年 ·············· 3331
219. 定公 6年 ·············· 3345
220. 定公 7年 ·············· 3357
221. 定公 8年 ·············· 3364
222. 定公 9年 ·············· 3385
223. 定公 10年 ············· 3398

224. 定公 11年 ·················· 3417
225. 定公 12年 ·················· 3420
226. 定公 13年 ·················· 3428
227. 定公 14年 ·················· 3441
228. 定公 15年 ·················· 3457

12. 哀公(총 27년)

229. 哀公 元年 ·················· 3470
230. 哀公 2年 ·················· 3485
231. 哀公 3年 ·················· 3501
232. 哀公 4年 ·················· 3512
233. 哀公 5年 ·················· 3523
234. 哀公 6年 ·················· 3531
235. 哀公 7年 ·················· 3548
236. 哀公 8年 ·················· 3561
237. 哀公 9年 ·················· 3575
238. 哀公 10年 ·················· 3583
239. 哀公 11年 ·················· 3591
240. 哀公 12年 ·················· 3615
241. 哀公 13年 ·················· 3626
242. 哀公 14年 ·················· 3641
243. 哀公 15年 ·················· 3665
244. 哀公 16年 ·················· 3680
245. 哀公 17年 ·················· 3700
246. 哀公 18年 ·················· 3716
247. 哀公 19年 ·················· 3720
248. 哀公 20年 ·················· 3722
249. 哀公 21年 ·················· 3727
250. 哀公 22年 ·················· 3730
251. 哀公 23年 ·················· 3732
252. 哀公 24年 ·················· 3736
253. 哀公 25年 ·················· 3741
254. 哀公 26年 ·················· 3750
255. 哀公 27年 ·················· 3762

春秋左傳 上

1. 隱公 (총 11년)

- 001. 隱公 元年 ………………… 100
- 002. 隱公 2年 ………………… 119
- 003. 隱公 3年 ………………… 126
- 004. 隱公 4年 ………………… 140
- 005. 隱公 5年 ………………… 150
- 006. 隱公 6年 ………………… 163
- 007. 隱公 7年 ………………… 170
- 008. 隱公 8年 ………………… 177
- 009. 隱公 9年 ………………… 187
- 010. 隱公 10年 ………………… 193
- 011. 隱公 11年 ………………… 200

2. 桓公 (총 18년)

- 012. 桓公 元年 ………………… 216
- 013. 桓公 2年 ………………… 221
- 014. 桓公 3年 ………………… 237
- 015. 桓公 4年 ………………… 246
- 016. 桓公 5年 ………………… 249
- 017. 桓公 6年 ………………… 259
- 018. 桓公 7年 ………………… 273
- 019. 桓公 8年 ………………… 276
- 020. 桓公 9年 ………………… 282
- 021. 桓公 10年 ………………… 287
- 022. 桓公 11年 ………………… 292
- 023. 桓公 12年 ………………… 300
- 024. 桓公 13年 ………………… 307
- 025. 桓公 14年 ………………… 313
- 026. 桓公 15年 ………………… 319
- 027. 桓公 16年 ………………… 327
- 028. 桓公 17年 ………………… 333
- 029. 桓公 18年 ………………… 341

3. 莊公 (총 32년)

- 030. 莊公 元年 ………………… 352
- 031. 莊公 2年 ………………… 358
- 032. 莊公 3年 ………………… 361
- 033. 莊公 4年 ………………… 365

034. 莊公 5年 ····································· 371
035. 莊公 6年 ····································· 374
036. 莊公 7年 ····································· 380
037. 莊公 8年 ····································· 384
038. 莊公 9年 ····································· 393
039. 莊公 10年 ··································· 400
040. 莊公 11年 ··································· 410
041. 莊公 12年 ··································· 416
042. 莊公 13年 ··································· 421
043. 莊公 14年 ··································· 425
044. 莊公 15年 ··································· 433
045. 莊公 16年 ··································· 436
046. 莊公 17年 ··································· 442
047. 莊公 18年 ··································· 445
048. 莊公 19年 ··································· 450
049. 莊公 20年 ··································· 457
050. 莊公 21年 ··································· 461
051. 莊公 22年 ··································· 466
052. 莊公 23年 ··································· 474
053. 莊公 24年 ··································· 481
054. 莊公 25年 ··································· 489
055. 莊公 26年 ··································· 494
056. 莊公 27年 ··································· 498
057. 莊公 28年 ··································· 504
058. 莊公 29年 ··································· 514
059. 莊公 30年 ··································· 519
060. 莊公 31年 ··································· 524
061. 莊公 32年 ··································· 527

4. 閔公(총 2년)

062. 閔公 元年 ··································· 542
063. 閔公 2年 ····································· 552

春秋左傳 三

5. 僖公(총 33년)

- 064. 僖公 元年 ················ 634
- 065. 僖公 2年 ················ 642
- 066. 僖公 3年 ················ 649
- 067. 僖公 4年 ················ 654
- 068. 僖公 5年 ················ 669
- 069. 僖公 6年 ················ 685
- 070. 僖公 7年 ················ 690
- 071. 僖公 8年 ················ 699
- 072. 僖公 9年 ················ 705
- 073. 僖公 10年 ················ 718
- 074. 僖公 11年 ················ 726
- 075. 僖公 12年 ················ 730
- 076. 僖公 13年 ················ 735
- 077. 僖公 14年 ················ 741
- 078. 僖公 15年 ················ 746
- 079. 僖公 16年 ················ 771
- 080. 僖公 17年 ················ 777
- 081. 僖公 18年 ················ 786
- 082. 僖公 19年 ················ 792
- 083. 僖公 20年 ················ 801
- 084. 僖公 21年 ················ 807
- 085. 僖公 22年 ················ 815
- 086. 僖公 23年 ················ 827
- 087. 僖公 24年 ················ 843
- 088. 僖公 25年 ················ 870
- 089. 僖公 26年 ················ 884
- 090. 僖公 27年 ················ 894
- 091. 僖公 28年 ················ 903
- 092. 僖公 29年 ················ 942
- 093. 僖公 30年 ················ 947
- 094. 僖公 31年 ················ 959
- 095. 僖公 32年 ················ 967
- 096. 僖公 33年 ················ 974

6. 文公(총 18년)

- 097. 文公 元年 ················ 1000
- 098. 文公 2年 ················ 1015
- 099. 文公 3年 ················ 1031
- 100. 文公 4年 ················ 1041
- 101. 文公 5年 ················ 1050
- 102. 文公 6年 ················ 1058
- 103. 文公 7年 ················ 1075
- 104. 文公 8年 ················ 1093

105. 文公 9年 ·········· 1102	110. 文公 14年 ·········· 1153
106. 文公 10年 ·········· 1113	111. 文公 15年 ·········· 1170
107. 文公 11年 ·········· 1122	112. 文公 16年 ·········· 1186
108. 文公 12年 ·········· 1130	113. 文公 17年 ·········· 1199
109. 文公 13年 ·········· 1142	114. 文公 18年 ·········· 1210

春秋左傳 三

7. 宣公 (총 18년)

115. 宣公 元年 ·········· 1288	124. 宣公 10年 ·········· 1380
116. 宣公 2年 ·········· 1299	125. 宣公 11年 ·········· 1394
117. 宣公 3年 ·········· 1316	126. 宣公 12年 ·········· 1405
118. 宣公 4年 ·········· 1330	127. 宣公 13年 ·········· 1447
119. 宣公 5年 ·········· 1344	128. 宣公 14年 ·········· 1452
120. 宣公 6年 ·········· 1349	129. 宣公 15年 ·········· 1461
121. 宣公 7年 ·········· 1355	130. 宣公 16年 ·········· 1478
122. 宣公 8年 ·········· 1360	131. 宣公 17年 ·········· 1485
123. 宣公 9年 ·········· 1369	132. 宣公 18年 ·········· 1495

8. 成公 (총 18년)

133. 成公 元年 ·········· 1506	135. 成公 3年 ·········· 1555
134. 成公 2年 ·········· 1512	136. 成公 4年 ·········· 1571

137. 成公 5年 ·················· 1579	144. 成公 12年 ················ 1668
138. 成公 6年 ·················· 1590	145. 成公 13年 ················ 1675
139. 成公 7年 ·················· 1604	146. 成公 14年 ················ 1692
140. 成公 8年 ·················· 1616	147. 成公 15年 ················ 1700
141. 成公 9年 ·················· 1631	148. 成公 16年 ················ 1716
142. 成公 10年 ················· 1648	149. 成公 17年 ················ 1759
143. 成公 11年 ················· 1658	150. 成公 18年 ················ 1783

春秋左傳 卷

9. 襄公 (총 31년)

151. 襄公 元年 ················· 1860	164. 襄公 14年 ················ 2046
152. 襄公 2年 ·················· 1868	165. 襄公 15年 ················ 2078
153. 襄公 3年 ·················· 1880	166. 襄公 16年 ················ 2090
154. 襄公 4年 ·················· 1894	167. 襄公 17年 ················ 2102
155. 襄公 5年 ·················· 1912	168. 襄公 18年 ················ 2113
156. 襄公 6年 ·················· 1924	169. 襄公 19年 ················ 2130
157. 襄公 7年 ·················· 1933	170. 襄公 20年 ················ 2151
158. 襄公 8年 ·················· 1946	171. 襄公 21年 ················ 2161
159. 襄公 9年 ·················· 1960	172. 襄公 22年 ················ 2181
160. 襄公 10年 ················· 1984	173. 襄公 23年 ················ 2196
161. 襄公 11年 ················· 2011	174. 襄公 24年 ················ 2230
162. 襄公 12年 ················· 2028	175. 襄公 25年 ················ 2250
163. 襄公 13年 ················· 2035	176. 襄公 26年 ················ 2286

177. 襄公 27年	2326		180. 襄公 30年	2422
178. 襄公 28年	2358		181. 襄公 31年	2451
179. 襄公 29年	2390			

春秋左傳 5

10. 昭公(총 32년)

182. 昭公 元年	2534		198. 昭公 17年	2911
183. 昭公 2年	2586		199. 昭公 18年	2928
184. 昭公 3年	2600		200. 昭公 19年	2943
185. 昭公 4年	2625		201. 昭公 20年	2957
186. 昭公 5年	2657		202. 昭公 21年	2991
187. 昭公 6年	2682		203. 昭公 22年	3012
188. 昭公 7年	2699		204. 昭公 23年	3030
189. 昭公 8年	2735		205. 昭公 24年	3053
190. 昭公 9年	2751		206. 昭公 25年	3065
191. 昭公 10年	2765		207. 昭公 26年	3099
192. 昭公 11年	2780		208. 昭公 27年	3125
193. 昭公 12年	2799		209. 昭公 28年	3144
194. 昭公 13年	2825		210. 昭公 29年	3161
195. 昭公 14年	2869		211. 昭公 30年	3177
196. 昭公 15年	2880		212. 昭公 31年	3187
197. 昭公 16年	2894		213. 昭公 32年	3199

11. 〈定公〉

◎ 魯 定公 在位期間(15년: B.C.509~495년)

襄公의 아들이며 昭公의 아우. 어머니는 알 수 없음. 杜預 注에 "史傳不言其母, 不知誰所生"이라 함. 이름은 宋. B.C.509~495년까지 15년간 재위함. 〈諡法〉에 "安民大慮曰定"이라 함.

214. 定公 元年(B.C.509) 壬辰

周	敬王(姬匄) 11년	齊	景公(杵臼) 39년	晉	定公(午) 3년	衛	靈公(元) 26년
蔡	昭公(申) 10년	鄭	獻公(蠆) 5년	曹	隱公(通) 원년	陳	惠公(吳) 21년
杞	悼公(成) 9년	宋	景公(欒) 8년	秦	哀公(鍼?) 28년	楚	昭王(軫) 7년
吳	吳王(闔廬) 6년	許	許男(斯) 14년				

※ 1592(定元-1)

元年春王.

원년 봄 주력周曆.

【春王】이 뒤에 '正月'이 있어야 하나 定公이 6월에 즉위하여 이를 쓰지 않은 것임. 杜預 注에 "公之始年而不書「正月」, 公卽位在六月故"라 함.

※ 1593(定元-2)

三月, 晉人執宋仲幾于京師.

3월, 진晉나라가 송宋나라 중기仲幾를 경사京師에서 붙잡았다.

【仲幾】宋나라 대부. 仲江의 玄孫으로 向寧 대신 左師가 되었음.
【京師】天子가 있는 도읍. 지금의 河南 洛陽.

⑲
元年春王正月辛巳, 晉魏舒合諸侯之大夫于狄泉, 將以城成周.
魏子涖政.
衛彪傒曰:「將建天子, 而易位以令, 非義也. 大事奸義, 必有大咎. 晉不失諸侯, 魏子其不免乎!」
是行也, 魏獻子屬役於韓簡子及原壽過, 而田於大陸, 焚焉, 還, 卒於甯.
范獻子去其柏椁, 以其未復命而田也.
孟懿子會城成周, 庚寅, 栽.
宋仲幾不受功, 曰:「滕·薛·郳, 吾役也.」
薛宰曰:「宋爲無道, 絶我小國於周, 以我適楚, 故我常從宋. 晉文公爲踐土之盟, 曰:『凡我同盟, 各復舊職.』若從踐土, 若從宋, 亦唯命.」
仲幾曰:「踐士固然.」
薛宰曰:「薛之皇祖奚仲居薛, 以爲夏車正, 奚仲遷于邳, 仲虺居薛, 以爲湯左相. 若復舊職, 將承王官, 何故以役諸侯?」
仲幾曰:「三代各異物, 薛焉得有舊? 爲宋役, 亦其職也.」
士彌牟曰:「晉之從政者新, 子姑受功, 歸, 吾視諸古府.」
仲幾曰:「縱子忘之, 山川鬼神其忘諸乎?」
士伯怒, 謂韓簡子曰:「薛徵於人, 宋徵於鬼. 宋罪大矣. 且己無辭, 而抑我以神, 誣我也.『啓寵納侮』, 其此之謂矣. 必以仲幾爲戮.」
乃執仲幾以歸.
三月, 歸諸京師.
城三旬而畢, 乃歸諸侯之戍.
齊高張後, 不從諸侯.

晉女叔寬曰:「周萇弘·齊高張皆將不免. 萇叔違天, 高子違人, 天之所壞, 不可支也; 衆之所爲, 不可奸也.」

원년 봄 정월 신사날, 진晉나라 위서魏舒가 제후국의 대부들을 적천狄泉에 모아놓고 성주成周에 성 쌓기를 착수하려 하였다.
그때 위서가 제후국의 대부들을 지시하였다.
그러자 위衛나라 표혜彪傒가 말하였다.
"천자께서 거처하실 성을 쌓는데, 자기가 나설 자리가 아닌데도 나와 호령하는 것은 의에 맞지 않다. 큰일을 함에 의리를 범하였으니 그는 틀림없이 큰 벌을 받을 것이다. 진나라가 제후들을 잃지 않는다면 위자魏子는 화를 면하지 못할 것이다!"
이 성을 쌓는 일에 위헌자는 그 공사를 한간자韓簡子와 원수과原壽過에게 맡기고는 자신은 대륙大陸에서 사냥을 하였는데, 그곳에 불을 질러서 사냥하고는 돌아오는 길에 영甯에서 세상을 떠났다.
범헌자范獻子는 그의 장례를 치르면서 잣나무로 만든 덧널을 없애버렸다. 이는 위헌자가 완공하고 보고를 해야 함에도 그 전에 사냥한 허물 때문이었다.
노나라에서는 맹의자孟懿子가 성주의 성 쌓는 일에 참가하였다. 경인날, 목판을 대고 흙을 넣어 다지는 일이 시작되었다.
그때 송나라의 중기仲幾가 공사의 할당을 받지 않으면서 말하였다.
"등滕, 설薛, 예郳나라가 우리 송나라의 몫을 대신해야 합니다."
그러자 설나라 대부가 말하였다.
"송나라는 무도하여 우리 작은 나라들을 주周나라에서 떼어내어 우리를 이끌고 초楚나라에 붙었습니다. 그 때문에 우리는 항상 송나라를 따르게 된 것입니다. 그러나 진晉 문공文公께서 천토踐土에서의 맹약에 '모든 우리 동맹국은 저마다 예전의 지위로 돌아가 그 직분을 다 하라'라 하셨습니다. 천토의 맹약대로 해야 하는지, 아니면 송나라를 따라야 하는지 역시 명령을 내려주시는 대로 하겠습니다."
중기가 말하였다.

"천토의 맹약에는 우리를 따르게 되어 있소."

그러자 설나라 대부가 말하였다.

"우리 설나라 먼 조상 해중奚仲께서는 설 땅에 살면서 하夏나라의 수레를 관리하는 거정車正 관직을 맡으셨습니다. 해중께서 비邳로 옮겨가시자 그분의 자손이신 중훼仲虺께서 설 땅에 계시며 탕왕湯王의 좌상左相이 되셨습니다. 만약 옛날의 직분으로 돌아간다면 우리 임금께서는 천자의 조정에서 벼슬을 하실 것인데, 무슨 이유로 제후에게 부림을 당해야 하는 것입니까?"

중기가 말하였다.

"삼대三代에는 저마다 제도가 달랐는데, 설나라가 지금 주나라 천하에서 어떻게 옛 직분을 차지할 수 있다는 것입니까? 지금 우리 송나라를 위하여 사역하는 것이 역시 설나라의 직분입니다."

그러자 사미모士彌牟가 말하였다.

"진나라의 집정관이 새로 바뀌었습니다. 그대는 우선 공사의 할당을 받아주십시오. 제가 돌아가면 옛 문서 보관 창고에서 살펴보겠습니다."

중기가 말하였다.

"그대는 비록 잊고 계신다 해도 산천의 신명이야 그 일을 어찌 잊었겠습니까?"

사백士伯(士彌牟)이 노하여 한간자韓簡子에게 말하였다.

"설나라는 사람에게서 증거로 대고 있고, 송나라에서는 귀신에게서 증거를 대고 있으니 송나라가 신을 모독하는 죄가 큽니다. 게다가 스스로 할 말이 없게 되자 우리를 억누르려고 귀신을 들먹이면서 우리를 속이려 합니다. '지나치게 사랑하면 모욕을 받는다'라 말은 이런 경우를 두고 하는 것입니다. 반드시 중기에게 벌을 내려야 합니다."

그리하여 그는 곧 중기를 잡아 진나라로 돌아갔다.

3월, 그를 주나라 경사로 돌려보냈다.

성 쌓는 일이 30일이 걸려 끝이 나자 이에 수비하던 제후들의 군사를 돌려보냈다.

제나라 고장高張은 늦게 도착하여 제후들이 하는 일을 같이 하지 못하였다.

진나라의 여숙관女叔寬이 말하였다.

"주나라 장홍萇弘과 제나라 고장은 모두가 장차 화를 면하지 못할 것이다. 장숙萇叔(萇弘)은 하늘을 어겼고, 고자高子(高張)는 사람을 어겼다. 하늘이 무너뜨리려는 것은 버틸 수가 없고, 여러 사람들이 하려는 일은 제멋대로 어길 수가 없는 것이다."

【辛巳】정월 7일.
【魏舒】魏獻子. 晉나라 대부. 魏絳의 아들.
【狄泉】翟泉과 같음. 궁성 밖에 있었음. 僖公 29년을 볼 것. 杜預 注에 "敬王辟子朝也. 狄泉, 今洛陽城內大倉西南池水也, 時在城外"라 하였고, 孔穎達 疏에 "狄泉若在城內, 宜云'王居成周', 知此時在城外也. 今在城內者, 〈土地名〉云: 或曰, 定元年城成周, 乃遷之入城內也"라 함.
【成周】周 成王 때 洛邑에 王城을 쌓았으며 낙읍 동쪽에 別都를 설치하여 '成周'라 하였음. 《說苑》修文篇에 "春秋曰:『天王入于成周』傳曰:「成周者何? 東周也.」"라 함.
【彪傒】衛나라 대부.
【魏獻子】魏舒. 晉나라 대부. 魏絳의 아들.
【韓簡子】晉나라 대부 韓不信. 伯音. 韓起의 손자이며 시호는 簡子.
【京師】天子가 있는 도읍. 지금의 河南 洛陽.
【原壽過】周나라 대부.
【大陸】지금의 河南 修武縣 근처. 《水經注》에 《魏土地記》를 인용하여 "修武縣西北二十五里, 有吳澤陂, 南北二十里, 東西三十里, 魏獻子田大陸. 即吳澤矣"라 함.
【焚焉】《國語》周語(下)에 "是歲也, 魏獻子合諸侯之大夫於狄泉, 遂田於大陸, 焚而死"라 함.
【甯】지명. 晉나라 땅. 大陸 근처. 《一統志》에 "今河南獲嘉縣治. 本古修武故城, 即故甯也"라 함.
【范獻子】范鞅. 晉나라 대부. 士鞅. 范叔으로도 불림. 시호는 獻子. 士匄(宣子)의 아들이며 士燮(范文子)의 손자.
【柏椁】잣나무로 만든 外棺. 《禮記》喪大記에 의하면 喪禮로는 군주의 경우는 松椁, 대부의 경우는 柏椁, 士의 경우는 雜木椁을 썼음. 杜預 注에 "范獻子代

魏子爲政, 去其柏椁, 示貶之"라 함.

【孟懿子】魯나라 대부 仲孫何忌. 시호는 懿子.

【庚寅】정월 16일.

【栽】杜預 注에 "栽, 設板築"이라 하여 성을 쌓는 과정 중에 판자를 설치함으로 보았으나 고대 '栽'와 '載'는 같은 음으로 '載', 즉 '夯'(항)의 뜻. '흙을 실어 나름'.

【仲幾】宋나라 대부. 仲江의 玄孫으로 向寧 대신 左師가 되었음.

【邾】小邾를 가리킴.

【吾役】宋나라의 일을 대신함. 杜預 注에 "欲使三國代宋受功役也"라 함.

【宋爲無道】이는 成公 2년과 襄公 27년을 참조할 것.

【踐土之盟】僖公 28년을 볼 것.

【奚仲】薛나라의 시조. 처음 수레를 만들어 夏나라 때 車正의 벼슬을 하였음. 薛은 지금의 山東 滕縣 서남쪽.

【邳】지금의 江蘇 邳縣 동북 邳城鎭.

【仲虺】奚仲의 후손으로 殷나라 湯王의 左相이었음.

【士彌牟】晉나라 대부. 士景伯, 士伯으로도 부름. 士文伯의 아들. 杜預 注에 "景伯, 士文伯之子彌牟也"라 함.

【焉得有舊】杜預 注에 "言居周世, 不得以夏殷爲舊"라 함.

【啓寵納侮】'사랑을 폈더니 받는 것은 모욕'이라는 뜻의 속담으로 晉나라가 宋나라를 아껴주었더니 지금 모욕을 주고 있다는 뜻.

【歸諸京師】兪樾〈平議〉에 "是時晉侯不在會, 故先歸諸晉, 而後以晉侯之命歸諸京師"라 함.

【高張】齊나라 대부. 高偃의 아들. 시호는 昭子.

【女叔寬】周나라 대부.

【萇弘】周나라 대부이며 術數家. 天文, 曆法, 豫言 등에 뛰어났었으나 뒤에 죽음을 당함. 定公 4년 및《國語》周語(下),《淮南子》,《史記》封禪書 등에 널리 그 이름이 보임.《淮南子》氾論訓에 "昔者萇弘, 周室之執數者也, 天地之氣·日月之行·風雨之變·律曆之數, 無所不通, 然而不能自知, 鈹裂而死"라 함.

【萇叔違天】《國語》周語(下)에 "敬王十年, 劉文公與萇弘欲城周, 爲之告晉. 魏獻子爲政, 說萇弘而與之, 將合諸侯. 衛彪傒適周, 見單穆公曰:「萇·劉其不殁乎?〈周詩〉有之曰:『天之所支, 不可壞也. 其所壞, 亦不可支也.』昔武王克殷, 而作此詩也, 以爲飫歌, 名之曰『支』, 以遺後之人, 使永監焉. 夫禮之立成者爲飫, 昭明大節而已, 少典與焉. 是以爲之日惕, 其欲敎民戒也. 然則夫『支』之所道者,

必盡知天地之爲也. 不然, 不足以遺後之人. 今萇·劉欲支天之所壞, 不亦難乎? 自幽王而天奪之明, 使迷亂棄德, 而即慆淫, 以亡其百姓, 其壞之也久矣. 而又將補之, 殆不可矣! 水火之所犯, 猶不可救, 而況天乎?"라 함.
【高子違人】杜預 注에 "爲哀三年周人殺萇弘·六年高張來奔起"라 함.

✻ 1594(定元-3)

夏六月癸亥, 公之喪至自乾侯.

여름 6월 계해날, 소공昭公의 시신이 간후乾侯에서 돌아왔다.

【癸亥】6월 21일.
【至】杜預 注에 "告於廟, 故書「至」"라 함.
【乾侯】'乾'은 '간'(干)으로 읽음. 지금의 河北 成安縣 동남쪽.《一統志》에 "今河北成安縣東南, 有斥邱故城, 卽春秋乾侯"라 함. 昭公이 생을 마친 곳.

✻ 1595(定元-4)

戊辰, 公卽位.

무진날, 정공定公이 즉위하였다.

【戊辰】6월 26일.
【公】定公. 이름은 송. 襄公의 아들이며 昭公의 아우. 어머니는 알 수 없음. 杜預 注에 "史傳不言其母, 不知誰所生"이라 함. 昭公을 이어 B.C.509~495년까지 15년간 재위함. 諡法에 "安民大慮曰定"이라 함.

※ 1596(定元-5)

秋七月癸巳, 葬我君昭公.

가을 7월 계사날, 소공의 장례를 치렀다.

【癸巳】7월 22일.
【昭公】襄公의 아들. 이름은 裯. 그러나 《史記》年表와 《世本》,《漢書》古今人表에는 '稠'라 하였으며 〈索隱〉에는 徐廣의 말을 인용하여 '一作袑'라 하여 표기가 각기 다름. 어머니는 胡나라 출신 양공의 둘째 첩 齊歸. B.C.541~510년까지 32년간 재위함. 杜預 注에는 "在位二十五年, 遜于齊, 在外八年, 凡三十三年, 薨于乾侯"라 하여 재위기간을 33년이라 하였음. 諡法에 "威儀恭明曰昭"라 함.

㊉
夏, 叔孫成子逆公之喪于乾侯.
季孫曰:「子家子亟言於我, 未嘗不中吾志也. 吾欲與之從政, 子必止之, 且聽命焉.」
子家子不見叔孫, 易幾而哭.
叔孫請見子家子.
子家子辭, 曰:「羈未得見, 而從君以出. 君不命而薨, 羈不敢見.」
叔孫使告之曰:「公衍·公爲實事羣臣不得事君, 若公子宋主社稷, 則羣臣之願也. 凡從君出而可以入者, 將唯子是聽. 子家氏未有後, 季孫願與子從政. 此皆季孫之願也, 使不敢以告.」
對曰:「若立君, 則有卿士·大夫與守龜在, 羈弗敢知. 若從君者, 則貌而出者, 入可也; 寇而出者, 行可也. 若羈也, 則君知其出也, 而未知其入也, 羈將逃也.」
喪及壞隤, 公子宋先入, 從公者皆自壞隤反.

여름, 숙손성자叔孫成子가 소공의 시신을 간후乾侯에서 맞이하였다.
그가 떠날 때 계손의여季孫意如가 말하였다.

"자가자子家子는 예전에 나와 함께 의견을 자주 나눴는데, 그의 말이 내 뜻에 맞지 않았던 적이 없었습니다. 나는 그와 함께 정치를 하고 싶습니다. 그대는 반드시 그가 외국으로 가지 못하게 붙들고 그의 말을 그대로 들어 주십시오."

그러나 자가자는 숙손성자를 만나지 않고, 시간을 바꾸어 그와 마주치지 않게 곡을 하였다.

숙손성자가 자가자에게 만나기를 요청하였다.

자가자는 사양하면서 이렇게 말하였다.

"나(羈)는 국내에서 그대를 알기도 전에 군주를 따라 나왔습니다. 군주께서는 나에게 아무런 명도 내리지 않으신 채 훙거하셨으니 저는 감히 그대를 만날 수 없습니다."

숙손성자는 사람을 보내어 자가자에게 이렇게 전하도록 하였다.

"공연公衍과 공위公爲 두 공자가 실은 여러 신하들로 하여금 임금을 섬길 수 없도록 한 것입니다. 만약 공자 송宋이 사직을 맡게 된다면, 그것은 여러 신하들이 바라던 바입니다. 돌아가신 임금을 따라 나왔다가 다시 나라로 들어갈 수 있는 사람들은 오직 그대의 말씀만을 들을 것입니다. 나라 안에서는 지금까지 자가씨子家氏의 후계자를 정하지 않았고, 계손씨는 그대와 함께 정치를 하고 싶어 하십니다. 이 모든 것은 계손께서 바라는 바로써 저(不敢)로 하여금 일러드리도록 한 것입니다."

자가자가 대답하였다.

"새 임금을 세우는 일이라면 경과 사대부, 거북등에 달린 것으로 내가 감히 알 수 있는 일이 아닙니다. 이제껏 임금을 따라 나온 사람들은 겉으로만 따라 나온 자라면 들어가는 것이 옳겠지만, 계손씨를 적으로 여겨 나온 자들이라면 국외로 가는 것이 옳습니다. 나 같은 경우라면 돌아가신 군주께서는 내가 나온 것은 알지만 들어가는 일은 모르실 것입니다. 그러니 나는 다른 나라로 달아날 것입니다."

소공의 시신이 괴퇴壞隤에 이르자 공자 송宋이 먼저 국내로 들어갔고, 소공을 따르던 사람들은 모두 괴퇴에서 되돌아 나갔다.

【叔孫成子】叔孫不敢. 叔孫婼의 아들.
【乾侯】'乾'은 '간'(干)으로 읽음. 지금의 河北 成安縣 동남쪽.《一統志》에 "今河北成安縣東南, 有斥邱故城, 卽春秋乾侯"라 함. 소공이 생을 마친 곳.
【季孫】季孫意如. 魯나라 대부 季平子. 季悼子(季孫紇)의 아들이며 季武子(季孫宿)의 손자. 悼子가 아버지 武子보다 먼저 죽어 나중에 平子가 집안의 후계자가 됨.《公羊傳》에는 '隱如'로 되어 있음.
【子家子】魯나라 대부. 子家懿伯. 子家羈. 昭公을 모시고 늘 수행하며 직언을 하였던 인물.
【易幾而哭】'幾'는 '期'와 같음. 叔孫成子와 마주치지 않기 위해 곡하는 시간을 바꿈.
【不敢見】만날 수 없음을 핑계로 댄 것. 杜預 注에 "言未受昭公之命, 託辭以距叔孫"이라 함.
【公衍·公爲】昭公의 두 아들. 昭公 29년 4월 傳을 볼 것.
【公子宋】昭公의 아우. 뒤에 定公이 되었음. 宋은 그의 이름.
【不敢】叔孫成子의 이름. 叔孫不敢.
【貌而出】상황에 이끌려 그저 昭公을 따라 나온 이들. 계손씨와 원한이 없는 부류들.
【寇而出】계손씨를 원수로 여겨 昭公을 따라 나온 이들.
【壞隤】지금의 山東 曲阜縣 경내. 成公 16년을 볼 것. 여기에 이르러 모든 이들이 出奔하여 한 사람도 국내로 들어오지 않음.

⟨傳⟩

六月癸亥, 公之喪至自乾侯.
戊辰, 公卽位.
季孫使役如闞公氏, 將溝焉.
榮駕鵝曰:「生不能事, 死又離之, 以自旌也? 縱子忍之, 後必或恥之.」
乃止.
季孫問於榮駕鵝曰:「吾欲爲君諡, 使子孫知之.」
對曰:「生弗能事, 死又惡之, 以自信也? 將焉用之?」
乃止.

6월 계해날, 소공의 시신이 간후乾侯에서 노나라 도읍에 닿았다.

무진날, 노나라 새 군주 정공이 즉위하였다.

계손의여는 공실의 묘지가 있는 감闞으로 일꾼을 보내어 소공을 묻을 자리의 둘레에 도랑을 파도록 하였다.

영가아榮駕鵝가 말하였다.

"임금께서 살아계실 때에는 잘 섬기지도 못하고, 돌아가신 뒤에도 선주들의 묘와 떼어 놓으려 하고 있으니 이는 스스로 잘못을 밝히려는 것입니까? 비록 그대는 아무렇지 않게 여기시겠지만 후손 가운데에는 반드시 이를 부끄럽게 여기는 사람도 있을 것입니다."

그래서 이를 멈추었다.

계손의여가 영가아에게 물었다.

"나는 돌아가신 군주께 좋지 못한 시호를 정하여 자손들에게 그 내력을 알도록 하고자 하오."

영가아가 대답하였다.

"임금께서 살아계셨을 때에 잘 섬기지도 못하고, 돌아가신 뒤에도 나쁜 시호를 드리려 하니 스스로 잘못을 펴 보이려는 것입니까? 어찌 그런 일을 하려 하십니까?"

그래서 그 일을 그만두었다.

【乾侯】'乾'은 '간'(干)으로 읽음. 지금의 河北 成安縣 동남쪽. 《一統志》에 "今河北成安縣東南, 有斥邱故城, 卽春秋乾侯"라 함. 昭公이 생을 마친 곳.
【戊辰】계해에서 무진까지는 불과 6일의 기간이었음.
【公】定公. 公子 宋.
【季孫】季孫意如. 魯나라 대부 季平子. 季悼子(季孫紇)의 아들이며 季武子(季孫宿)의 손자. 悼子가 아버지 武子보다 먼저 죽어 나중에 平子가 집안의 후계자가 됨. 《公羊傳》에는 '隱如'로 되어 있음
【闞氏】闞은 魯나라 여러 임금의 무덤이 있는 곳. 지금의 山東 汶上縣 서남. 闞公氏는 闞의 公墓라는 뜻.
【溝】季孫意如는 昭公을 미워하여 그의 무덤도 곁에 도랑을 파서 선군들과 격리시키려 한 것임. 杜預 注에 "季孫惡昭公, 欲溝絶其兆域, 不使與先君同"이라 함.

【榮駕鵝】魯나라 大夫. 榮成伯. 駕鵝는 이름. 시호는 成伯.
【君諡】杜預 注에 "爲惡諡"라 함. 古禮에 장례를 치른 다음 諡號를 정하는 것이 예였으나 季孫意如는 이를 미리 의논하고자 하였음.
【信】申, 伸과 같음.

⑲
秋七月癸巳, 葬昭公於墓道南.
孔子之爲司寇也, 溝而合諸墓.

가을 7월 계사날, 소공을 선대 군주들의 묘로 가는 길 남쪽에 장사지냈다.
공자孔子가 사구司寇가 되자 그 묘지 밖에 도랑을 파서 소공의 묘를 선대 군주들의 묘와 같은 영역 내에 들게 하였다.

【昭公】襄公의 아들. 이름은 裯. 그러나 《史記》年表와 《世本》, 《漢書》古今人表에는 '稠'라 하였으며 〈索隱〉에는 徐廣의 말을 인용하여 '一作裯'라 하여 표기가 각기 다름. 어머니는 胡나라 출신 양공의 둘째 첩 齊歸. B.C.541~510년까지 32년간 재위함. 杜預 注에는 "在位二十五年, 遜于齊, 在外八年, 凡三十三年, 薨于乾侯"라 하여 재위기간을 33년이라 하였음. 諡法에 "威儀恭明曰昭"라 함.
【司寇】孔子가 魯나라 司寇(최고 법관)를 지냈음. 《韓詩外傳》(8)에 "宋公之子弗甫何孫魯孔丘, 命爾爲司寇"라 함.
【溝】昭公의 무덤이 선군들 무덤 밖에 있어 도랑을 파서 묘역을 확대, 동일한 兆域으로 삼은 것. 杜預 注에는 "明臣無貶君之義"라 함.

※ 1597(定元-6)

九月, 大雩.

9월, 기우제를 크게 지냈다.

＊無傳

※ 1598(定元-7)

立煬宮.

양공煬公의 사당을 세웠다.

【煬公】魯나라 군주. 伯禽의 아들이며 魯나라 임금 가운데 小宗이 大宗을 대신하여 군주가 된 첫 임금. 그 때문에 季孫意如는 昭公이 밖에서 죽은 다음 아우 송을 세워 정공이 되도록 빌어 그 소원이 이루어진 것은 襄公의 靈이 자신에게 복을 준 것이라 여겨 襄公의 사당을 지은 것임.《史記》魯世家에 의하면 伯禽이 죽고 아들 考公(酋)이 섰으며 考公이 4년 만에 죽고 아우 熙가 즉위하여 이가 煬公이 된 것으로 이는 아우로서 임금 자리를 이어간 첫 사례가 되었음. 季平子는 昭公의 아들 公衍을 폐하고 昭公의 아우 宋(定公)을 세우기를 기도하여 그 일이 이루어지자 사당을 세운 것임.

㊀
昭公出故, 季平子禱於煬公.
九月, 立煬宮.

소공昭公이 나라를 나간 일로 계평자季平子는 양공煬公의 신령에게 빌었다. 9월, 양공의 사당을 세웠다.

【昭公】襄公의 아들. 이름은 裯. 그러나 《史記》年表와 《世本》, 《漢書》 古今人表에는 '稠'라 하였으며 〈索隱〉에는 徐廣의 말을 인용하여 '一作袑'라 하여 표기가 각기 다름. 어머니는 胡나라 출신 양공의 둘째 첩 齊歸. B.C.541~510년까지 32년간 재위함. 杜預 注에는 "在位二十五年, 遜于齊, 在外八年, 凡三十三年, 薨于乾侯"라 하여 재위기간을 33년이라 하였음. 諡法에 "威儀恭明曰昭"라 함.
【季平子】魯나라 대부 季孫意如. 시호는 平子. 季悼子(季孫紇)의 아들이며 季武子(季孫宿)의 손자. 悼子가 아버지 武子보다 먼저 죽어 나중에 平子가 집안의 후계자가 됨. 자신이 빌어 그 양공의 영으로부터 도움을 받은 것이라 여겼던 것임.

(傳)
周萇簡公棄其子弟而好用遠人.

주周나라 경사卿士 공간공鞏簡公은 자신의 자제들은 멀리하고 관계가 먼 사람을 등용하기를 좋아하였다.

【鞏簡公】周나라 王室의 卿士.
【遠人】자신과 다른 씨족의 사람. 杜預 注에 "遠人, 異族也"라 함. 그 때문에 다음해 4월 辛酉 "鞏氏之群子弟賊簡公"의 사건이 벌어진 것임.

❋ 1599(定元-8)
冬十月, 隕霜殺菽.

겨울 10월, 서리가 내려 콩이 얼어 죽었다.

【十月】周曆의 10월은 지금의 음력 8월에 해당함. 이때 아직 다 여물지 않은 콩이 서리의 재해를 입음.
＊無傳

215. 定公 2年(B.C.508) 癸巳

周	敬王(姬匄) 12년	齊	景公(杵臼) 40년	晉	定公(午) 4년	衛	靈公(元) 27년
蔡	昭公(申) 11년	鄭	獻公(蠆) 6년	曹	隱公(通) 2년	陳	惠公(吳) 22년
杞	悼公(成) 10년	宋	景公(欒) 9년	秦	哀公(鍼?) 29년	楚	昭王(軫) 8년
吳	吳王(闔廬) 7년	許	許男(斯) 15년				

● 1600(定2-1)

二年春王正月.

2년 봄 주력 정월.

㊂
二年夏四月辛酉, 鞏氏之羣子弟賊簡公.

2년 여름 4월 신유날, 공씨鞏氏의 자제들이 공간공鞏簡公을 죽였다.

【辛酉】 2월 24일.
【鞏簡公】 周나라 王室의 卿士. 전년 "周鞏簡公棄其子弟而好用遠人"으로 인해 이러한 일이 벌어진 것임.

* 1601(定2-2)

夏五月壬辰, 雉門及兩觀災.

여름 5월 임진날, 치문雉門과 그 양쪽의 높은 누각에 화재가 일어났다.

【壬辰】 5월 25일.
【雉門】 《禮記》 明堂位에 "雉門, 天子應門"이라 하였으나 諸侯의 경우 '南門'을 뜻함. 제후는 세 개의 문을 두며 庫門, 雉門, 路門이었음.
【觀】 樓觀. 雉門의 양쪽에 두었으며 흙을 쌓아 높인 다음 臺를 세우고 그 위에 올라 멀리 조망할 수 있도록 한 건축물. 《釋名》 釋宮室에 "觀, 觀也, 於上觀望也"라 하였으며 새로운 법을 제정하면 그 위에 걸어 사람들이 볼 수 있도록 하여 흔히 '象魏'라고도 불렀음.
＊無傳

* 1602(定2-3)

秋, 楚人伐吳.

가을, 초楚나라가 오吳나라를 쳤다.

【伐吳】 楚나라가 吳나라를 친 것은 모두 7차례이며 이후에는 없음.

㊉
桐叛楚.
吳子使舒鳩氏誘楚人, 曰:「以師臨我, 我伐桐, 爲我使之無忌.」
秋, 楚囊瓦伐吳, 師于豫章.
吳人見舟于豫章, 而潛師于巢.

冬十月, 吳軍楚師于豫章, 敗之.
遂圍巢, 克之, 獲楚公子繁.

동桐나라가 초楚나라를 배반하였다.
그러자 오왕吳王이 서구씨舒鳩氏로 하여금 초나라를 유인하도록 하면서 이렇게 말하였다.
"군사를 이끌고 우리나라를 향해 오시오. 우리는 동나라를 칠 것이니 우리를 위해서 초나라가 우리를 꺼려하지 않게 해 주시오."
가을, 초나라 낭와囊瓦가 오나라를 치고자 군사를 예장豫章으로 출동시켰다.
오나라는 수군의 배를 예장에 출현시켰다가 몰래 군사를 소巢 땅으로 돌렸다.
겨울 10월, 오나라가 예장에서 초나라 군사를 쳐서 패배시켰다.
그리고 드디어 소 땅을 포위하여 승리하고 초나라 공자 번繁을 사로잡았다.

【桐】지금의 安徽 桐城縣 북쪽 古桐城으로 고대 偃姓의 작은 나라. 대대로 초나라에 예속되어 있었음.《一統志》에 "在今安徽桐城縣北"이라 함.
【吳子】당시 오나라 군주는 闔廬(光)로 재위 7년째였음.
【舒鳩氏】楚나라 屬國으로 역시 偃姓이었음. 지금의 安徽 舒城縣 북쪽.
【爲我使之無忌】오나라가 동을 침으로써 초나라가 오나라를 고맙게 여겨 도리어 친근감을 가지고 가까이 오도록 함. 그 기회에 오나라가 초나라에게 보복하려 한 것임. 杜預 注에 "敎舒鳩誘楚, 使以師臨吳. 吳伐桐也. 僞若畏楚師之臨己, 而爲其伐叛國以取媚者也, 欲使楚不忌吳, 所謂「多方以誤之」"라 함.
【囊瓦】楚나라 令尹. 子囊의 손자. 자는 子常. 陽匄를 이어 영윤에 오름. 杜預 注에 "囊瓦, 子囊之孫子常也, 代陽匄"라 함.
【豫章】지금의 安徽 霍丘, 六安, 霍山으로부터 河南 光山, 固始 일대. 고대 壽春의 중심지였음.
【見】드러내어 보임. 杜預 注에 "僞將爲楚伐桐"이라 함.
【巢】居巢. 지금의 安徽 壽縣 남쪽 1백 리. 杜預 注에 "實欲以擊楚"라 함.
【吳軍楚師】'軍'은 動詞. 공격함. 군사작전을 개시함.
【公子繁】巢邑을 지키던 大夫. 楚나라 公子의 하나. 杜預 注에 "繁, 守巢大夫"라 함.

※ **1603**(定2-4)

冬十月, 新作雉門及兩觀.

겨울 10월, 치문雉門과 그 양쪽의 누각을 새로 만들었다.

【雉門】5월 25일 화재로 소실된 것을 복구함.
＊無傳

傳
邾莊公與夷射姑飮酒, 私出.
閽乞肉焉, 奪之杖以敲之.

주邾 장공莊公이 이역고夷射姑와 함께 술을 마실 때 이역고가 소변을 보러 나갔다.
문지기가 이역고에게 고기를 좀 달라고 하자 이역고는 문지기의 지팡이를 빼앗아 그를 때렸다.

【邾莊公】邾나라 임금. 이름은 穿. 성격이 매우 급하였음.
【夷射姑】邾나라 대부.〈釋文〉에 "射, 音亦. 一音夜"라 하여 '역', 혹은 '야'로 읽음.
【私出】소변을 보러 잠깐 나감. 杜預 注에는 "辟酒"라 하여 술자리를 피하고자 잠시 밖으로 나간 것이라 하였음.
【閽】문지기. 환관.
【敲之】杜預 注에 "奪閽杖以敲閽頭也"라 함.

216. 定公 3年(B.C.507) 甲午

周	敬王(姬匄) 13년	齊	景公(杵臼) 41년	晉	定公(午) 5년	衛	靈公(元) 28년
蔡	昭公(申) 12년	鄭	獻公(蠆) 7년	曹	隱公(通) 3년	陳	惠公(吳) 23년
杞	悼公(成) 11년	宋	景公(欒) 10년	秦	哀公(鍼?) 30년	楚	昭王(軫) 9년
吳	吳王(闔廬) 8년	許	許男(斯) 16년				

※ 1604(定3-1)

三年春王正月, 公如晉, 至河, 乃復.

3년 봄 주력 정월, 정공이 진晉나라로 가다가 하수河水에 이르러 다시 돌아왔다.

【乃復】孔穎達 疏에 "三傳皆無其說, 不知何故乃復"이라 하였으며 이 뒤로 魯나라 군주가 晉나라에 간 기록은 더 이상 없음.
＊無傳

※ 1605(定3-2)

二月辛卯, 邾子穿卒.

2월 신묘날, 주자邾子 천穿이 죽었다.

【二月辛卯】《公羊傳》과 《穀梁傳》에는 '三月辛卯'로 되어 있으나 3월에는 신묘일이 있을 수 없음.
【邾子穿】邾 莊公. 이름은 穿. 邾나라는 周나라 武王이 祝融 八姓의 하나였던 邾俠(曹俠)을 封하여 부용국으로 삼았었으며 지금의 山東 鄒縣. 이 때문에 戰國 시대에 이름을 '鄒'로 바꾸었음. 曹姓이며 子爵 작위를 받았으나 魯나라에 예속되어 있었음.

㊀

三年春二月辛卯, 邾子在門臺, 臨廷.
閽以缾水沃廷, 邾子望見之, 怒.
閽曰:「夷射姑旋焉.」
命執之, 弗得, 滋怒, 自投于牀, 廢于鑪炭.
爛, 遂卒.
先葬以車五乘, 殉五人.
莊公卞急而好潔, 故及是.

3년 봄 2월 신묘날, 주邾 장공莊公이 궁궐 문의 누대에 올라 궁궐의 바깥뜰을 보고 있었다.
그런데 문지기가 항아리의 물을 쏟아 붓고 있는 것이었다. 임금이 이를 바라보며 화를 내었다.
그러자 문지기가 말하였다.
"이역고夷射姑가 여기에 소변을 보았습니다."
임금이 이역고를 잡아들이라 명하였지만 잡지 못하자 더욱 화가 나서 스스로 침상에 몸을 던지다가 그만 화로의 숯불에 떨어지고 말았다.
이 일로 화상을 입어 결국 세상을 떠났다.
그의 장례를 치르기 전에 수레 다섯 대와 다섯 사람을 함께 묻어 순장하였다.
주邾 장공莊公은 성질이 급하고 청결함을 좋아하였으므로 이런 일을 당한 것이다.

【廷】外廷을 뜻함. 제후는 三門이 있으며 雉門에만 觀臺가 있었음. 치문 안은 조회를 하는 뜰이며 그 밖은 外廷이었음.
【夷射姑】邾나라 대부. 〈釋文〉에 "射, 音亦. 一音夜"라 하여 '역', 혹은 '야'로 읽음.
【旋】마당에 그대로 소변을 보았음을 말함. 이를 씻어내고자 물을 붓고 있는 것이라 말한 것.
【莊公】邾나라 군주. 이름은 穿.
【卞急】아주 조급함. 杜預 注에 "卞, 躁疾也"라 함.

* **1606(定3-3)**

夏四月.

여름 4월.

* **1607(定3-4)**

秋, 葬邾莊公.

가을, 주邾 장공莊公의 장례를 치렀다.

【邾莊公】이름은 穿. 夷射姑로 인해 급한 성격을 참지 못해 숯불에 데어 변을 당해 죽음.

㊉
秋九月, 鮮虞人敗晉師於平中, 獲晉觀虎, 恃其勇也.

가을 9월, 선우鮮虞가 진晉나라 군사를 평중平中에서 패배시켜 진晉나라의 관호觀虎를 잡았다. 관호는 자신의 용기를 지나치게 믿었던 것이다.

【鮮虞】白狄의 별종.《史記》趙世家 索隱에는 中山國이 옛날에는 鮮虞라 불렸으며 姬姓이었다 하였음. 그러나 錢大昕의《通鑑注》에는《姓譜》를 인용하여 "武王封箕子於朝鮮, 支子仲食采於于, 因以鮮于爲氏. 是鮮虞與鮮于, 是一非二矣. 初封爲子姓國, 其後晉滅子姓之鮮虞而封以姬姓, 故曰先子姓, 後姬姓耳"라 함.
【平中】鄭나라 지명. 지금의 河北 唐縣 근처. 근처에 中人이라는 지명이 있음.
【觀虎】晉나라 대부. 杜預 注에 "爲五年士鞅圍鮮虞張本"이라 함.

* 1608(定3-5)

冬, 仲孫何忌及邾子盟于拔.

겨울, 노나라 중손하기仲孫何忌가 주자邾子와 발拔에서 맹약을 맺었다.

【仲孫何忌】孟懿子. 魯나라 대부. 孟僖子의 후계자. 시호는 懿子.
【拔】傳에는 '郯'으로 되어 있음. 郯은 지금의 山東 郯城縣 서남쪽. 혹은 滋陽縣 부근이라 함.
【邾子】邾 莊公(穿)이 죽고 그 뒤를 이은 군주. 魯 定公도 새롭게 들어선 때이므로 서로 동맹을 맺고자 만난 것임.

傳

冬, 盟于郯, 修邾好也.

겨울, 우리 노나라와 담郯에서 맺은 맹약은 주邾나라와 우호관계를 맺기 위한 것이었다.

【郊】經文에는 '拔'이라 되어 있음. 郊와 拔은 같은 땅 이름으로 지금의 山東 郊城縣, 혹 滋陽縣 부근. 杜預 注에 "郊卽拔也"라 함.
【修】杜預 注에 "公卽位, 故修好"라 함.

㊅
蔡昭侯爲兩佩與兩裘以如楚, 獻一佩一裘於昭王.
昭王服之, 以享蔡侯.
蔡侯亦服其一.
子常欲之, 弗與, 三年止之.
唐成公如楚, 有兩肅爽馬, 子常欲之, 弗與, 亦三年止之.
唐人或相與謀, 請代先從者, 許之.
飮先從者酒, 醉之, 竊馬而獻之子常.
子常歸唐侯.
自拘於司敗, 曰:「君以弄馬之故, 隱君身, 棄國家. 羣臣請相夫人以償馬, 以如之.」
唐侯曰:「寡人之過也. 二三子無辱!」
皆賞之.
蔡人聞之, 固請, 而獻佩于子常.
子常朝, 見蔡侯之徒, 命有司曰:「蔡君之久也, 官不共也. 明日禮不畢, 將死.」
蔡侯歸, 乃漢, 執玉而沈, 曰:「余所有濟漢而南者, 有若大川!」
蔡侯如晉, 以其子元與其大夫之子爲質焉, 而請伐楚.

채蔡 소공昭公이 두 개의 패옥佩玉과 두 벌의 가죽옷을 가지고 초楚나라에 가서, 그중 패옥 하나와 가죽옷 한 벌을 소왕昭王에게 바쳤다.
소왕이 그것을 몸에 걸치고 채나라 군주에게 잔치를 베풀었다.
채 소공도 그 패옥 하나를 차고 있었다.
이를 본 초나라 영윤 자상子常이 그것을 갖고 싶어 하였으나 채 소공이 주지 않자 자상은 그를 3년 동안이나 붙들어 두었다.

당唐 성공成公이 초나라에 가면서 두 필의 숙상마肅爽馬를 가지고 있었는데 자상이 이를 욕심내었지만 당 성공이 주지 않자 그 역시 3년을 붙들어 두었다.

당나라 사람들이 서로 상의하여 전에 성공을 시종하던 이들일 바꾸게 해달라고 청하여 허락을 얻어내었다.

교대로 간 사람들이 전에 시종하던 사람들에게 술을 먹여 취하게 하고, 그 말을 훔쳐 자상에게 바쳤다.

자상은 당나라 군주를 풀어주었다.

귀국한 뒤에 말을 훔쳐 자상에게 바친 사람들이 자진하여 사패司敗에게 나아가 구속을 당하겠다고 하면서 이렇게 말하였다.

"군주께서 말을 좋아하시는 일로 몸이 억류되시고, 국가를 버리게 되었습니다. 조정의 모든 신하들은 말을 기르던 자에게 그 말을 보상하되 똑같은 것으로 하겠노라 청합니다."

그러자 당나라 군주가 말하였다.

"이는 과인의 잘못이오. 여러분은 그런 수고를 하지 마시오!"

그리고는 말을 훔쳐 자상에게 바쳤던 사람들에게 모두 상을 내렸다.

채나라 사람들이 이를 듣고 자신들 임금에게도 굳이 요청하여 패옥을 자상에게 바쳤다.

자상은 조정에 나가 채 소공을 따르는 사람들을 만나 유사有司에게 이렇게 명하였다.

"채나라 군주께서 여기 오래 계시게 된 것은 담당관이 공손히 예를 다하지 않아서였다. 내일까지 군주를 돌려보내는 예를 다하지 않으면 그때는 사형에 처하리라."

드디어 채나라 군주가 돌아가게 되어 한수漢水에 이르자 옥을 강물에 던지며 이렇게 말하였다.

"내가 다시 이 한수를 건너 남쪽으로 내려가 초나라로 간다면 이 큰 강의 신께 벌을 받으리라!"

그 뒤 채 소공은 진晉나라에 가서 그의 아들 원元과 대부의 아들을 인질로 바치고 초나라를 칠 것을 요청하였다.

【蔡昭侯】蔡 昭公. 이름은 신. 哀侯(東國)를 이어 B.C.518~491년까지 28년간 재위하였으며 이때는 재위 12년째였음.
【昭王】楚 昭王(軫, 任). 平王(熊居, 棄疾)을 이어 B.C.515~489년까지 27년간 재위하였으며 이때는 재위 9년째였음.
【子常】囊瓦. 楚나라 令尹. 子囊의 손자. 자는 子常. 陽匃를 이어 영윤에 오름. 杜預 注에 "囊瓦, 子囊之孫子常也, 代陽匃"라 함.
【唐成公】唐나라 成公. 당은 楚나라 附庸國. 昭王 때 楚나라에 멸망하였음. 지금의 湖北 隨縣 서북 唐縣鎭에 있던 작은 나라. 杜預 注에 "成公, 唐惠侯之後"라 하였으며 楚나라에 잡혀 있었음.
【肅爽馬】駿馬 이름.
【司敗】刑罰을 담당하는 관직. 다른 나라의 司寇에 해당함.
【相夫人】말 기르는 일을 돕던 사람. 杜預 注에 "相, 助也. 夫人謂養馬者"라 함.
【二三子】여러분.
【有司】어느 일을 담당하는 사람. 집사와 같음. 當該 업무 담당자. 여기서는 초나라 담당자가 채 소공에게 제대로 해 주지 않아 이토록 오랫동안 초나라에 머물게 되었다고 핑계를 댄 것임.
【漢】강 이름. 漢水.
【伐楚】杜預 注에 "爲明年會召陵張本"이라 하여 이듬해 召陵之會가 있게 된 發端이라 하였음.

217. 定公 4年(B.C.506) 乙未

周	敬王(姬勻) 14년	齊	景公(杵臼) 42년	晉	定公(午) 6년	衛	靈公(元) 29년
蔡	昭公(申) 13년	鄭	獻公(蠆) 8년	曹	隱公(通) 4년	陳	惠公(吳) 24년
杞	悼公(成) 12년	宋	景公(欒) 11년	秦	哀公(鍼?) 31년	楚	昭王(軫) 10년
吳	吳王(闔廬) 9년	許	許男(斯) 17년				

● 1609(定4-1)

四年春王二月癸巳, 陳侯吳卒.

4년 봄 주력 2월 계사날, 진후陳侯 오吳가 죽었다.

【癸巳】正月 6일이어야 하나 訃告를 받은 날을 기준으로 한 것임. 杜預 注에 "從赴"라 함.
【陳侯吳】陳 惠公. 이름은 吳. 哀公(溺)을 이어 B.C.533~506년까지 28년간 재위하였으며 懷公(柳)이 그 뒤를 이음.
＊無傳

※ 1610(定4-2)

三月, 公會劉子·晉侯·宋公·蔡侯·衛侯·陳子·鄭伯·許男·曹伯·莒子·邾子·頓子·胡子·滕子·薛伯·杞伯·小邾子·齊國夏于召陵, 侵楚.

3월, 정공이 유자劉子·진후晉侯·송공宋公·채후蔡侯·위후衛侯·진자陳子·정백鄭伯·허남許男·조백曹伯·거자莒子·주자邾子·돈자頓子·호자胡子·등자滕子·설백薛伯·기백杞伯·소주자小邾子·제齊나라 국하國夏와 소릉召陵에서 모여 초楚나라를 쳤다.

【劉子】劉文公. 劉卷. 劉蚠. 周 왕실의 卿士.
【國夏】齊나라 대부. 國弱(國景子)의 아들. 시호는 惠子. 哀公 6년 魯나라로 망명함.
【召陵】지금의 河南 郾城縣 동북 40리에 召陵城이 있음.

㊋
四年春三月, 劉文公合諸侯于召陵, 謀伐楚也.
晉荀寅求貨於蔡侯, 弗得, 言於范獻子曰:「國家方危, 諸侯方貳, 將以襲敵, 不亦難乎! 水潦方降, 疾瘧方起, 中山不服, 棄盟取怨, 無損於楚, 而失中山, 不如辭蔡侯. 吾自方城以來, 楚未可以得志, 祇取勤焉.」
乃辭蔡侯.
晉人假羽旄於鄭, 鄭人與之.
明日, 或旆以會.
晉於是乎失諸侯.
將會, 衛子行敬子言於靈公曰:「會同難, 嘖有煩言, 莫之治也. 其使祝佗從!」
公曰:「善.」

乃使子魚.

子魚辭, 曰:「臣展四體, 以率舊職, 猶懼不給而煩刑書. 若又共二, 徼大罪也. 且夫祝, 社稷之常隸也. 社稷不動, 祝不出竟, 官之制也. 君以軍行, 祓社·釁鼓, 祝奉以從, 於是乎出竟. 若嘉好之事, 君行師從, 卿行旅從, 臣無事焉.」

公曰:「行也!」

及皋鼬, 將長蔡於衛.

衛侯使祝佗私於萇弘曰:「聞諸道路, 不知信否. 若聞蔡將先衛, 信乎?」

萇弘曰:「信. 蔡叔, 康叔之兄也, 先衛, 不亦可乎?」

子魚曰:「以先王觀之, 則尚德也. 昔武王克商, 成王定之, 選建明德, 以蕃屏周. 故周公相王室, 以尹天下, 於周為睦. 分魯公以大路·大旂, 夏后氏之璜, 封父之繁弱, 殷民六族: 條氏·徐氏·蕭氏·索氏·長勺氏·尾勺氏, 使帥其宗氏, 輯其分族, 將其類醜, 以法則周公. 用即命于周. 是使之職事于魯, 以昭周公之明德. 分之土田陪敦·祝·宗·卜·史, 備物·典策, 官司·彝器, 因商奄之民, 命以伯禽而封於少皞之虛. 分康叔以大路·少帛·綪茷·旃旌·大呂, 殷民七族: 陶氏·施氏·繁氏·錡氏·樊氏·饑氏·終葵氏; 封畛土略, 自武父以南及圃田之北竟, 取於有閻之土以共王職; 取於相土之東都以會王之東蒐. 聃季授土, 陶叔授民, 命以康誥而封於殷虛. 皆啟以商政, 疆以周索. 分唐叔以大路·密須之鼓·闕鞏·沽洗, 懷姓九宗, 職官五正. 命以唐誥而封於夏虛, 啟以夏政, 疆以戎索. 三者皆叔也, 而有令德, 故昭之以分物. 不然, 文·武·成·康之伯猶多, 而不獲是分也, 唯不尚年也. 管·蔡啟商, 惎間王室, 王於是乎殺管叔而蔡蔡叔, 以車七乘·徒七十人. 其子蔡仲改行帥德, 周公舉之, 以為己卿士, 見諸王, 而命之以蔡. 其命書云:『王曰: 胡! 無若爾考之違王命也!』若之何其使蔡先衛也? 武王之母弟八人, 周公為大宰, 康叔為司寇, 聃季為司空, 五叔無官, 豈尚年哉? 曹, 文之昭也, 晉, 武之穆也. 曹為伯甸, 非尚年也. 今將尚之, 是反先王也. 晉文公為踐土之盟, 衛成公不在, 夷叔, 其母弟也,猶先蔡. 其載書云: 『王若曰: 晉重·魯申·衛武·蔡甲午·鄭捷·齊潘·宋王臣·莒期.』藏在周府, 可覆視也. 吾子欲復文·武之略, 而不正其德, 將如之何?」

萇弘說, 告劉子, 與范獻子謀之, 乃長衛侯於盟.

4년 봄 3월, 유문공劉文公이 제후들을 소릉召陵에 모아놓고 초楚나라 정벌에 대하여 상의하였다.

진晉나라 순인荀寅이 채蔡 소후昭侯에게 재물을 요구하였으나 받지 못하자 범헌자范獻子에게 이렇게 말하였다.

"우리나라는 바야흐로 위태롭고 제후들은 우리를 배반하려는 마음을 품고 있습니다. 이런 때에 적을 습격하려 하고 있으니 이는 어렵지 않겠습니까! 큰 비가 곧 내릴 것이니 그러면 질병이 생길 것이며 또한 중산中山 지역도 복종하지 않는데 초나라와 맺은 맹약을 저버리고 원한 살 일을 한다면 초나라에 손해를 입히지도 못할 뿐만 아니라 중산까지 잃게 됩니다. 채 소공의 요구를 사절하느니만 못합니다. 우리가 초나라의 방성方城를 침공한 이래로 초나라는 우리 뜻대로 된 일이 없습니다. 다만 헛된 노동만 할 뿐입니다."

이리하여 진나라는 채 소공에게 초나라 칠 것을 사절하였다.

진나라 사람이 정나라로부터 새의 깃털로 만든 깃발을 빌려 달라고 하자 정나라는 그것을 주었다.

다음 날, 진나라의 어떤 사람이 그 깃발을 보란 듯이 들고 모임에 나왔다.

진나라는 이에 제후들을 잃게 되었다.

장차 회의를 시작하려 하자 위衛나라 자행경자子行敬子가 자신의 군주 영공靈公에게 말하였다.

"이번 모임에는 어려움이 있습니다. 말다툼으로 번거로운 의견 충돌이 있어 제대로 처리되지 못할 것입니다. 축타祝佗로 하여금 함께 따라가도록 하십시오!"

영공이 말하였다.

"그게 좋겠다."

이에 자어子魚(祝佗)에게 자신을 따르도록 하였다.

그런데 축타가 사양하면서 이렇게 말하는 것이었다.

"저는 사지를 힘껏 펴고 지난날부터 맡은 직책을 잘 수행한다 해도 제대로 처리하지 못하여 법전을 번거롭게 할까 두렵습니다. 만약 또 다른 일까지 맡게 되면 그것은 큰 죄를 불러들이는 것이 됩니다. 게다가 무릇 축祝이라는 직책은 사직의 신께 늘 붙어 있는 노예입니다. 사직이 움직이지 않는 한 축은 국경을 넘어 가지 않는 것이 관직에서의 제도입니다. 임금께서 군사를 이끌고 출정하실 때 사제社祭를 올리고 희생의 피를 북에 바르는 경우라면 축은 이를 받들고 따라나서서 국경을 넘을 수 있습니다. 만약 다른 제후들과 수호를 위한 모임 때문에 군주께서 갈 경우에는 사단師團(2천 5백 명의 군사) 병력이 따르고, 경卿이 갈 경우에는 여단旅團(5백 명의 군사) 병력이 따르므로 저로서는 할 일은 없습니다."

영공이 말하였다.

"그래도 가도록 하시오!"

위나라 일행이 고유皋鼬에 닿자 채나라가 위나라보다 지위를 높일 것이라 하였다.

위 영공은 축타로 하여금 사사롭게 장홍萇弘에게 이렇게 묻도록 하였다.

"오는 길에 들은 것이라 사실의 여부를 알 수 없지만 들은 바에 따르면, 맹약의 순서에 채나라가 우리 위나라의 앞이 될 것이라 하던데 정말입니까?"

장홍이 답하였다.

"그렇소. 채숙蔡叔은 강숙康叔의 형님이셨습니다. 그러니 채나라가 위나라보다 앞서는 것이 역시 옳지 않습니까?"

그러자 자어子魚(祝佗)가 말하였다.

"선왕의 기준에 따르면 덕을 숭상한 것입니다. 옛날 무왕武王께서 상商을 멸하였고, 성왕成王께서는 천하를 안정시킨 다음 밝은 덕이 있는 분을 골라 봉하여 주나라 왕실의 울타리로 삼으셨습니다. 그 때문에 주공周公께서는 왕실을 도와 천하를 다스리면서 주 왕실에서 친숙하고 화목한 분이 되었습니다. 그리고 노공魯公에게 대로大路와 대기大旂, 하후씨夏后氏의 황옥璜玉, 봉보封父의 번약繁弱, 은殷나라 백성의 여섯 씨족, 즉 조씨條氏・서씨徐氏・소씨

蕭氏·삭씨索氏·장작씨長勺氏·미작씨尾勺氏를 나누어 주어 그로 하여금 그 종족을 통솔하고 갈려나간 친족들을 모아 그들을 따르는 무리들을 거느려, 주공을 본받도록 하였던 것입니다. 그러면서 명령은 주나라로 받았던 것이니 이는 그로 하여금 노나라 다스리는 일에 직분을 다하여 주공의 밝은 덕을 널리 밝히도록 한 것입니다. 그리고 부용의 토지와 대축大祝, 종인宗人, 태복太卜, 태사大史와 여러 가지 기물, 전책典策, 관사官司, 이기彝器를 나누어 주고, 상商과 엄奄나라가 다스렸던 백성을 이어받아 백금伯禽을 명하여 소호少皥의 옛 땅을 봉하였습니다. 그리고 강숙康叔에게는 대로, 소백少帛, 천패綪茷, 전정旃旌, 대려大呂를 나누어 주고, 은殷 민족의 후손 일곱 씨족, 즉 도씨陶氏, 시씨施氏, 번씨繁氏, 기씨錡氏, 번씨樊氏, 기씨饑氏, 종규씨終葵氏를 나누어 주었습니다. 봉토의 경계를 정할 때는 무보武父의 남쪽 땅으로부터 포전圃田의 북쪽 경계까지로 하였습니다. 그리고 유염有閻 땅에서 얻는 수입으로 왕실을 받드는 비용으로 쓰게 하고, 은나라 상토相土의 동쪽 도읍 상구商丘를 취하여 천자가 동방을 순수할 때 돕도록 하였습니다. 담계聃季에게는 토지 문서를, 도숙陶叔이 백성에 관한 문서를 주고 〈강고康誥〉의 글로 명하며 은나라의 옛터에 봉하였습니다. 이들 두 나라는 모두 은나라의 정치를 따라 백성들을 이끌었고, 토지의 경계는 주나라 법을 썼습니다. 당숙唐叔에게는 대로大路, 밀수密須나라의 북, 궐공闕鞏나라의 갑옷, 고세沽洗라는 종, 회성懷姓의 아홉 씨족과 다섯 관직의 장관을 나누어 주고, 〈당고唐誥〉라는 훈계의 글로 명하며 하夏나라 옛터에 봉하였습니다. 당숙은 하나라의 정치를 따라 백성들을 이끌었고, 토지의 경계를 정함에는 융戎의 법을 이용하였습니다. 이 세 분은 모두 천자의 동생들이었고 아름다운 덕을 지니셨습니다. 그 때문에 천자께서 물건을 나누어 주어 그 덕을 밝히도록 한 것입니다. 그렇지 않았다면 문왕文王·무왕武王·성왕成王·강왕康王께는 형님들이 많으셨건만 이들은 이러한 물건들을 나누어 받지 못하였으니 오직 그것은 나이가 많다고 존중을 받는 것이 아니었기 때문이었습니다. 관숙管叔과 채숙蔡叔이 상商나라 유민에게 정치를 열면서 왕실에 모반을 꿈꾸자 천자께서는 이에 관숙을 죽이고, 채숙을 채 땅으로 내쫓으며 수레 일곱 대와 시종 70명만 주셨습니다. 그의 아들 채중蔡仲이 행동을 고치고 덕을 따르자 주공께서 그를 등용하여 자신의 경사卿士로 삼고, 천자를 뵙게 하여 채나라 제후로 명하였던 것입니다. 그를 제후로 명한 글에 '천자께서 말씀하시되 호胡여! 그대는 그대 아버지가 왕명을 거역하였던 일과 같은 짓을 하지 말지어다!'라고 기록되어 있습니다. 이와 같건만 어찌 채나라가 위나라의 앞이 된다는 것입니까? 무왕의 친형제는 여덟 분이 있었습니다. 그 가운데 주공은 태재大宰, 강숙康叔은 사구司寇, 담계聃季는 사공司空이 되었으나, 나머지 다섯 아우에게는 관직이 없었으니 나이를 숭상하였다면 어찌 그랬겠습니까? 조曹나라는 시조는 문왕의 소昭였으며, 진晉나라는 무왕의 목穆이었으되, 조나라 군주는 백작伯爵의 전복甸服으로서 한 등급 낮은 작위였으니 이는 항렬을 존중함이 아니었습니다. 그런데 이제 나이와 항렬을 따져 윗사람으로 존중해야 한다면 이는 선왕의 뜻에 어긋나는 일입니다. 진晉 문공文公께서 천토踐土에서 맹약을 주재할 때, 위 성공成公께서는 그 자리에 계시지 않았고 대신 갔던 이숙夷叔은 성공의 친동생이었지만 그럼에도 채나라 임금보다 먼저 맹약하도록 하였습니다. 그때의 맹약서에는 '천자께서 말씀하셨도다. 진晉나라 중이重耳와 노나라 신申, 위나라 무武, 채나라 갑오甲午, 정나라 첩捷, 제나라 반潘, 송나라 왕신王臣, 거莒나라 기期'라는 순서로 불렀습니다. 그 기록이 주나라 창고에 있어 가히 볼 수 있습니다. 그대께서는 문왕과 무왕의 법도를 회복시키려 하시면서도 그 덕을 바로잡지 않으시니, 장차 어찌 되겠습니까?"

장홍은 기꺼워하며 유자劉子와 범헌자范獻子에게 고하여 모책을 세우고는 이에 맹약에서 위衛 영공을 채蔡나라 소공보다 윗자리에 서도록 하였다.

【劉文公】劉卷. 劉蚠. 周 王室의 卿士.
【召陵】지금의 河南 郾城縣.
【荀寅】晉나라 대부. 中行荀吳의 아들. 中行文子. 中行帥를 역임하여 荀氏에서 中行氏로 바뀌었으며 그 때문에 中行寅으로도 불림. 이들의 후손이 晉六卿의 하나인 中行氏로 세력을 키웠으나 뒤에 知氏에게 망하여 戰國時代가 됨.
【蔡侯】蔡 昭侯(昭公). 이름은 申.
【范獻子】范鞅. 晉나라 대부. 士鞅. 范叔으로도 불림. 시호는 獻子. 士匄(宣子)의 아들이며 士燮(范文子)의 손자.

【中山】鮮虞의 다른 이름으로 지금의 河北 定縣에 있었으며 戰國時代에 中山國으로 명맥을 이어갔음.

【方城】지금의 湖北 監利縣 동쪽. 진나라가 초나라로부터 이 방성을 빼앗았던 일은 襄公 16년을 볼 것. 杜預 注에 "晉敗楚, 侵方城, 在襄十六年"이라 함.

【羽旄】새 깃털로 장식한 깃발.

【子行敬子】衛나라 대부.

【靈公】衛나라 군주. 이름은 元. B.C.534~493년까지 재위하였으며 이때는 재위 29년째였음. 出公(輒)이 그 뒤를 이음.

【祝佗】宗廟와 山川, 社廟 등에 제사를 올려 나라의 안녕과 번영을 비는 일을 맡은 祭司長. 佗는 그의 이름이며 자는 子魚. 《論語》 雍也篇에 "不有祝佗之佞"이라 하였고, 憲問篇에는 "祝佗治宗廟"라 함.

【四體】사지와 같음. 온 몸을 다하여 열심히 노력함을 뜻함. 《論語》 微子篇에 "四體不勤, 五穀不分. 孰爲夫子?"라 함.

【舊職】본래의 관직. 祝史로서 할 일.

【祓社】재앙을 제거하기 위한 사직단에서의 제사.

【釁鼓】犧牲의 피를 군고에 바르는 儀式.

【嘉好】천자를 찾아뵙는 조회나 제후끼리의 수교.

【師】2천 5백 명의 군사. 杜預 注에 "二千五百人"이라 함. 지금의 師團 병력.

【旅】5백 명의 군사. 杜預 注에 "五百人"이라 함. 지금의 旅團 병력.

【皐鼬】지금의 河南 臨潁縣. 《一統志》에 "在今河南臨潁縣南"이라 함.

【萇弘】周나라 대부이며 術數家. 天文, 曆法, 豫言 등에 뛰어났었으나 뒤에 죽음을 당함. 定公 4년 및 《國語》 周語(下), 《淮南子》, 《史記》 封禪書 등에 널리 그 이름이 보임. 《淮南子》 氾論訓에 "昔者萇弘, 周室之執數者也, 天地之氣・日月之行・風雨之變・律曆之數, 無所不通, 然而不能自知, 鈹裂而死"라 함.

【長】先과 같음. 회맹에서 歃血의 순서에 蔡나라가 衛나라보다 먼저 함. 杜預 注에 "欲令蔡先衛歃"이라 함.

【蔡叔・康叔】蔡叔은 蔡나라의 시조. 康叔은 衛나라의 시조.

【尹】'治'와 같음. 《說文》에 "尹, 治也"라 함.

【睦】杜預 注에 "睦, 親厚也. 以盛德見親厚"라 함.

【魯公】周公의 아들 伯禽을 가리킴.

【大路】金路라고도 하며 큰 수레. 구리로 장식한 것이며, 王子의 母弟가 封國으로 부임할 때 내리는 賜物.

【大旂】용을 그려 넣은 깃발로 大路에 꽂음.
【璜】천자의 기물 중 하나.《淮南子》氾論訓과 精神訓의 高誘 注에 "牛圭曰璋, 半璧曰璜, 夏后氏之珍器也"라 함.
【封父】지금의 河南 封丘縣에 있었던 옛 나라.《禮記》明堂位 鄭玄 注에 "封父, 國名"이라 하였고,《唐書》宰相世系表(1下)에 "封氏出自姜姓, 至夏后氏之世, 封父列爲諸侯. 其地汴州封丘有封父亭, 卽封父所都. 至周失國, 子孫爲齊大夫"라 함.
【繁弱】良弓의 이름.《荀子》性惡篇에 "繁弱·鉅黍, 古之良弓也"라 함.
【索氏】새끼줄 꼬는 데에 뛰어났던 족속의 집안.
【長勺氏·尾勺氏】모두 酒器工의 집안들.
【類醜】무리들. '醜'는 '類'와 같음. 여기서는 여섯 씨족의 노예들을 가리킴.
【土田陪敦】《詩經》魯頌 閟宮에 "乃命魯公, 俾侯于東, 錫之山川, 土田附庸"이라 함. 附庸은 천자국에서 멀리 떨어져 있어 다른 제후들에게 우선 의지하도록 한 것.《孟子》萬章(下)에 "不能五十里, 不達於天子, 附於諸侯, 曰附庸"이라 함. 여기서는 노나라에게 附庸國을 지정하여 주었음을 말함.
【祝】大祝. 宗廟에 제사를 맡은 관원.
【宗】宗人. 宗法制度를 지키도록 제도화함. 宗祀의 禮를 관장함.
【卜】太卜. 卜筮의 일을 관장함.
【史】太史. 역사 기록과 典籍, 文書, 星曆 등을 담당함.
【備物】服物과 같음. 衣服 制度.
【典策】典籍과 簡策. 각종 주요 문서. 역사 기록 등.
【官司】각 관직별로 맡은 업무의 분담 내용.
【彝器】宗廟 祭祀에 쓰이는 각종 그릇. 기구.
【商奄】商나라 附庸國이었던 奄나라. 杜預는 '商奄'을 하나의 나라 이름으로 보았음. 馬宗璉은 "《說文》:「郁國在魯.」《括地志》:「曲阜縣奄里卽奄國之地.」奄本殷諸侯, 故曰商奄"이라 함.
【伯禽】魯公. 周公 旦의 아들로 노나라의 초대 군주가 됨. 周公이 그 땅을 봉지로 받았으나 成王을 보필하느라 직접 갈 수가 없어 아들 백금을 대신 보내면서 훈계한 "一沐三握髮, 一飯三吐哺"가 널리 전함. 그 외〈伯禽之命〉,〈康誥〉,〈唐誥〉등 周書 3편은이 백금을 훈계한 글이라 함.
【少皡之虛】少皡氏 나라의 도읍의 옛터. 魯나라 도읍이었던 曲阜 동북에 少皡陵이 있음. 그 땅을 노나라의 봉지로 지정해 주었음을 말함.

【少帛】 小白, 少白과 같음. 깃발 이름.
【綪茷】 '綪'은 '倩'과 같으며 붉은색. '茷'는 '斾'과 같으며 깃발. 적색의 큰 깃발.
【斾旌】 斾은 비단으로 만들되 아무런 장식을 하지 않은 깃발. 정은 새의 깃털로 장식을 한 깃발.
【大呂】 큰 종. 六呂六律의 하나.
【陶氏】 陶工의 씨족.
【施氏】 旌旗工의 씨족.
【繁氏】 馬纓工의 씨족.
【錡氏】 釜工, 혹은 鉌刀工의 씨족.
【樊氏】 혹 籬笆工의 씨족.
【終葵氏】 錐工의 씨족. 終葵는 송곳을 뜻함. 《周禮》 考工記 鄭玄 注에 "終葵, 錐也"라 함.
【封畛土略】 畛은 場(域)과 같음. 略은 境界.
【武父】 衛나라의 북쪽 경계. 지금의 河北 東明 부근 땅으로 추정함.
【圃田】 鄭나라의 숲 이름. 지금의 河南 中牟 부근에 있었음.
【有閻】 지금의 河南 洛陽 근처.
【相土之東都】 《史記》 殷本紀에는 설(契)의 아들은 昭明, 昭明의 아들은 相土였으며 그는 商侯가 되어 도읍을 商丘로 옮겨 그곳을 東都라 하였음.
【東蒐】 왕이 동쪽으로 巡狩하여 泰山에 祭를 올리는 것. 杜預 注에 "爲湯沐邑, 王東巡狩, 以助祭泰山"이라 함.
【聃季】 周公(姬旦)의 아우. 다시 司空이었음. 《史記》 管蔡世家에는 '冄季載'로 되어 있으며 "冄季載最少"라 하여 막내 아우였음.
【陶叔】 그 무렵 주나라 司徒였음. 曹叔振鐸이 아닌가 함.
【康誥】 成王이 唐叔을 衛나라에 봉하면서 준 훈계의 글. 《尙書》 周書에 실려 있음.
【殷虛】 衛나라 초기의 도읍지 朝歌. 지금의 河南 淇縣.
【啓】 '開'와 같음. 행정을 개시함. 杜預 注에 "啓, 開也. 居殷故地, 因其風俗, 開用其政"이라 함.
【周索】 杜預 注에 "疆理土地以周法. 索, 法也"라 함.
【唐叔】 晉나라의 선조.
【密須】 고대 나라 이름. 지금의 甘肅 靈臺縣 서쪽에 있었음.
【闕鞏】 闕鞏 나라에서 생산되는 갑옷. 闕鞏은 지금의 河南 鞏縣에 있던 나라. 昭公 15년 傳을 볼 것.

【沽洗】鐘 이름. 姑洗로도 표기함.
【懷姓】唐나라 遺民들의 성씨. 隗姓, 媿姓과 같음. 王國維〈鬼方昆夷玁狁考〉를 참조할 것.
【唐誥】杜預 注에 "唐誥, 誥命篇名也"라 함.
【夏虛】지금의 山西 太原.
【三者】周公(魯), 康叔(衛), 唐叔(晉)을 가리킴.
【文武成康】周나라 초기 4대 군주. 文王(姬昌), 武王(姬發), 成王(姬誦), 康王(姬釗).
【慭間】'慭'는 謀, 間은 犯과 같음. 犯法을 모의함. 管叔과 蔡叔이 殷나라 유민 武庚을 끼고 난을 일으켜 周公이 東征한 사건을 말함.《孟子》公孫丑(下)에 "周公使管叔監殷, 管叔以殷畔"이라 하였고,《史記》管蔡世家에 "管叔·蔡叔疑 周公之爲不利於成王, 乃挾武庚以作亂. 周公旦承成王命伐誅武庚, 殺管叔, 而放 蔡叔, 遷之"라 함.
【蔡仲】蔡叔(姬度)의 아들. 이름은 姬胡.《尙書》에 蔡仲之命이 있음. 한편《史記》 管蔡世家에 "蔡叔度旣遷而死, 其子曰胡. 胡乃改行, 率德馴善. 周公聞之, 而擧胡 以爲魯卿士. 魯國治, 於是周公言於成王, 復封胡於蔡, 以奉蔡叔之祀, 是爲蔡仲" 이라 함.
【見諸王】蔡仲을 成王에게 謁見시킴.
【五叔】杜預 注에 "五叔, 管叔鮮, 蔡叔度, 成叔武, 霍叔處, 毛叔聃也"라 하였으나 《史記》管蔡世家 索隱에는 "五叔, 管叔, 蔡叔, 成叔, 曹叔, 霍叔이라 함.
【昭·穆】원래 周나라 때 宗法制度로서 宗廟에 위패를 배열하는 규정. 始祖는 중앙에, 二世 이후 짝수 先祖는 왼쪽에 배치하며 이를 '昭'라 함. 그리고 三世 이후 홀수의 先祖는 오른쪽에 배치하며 이를 '穆'이라 함. 따라서 여기서는 진나라 시조 당숙은 문왕의 아들이며 조나라 시조는 무왕의 아들이었음을 뜻함.
【伯甸】伯爵의 甸服.《周禮》大行人에 "邦畿千里. 其外方五百里謂之侯服, 又其 外方五百里謂之甸服"이라 하여 曹나라는 지금의 山東 定陶縣에 있어 周 왕실 로부터 멀리 있어 甸服에 해당함.
【踐土之盟】僖公 28년 晉 文公이 패자가 되어 제후들과 맺은 회맹.
【衛成公】당시 衛나라 군주. 이름은 鄭. B.C.634~600년까지 35년간 재위함.
【夷叔】衛 成公의 아우. 그러나 杜預 注에는 "踐土·召陵二會, 經書蔡在衛上, 霸主 以國大小爲之"라 함.
【晉重】晉나라 重耳. 晉 文公. B.C.636~628년까지 9년간 재위.
【魯申】魯 僖公. 이름은 姬申. B.C.659~627년까지 33년간 재위.

【衛武】 衛나라 武叔.
【蔡甲午】 蔡 莊侯(莊公). 이름은 甲午. 645~612년까지 34년간 재위.
【鄭捷】 鄭 文公. 이름은 捷. B.C.672~628년까지 45년간 재위.
【齊潘】 齊 昭公. 이름은 潘. B.C.632~613년까지 20년간 재위.
【宋王臣】 宋 成公. 이름은 王臣. B.C.636~620년까지 17년간 재위.
【莒期】 莒나라 玆㔻公.
【劉子】 劉文公. 劉卷. 周 王室의 卿士.

㊉
反自召陵, 鄭子大叔未至而卒.
晉趙簡子爲之臨, 甚哀, 曰:「黃父之會, 夫子語我九言, 曰:『無始亂, 無怙富, 無恃寵, 無違同, 無敖禮, 無驕能, 無復怒, 無謀非德, 無犯非義.』」

소릉召陵 모임에서 돌아가는 도중 정鄭나라 자태숙子大叔이 정나라에 닿기도 전에 세상을 떠났다.

진晉나라 조간자趙簡子가 조문하러 와서 깊이 애도하며 말하였다.

"황보黃父 모임에서 이분께서는 나에게 아홉 가지를 일러 주셨다. '난의 발단을 꾸미지 말라. 부유함을 믿지 말라. 총애를 믿지 말라. 동료를 배신하지 말라. 예를 지킬 일에 오만하지 말라. 자신의 능력을 뽐내지 말라. 남을 거듭 노하게 하지 말라. 덕이 아닌 일을 모책하지 말라. 의가 아닌 짓을 행하지 말라'라는 것이었다."

【召陵】 지금의 河南 郾城縣 동쪽.
【子大叔】 游吉. 鄭나라 대부. '大叔'은 '太叔'과 같음. 游販의 아우. '世叔'으로도 불리며 公孫蠆의 아들. 子産을 이어 정나라 집정관이 됨.
【趙簡子】 趙鞅. 晉나라 대부. 趙武(文子)의 손자. 이름은 志父. 范氏, 中行氏와 권력투쟁 끝에 이겨 趙나라의 기초를 세운 인물. 이들 후손이 戰國時代 趙나라를 세움.

【黃父】昭公 25년을 볼 것.
【義】〈阮刻本〉에는 '禮'로 되어 있으나 '無赦禮'로 보아 여기는 '義'가 맞음.

● 1611(定4-3)

夏四月庚辰, 蔡公孫姓帥師滅沈, 以沈子嘉歸, 殺之.

여름 4월 경진날, 채蔡나라 공손성公孫姓이 군사를 이끌고 심沈나라를 무너뜨리고 심자沈子 가嘉를 데리고 돌아가 죽였다.

【庚辰】4월 24일.
【公孫姓】《公羊傳》에는 '歸姓'으로 되어 있음. '공손생'으로 읽음. 杜預 注에 "公孫姓, 音生, 又作生"이라 하여 '公孫生'으로도 표기함.
【沈】고대 沈國. 지금의 安徽 臨泉縣. 뒤에 楚나라에게 망하여 읍이 되었음.
【嘉】沈나라 군주 이름.

● 1612(定4-4)

五月, 公及諸侯盟于皐鼬.

5월, 정공이 제후들과 고유皐鼬에서 동맹을 맺었다.

【皐鼬】지금의 河南 臨潁縣 남쪽. 杜預 注에 "召陵會劉子諸侯摠言之也. 繁昌縣東南有城皐亭, 復稱公者, 會盟異處故"라 함.

※ 1613(定4-5)
杞伯成卒于會.

기백杞伯 성成이 모임에서 죽었다.

【杞伯成】 杞나라 군주 悼公. 이름은 成. 《公羊傳》에는 '杞伯戊'로 되어 있음.
＊無傳

※ 1614(定4-6)
六月, 葬陳惠公.

6월, 진陳 혜공惠公의 장례를 치렀다.

【陳惠公】 陳侯 吳. 哀公(溺)을 이어 B.C.533~506년까지 28년간 재위하였으며 懷公(柳)이 그 뒤를 이음.
＊無傳

※ 1615(定4-7)
許遷于容城.

허許나라가 도읍을 용성容城으로 옮겼다.

【容城】 지금의 河南 魯山縣 남쪽 30리.
＊無傳

❋ 1616(定4-8)

秋七月, 至自會.

가을 7월, 정공이 모임에서 돌아왔다.

【自會】召陵의 회의에서 돌아옴.
＊無傳

❋ 1617(定4-9)

劉卷卒.

유권劉卷이 죽었다.

【劉卷】劉文公. 劉蚠. 周 王室의 卿士. 이름은 卷.
＊無傳

❋ 1618(定4-10)

葬杞悼公.

기杞 도공悼公의 장례를 치렀다.

【杞悼公】召陵 회의 때 죽음. 이름은 成.
＊無傳

※ 1619(定4-11)

楚人圍蔡.

초楚나라가 채蔡나라를 포위하였다.

【圍蔡】沈나라가 召陵 모임에 오지 않자 晉나라가 蔡나라로 하여금 沈을 치게 함. 이에 楚나라가 沈을 구하고자 蔡나라를 친 것임.

※ 1620(定4-12)

晉士鞅・衛孔圉帥師伐鮮虞.

진晉나라 사앙士鞅과 위衛나라 공어孔圉가 군사를 이끌고 선우鮮虞를 쳤다.

【士鞅】范鞅. 范獻子. 晉나라 대부. 范叔으로도 불림. 시호는 獻子. 士匄(宣子)의 아들이며 士燮(范文子)의 손자.
【孔圉】衛나라 孔羈의 손자. 杜預 注에 "孔圉, 孔羈孫"이라 함. 《公羊傳》에는 '孔圄'로 되어 있음.
【鮮虞】白狄의 별종. 《史記》 趙世家 索隱에는 中山國이 옛날에는 鮮虞라 불렸으며 姬姓이었다 하였음. 그러나 錢大昕의 《通鑑注》에는 《姓譜》를 인용하여 "武王封箕子於朝鮮, 支子仲食采於于, 因以鮮于爲氏. 是鮮虞與鮮于, 是一非二矣. 初封爲子姓國, 其後晉滅子姓之鮮虞而封以姬姓, 故曰先子姓, 後姬姓耳"라 함. 3년 觀虎를 잡은 이유 때문이었음.
＊無傳

※ 1621(定4-13)

葬劉文公.

유문공劉文公의 장례를 치렀다.

【劉文公】周 王室의 卿士. 劉卷. 劉蚠.
＊無傳

※ 1622(定4-14)

冬十有一月庚午, 蔡侯以吳子及楚人戰于柏擧, 楚師敗績.
楚囊瓦出奔鄭.
庚辰, 吳入郢.

겨울 11월 경오날, 채후蔡侯가 오자吳子를 이끌고 백거柏擧에서 초楚나라와 싸워 초나라 군사가 크게 졌다.
초나라의 낭와囊瓦가 정鄭나라로 달아났다.
경진날, 오나라 군사가 초나라 도읍 영郢으로 들어갔다.

【庚午】 11월 18일.
【蔡侯】 당시 蔡나라 군주는 昭侯(申)로 재위 13년째였음.
【吳子】 당시 吳나라 군주는 吳王 闔廬(光)로 재위 9년째였음.
【柏擧】 지금의 湖北 麻城縣 동북. 《公羊傳》에는 '伯莒', 《穀梁傳》에는 '伯擧', 《淮南子》詮言訓에는 '柏莒', 《兵略》에는 '柏擧'로 되어 있음.
【敗績】 全軍이 대패하였을 때 쓰는 말. 莊公 11년 傳에 "凡師, 敵未陳曰敗某師, 皆陳曰戰, 大崩曰敗績"이라 함.
【囊瓦】 楚나라 令尹. 子囊의 손자. 자는 子常. 陽匄를 이어 영윤에 오름. 杜預 注에 "囊瓦, 子囊之孫子常也, 代陽匄"라 함.

【庚辰】11월 28일.
【郢】 초나라 도읍지. 지금의 湖北 江陵市 북쪽 紀南城.《漢書》地理志에 "南郡 江陵, 古楚郢都, 楚文王自丹陽徙此, 後九世平王城之"라 함.《公羊傳》과 《穀梁傳》에는 모두 '楚'라고만 되어 있음.

㊁
沈人不會于召陵, 晉人使蔡伐之.
夏, 蔡滅沈.
秋, 楚爲沈故, 圍蔡.
伍員爲吳行人以謀楚.
楚之殺郤宛也, 伯氏之族出.
伯州犂之孫嚭爲吳大宰以謀楚.
楚自昭王卽位, 無歲不有吳師, 蔡侯因之, 以其子乾與其大夫之子爲質於吳.
冬, 蔡侯·吳子·唐侯伐楚.
舍舟于淮汭, 自豫章與楚夾漢, 左司馬戌謂子常曰:「子沿漢而與之上下, 我悉方城外以毀其舟, 還塞大隧·直轅·冥阨. 子濟漢而伐之, 我自後擊之, 必大敗之.」
旣謀而行.
武城黑謂子常曰:「吳用木也, 我用革也, 不可久也, 不如速戰.」
史皇謂子常,「楚人惡子而好司馬, 若司馬毁吳舟于淮, 塞成口而入, 是獨克吳也. 子必速戰! 不然, 不免.」
乃濟漢而陳, 自小別至于大別.
三戰, 子常知不可, 欲奔.
史皇曰:「安, 求其事; 難而逃之, 將何所入? 子必死之, 初罪必盡說.」
十一月庚午, 二師陳于柏擧.
闔廬之弟夫槪王晨請於闔廬曰:「楚瓦不仁, 其臣莫有死志. 先伐之, 其卒必奔; 而後大師繼之, 必克.」
弗許.

夫槩王曰:「所謂『臣義而行, 不待命』者, 其此之謂也. 今日我死, 楚可入也.」

以其屬五千先擊子常之卒.

子常之卒奔, 楚師亂, 吳師大敗之.

子常奔鄭, 史皇以其乘廣死.

吳從楚師, 及清發, 將擊之.

夫槩王曰:「困獸猶鬭, 況人乎? 若知不免而致死, 必敗我. 若使先濟者知免, 後者慕之, 蔑有鬭心矣. 半濟而後可擊也.」

從之, 又敗之.

楚人爲食, 吳人及之, 奔.

食而從之, 敗諸雍澨.

五戰, 及郢.

己卯, 楚子取其妹季羋畀我以出, 涉睢.

鍼尹固與王同舟, 王使執燧象以奔吳師.

庚辰, 吳入郢, 以班處宮.

子山處令尹之宮, 夫槩王欲攻之, 懼而去之, 夫槩王入之.

左司馬戍及息而還, 敗吳師于雍澨, 傷.

初, 司馬臣闔廬, 故恥爲禽焉, 謂其臣曰:「誰能免吾首?」

吳句卑曰:「臣賤, 可乎?」

司馬曰:「我實失子, 可哉!」

三戰皆傷, 曰:「吾不可用也已.」

句卑布裳, 剄而裹之, 藏其身, 而以其首免.

楚子涉睢, 濟江, 入于雲中.

王寢, 盜攻之, 以戈擊王, 王孫由于以背受之, 中肩.

王奔鄖.

鍾建負季羋以從.

由于徐蘇而從.

鄖公辛之弟懷將弒王, 曰:「平王殺吾父, 我殺其子, 不亦可乎?」

辛曰:「君討臣, 誰敢讎之? 君命, 天也. 若死天命, 將誰讎?《詩》曰

『柔亦不茹, 剛亦不吐. 不侮矜寡, 不畏彊禦』, 唯仁者能之. 違彊陵弱, 非勇也; 乘人之約, 非仁也; 滅宗廢祀, 非孝也; 動無令名, 非知也. 必犯是, 余將殺女.」

鬬辛與其弟巢以王奔隨.

吳人從之, 謂隨人曰:「周之子孫在漢川者, 楚實盡之. 天誘其衷, 致罰於楚, 而君又竄之, 周室何罪? 君若顧報周室, 施及寡人, 以獎天衷, 君之惠也. 漢陽之田, 君實有之.」

楚子在公宮之北, 吳人在其南.

子期似王, 逃王, 而己爲王, 曰:「以我與之, 王必免.」

隨人卜與之, 不吉, 乃辭吳曰:「以隨之辟小, 而密邇於楚, 楚實存之. 世有盟誓, 至于今未改. 若難而棄之, 何以事君? 執事之患不唯一人, 若鳩楚竟, 敢不聽命?」

吳人乃退.

鑢金初官於子期氏, 實與隨人要言.

王使見, 辭, 曰:「不敢以約爲利.」

王割子期之心以與隨人盟.

初, 伍員與申包胥友.

其亡也, 謂申包胥曰:「我必復楚國.」

申包胥曰:「勉之! 子能復之, 我必能興之.」

及昭王在隨, 申包胥如秦乞師, 曰:「吳爲封豕・長蛇, 以荐食上國, 虐始於楚. 寡君失守社稷, 越在草莽, 使下臣告急, 曰:『夷德無厭, 若鄰於君, 疆場之患也. 逮吳之未定, 君其取分焉. 若楚之遂亡, 君之土也. 若以君靈撫之, 世以事君.』」

秦伯使辭焉, 曰:「寡人聞命矣. 子姑就館, 將圖而告.」

對曰:「寡君越在草莽, 未獲所伏, 下臣何敢卽安?」

立, 依於庭牆而哭, 日夜不絕聲, 勺飲不入口七日.

秦哀公爲之賦〈無衣〉.

九頓首而坐.

秦師乃出.

심沈나라가 소릉召陵 모임에 불참하자 진晉나라가 채蔡나라로 하여금 심나라를 치도록 하였다.

여름, 채나라가 심나라를 멸망시켰다.

가을, 초나라가 심나라를 구원한다는 구실로 채나라를 포위하였다.

오원伍員이 오나라 행인行人이 되어 초나라를 칠 계획을 꾸몄다.

예전에 초나라에서 극완郤宛을 죽였을 때 극완의 무리였던 백씨伯氏 일족이 초나라 밖으로 달아났었다.

백주리伯州犁의 손자 백비伯嚭가 오나라 태재太宰가 되어 초나라를 칠 계획을 세웠다.

초나라는 소왕昭王이 즉위한 이래로 오나라 군사의 공격을 받지 않는 해가 없었으며 채 소후昭侯는 이러한 틈을 타서 그의 아들 건乾과 대부의 아들을 오나라에 인질로 보냈다.

겨울, 채 소후와 오왕 합려, 당唐나라 군주가 초나라를 쳤다.

배를 회예淮汭에 매어 두고, 예장豫章으로부터 나아가 초나라와 한수漢水를 끼고 대치하자 초나라 좌사마左司馬 술戌이 자상子常에게 말하였다.

"그대는 군사를 이끌고 한수를 위아래로 오르락내리락 하십시오. 나는 방성方城 밖의 군사를 모두 이끌고 적의 배를 모두 부수겠습니다. 또한 돌아서 대수大隧, 직원直轅, 명액冥阨의 좁은 길을 막겠습니다. 그대는 한수를 건너 그들을 치시고, 내가 그 뒤를 따라 공격하면 우리는 틀림없이 그들을 크게 패배시킬 수 있을 것입니다."

이윽고 계획이 세워지자 그들은 떠났다.

그런데 무성武城의 대부 흑黑이 자상에게 말하였다.

"오나라는 나무로 전차를 만들었지만 우리는 가죽으로 만들어 오래 견딜 수 없습니다. 그러니 속전을 감행하느니만 못합니다."

그러자 사황史皇도 자상에게 말하였다.

"초나라 사람들은 그대는 미워하고 사마술은 좋아합니다. 만약 사마술이 오나라의 배를 회수에서 모두 부수고, 방성의 길목을 막고 들어온다면 이는 그 혼자 오나라를 이긴 것이 됩니다. 그러니 그대께서는 반드시 속전을 감행해야 합니다. 그렇게 하지 않았다가는 화를 면하지 못할 것입니다."

그리하여 자상은 한수를 건너 진을 치고 소별산小別山으로부터 대별산 大別山으로 진격하였다.

이렇게 세 차례 싸웠으나 자상은 오나라에 이길 수 없음을 알아차리고 도망가려 하였다.

그러자 사황이 말하였다.

"나라가 태평할 때는 국정을 맡겠다 하고, 어려움이 닥치자 도망간다면 장차 어디로 갈 수 있겠습니까? 그대께서는 모름지기 싸움에서 죽기를 각오하셔야 지난날 지은 죄에서 반드시 벗어날 수 있습니다."

11월 경오날, 양쪽 군사가 백거柏擧에 진을 쳤다.

오왕 합려闔廬의 아우 부개왕夫槩王이 새벽에 합려에게 이렇게 청하였다.

"초나라 영윤 낭와囊瓦는 어질지 못하여 그의 부하들은 그를 위해 목숨을 바칠 각오가 되어 있지 않습니다. 우리가 먼저 공격하면 그의 졸개들은 틀림없이 달아날 것이니, 우리 대군이 그 뒤를 따라 공격하면 틀림없이 이길 수 있습니다."

그러나 오왕은 이를 허락하지 않았다.

그러자 부개왕이 말하였다.

"이른바 '신하는 의롭다 여기는 일을 실행함에는 임금의 명을 기다리지 않는다'라는 말은 이런 경우를 두고 한 것이리라. 오늘 내가 죽어야 초나라 도읍으로 쳐들어 갈 수 있을 것이다."

그리고는 그 부하 5천 명을 이끌고 먼저 초나라 자상의 보졸들을 공격하였다.

자상의 보졸들이 놀라 달아나는 바람에 초나라 군사의 진영이 어지러워지자 오나라 군사가 그들을 크게 쳐부수었다.

자상은 정鄭나라로 달아났고, 사황史皇은 자상의 승광乘廣을 타고 싸우다 죽었다.

오나라 군사들은 초나라 군사를 뒤쫓아 청발수淸發水에 다다라 장차 초나라 군사를 공격하려 하였다.

그러자 부개왕이 말하였다.

"짐승도 곤경에 빠지면 죽을 각오로 대드는 법인데 하물며 사람이야 말할 나위가 있겠습니까? 초나라 군사가 만약 죽음을 면할 수가 없다고 여겨 죽기로 대든다면 틀림없이 우리 군을 쳐부술 수 있습니다. 만약 저들로 하여금 먼저 물을 건너는 자는 살아남을 수 있음을 알도록 하면 뒤에 처진 자들이 그들을 따라 물에 뛰어들게 되어 더 이상 싸울 투지를 잃게 될 것입니다. 저들이 반쯤 건너간 뒤에 치는 것이 좋습니다."

오왕은 그 말을 따라 또다시 초나라 군사를 쳐부수었다.

강을 먼저 건너간 초나라 사람들이 식사 준비를 하고 있을 때, 오나라 군사들이 들이닥치자 그들은 모두 달아났다.

오나라 군사는 그들이 준비한 음식을 먹고, 그들을 뒤쫓아 옹서雍澨에서 쳐부수었다.

이렇게 다섯 번을 싸워 드디어 초나라 도읍 영郢에 이르렀다.

기묘날, 초 소왕은 그의 누이동생 계미비아季芈畀我를 데리고 밖으로 도망하여 저수雎水를 건넜다.

짐윤鍼尹 고固가 왕과 함께 배를 타게 되어 소왕은 코끼리 꼬리에 불을 붙인 불뭉치를 달아 오나라 군사들이 있는 곳으로 달려들게 하였다.

경진날, 오나라 군사가 영으로 들어가 신분의 차례대로 초나라 궁궐을 차지하였다.

오나라 자산子山이 영윤의 집을 차지하고 있었는데 부개왕이 그 집을 빼앗으려 공격하자 자산은 겁을 먹고 떠나버려 부개왕은 영윤의 집으로 들어갔다.

좌사마 술이 식息까지 갔다가 되돌아와서 오나라 군사를 옹서에서 패배시켰으나 자신도 상처를 입었다.

당초, 좌사마 술은 원래 오나라 합려의 신하였으므로 오나라의 포로가 되는 것을 부끄럽게 여겨 그 부하들에게 이렇게 말하였다.

"내가 죽으면 누가 능히 나의 머리를 적에게 넘어가지 않도록 지켜주겠소?"

그러자 오구비吳句卑가 말하였다.

"저는 천한 사람이지만 제가 그 일을 해도 되겠습니까?"

사마 술이 말하였다.

"내 실로 이제까지 그대를 몰라보았구나. 좋다. 그렇게 하라!"

그는 세 번을 싸워 모두 부상을 당하자 이렇게 말하였다.

"나는 더 이상 쓸 곳이 없게 되었구나."

사마 술이 죽자 오구비는 자신의 치마를 깔고 술의 목을 베어 이를 싸서 묶고 그 자신을 숨겨 그의 머리가 적에게 넘어가는 것을 면하게 하였다.

초 소왕이 저수를 지나 장강長江을 건너서 운중雲中으로 들어갔다.

왕이 자고 있을 때 어느 악한이 덤벼들어 창으로 왕을 찌르자 왕손 유우由于가 그 창을 등으로 막다가 어깨에 맞았다.

왕은 다시 운鄖 땅으로 달아났다.

종건鍾建이 왕의 누이동생 계미비아를 업고 따랐다.

유우는 조금 뒤에 소생하여 그 뒤를 따랐다.

운공鄖公 신辛(鬪辛)의 아우 회懷가 소왕을 시해하고자 이렇게 말하였다.

"평왕平王은 우리 아버지를 죽였으니 내가 그의 아들을 죽이는 것도 역시 그럴 수 있는 것이 아닙니까?"

그러자 운공 신이 말하였다.

"임금이 신하를 죽인다고 해서 누가 감히 임금을 원수로 삼을 수 있다는 것이냐? 군주의 명은 곧 하늘이다. 만약 천명으로 죽는다면 누구를 원수로 삼겠는가? 《시》에 '부드럽다고 삼키지 말며, 딱딱하다고 내뱉지 말라. 홀아비와 과부도 업신여기지 말 것이며, 강하고 사나운 자라고 해서 두려워하지도 말라'라 하였다. 이는 오직 어진 사람만이 해낼 수 있는 것이다. 강한 상대는 피하고 약한 상대를 깔보는 것은 용기가 아니며, 남이 묶여 있을 때를 틈타는 것은 어짊이 아니며, 종손을 죽여 제사를 끊는 것은 효가 아니며, 행동을 하고도 아름다운 이름을 얻지 못하는 것은 지혜로움이 아니다. 네가 그러한 범죄를 저지른다면 내가 장차 너를 죽일 것이다."

그리고는 투신鬪辛은 그의 아우 투소鬪巢와 함께 소왕을 모시고 수隨나라로 달아났다.

오나라 사람이 그들의 뒤를 쫓아가서 수나라 사람에게 말하였다.

"주周나라 왕실 자손으로서 한수漢水 가에 있었던 나라들은 모두 초나라에게 멸절당하였소. 하늘이 주나라의 뜻을 도와 초나라에 벌을 주려하고 있는데 그대 수나라 임금이 초나라 왕을 숨겨주고 있소. 주 왕실에는 무슨 죄가 있소? 귀국 임금께서 만약 주 왕실을 돌보시고, 우리 임금께 은혜를 베풀어 하늘의 뜻을 장려한다면 이는 귀국 군주의 덕택이 될 것이오. 그러면 한수 동방 땅은 그대 임금께서 장차 가질 수 있을 것이오."

당시 초 소왕은 수나라 공궁公宮의 북쪽에 있었고, 오나라 군사는 그 남쪽에 있었다.

자기子期는 모습이 소왕과 아주 닮았다. 그래서 왕을 도망치도록 내보내고 자신이 왕이라 하며 이렇게 말하였다.

"나를 오나라 사람들에게 넘겨주면 초왕은 틀림없이 화를 면하게 될 것이다."

수나라 사람이 점쳐 보았더니 불길하다는 점괘가 나왔다. 오나라의 제안을 사절하며 말하였다.

"우리 수나라는 편벽한 곳에 있고 또한 나라가 작아 초나라에 가까이 지내왔습니다. 초나라는 실로 우리나라를 잘 보존시켰고, 대대로 친밀히 지낼 것을 맹세하여 지금도 그 관계가 변하지 않고 있습니다. 우리가 만약 초나라의 어려운 지경에 처하였다고 해서 버린다면 그런 의리 없는 나라로서 어떻게 귀국의 임금을 섬길 수 있겠습니까? 귀국 집사執事의 걱정거리는 초나라 왕 한 사람만은 아닐 것입니다. 귀국이 만약 초나라 영토를 잘 수습한다면 어찌 감히 귀국의 명령을 듣지 않겠습니까?"

오나라 군사는 이에 물러갔다.

여금鑢金이란 자는 전에 자기子期의 가신이었으며 그가 초나라 왕과 자기를 숨겨 줄 것을 수나라와 약속하였던 것이다.

초왕이 그를 만나보고자 하였으나 그는 사양하며 이렇게 말하였다.

"제가 감히 그러한 약속을 했다고 해서 이를 이익으로 여길 수는 없습니다."

이에 초왕은 자기의 가슴을 찔러 뽑은 피로 수나라 사람과 굳게 맹서하였다.

당초, 오원(伍子胥)과 신포서申包胥는 서로 매우 친한 친구였다.

오원이 국외로 망명하면서 신포서에게 말하였다.

"내 반드시 초나라를 뒤엎을 것일세."

그러자 신포서가 응수하였다.

"힘써 잘 해보게! 자네가 우리 초나라를 뒤엎는다면 나는 반드시 다시 일으키겠네."

소왕이 수나라에 있을 때 신포서는 진秦나라로 가서 군사를 요청하며 말하였다.

"오나라는 큰 멧돼지나 큰 뱀이 되어 중원中原의 나라들을 자꾸 침식하고자 우선 초나라부터 그 못된 짓을 시작하였습니다. 우리 임금께서는 사직을 잃고 풀덤불을 넘어 피해 지내시면서 저로 하여금 급히 '오랑캐의 욕심이 한이 없습니다. 만약 그대 진나라와 접하여 이웃나라가 된다면 그대 국경에 근심거리가 될 것입니다. 그러니 오나라가 아직 우리 초나라를 완전히 차지하기 전에 군주께서 초나라 땅 일부를 취하여 가지십시오. 만약 초나라가 완전히 망하고 나면 그때는 그 땅이 그대의 영토가 될 것입니다. 만약 그대 덕분에 우리 초나라가 무사해진다면 대대로 그대 진나라를 섬기겠습니다'라고 알려드리도록 하였습니다."

이에 진 애공이 물러나 있도록 하면서 이렇게 말하였다.

"과인은 잘 알아들었소. 그대는 잠시 객관에 가 있도록 하시오. 내 장차 헤아려보고 알려드리겠소."

그러자 신포서가 대답하였다.

"우리 임금께서는 지금 풀덤불 속에서 제대로 몸을 기댈 곳조차 얻지 못하고 있는데 신하인 제가 어찌 감히 편안한 곳에 머물러 있을 수 있겠습니까?"

그리고는 궁궐 담장에 기대어 통곡하여 밤낮으로 그 울음소리를 그치지 않으면서 한 국자의 물조차 마시지 않은 채 7일 동안이나 버텼다.

진秦 애공哀公은 〈무의無衣〉편을 읊어주었다.

신포서는 머리를 아홉 번 땅에 조아리고 자리에 앉았다.

이에 진나라 군사가 출동하게 되었다.

【召陵】지금의 河南 郾城縣 동북 40리에 召陵城이 있음.
【伍員】伍擧(椒擧)의 손자이며 伍奢의 아들. 伍尙의 아우. 伍子胥. 楚 平王과 아버지 伍奢가 太子 建의 혼인 문제에 비열함을 저지른 費無極의 참언으로 인해 멸족을 당하자 吳나라로 망명하여 춘추 말 吳楚戰鬪, 吳越鬪爭 등 많은 일화와 사건을 남긴 인물임.《國語》吳語에는 '申胥'라 하였으며 申은 氏, 자는 子胥로 여겨짐.《史記》伍子胥列傳 참조. 한편 '員'은 '員音云'이라 하여 '운'으로 읽어야 하나 일반적인 관례에 의해 그대로 '오원'(伍員)으로 읽음.
【行人】외교관.
【郤宛】昭公 27년의 일.
【伯州犁】당시 楚나라 太宰. 원래 晉나라 伯宗의 아들. 成公 15년에 楚나라로 망명하여 楚나라에서 실력을 키워 太宰에 오름.
【嚭】吳나라 太宰 伯嚭. 伯州犁의 아들. 伯州犁가 晉나라 출신으로 楚나라에 망명하여 楚나라에 太宰가 되었으며 그 아들이 이번에는 吳나라로 망명하여 오나라 太宰가 됨. 뒤에 伍子胥와 함께 越나라 范蠡, 大夫 文種 등 넷은 吳越 抗爭의 중심인물이 됨.《吳越春秋》에는 '白喜'로 되어 있음.
【昭王】이름은 軫, 혹은 壬. B.C.515~489년까지 27년간 재위하고 惠王(章)으로 이어짐.
【子乾】蔡 昭侯의 아들.
【唐侯】經文에 唐侯는 기록되어 있지 않음. 杜預 注에 "唐侯不書, 兵屬於吳蔡"라 함.
【淮汭】蔡나라의 서부 汝水가 淮河로 합쳐지는 곳. 지금의 河南 固始縣 북쪽. 杜預 注에 "吳乘舟從淮來, 過蔡而舍之"라 함.
【豫章】지금의 安徽 霍丘, 六安, 霍山으로부터 河南 光山, 固始 일대.
【左司馬戌】沈尹戌. 楚 莊王의 曾孫이며 葉公 沈諸梁의 부친. 그러나 杜預 注에 "莊王曾孫, 葉公諸梁父也"라 하였고,《潛夫論》에는 "左司馬戌者, 莊王之曾孫, 葉公諸梁者, 戌之第三弟也"라 하였고,《呂氏春秋》高誘 注에는 "沈尹戌, 莊王之孫, 沈諸梁, 葉公子高之父也"라 하여 각기 다름.
【子常】囊瓦. 楚나라 令尹. 子囊의 손자. 자는 子常. 陽匄를 이어 영윤에 오름. 杜預 注에 "囊瓦, 子囊之孫子常也, 代陽匄"라 함.
【方城】方城으로 드는 길목 입구. 즉 大隧·直轅·冥阨을 통칭한 것. 杜預 注에 "三者, 漢東之隘道"라 함. 지금의 豫鄂 交界에 三關이 있으며 동쪽은 九里關(옛 大隧), 중간은 武勝關(直轅), 서쪽은 平靖關(冥阨)임.

【必大敗之】《吳越春秋》闔閭內傳에 "遂使孫武·伍胥·白喜伐楚. 子胥陰令宣言於楚曰:「楚用子期爲將, 吾卽侍而殺之; 子常用兵, 吾卽去之.」"라 함.

【武城黑】武城은 지명. 지금의 河南 信陽市 동북. '黑'은 그곳 대부의 이름.

【用革】가죽으로 전차를 만들어 견고하기는 하나 雨濕을 견뎌내지 못함.

【史皇】楚나라 대부.

【城口】세 곳 장애 도로를 함께 일컫는 말. 杜預 注에 "城口, 三隘道之總名"이라 함.

【小別·大別】大別은 大別山. 지금의 湖北 英山縣 북쪽에 있음. 小別은 小別山. 지금의 河南 光山縣과 湖北 黃岡縣 사이에 있는 산.

【初罪】뇌물을 좋아하여 나라의 적을 만들어, 나라의 처지를 좋지 못하게 한 죄. 이전의 죄. 杜預 注에 "言致死以克吳, 可以免貪賂致寇之罪"라 함.

【二師】오나라와 초나라 두 군사.

【柏擧】지금의 湖北 麻城縣 동북. 《公羊傳》에는 '伯莒', 《穀梁傳》에는 '伯擧', 《淮南子》詮言訓에는 '柏莒', 《兵略》에는 '柏擧'로 되어 있음.

【闔廬】吳王 光. 당시 吳나라 군주.

【夫槩王】夫槩는 王號. 吳王 闔廬의 아우이며 楚秦 연합군과 싸우는 틈을 이용, 자립하여 왕이 되었다가 吳王 闔廬에게 패하자 楚나라 堂谿로 달아나 堂谿氏가 됨.

【乘廣】초나라 왕이나 혹은 군사 책임자가 타는 전차. 宣公 12년 傳에 "楚子爲乘廣三十乘, 分爲左右"라 함.

【淸發】물 이름. 湖北 安陸縣 서남쪽 땅을 흐르는 溳水의 지류.

【雍澨】지금의 湖北 京山縣에 三澨水가 있으며 雍澨는 그중 하나라 함.

【及郢】《呂氏春秋》簡選篇에 "吳闔閭選多力者五百人, 利趾者三千人, 以爲前陳. 與荊戰, 五戰五勝, 遂有郢"이라 함.

【己卯】11월 27일.

【季芈畀我】季는 막내. 芈는 초나라 왕의 姓氏. 畀我는 이름. 楚 昭王(軫, 任)의 막내 여동생.

【睢】강 이름. 沮水라고도 함. 지금의 湖北 중부를 남쪽으로 遠安·當陽을 거쳐 江陵 근처에서 長江으로 흘러들어감. 여기서는 枝江縣 동북이었을 것으로 추정함.

【鍼尹固】'鍼'은 '之林反'으로 '짐/침'으로 읽음. 鍼尹은 箴尹으로도 부르며 固는 그의 이름. 鍼은 지명. 鍼邑의 대부.

【燧象】코끼리 꼬리에 불을 매어 吳나라 적진으로 향하게 함. 杜預 注에 "燒火燧繫象尾, 使赴吳師驚却之"라 함.

【以班處宮】杜預 注에 "以尊卑班次, 處楚王宮室"라 하였고,《穀梁傳》에는 "君居其君之寢而妻其君之妻, 大夫居其大夫之寢而妻其大夫之妻"라 하였으며,《吳越春秋》闔閭內傳에는 "闔閭處昭王夫人, 伍胥·孫武·白喜亦妻子常·司馬城(戌)之妻, 以辱楚之君臣也"라 함.

【子山】吳王 闔廬(光)의 아들.

【息】지금의 河南 息縣 서남.

【臣闔廬】杜預 注에 "司馬嘗在吳, 爲闔廬臣, 是以今恥於見禽"이라 함.

【吳句卑】원래 吳나라 사람으로 여겨짐. 司馬戌(沈尹戌)을 따라 楚나라에 망명하였던 자.

【刎】자름. 杜預 注에 "司馬已死, 刎取其首"라 함.

【雲中】江南 雲夢澤. 지금의 枝江縣 근처.

【王孫由于】왕의 손자에 해당하는 이름이 由于인 자.

【鄖】지금의 湖北 京山縣과 安陸縣 일대.

【鍾建】楚나라 대부. 鍾子期와 같은 族氏. 楚 昭王이 鄖으로 피해 다닐 때 昭王의 여동생 季芈畀我를 업고 다닌 인연으로 소왕의 사위가 됨.

【徐蘇】천천히 소생함. 杜預 注에 "以背受戈, 故當時悶絶"이라 함.

【鄖公辛】楚나라 대부. 蔓成然의 아들 鬪辛. 杜預 注에 "辛, 蔓成然之子鬪辛也. 昭十四年楚平王殺成然"이라 함. 蔓成然이 楚 平王에게 살해당함.

【懷】鬪辛의 아우. 鬪懷.

【詩】《詩經》大雅 烝民篇에 "人亦有言, 柔則茹之, 剛則吐之. 維仲山甫, 柔亦不茹, 剛亦不吐, 不侮矜寡, 不畏彊禦. 人亦有言, 德輶如毛, 民鮮克擧之. 我儀圖之, 維仲山甫擧之, 愛莫助之. 袞職有闕, 維仲山甫補之"라 함.

【鬪辛】鄖公 辛. 鬪懷의 형.

【巢】鬪辛의 또 다른 아우. 鬪巢.

【隨】지금의 湖北 隨縣에 있던 작은 나라. 吳나라와 함께 같은 姬姓으로 周室의 후손이었음.

【漢陽之田】漢水 동쪽 땅.

【子期】楚 昭王의 형. 子結.《史記》楚世家와《說苑》에는 '子綦'로 되어 있음.

【鳩】杜預 注에 "鳩, 安集也"라 함.

【鑢金】原典에는 '鑪金'으로 되어 있음. 阮元〈校勘記〉에 의해 수정함.

【要言】杜預 注에 "要言無以楚王與吳, 並欲脫子期"라 함.
【王使見】杜預 注에 "王喜其意, 欲引見之以比王臣, 且欲使盟隨人"이라 함.
【割子期之心】子期의 가슴 앞쪽 부분을 찔러 피를 낸 다음 이로써 맹약을 맺음. 죽인 것이 아님. 杜預 注에 "當心前割取血以盟, 示其至心"이라 함.
【初】楚 平王이 伍子胥(伍員)의 아버지 伍奢와 형 伍尙을 살해하여 伍子胥가 吳나라로 도망 올 당시 상황을 기록한 것.
【申包胥】楚나라 대부. 秦나라에 가서 救援兵을 요청해 온 인물.《戰國策》楚策(1)에는 '棼冒勃蘇'로 되어 있음. 棼冒는 蚡冒로 楚 武王의 형. 그의 후손임을 뜻하며 勃蘇는 이름으로 보임. 그러나《說苑》至公篇에는 '申包胥'로 되어 있음.
【復楚國】'復'은 '覆'과 같음. 뒤엎음.《史記》伍子胥列傳에 "我必覆楚"라 함.
【封豕·長蛇】封豕는 封豨와 같으며 長蛇는 脩蛇와 같음. 큰 돼지와 긴 뱀. 사람들에게 해를 끼치는 惡獸.《淮南子》本經訓에 "堯之時, 封豨·脩蛇爲民害, 乃使羿斷脩蛇於洞庭, 擒封豨於桑林"이라 하여 사람들에게 해를 끼치던 동물. 여기서는 吳나라의 악독함을 비유한 것임.
【荐食】자주 침식함. '荐'은 삭(數)과 같음. 杜預 注에 "荐, 數也. 言吳貪害如蛇豕"라 함.
【夷德】오랑캐의 심정. 吳나라의 惡德을 가리킴.
【秦伯】秦 哀公. 이름은 제대로 알려지지 않았으며 景公을 이어 B.C.536~501년까지 36년간 재위하였으며 이때는 재위 31년째였음. 惠公이 그 뒤를 이음.
【無衣】《詩經》秦風의 시편. "豈曰無衣, 與子同袍. 王于興師, 修我戈矛, 與子同仇. 豈曰無衣, 與子同澤. 王于興師, 修我戈戟, 與子偕作. 豈曰無衣, 與子同裳. 王于興師, 修我甲兵, 與子偕行"이라 하여 적을 치기 위해 함께 군사를 낼 것임을 표명한 것. 杜預 注에 "詩秦風. 取其王于興師, 修我戈矛, 與子同仇; 與子偕作; 與子偕行"이라 함.
【秦師乃出】杜預 注에 "爲明年包胥以秦師至張本"이라 함.

218. 定公 5年(B.C.505) 丙申

周	敬王(姬匄) 15년	齊	景公(杵臼) 43년	晉	定公(午) 7년	衛	靈公(元) 30년
蔡	昭公(申) 14년	鄭	獻公(蠆) 9년	曹	靖公(露) 원년	陳	懷公(柳) 원년
杞	僖公(過) 원년	宋	景公(欒) 12년	秦	哀公(鍼?) 32년	楚	昭王(軫) 11년
吳	吳王(闔廬) 10년	許	許男(斯) 18년				

● 1623(定5-1)

五年春王三月辛亥朔, 日有食之.

5년 봄 주력 3월 신해날 초하루, 일식이 있었다.

【辛亥】B.C.504년 2월 16일 金環日食이 있었음.
＊無傳

㊙
五年春, 王人殺子朝于楚.

5년 봄, 주周 왕실의 사람이 초楚나라에서 왕자 조朝를 죽였다.

【王子朝】周 王室의 王子로 내란을 일으켜 장기간 敬王과 대치하다가 패하여 楚나라로 망명해 있었음. 昭公 26년을 볼 것. 杜預 注에 "因楚亂也. 終閔馬父之言"이라 함.

※ 1624(定5-2)

夏, 歸粟于蔡.

여름, 노나라가 채蔡나라에게 식량을 보내주었다.

【歸粟】蔡나라가 楚나라에 포위당하여 어려움을 겪자 魯나라가 식량을 보내준 것임. 杜預 注에 "蔡爲楚所圍, 飢乏, 故魯歸之粟也"라 함.

(傳)
夏, 歸粟于蔡, 以周亟, 矜無資.

여름, 노나라가 채蔡나라에 곡식을 보내주어 급한 사정을 구제하고, 식량이 없음을 긍휼히 여겼다.

【周亟】급한 처지를 구함. 杜預 注에 "亟. 急也"라 함.
【資】資糧.

※ 1625(定5-3)

於越入吳.

월越나라가 오吳나라로 쳐들어갔다.

【於】杜預 注에 "於, 發聲也"라 함.

㊁
越入吳, 吳在楚也.

월越나라가 오吳나라로 쳐들어간 것은 오나라 군사들이 초楚나라를 치기 위해 나가 있었기 때문이었다.

【越入吳】이는 越王 允常 때의 일이라 함.

✹ 1626(定5-4)
六月丙申, 季孫意如卒.

6월 병신날, 노나라 계손의여季孫意如가 죽었다.

【丙申】6월 17일.
【季孫意如】魯나라 대부. 季平子. 季悼子(季孫紇)의 아들이며 季武子(季孫宿)의 손자. 悼子가 아버지 武子보다 먼저 죽어 나중에 平子가 집안의 후계자가 됨. 《公羊傳》에는 '隱如'로 되어 있음.

㊁
六月, 季平子行東野.
還, 未至, 丙申, 卒于房.

陽虎將以璵璠斂, 仲梁懷弗與, 曰:「改步改玉.」
陽虎欲逐之, 告公山不狃.
不狃曰:「彼爲君也, 子何怨焉?」
旣葬, 桓子行東野, 及費.
子洩爲費宰, 逆勞於郊, 桓子敬之.
勞仲梁懷, 仲梁懷弗敬.
子洩怒, 謂陽虎:「子行之乎?」

6월, 계평자季平子가 동야東野를 순행하였다.

그는 돌아오다가 도읍에 이르지 못하고, 병신날에 방房에서 죽었다.

양호陽虎가 여번璵璠으로 염斂을 하려하자 중량회仲梁懷가 반대하며 말하였다.

"보행이 바뀌고 차는 옥도 바뀌어야 합니다."

양호가 중량회를 쫓아내려고 공산불뉴公山不狃에게 고하였다.

공산불뉴가 말하였다.

"그는 임금을 위해 그렇게 말한 것인데 그대는 어찌 그를 원망하십니까?"

장례가 끝나고 나서 환자桓子가 동야를 순행하고 비費에 이르렀다.

그때 자설子洩(公山不狃)이 비읍의 읍재로써 계환자를 교외에서 맞이해 위로하자 환자는 그를 공경스럽게 대하였다.

그러나 그가 중량회를 위로할 때 중량회는 공경스러운 태도를 취하지 않았다.

자설은 노하여 양호에게 말하였다.

"그대는 그를 축출해야 한다 하였지요?"

【季平子】魯나라 대부 季孫意如. 시호는 平子. 季悼子(季孫紇)의 아들이며 季武子(季孫宿)의 손자. 悼子가 아버지 武子보다 먼저 죽어 나중에 平子가 집안의 후계자가 됨.
【東野】季氏의 읍. 《彙纂》에는 費邑 근처라 하였음.
【房】防이라고도 표기하며 曲阜 동쪽 防山 근처.

【陽虎】魯나라 大夫. 字는 陽貨. 孟懿子의 家臣이었음.《論語》陽貨篇의 '陽貨'임.
【璵璠】노나라의 보옥으로 임금이 차던 것. 이를 죽은 季平子의 입에 물려 염을 하려 한 것임.
【仲梁懷】季氏의 家臣. 仲梁은 複姓. 陽虎에게 핍박을 당함.
【改步改玉】杜預 注에 "昭公之出, 季孫行君事, 佩璵璠, 祭宗廟. 今定公立, 復臣位, 改君步, 則亦當去璠璵"라 하여 昭公이 없을 때는 임금처럼 행동한 것이 가능하나 지금 定公이 들어선 만큼 신하로서의 지위를 지켜 걸음도 바꾸고 차는 옥도 바꾸어야 한다는 뜻이라 하였음.
【公山不狃】公山弗擾. 杜預 注에 "不狃, 季氏臣費宰子洩也"라 하였으며《論語》陽貨篇의 "公山弗擾以費畔"의 장본인임.《潛夫論》志氏姓에 "魯之公族有公山氏, 姬姓也"라 하였고,《通志》氏族略에는 "公山氏以字爲氏"라 함.
【桓子】季桓子. 魯나라 大夫. 季孫桓子. 季孫意如의 아들 季孫斯. 시호는 桓子.
【費】季孫氏의 채읍. 지금의 山東 魚臺縣.
【子洩】公山不狃의 字.

1627(定5-5)

秋七月壬子, 叔孫不敢卒.

가을 7월 임자날, 노나라 숙손불감叔孫不敢이 죽었다.

【壬子】7월 4일.
【叔孫不敢】魯나라 大夫. 叔孫成子. 叔孫婼의 아들. 시호는 成子.
＊無傳

㊉
申包胥以秦師至.
秦子蒲·子虎帥車五百乘以救楚.

子蒲曰:「吾未知吳道.」
使楚人先與吳人戰, 而自稷會之, 大敗夫㮣王于沂.
吳人獲薳射於柏擧, 其子帥奔徒以從子西, 敗吳師於軍祥.
秋七月, 子期·子蒲滅唐.
九月, 夫㮣王歸, 自立也, 以與王戰, 而敗, 奔楚, 爲堂谿氏.
吳師敗楚師于雍澨.
秦師又敗吳師.
吳師居麇, 子期將焚之.
子西曰:「父兄親暴骨焉, 不能收, 又焚之, 不可.」
子期曰:「國亡矣, 死者若有知也, 可以歆舊祀? 豈憚焚之?」
焚之, 而又戰, 吳師敗, 又戰于公壻之谿.
吳師大敗, 吳子乃歸.
囚闔輿罷.
闔輿罷請先, 遂逃歸.
葉公諸梁之弟后臧從其母於吳, 不待而歸.
葉公終不正視.

신포서申包胥가 진秦나라 군사를 이끌고 초楚나라에 이르렀다.
진나라 자포子浦와 자호子虎가 전차 5백 승을 이끌고 초나라를 구원하였다. 자포가 말하였다.
"우리는 아직 오吳나라의 전술을 모릅니다."
그리고는 초나라로 하여금 먼저 오나라와 싸우도록 하고, 그 뒤에 직稷에서 합세하여 부개왕夫㮣王의 군사를 기沂에서 대패시켰다.
오나라 군사가 위석薳射을 백거柏擧에서 잡자 위석의 아들은 패잔병들을 모아 자서子西를 따라가 오나라 군사를 군상軍祥에서 패배시켰다.
가을 7월, 초나라 자기子期와 진나라 자포가 당唐나라를 무너뜨렸다.
9월, 부개왕이 본국으로 돌아가 스스로 왕이 되어 합려闔廬와 싸우다가 패하자 초楚나라로 달아나 당계씨堂谿氏가 되었다.
오나라 군사가 초나라 군사를 옹서雍澨에서 패배시켰다.

진秦나라 군사가 다시 오나라 군사를 쳐부수었다.

오나라 군사가 균麇에 주둔하자 자기가 장차 균 땅을 불로 태우려 하였다. 그러자 자서子西가 말하였다.

"우리의 부형들이 균에서 싸우다 죽어 그 뼈가 드러나 있는데 아직 이를 거두지 못하고 있는데 다시 거기에 불을 질러 태운다면 이는 안 될 일입니다."

그러자 자기가 말하였다.

"나라가 망하려고 합니다. 만약 죽은 사람들이 앎이 있다면, 우리가 이겨야 옛 제사를 받을 수 있다고 여기겠지요? 그런데 어찌 불에 타는 것을 두려워 하겠소?"

그리하여 불을 지르고 다시 싸워 오나라 군사가 패하여 다시 공서公壻의 골짜기에서 전투를 벌였다.

오나라 군사는 대패하고 오왕 합려는 본국으로 돌아갔다.

그 싸움에서 오나라는 초나라 대부 인여파闉輿罷를 사로잡아 가두고 있었다.

인여파는 오나라 군주보다 먼저 오나라로 보내 줄 것을 요청하여 도중에서 달아나 초나라로 돌아왔다.

초나라 섭공葉公 제량諸梁의 아우 후장后臧이 그의 어머니를 따라 오나라에 가 있었는데 그는 어머니를 귀국시킬 시기를 기다리지 않고 혼자 달아나 돌아왔다.

그래서 섭공은 죽을 때까지 아우를 똑바로 쳐다보지도 않았다.

【申包胥】楚나라 대부. 秦나라에 가서 救援兵을 요청해 온 인물. 《戰國策》 楚策(1)에는 '棼冒勃蘇'로 되어 있음. 棼冒는 蚡冒로 楚 武王의 형. 그의 후손임을 뜻하며 勃蘇는 이름으로 보임. 그러나 《說苑》 至公篇에는 '申包胥'로 되어 있음.

【子蒲】楚나라를 구하러 나섰던 秦나라 장수. 그러나 《戰國策》 楚策(1)에는 "出革車千乘, 卒萬人, 屬之子滿與子虎"라 하여 '子蒲'가 '子滿'으로 되어 있음. '蒲'자와 '滿'자가 비슷하여 판각에 오류가 있었던 것으로 보임.

【子虎】역시 秦나라 장수.

【吳道】吳나라의 戰法. 杜預 注에 "道猶法術"이라 함. 戰法戰術을 뜻함.

【稷】지금의 河南 桐柏縣. 《彙纂》에 "在今河南省桐柏縣境"이라 함.

【夫槩王】 夫槩는 王號. 吳王 闔廬의 아우이며 楚秦 연합군과 싸우는 틈을 이용, 자립하여 왕이 되었다가 吳王 闔廬에게 패하자 楚나라 堂谿로 달아나 堂谿氏가 됨.
【沂】 초나라 지명. 지금의 河南 正陽縣.《彙纂》에 "在今河南省正陽縣境"이라 함.
【蒍射】 楚나라 대부. 蒍는 '위'로, 射은 釋文에 "射, 食亦反, 又食夜反"이라 하여 '석', 혹은 '사'로 읽음.
【柏擧】 지금의 湖北 麻城縣 동북.《公羊傳》에는 '伯莒',《穀梁傳》에는 '伯擧',《淮南子》詮言訓에는 '柏莒',《兵略》에는 '柏擧'로 되어 있음.
【奔徒】 달아나는 步卒. 杜預 注에 "奔徒, 楚散卒"이라 하여 패잔병을 뜻함.
【子西】 楚나라 대부 宜申. 楚 平王의 庶弟. 楚나라 令尹을 지냄.《史記》楚世家에는 "子西, 平王之庶弟也"라 하였으나 服虔은 "子庶, 平王之長庶宜申"이라 함.
【軍祥】 지금의 湖北 鍾祥 부근.《彙纂》에 "當在隨縣西南, 近鍾祥之地"라 함.
【子期】 楚 昭王의 형. 子結.《史記》楚世家와《說苑》에는 '子綦'로 되어 있음.
【唐】 지금의 湖北 棗陽縣 동남쪽 唐縣鎭.
【堂谿】 '棠谿'로도 표기하며 지금의 河南 遂平縣 서북. 夫槩王이 이곳을 도망하여 그 후손이 堂谿氏가 됨.
【雍澨】 지금의 湖北 京山縣에 三澨水가 있으며 雍澨는 그중 하나라 함.
【麇】 옛날에는 작은 나라였으나 뒤에 초나라의 읍이었음. 吳楚 전투가 잦은 국경지역이었음.
【又焚之】 杜預 注에 "前年楚人與吳戰, 多死麇中, 言不可幷焚"이라 함.
【公壻】 麇과 柏擧 근방이었음. 지금의 雲夢 북쪽 義塘鎭. 혹 지금의 襄樊市 라고도 함.
【闔興罷】 楚나라 大夫. 杜預 注에 "興能, 楚大夫. 請先至吳, 而逃歸, 言吳唯得 楚一大夫, 復失之, 所以不克"이라 함.
【葉公諸梁】 杜預 注에 "諸梁, 司馬沈尹戌之子, 葉公子高也. 吳入楚, 獲后臧之母. 楚定, 臧棄母而歸"라 함.《元和姓纂》에는 應劭의《風俗通》을 인용하여 "楚沈 尹戌生諸梁, 食采於葉, 因氏焉"이라 하였고, 王符《潛夫論》志氏姓에는 "葉公 諸梁者, 戌之第三弟(子)也"라 함.

㊋

乙亥, 陽虎囚季桓子及公父文伯, 而逐仲梁懷.
冬十月丁亥, 殺公何藐.

己丑, 盟桓子于稷門之內.
庚寅, 大詛.
逐公父歜及秦遄, 皆奔齊.

을해날, 양호陽虎가 계환자季桓子와 공보문백公父文伯을 잡아 가두고 중량회仲梁懷를 축출하였다.
겨울 10월 정해날, 양호가 공하막公何藐을 죽였다.
기축날, 계환자와 직문稷門의 안쪽에서 맹약을 맺었다.
경인날, 많은 이들과 맹약을 맺었다.
공보촉公父歜과 진천秦遄을 축출하자 이들은 모두 제齊나라로 달아났다.

【乙亥】9월 28일.
【陽虎】魯나라 대부. 字는 陽貨. 孟懿子의 家臣이었음.《論語》陽貨篇의 '陽貨'임.
【季桓子】魯나라 대부. 季孫桓子. 季孫意如의 아들 季孫斯. 시호는 桓子.
【公父文伯】季孫歜. 公父歜. 公甫文伯으로도 표기하며 季桓子의 從父昆弟. 杜預 注에 "陽虎欲爲亂, 恐二子不從, 故囚之"라 함.
【仲梁懷】季氏의 家臣. 仲梁은 複姓. 陽虎에게 핍박을 당함.
【丁亥】10월 10일.
【公何藐】杜預 注에 "藐, 季氏族"이라 함.
【己丑】10월 12일.
【稷門】魯나라 도읍 曲阜의 남문 이름.
【庚寅】10월 13일.
【秦遄】季平子 姑母의 사위. 杜預 注에 "秦遄, 平子姑壻也"라 함. 끝의 杜預 注에 "傳言季氏之亂"이라 함.

(傳)
楚子入于郢.
初, 鬭辛聞吳人之爭宮也, 曰「吾聞之:『不讓, 則不和; 不和, 不可以遠征.』吳爭於楚, 必有亂; 有亂, 則必歸, 焉能定楚?」
王之奔隨也, 將涉於成臼.

藍尹亹涉其帑, 不與王舟.

及寧, 王欲殺之.

子西曰:「子常唯思舊怨以敗, 君何效焉?」

王曰:「善. 使復其所, 吾以志前惡.」

王賞鬪辛·王孫由于·王孫圉·鍾建·鬪巢·申包胥·王孫賈·宋木·鬪懷.

子西曰:「請舍懷也.」

王曰:「大德滅小怨, 道也.」

申包胥曰:「吾爲君也, 非爲身也. 君旣定矣, 又何求? 且吾尤子旗, 其又爲諸?」

遂逃賞.

王將嫁季羋, 季羋辭曰:「所以爲女子, 遠丈夫也. 鍾建負我矣.」

以妻鍾建, 以爲樂尹.

王之在隨也, 子西爲王輿服以保路, 國于脾洩.

聞王所在, 而後從王.

王使由于城麇, 復命.

子西問高厚焉, 弗知.

子西曰:「不能, 如辭. 城不知高厚, 小大何知?」

對曰:「固辭不能, 子使余也. 人各有能有不能. 王遇盜於雲中, 余受其戈, 其所猶在.」

袒而示之背, 曰:「此余所能也, 脾洩之事, 余亦弗能也.」

초楚 소왕昭王이 영郢으로 들어갔다.

당초, 투신鬪辛은 오吳나라 사람들이 초나라 궁전을 놓고 다투었다는 것을 듣고 말하였다.

"내 들기로 '겸양하지 않으면 불화하고, 불화하면 원정을 나설 수 없다'라 하였다. 오나라 사람들이 초나라에 와서 다투었다니 오나라는 틀림없이 내란이 날 것이다. 내란이 있게 되면 오나라 사람들은 틀림없이 귀국하게 될 것인데 그들이 어찌 우리 초나라를 평정할 수 있겠는가?"

초 소왕이 수隨나라로 달아났을 때 장차 성구成臼에서 물을 건너게 되었다.

그때 남윤藍尹 미亹가 자신의 처자妻子를 건너게 하느라 왕에게 배를 양보하지 않았다.

나라가 안정되자 초왕은 남윤 미를 죽이려 하였다.

그러자 자서子西가 말하였다.

"영윤 자상子常은 오직 묵은 원한을 갚겠다는 생각만 하다가 실패하였습니다. 그런데 임금께서는 어찌하여 이를 본받으려 하십니까?"

그러자 초왕이 말하였다.

"옳은 말이다. 그를 예전의 관직으로 복직시켜라. 나는 전날의 내 잘못을 명심하겠다."

초왕이 투신과 왕손王孫 유우由于, 왕손 어圉, 종건鍾建·투소鬪巢·신포서申包胥·왕손 가賈·송목宋木·투회鬪懷에게 포상하였다.

그러자 자서가 말하였다.

"투회는 포상에서 제외하시기를 바랍니다."

왕이 말하였다.

"큰 덕은 작은 원한을 없애는 것이 도리이다."

그때 신포서가 말하였다.

"나는 임금을 위해 한 것이지 나 자신을 위해서 일한 것이 아니다. 이제 임금께서 안정되셨으니 다시 무엇을 바라겠는가? 게다가 내 지난날 자기子旗를 탓하였는데 내가 어찌 그와 똑같은 짓을 하겠는가?"

그리고는 드디어 포상을 받지 않고 도망해버렸다.

초왕이 누이동생 계미季羋를 시집보내려 하자 계미가 거절하며 말하였다.

"여자가 되어 남자를 멀리 해야 하는데 지난번 종건이 저를 업은 적이 있습니다."

왕은 계미를 종건의 아내로 삼아주고, 종건을 악윤樂尹에 임명하였다.

초왕이 수隨나라에 있을 때, 자서는 자신이 왕의 수레와 복장을 하고 길 가는 사람들을 안심시켰으며 비설脾洩에 행궁을 지었다.

그리고 왕의 소재를 알게 되자 찾아가 왕을 따르며 모셨다.

초왕이 유우에게 균 땅에 성을 쌓게 하여 유우가 공사를 마치고 보고하였다.

자서가 성의 높이와 두께를 물었으나 유우가 알지 못하고 있는 것이었다.

자서가 말하였다.

"능력이 없으면 당초 사양했어야 하오. 자신이 쌓은 성의 높이와 두께를 모르고 있으니 성의 크기를 어찌 알겠소?"

유우가 대답하였다.

"능력이 없다고 굳이 사양하였지만, 그대가 나에게 그 일을 시키셨습니다. 사람은 저마다 할 수 있는 일이 있고, 할 수 없는 일이 있습니다. 왕께서 운중에서 악한을 만났을 때 나는 내 몸으로 그의 창을 받아 그 상처가 지금도 있습니다."

그는 윗옷을 벗어 등을 보이면서 다시 이렇게 말하였다.

"이것이 내가 능히 할 수 있는 일이오. 비설의 공사 같은 것은 나로서는 역시 할 수 없는 일입니다."

【楚子】楚 昭王. 杜預 注에 "吳師已歸"라 함.
【郢】초나라 도읍지. 지금의 湖北 江陵市 북쪽 紀南城.《漢書》地理志에 "南郡 江陵, 古楚郢都, 楚文王自丹陽徙此, 後九世平王城之"라 함.
【鬪辛】鄖公 辛. 蔓成然의 아들. 杜預 注에 "辛, 蔓成然之子鬪辛也. 昭十四年楚平王殺成然"이라 함. 蔓成然이 楚 平王에게 살해당함.
【成臼】臼水의 나루터 이름. 구수는 지금의 鍾祥縣 동남에서 漢水로 들어 합쳐짐. 成臼水, 曰成河 등으로도 부름.《一統志》에 "臼水在今湖北鍾祥縣東南三十里, 其入漢處仍名臼口"라 함.
【藍尹亹】藍邑 대부. 이름은 亹.
【帑】'孥'와 같음. 처자를 뜻함.《國語》楚語(下)에 본 장의 내용이 자세히 실려 있음.
【子西】楚나라 대부 宜申. 楚 平王의 庶弟. 楚나라 令尹을 지냄.《史記》楚世家에는 "子西, 平王之庶弟也"라 하였으나 服虔은 "子庶, 平王之長庶宜申"이라 함. 모습이 소왕과 매우 닮아 소왕이 없을 때 대신 왕의 모습으로 사람들을 안정시키기도 하였음.
【子常】囊瓦. 楚나라 令尹. 子囊의 손자. 자는 子常. 陽匃를 이어 영윤에 오름.

杜預 注에 "囊瓦, 子囊之孫子常也, 代陽匄"라 함. 15년전 子常이 영윤이었을 때 초나라가 거의 망할 지경에 있었음.
【王孫由于】 왕의 손자에 해당하는 이름이 由于인 자.
【王孫圉】 晉나라에 가서 위급함을 알린 공로가 있었음.
【鍾建】 楚나라 대부. 鍾子期와 같은 族氏. 楚 昭王이 鄖으로 피해 다닐 때 昭王의 여동생 季羋畀我를 업고 다닌 인연으로 소왕의 사위가 됨.
【鬪巢】 鬪辛(鄖公辛)의 아우.
【申包胥】 楚나라 대부. 秦나라에 가서 救援兵을 요청해 온 인물. 《戰國策》 楚策(1)에는 '棼冒勃蘇'로 되어 있음. 棼冒는 蚡冒로 楚 武王의 형. 그의 후손임을 뜻하며 勃蘇는 이름으로 보임. 그러나 《說苑》 至公篇에는 '申包胥'로 되어 있음.
【王孫賈】 楚나라 대부.
【宋木】 역시 楚나라 대부. 杜預 注에 "九子皆從王有大功者"라 함.
【鬪懷】 鬪辛의 아우이며 蔓成然의 아들. 昭公이 鄖 땅으로 피신하였을 때 昭王의 아버지 平王이 자신의 아버지(蔓成然)를 죽인 복수를 위해 昭王을 죽이려 하였었음. 그 때문에 포상에서 제외하도록 건의한 것임. 前年 傳을 볼 것.
【大德滅小怨道也】 大德은 투회가 처음에는 초왕을 죽이려 하였지만 뒤에는 형과 같이 초왕을 위하여 힘써 공을 세운 일을 두고 말한 것이고, 小怨은 국왕을 죽이려고 하였던 일을 두고 말한 것임.
【吾尤子旗】 子旗는 鬪成然(蔓成然). 鬪辛과 鬪懷의 아버지. 鬪成然이 공을 앞세워 탐욕 부림을 꾸짖었었음. 昭公 14년을 볼 것. 杜預 注에 "子旗, 蔓成然也. 以有德於平王, 求欲無厭, 平王殺之, 在昭十四年"이라 함.
【逃賞】 褒賞을 피해 도망하여 은거함. 이 내용은 《新序》 節士篇과 《戰國策》 楚策(1) 등에도 실려 있으며 磨山(지금의 湖北 當陽縣 동남)으로 은거한 것으로 되어 있음.
【季羋】 季羋畀我. 季는 막내. 羋는 초나라 왕의 姓氏. 畀我는 이름. 楚 昭王(軫, 任)의 막내 여동생으로 昭王이 鄖 땅으로 도망 다닐 때 鍾建이 그를 업고 다녔음. 이는 이미 남자를 가까이 한 것으로 그 사람에게 시집을 가야한다는 주장을 편 것임. 前年 傳을 볼 것.
【樂尹】 음악을 관장하는 최고 책임자. 鍾建을 樂尹에 임명함.
【脾洩】 楚나라 읍. 지금의 湖北 江陵 부근. 《彙纂》에 "地近郢都, 當在荊州府境"이라 함. 杜預 注에 "脾洩, 楚邑也. 失王, 恐國人潰散, 故僞爲王車服, 立國脾洩, 以保安道路人"이라 함.
【雲中】 江南 雲夢澤. 지금의 枝江縣 부근.

❋ 1628(定5-6)

冬, 晉士鞅帥師圍鮮虞.

겨울, 진晉나라 사앙士鞅이 군사를 이끌고 선우鮮虞를 포위하였다.

【士鞅】范鞅. 范獻子. 晉나라 대부. 范叔으로도 불림. 시호는 獻子. 士匄(宣子)의 아들이며 士燮(范文子)의 손자.

【鮮虞】白狄의 별종.《史記》趙世家 索隱에는 中山國이 옛날에는 鮮虞라 불렸으며 姬姓이었다 하였음. 그러나 錢大昕의《通鑑注》에는《姓譜》를 인용하여 "武王封箕子於朝鮮, 支子仲食采於于, 因以鮮于爲氏. 是鮮虞與鮮于, 是一非二矣. 初封爲子姓國, 其後晉滅子姓之鮮虞而封以姬姓, 故曰先子姓, 後姬姓耳"라 함.

(傳)

晉士鞅圍鮮虞, 報觀虎之敗也.

진晉나라 사앙士鞅이 선우鮮虞를 포위한 것은 관호觀虎의 싸움에서 패한 보복을 위해서였다.

【觀虎之敗】定公 3년에 鮮虞가 晉나라 觀虎를 사로잡은 싸움. 杜預 注에 "三年 鮮虞獲晉觀虎"라 함. '敗'는 原典에는 '役'으로 되어 있으나 阮元〈校勘記〉에 의해 수정함.

219. 定公 6年(B.C.504) 丁酉

周	敬王(姬匄) 16년	齊	景公(杵臼) 44년	晉	定公(午) 8년	衛	靈公(元) 31년
蔡	昭公(申) 15년	鄭	獻公(蠆) 10년	曹	靖公(露) 2년	陳	懷公(柳) 2년
杞	僖公(過) 2년	宋	景公(欒) 13년	秦	哀公(鍼?) 33년	楚	昭王(軫) 12년
吳	吳王(闔廬) 11년	許	許男(斯) 19년				

※ 1629(定6-1)

六年春王正月癸亥, 鄭游速帥師滅許, 以許男斯歸.

6년 봄 주력 정월 계해날, 정鄭나라 유속游速이 군사를 이끌고 허許나라를 멸망시키고 허남許男 사斯를 데리고 돌아갔다.

【癸亥】정월 18일.
【游速】鄭나라 대부. 子大叔(游吉)의 아들. 자는 子寬.《公羊傳》에는 '游遫'으로 되어 있음.
【許男斯】許나라 군주. 이름은 斯. 許나라는 男爵이었음.

㊟

六年春, 鄭滅許, 因楚敗也.

6년 봄, 정鄭나라가 허許나라를 무너뜨린 것은 초楚나라가 패전한 틈을 탄 것이다.

【楚敗】楚 昭王이 吳・秦의 연합군에 의해 패전함.

● 1630(定6-2)

二月, 公侵鄭.

2월, 정공이 정鄭나라를 쳤다.

㊢
二月, 公侵鄭, 取匡, 爲晉討鄭之伐胥靡也.
往不假道於衛; 及還, 陽虎使季・孟自南門入, 出自東門, 舍於豚澤.
衛侯怒, 使彌子瑕追之.
公叔文子老矣, 輦而如公, 曰: 「尤人而效之, 非禮也. 昭公之難, 君將以文之舒鼎, 成之昭兆, 定之鞶鑑, 苟可以納之, 擇用一焉. 公子與二三臣之子, 諸侯苟憂之, 將以爲之質. 此羣臣之所聞也. 今將以小忿蒙舊德, 無乃不可乎? 大姒之子, 唯周公・康叔爲相睦也, 而效小人以棄之, 不亦誣乎? 天將多陽虎之罪以斃之, 君姑待之, 若何?」
乃止.

2월, 정공이 정鄭나라를 쳐서 광匡 땅을 차지한 것은 정나라가 서미胥靡를 친 것을 두고, 진晉나라를 위해 응징한 것이다.
그런데 가는 길에 위衛나라에게 길을 빌려달라는 요청도 없이 지나쳐 갔고, 돌아올 때에도 양호陽虎가 계씨季氏와 맹씨孟氏로 하여금 위나라 남문南門으로 들어가 동문東門으로 나와 돈택豚澤에 머물도록 하였다.

그러자 위衛 영공靈公이 노하여 미자하彌子瑕로 하여금 그들을 추적하게 하였다.

당시 위나라 공숙문자公叔文子는 은퇴하였으나 수레를 타고 영공에게 가서 이렇게 말하였다.

"남의 흉을 보다가 따라하는 것은 예가 아닙니다. 노 소공이 곤경에 처하였을 때, 임금께서는 우리 문공文公의 사당에 있던 서정舒鼎과 성공成公의 사당에 있던 소조昭兆, 그리고 정공定公의 사당에 있던 반감鑾鑑을 상으로 내걸고 진실로 노 소공을 귀국시킬 수 있는 자라면 이 셋 중에 하나를 택하여 가질 수 있도록 하겠노라 하셨습니다. 그리고 공자公子와 몇 대신의 아들을 내놓는 것을 제후들이 의심한다면 장차 그들을 인질로 삼겠다 하셨습니다. 이러한 일들은 저희 신하들이 모두 들어 알고 있습니다. 그러던 분께서 지금 이 작은 분노로써 지난날의 덕을 가리신다면 이는 잘못된 것이 아니겠습니까? 태사大姒의 아들로는 오직 주공周公과 강숙康叔만이 서로 화목하셨습니다. 그런데 소인을 본받아 조상들의 우애를 버리신다면 이 역시 무망한 짓이 아니겠습니까? 하늘이 양호에게 더 죄를 지어 그를 죽이려는 것이니 임금께서는 잠시 기다려 보십시오. 어떻습니까?"

이에 위 영공은 추적을 멈추었다.

【匡】 지금의 河南 長垣縣 匡城. 文公 원년을 볼 것.
【胥靡】 周나라 직할 읍으로 지금의 河南 偃師縣 동남쪽. 襄公 18년을 볼 것.
【陽虎】 魯나라 대부. 字는 陽貨. 孟懿子의 家臣이었음.《論語》陽貨篇의 '陽貨'임. 당시 노나라 권력을 잡고 있었음.
【季·孟】 季孫氏, 즉 季桓子(季孫斯)와 孟孫氏, 즉 孟懿子(仲孫何忌).
【豚澤】 지금의 河南 濮陽縣 동남쪽.
【衛侯】 衛 靈公(元).
【彌子瑕】 衛 靈公의 嬖臣. '愛憎之變', 史魚(史鰌)의 '屍諫' 등의 많은 고사에 등장하는 인물임.
【公叔文子】 公叔發.《禮記》檀弓(下)에는 貞惠文子라 하였음.
【昭公之難】 襄公의 아들. 이름은 裯. 그러나《史記》年表와《世本》,《漢書》古今人表에는 '稠'라 하였으며〈索隱〉에는 徐廣의 말을 인용하여 '一作裯'라 하여 표기가 각기 다름. 어머니는 胡나라 출신 양공의 둘째 첩 齊歸. B.C.541~510년

까지 32년간 재위함. 杜預 注에는 "在位二十五年, 遜于齊, 在外八年, 凡三十三年, 薨于乾侯"라 하여 재위기간을 33년이라 하였음. 諡法에 "威儀恭明曰昭"라 함. 季氏에게 축출당하여 장기간 국외에 있었음.
【文之舒鼎】 '文'은 衛 文公(燬). B.C.659~635년까지 25년간 재위함. '舒鼎'은 徐나라에서 鑄造한 솥. 문공의 사당에 비치하고 있었으며 보물로 삼았음.
【成之昭兆】 '成'은 衛 成公(鄭). 文公의 아들로 B.C.634~600년까지 35년간 재위함. '昭兆'는 점을 치는 거북 등껍질. 寶龜.
【定之鞶鑑】 '定'은 衛 定公(臧). 文公의 曾孫으로 B.C.588~577년까지 12년간 재위함. '鞶鑑'은 銅鏡의 고리에 맨 가죽 끈. 허리에 찰 수 있도록 되어 있음. 장공 21년을 볼 것.
【以爲質】 杜預 注에 "爲質求納魯昭公"이라 함.
【大姒】 太姒. 周 文王(姬昌)의 后妃이며 武王(姬發), 周公(姬旦), 康叔의 어머니.
【康叔】 衛나라의 시조. 周公은 魯나라의 시조이므로 옛 형제의 우애를 지금도 잘 지켜야 한다는 뜻.
【小人】 陽虎를 가리킴.

✽ 1631(定6-3)

公至自侵鄭.

정공이 정鄭나라를 치는 일에서 돌아왔다.

＊無傳

✽ 1632(定6-4)

夏, 季孫斯·仲孫何忌如晉.

여름, 노나라 계손사季孫斯와 중손하기仲孫何忌가 진晉나라에 갔다.

【季孫斯】季桓子. 魯나라 대부. 季孫桓子. 季孫意如의 아들. 시호는 桓子.
【仲孫何忌】孟懿子. 魯나라 대부. 孟僖子의 후계자. 시호는 懿子.

㊉

夏, 季桓子如晉, 獻鄭俘也.
陽虎强使孟懿子往報夫人之幣, 晉人兼享之.
孟孫立于房外, 謂范獻子曰:「陽虎若不能居魯, 而息肩於晉, 所不以爲中軍司馬者, 有如先君!」
獻子曰:「寡君有官, 將使其人, 鞅何知焉?」
獻子謂簡子曰:「魯人患陽虎矣. 孟孫知其釁, 以爲必適晉, 故强爲之請, 以取入焉.」

여름, 계환자季桓子가 진晉나라에 간 것은 정鄭나라 포로를 바치기 위해서였다.
그때 양호는 억지로 맹의자孟懿子를 진나라에 함께 보내며 진나라 임금 부인의 예방을 통보하도록 하였으며 이에 진나라에서는 두 사람을 한 자리에 잔치를 베풀어주었다.
그러자 맹손씨가 방 밖에 서서 범헌자范獻子에게 말하였다.
"양호가 만약 노나라에 있을 수 없게 되어 진나라로 와서 쉬게 될 때 중군사마中軍司馬로 삼지 않을 양이면 그저 선군 때의 예로 대우해 주십시오!"
범헌자가 말하였다.
"우리 군주께서는 일정한 관직에 적당한 사람을 쓰실 것입니다. 제(鞅)가 그런 일을 어찌 알겠습니까?"
헌자가 이를 조간자趙簡子에게 말하였다.
"노나라 사람들은 양호를 걱정거리로 여기고 있습니다. 맹손씨는 그 기미를 알고 양호가 틀림없이 우리 진나라로 올 것이라고 여기는 것입니다. 그 때문에 억지로 우리에게 요청하여 우리로 하여금 받아들이도록 하려는 것입니다."

【季桓子】魯나라 대부. 季孫桓子. 季孫意如의 아들 季孫斯. 시호는 桓子.
【陽虎】魯나라 대부. 字는 陽貨. 孟懿子의 家臣이었음. 《論語》陽貨篇의 '陽貨'임.
【孟懿子】魯나라 대부 仲孫何忌. 시호는 懿子.
【報夫人之幣】'幣'는 '聘'과 같음. 晉 定公 부인을 초빙할 것임을 통보하도록 하여 그로부터 환심을 사려는 것임. 고대 제후의 부인들도 초빙하는 경우가 있었음.
【兼享之】季桓子와 孟懿子는 둘 모두 노나라 正卿이었으므로 각기 대접하는 것이 예의에 맞으나 晉나라가 그들을 무시하여 한꺼번에 대접하였던 것임.
【范獻子】范鞅. 晉나라 대부. 士鞅. 范叔으로도 불림. 시호는 獻子. 士匄(宣子)의 아들이며 士燮(范文子)의 손자.
【趙簡子】趙鞅. 이름은 志父. 晉나라 대부. 趙武(文子)의 손자. 范氏, 中行氏와 권력투쟁 끝에 이겨 趙나라의 기초를 세운 인물. 이들 후손이 戰國時代 趙나라를 세움.
【釁】조짐. 기미. 과연 陽虎는 뒤에 진나라로 망명함.

㊖
四月己丑, 吳大子終纍敗楚舟師, 獲潘子臣·小惟子及大夫七人.
楚國大惕, 懼亡.
子期又以陵師敗于繁揚.
令尹子西喜曰:「乃今可爲矣.」
於是乎遷郢於鄀, 而改紀其政, 以定楚國.

4월 기축날, 오나라 태자 종류終纍가 초나라의 수군을 패배시키고 반자신潘子臣과 소유자小惟子 및 대부 일곱을 잡았다.
초나라는 크게 두려워하며 나라가 망하지 않을까 걱정하였다.
자기子期가 다시 육군을 이끌고 싸웠으나 번양繁揚에서 패하였다.
그때 영윤 자서子西는 기뻐하면서 말하였다.
"이제야 일을 제대로 할 수 있게 되었다."
이에 도읍을 영郢에서 약鄀으로 옮기고 정치의 기강을 새롭게 하여 초나라를 안정시켰다.

【己丑】 4월 15일.
【吳大子終纍】 吳王 闔廬의 太子. 夫差의 형. 杜預 注에 "終纍, 闔廬子, 夫差兄"이라 하였으며 《吳地記》에 "闔閭三子, 長曰終纍"라 함. '纍'는 '力追反'으로 '류', 혹 '力軌反'으로 '뢰'로 읽음. 《史記》 楚世家에는 終纍를 夫差로 오인하였음.
【潘子臣】 楚나라 水軍의 장수.
【小惟子】 역시 초나라 수군 장수.
【子期】 楚 昭王의 형. 子結. 《史記》 楚世家와 《說苑》에는 '子綦'로 되어 있음.
【陵師】 陸軍.
【繁揚】 襄公 4년에는 '繁陽'으로 되어 있으며 지금의 河南 新蔡縣 북쪽.
【子西】 楚나라 대부 宜申. 楚 平王의 庶弟. 楚나라 令尹을 지냄. 《史記》 楚世家에는 "子西, 平王之庶弟也"라 하였으나 服虔은 "子庶, 平王之長庶宜申"이라 함.
【郢】 초나라 도읍지. 지금의 湖北 江陵市 북쪽 紀南城. 《漢書》 地理志에 "南郡 江陵, 古楚郢都, 楚文王自丹陽徙此, 後九世平王城之"라 함.
【鄀】 지금의 湖北 宜城縣 동남쪽 90리.

傳
周儋翩率王子朝之徒因鄭人將以作亂于周.
鄭於是乎伐馮·滑·胥靡·負黍·狐人·闕外.
六月, 晉閻沒戍周, 且城胥靡.

주周나라 담편儋翩이 왕자 조朝의 무리를 이끌고, 정鄭나라에게 의지하여 주나라에서 난을 일으키려 하였다.
정나라는 이에 풍馮·활滑·서미胥靡·부서負黍·호인狐人·궐외闕外들을 쳤다.
6월, 진晉나라 염몰閻沒이 주나라를 수비하면서 서미에 성까지 쌓았다.

【儋翩】 이미 죽은 周나라 王子 朝의 殘黨. 《萬氏氏族略》에 "周簡王之後謂儋氏, 王儋季·儋括·儋翩"이라 함.
【王子朝】 周 景王의 長庶子. 《漢書》 古今人表와 五行志에는 모두 '王子鼂'로 되어 있음. 〈釋文〉에는 "或云朝錯(鼂錯)是王子朝之後"라 함. 난을 일으켜 장기간

周 王室을 혼란에 몰아넣었다가 楚나라에서 죽음. 그 殘黨이 다시 鄭나라에서 규합하여 주 왕실을 괴롭힌 것임.
【馮】《彙纂》에 "《外東觀漢記》: 以魏之別封華侯, 華侯孫長卿食采於馮城卽此"라 함.
【滑】지금의 河南 偃師縣 남쪽.
【胥靡】周나라 직할 읍으로 지금의 河南 偃師縣 동남쪽. 襄公 18년을 볼 것.
【負黍】《一統志》에 "今河南登封縣西南二十七里, 有負黍聚"라 함.
【狐人】지금의 河南 禹縣 동남쪽에 狐人亭이 있음.
【闕外】《彙纂》에 "卽伊闕外之邑. 在洛陽縣之南, 闕塞山下"라 함. 이상 모두 주나라 직할지역 내의 읍이었음. 杜預 注에 "鄭伐周六邑, 在魯伐鄭取匡前. 於此見者, 爲戌周起也"라 함.
【閻沒】晉나라 魏獻子의 가신. 혹 晉나라 대부.
【且城】杜預 注에 "爲下天王出居姑蕕起"라 함.

● 1633(定6-5)

秋, 晉人執宋行人樂祁犂.

가을, 진晉나라가 송宋나라 행인行人 악기리樂祁犂를 붙잡았다.

【行人】외교관. 통역관.
【樂祁】樂祁犂. 宋나라 子罕의 손자이며 溷의 아버지. 자는 子梁. 昭公 22년을 볼 것.

㊉
秋八月, 宋樂祁言於景公曰:「諸侯唯我事晉, 今使不往, 晉其憾矣.」
樂祁告其宰陳寅.
陳寅曰:「必使子往.」

他日, 公謂樂祁曰:「唯寡人說子之言, 子必往!」
陳寅曰:「子立後而行, 吾室亦不亡, 唯君亦以我爲知難而行也.」
見溷而行.
趙簡子逆, 而飲之酒於綿上, 獻楊楯六十於簡子.
陳寅曰:「昔吾主范氏, 今子主趙氏, 又有納焉, 以楊楯賈禍, 弗可爲也已. 然子死晉國, 子孫必得志於宋.」
范獻子言於晉侯曰:「以君命越疆而使, 未致使而私飲酒, 不敬二君, 不可不討也.」
乃執樂祁.

가을 8월, 송宋나라 악기樂祁가 경공景公에게 말하였다.
"제후들 중에 오직 우리만 진나라를 잘 섬긴다면서 지금 사신을 보내지 않고 있으니 진나라는 유감스럽게 여길 것입니다."
그리고 악기는 자신의 가재 진인陳寅에게 이를 말해주었다.
그러자 진인이 말하였다.
"임금께서는 틀림없이 그대를 사신으로 보내실 것입니다."
뒷날 경공이 악기에게 말하였다.
"나는 그대가 한 말을 즐겁게 여기고 있소. 그대가 반드시 가 주시오."
진인이 악기에게 말하였다.
"그대께서는 후계자를 정하신 뒤에 떠나셔야 우리 가문이 망하지 않을 것이며, 임금께서도 그대가 우리 가문에 곤란한 일이 있음에도 떠났음을 알게 되실 것입니다."
그리하여 악기는 아들 혼溷을 후계로 삼고 군주에게 보인 다음 떠났다.
진나라에서는 조간자趙簡子가 맞이하여 면상綿上에서 술자리를 베풀자 악기는 조간자에게 버드나무로 만든 방패 60벌을 선물로 주었다.
진인이 말하였다.
"지난날 우리 가문은 범씨范氏를 주인으로 삼았는데 이제 그대는 조씨趙氏를 주인으로 삼으시고, 게다가 선물까지 바치셨습니다. 버드나무로 만든 방패를 선물하여 화를 사고 말았으니 해서는 안 될 일을 하셨습니다.

그러나 그대가 이 진나라에서 죽게 되면, 그대의 자손은 틀림없이 송나라에서 득세할 것입니다."

범헌자가 진 경공에게 말하였다.

"임금의 명을 받들고 국경을 넘어 사신으로 와서는 사신의 임무를 마치기도 전에 사사로이 술을 마셨으니 이는 두 임금에게 불경죄를 지은 것입니다. 그러니 그 죄를 다스리지 않을 수 없습니다."

그리고는 곧 악기를 체포하였다.

【樂祁】 樂祁犂. 宋나라 子罕의 손자이며 溷의 아버지. 자는 子梁. 昭公 22년을 볼 것.
【景公】 宋 景公. 이름은 欒으로 당시 재위 13년째였음.
【陳寅】 樂祁의 家臣.
【立後而行】 杜預 注에 "寅知晉政多門, 往必有難, 故使樂祁立後而行"이라 함.
【溷】 樂祁의 아들. 자는 子明. 杜預 注에 "溷, 樂祁子也. 見於君, 立以爲後"라 함.
【趙簡子】 趙鞅. 晉나라 대부. 趙武(文子)의 손자. 이름은 志父. 范氏, 中行氏와 권력투쟁 끝에 이겨 趙나라의 기초를 세운 인물. 이들 후손이 戰國時代 趙나라를 세움.
【綿上】 지금의 山西 冀城縣 서쪽 小緜山.
【楊楯】 버드나무로 만든 방패.
【范獻子】 范鞅. 晉나라 대부. 士鞅. 范叔으로도 불림. 시호는 獻子. 士匄(宣子)의 아들이며 士燮(范文子)의 손자.
【晉侯】 당시 晉나라 군주는 定公(午). 재위 8년째였음.

✱ 1634(定6-6)

冬, 城中城.

겨울, 중성中城에 성을 쌓았다.

【中城】 內城. 成公 9년을 볼 것. 杜預 注에 "公爲晉侵鄭, 故懼而城之"라 함.
＊無傳

㊉

陽虎又盟公及三桓於周社, 盟國人于亳社, 詛于五父之衢.

노나라 양호陽虎는 다시 노나라 정공 및 삼환(孟孫氏·仲孫氏·季孫氏)과 주사周社에서 맹약을 맺고, 나라의 대부들과도 박사亳社에서 동맹을 맺었으며, 오보五父의 거리에서도 크게 서약하였다.

【陽虎】魯나라 대부. 字는 陽貨. 孟懿子의 家臣이었음.《論語》陽貨篇의 '陽貨'임.
【三桓】孟孫氏, 仲孫氏, 季孫氏를 가리킴. 魯나라 실권 가문들.
【周社】魯나라 사직의 社廟. 周公(姬旦)을 시조로 모신 始祖廟.
【亳社】殷나라 사직의 신을 제사 지내는 社廟. 公宮의 옆에 있었음. 魯나라 땅은 원래 고대 殷나라 商奄의 땅이었으므로 그 遺民을 위해 사당을 지어 제사를 올렸음. 閔公 2년 전을 볼 것.
【詛】대중들과 맺는 큰 서약.
【五父】魯나라 도읍의 거리 이름. 襄公 11년을 볼 것.

※ 1635(定6-7)

季孫斯·仲孫忌帥師圍鄆.

계손사季孫斯와 중손하기仲孫何忌가 군사를 이끌고 운鄆 땅을 포위하였다.

【季孫斯】季桓子. 魯나라 대부. 季孫桓子. 季孫意如의 아들. 시호는 桓子.
【仲孫忌】仲孫何忌. 孟懿子. 魯나라 대부. 孟僖子의 후계자. 시호는 懿子. '何' 자가 빠진 것에 대해 杜預 注에는 "何忌不言何, 闕文"이라 함.
【鄆】지금의 山東 沂水縣 동북. 杜預 注에 "鄆貳於齊, 故圍之"라 함.
＊無傳

㊉
冬十二月, 天王處于姑蕕, 辟儋翩之亂也.

겨울 12월, 천자 경왕敬王이 고유姑蕕에 머물렀던 것은 담편儋翩의 난동을 미리 피하기 위해서였다.

【天王】당시 周나라 군주는 敬王(姬匄)으로 재위 16년째였음.
【姑蕕】지금의 河南 偃師縣.
【儋翩】王子 朝의 餘黨.《萬氏氏族略》에 "周簡王之後謂儋氏, 王儋季·儋括·儋翩" 이라 함.

220. 定公 7年(B.C.503) 戊戌

周	敬王(姬匄) 17년	齊	景公(杵臼) 45년	晉	定公(午) 9년	衛	靈公(元) 32년
蔡	昭公(申) 16년	鄭	獻公(蠆) 11년	曹	靖公(露) 3년	陳	懷公(柳) 3년
杞	僖公(過) 3년	宋	景公(欒) 14년	秦	哀公(鍼?) 34년	楚	昭王(軫) 13년
吳	吳王(闔廬) 12년						

❀ 1636(定7-1)

七年春王正月.

7년 봄 주력 정월.

⟨傳⟩

七年春二月, 周儋翩入于儀栗以叛.

7년 봄 2월, 주周나라 담편儋翩이 의율儀栗로 들어가 반란을 일으켰다.

【儋翩】 王子 朝의 殘黨. 《萬氏氏族略》에 "周簡王之後謂儋氏, 王儋季·儋括·儋翩"이라 함. 왕자 조를 따라 주 왕실에 난을 일으켰다가 왕자 조가 초나라에서 죽었음에도 정나라에 모여 다시 주 왕실을 괴롭힌 것.

11. 〈定公7年〉 3357

【儀栗】周나라 직할 읍으로 지금의 河南 宜陽縣. 그러나 高士奇의《地名考略》에는 지금의 河南 蘭考縣이며, 周 王室은 당시 겨우 7개 읍만을 소유하고 있었다 하였음.

⑲

齊人歸鄆·陽關, 陽虎居之以爲政.

제齊나라가 운鄆과 양관陽關을 노魯나라에 돌려주자 양호陽虎가 그곳에 가서 머물며 다스렸다.

【鄆】지금의 山東 沂水縣 동북. 혹 지금의 運城縣이라고도 함. 杜預 注에 "鄆·陽關 皆魯邑, 中貳於齊, 齊今歸之"라 함.
【陽關】지금의 山東 寧陽현 동북으로 泰安縣과 가까움.
【陽虎】魯나라 대부. 字는 陽貨. 孟懿子의 家臣이었음.《論語》陽貨篇의 '陽貨'임.

❈ 1637(定7-2)
夏四月.

여름 4월.

⑲

夏四月, 單武公·劉桓公敗尹氏于窮谷.

여름 4월에 선무공單武公과 유환공劉桓公이 윤씨尹氏측 사람들을 궁곡窮谷에서 패배시켰다.

【單武公】周나라 卿士. 單穆公의 아들.
【劉桓公】역시 周나라 卿士. 劉文公(劉蚠)의 아들.
【尹氏】周나라 대부. 杜預 注에 "尹氏復黨儋翩, 共爲亂"이라 함.
【窮谷】洛邑 동쪽의 읍. 昭公 26년을 볼 것.

* 1638(定7-3)
秋, 齊侯·鄭伯盟于鹹.

가을, 제후齊侯와 정백鄭伯이 함鹹에서 동맹을 맺었다.

【齊侯】당시 齊나라 군주는 景公(杵臼)으로 재위 45년째였음.
【鄭伯】당시 鄭나라 군주는 獻公(蠆)으로 재위 11년째였음.
【鹹】지금의 河南 濮陽縣 동남쪽. 僖公 13년을 볼 것.

* 1639(定7-4)
齊人執衛行人北宮結以侵衛.

제齊나라가 위衛나라 행인行人 북궁결北宮結을 붙잡고 위나라를 쳤다.

【行人】외교관. 통역관.
【北宮結】衛나라 대부.

* **1640**(定7-5)

齊侯·衛侯盟于沙.

제후齊侯와 위후衛侯가 사沙에서 동맹을 맺었다.

【衛侯】당시 衛나라 군주는 靈公(元)으로 재위 32년째였음.
【沙】傳文에는 '瑣'로 되어 있으며《公羊傳》에는 '沙澤'으로 되어 있음. 杜預 注에는 河北 大名縣 동쪽이라 하였으며 王夫之의《稗疏》에는 지금의 河北 涉縣이라 함.《左通補釋》에 "以沙亭左氏謂之瑣, 在今河北大名縣東"이라 함.

㊉
秋, 齊侯·鄭伯盟于鹹, 徵會于衛.
衛侯欲叛晉, 諸大夫不可.
使北宮結如齊, 而私於齊侯曰:「執結以侵我.」
齊侯從之, 乃盟于瑣.

가을, 제齊 경공景公과 정鄭 헌공獻公이 함鹹 땅에서 동맹을 맺고, 위衛나라에게 같은 편이 될 것을 요구하였다.
위 영공靈公이 진晉나라를 배반하고 제나라·정나라와 동맹을 맺고자 하였으나 대부들이 반대하였다.
그리하여 북궁결北宮結을 제나라에 보내어 제나라 군주에게 사사롭게 말을 전하도록 하였다.
"저(結)를 체포한 뒤 우리나라를 치십시오."
제 경공이 그의 말대로 하여 두 나라가 쇄瑣에서 동맹을 맺은 것이다.

【叛晉】杜預 注에 "屬齊·鄭也"라 함.
【鹹】衛나라 땅으로 지금의 河南 濮陽.
【瑣】杜預 注에 "瑣卽沙也. 爲明年涉佗捘衛侯手起"라 함.

1641(定7-6)

大雩.

기우제를 크게 지냈다.

＊無傳

1642(定7-7)

齊國夏帥師伐我西鄙.

제齊나라 국하國夏가 군사를 이끌고 우리의 서쪽 변방을 쳤다.

【國夏】齊나라 대부. 國弱(國景子)의 아들이며 國佐의 손자. 哀公 6년 魯나라로 망명함.

傳

齊國夏伐我.
陽虎御季桓子, 公斂處父御孟懿子, 將宵軍齊師.
齊師聞之, 墮, 伏而待之.
處父曰:「虎不圖禍, 而必死.」
苫夷曰:「虎陷二子於難, 不待有司, 余必殺女!」
虎懼, 乃還, 不敗.

제齊나라 국하國夏가 우리 노나라를 쳤다.
양호陽虎는 계환자季桓子의 전차를 조종하고 공렴처보公斂處父는 맹의자孟懿子의 전차를 조종하여 밤중에 제나라 군사를 공격하려 하였다.

제나라 군사가 이를 듣고 전차부대를 풀어 유인하여 보병을 잠복시키고 노나라 군사의 공격을 기다렸다.

공렴처보가 양호에게 말하였다.

"양호 그대는 화를 당할 것을 생각하지 않고 있으니 그대는 틀림없이 죽게 될 것이다."

그러자 점이苫夷도 말하였다.

"양호, 그대가 계환자와 맹의자 두 분을 곤란에 빠뜨린다면 유사有司의 처리를 기다릴 것도 없이 반드시 내가 너를 죽일 것이다!"

양호는 두려워 물러났고 노나라는 패하지 않았다.

【國夏】齊나라 대부. 國弱(國景子)의 아들이며 國佐의 손자. 哀公 6년 魯나라로 망명함.
【伐我】杜預 注에 "齊叛晉故"라 함.
【陽虎】魯나라 대부. 字는 陽貨. 孟懿子의 家臣이었음. 《論語》陽貨篇의 '陽貨'임. 成邑의 邑宰를 담당하고 있었음.
【季桓子】魯나라 대부. 季孫桓子. 季孫意如의 아들 季孫斯. 시호는 桓子.
【公斂處父】公斂陽. 杜預 注에 "處父, 孟氏家臣, 成宰公斂陽"이라 함. 公斂은 복성. 자는 子陽.
【孟懿子】魯나라 대부 仲孫何忌. 시호는 懿子.
【墮】杜預 注에 "墮, 毁其軍以誘敵而設伏兵"이라 함. 적군을 부수고 적을 유인하여 그 뒤에 埋伏을 설치함.
【苫夷】季孫氏의 가신. 苫越. 자는 子越.

※ 1643(定7-8)

九月, 大雩.

9월, 기우제를 크게 지냈다.

＊無傳

※ **1644**(定7-9)

冬十月.

겨울 10월.

㊝
冬十一月戊午, 單子·劉子逆王于慶氏.
晉籍秦送王.
己巳, 王入于王城, 館于公族黨氏, 而後朝于莊宮.

겨울 11월 무오날, 선자單子와 유자劉子가 경왕敬王을 경씨慶氏의 집에서 맞이하였다.
진晉나라 적진籍秦이 천자를 호송하였다.
기사날, 경왕은 왕성王城으로 들어가 공족 대부 당씨黨氏의 집에 머무른 뒤, 장궁莊宮에 들러 참배하였다.

【戊午】11월 23일.
【單子】單武公. 周나라 卿士. 單穆公의 아들.
【劉子】劉桓公. 역시 周나라 卿士. 劉文公(劉盆)의 아들.
【王】周 敬王. 재위 17년째였음.
【慶氏】杜預 注에 "慶氏, 守姑獮大夫"라 함.
【籍秦】晉나라 大夫. 籍談의 아들. 昭公 15년 傳의 孔穎達 疏에 《世本》을 인용하여 "侯季子生籍游, 游生談, 談生秦"이라 함.
【己巳】12월 5일.
【黨氏】杜預 注에 "黨氏, 周大夫"라 함.
【莊宮】莊王의 위패를 모신 사당. 莊王은 姬佗. B.C.696~682년까지 15년간 재위함.

221. 定公 8年(B.C.502) 己亥

周	敬王(姬匄) 18년	齊	景公(杵臼) 46년	晉	定公(午) 10년	衛	靈公(元) 33년
蔡	昭公(申) 17년	鄭	獻公(蠆) 12년	曹	靖公(露) 4년	陳	懷公(柳) 4년
杞	僖公(過) 4년	宋	景公(欒) 15년	秦	哀公(鍼?) 35년	楚	昭王(軫) 14년
吳	吳王(闔廬) 13년						

❋ **1645(定8-1)**

八年春王正月, 公侵齊.

8년 봄 주력 정월, 정공이 제齊나라를 쳤다.

【侵齊】杜預 注에 "報前年伐我西鄙"라 함.

傳

八年春王正月, 公侵齊, 門于陽州.
士皆坐列, 曰:「顔高之弓六鈞.」
皆取而傳觀之.
陽州人出, 顔高奪人弱弓, 籍丘子鉏擊之, 與一人俱斃.
偃, 且射子鉏, 中頰, 殪.
顔息射人中眉, 退曰:「我無勇, 吾志其目也.」

師退, 冉猛僞傷足而先.
其兄會乃呼曰:「猛也殿!」

8년 봄 정월, 정공이 제齊나라를 쳐서 양주陽州의 성문을 공격하였다. 병사들이 줄지어 앉아 이렇게 말하였다.
"안고顏高의 활은 무게가 6균鈞이나 된다."
그러자 모두 그의 활을 달라고 하여 돌려가며 들어보았다.
그 틈에 양주 사람들이 공격해 오자 안고는 옆 사람의 약한 활을 빼앗았지만 양주의 적구자서籍丘子鉏가 그를 공격하여 다른 한 사람과 함께 거꾸러지고 말았다.
안고는 누운 채 적구자서를 쏘아 그의 볼을 맞혀 자서가 죽고 말았다.
안식顏息은 양주 사람을 쏘아 눈썹을 맞추자 물러서며 이렇게 말하였다.
"나는 용기가 없다. 사실 나는 그의 눈을 겨눈 것이었다."
노나라 군사가 퇴각할 때 염맹冉猛이 거짓으로 발을 다친 척하여 먼저 물러나려 하였다.
그러자 그의 형 염회冉會가 소리쳐 불렀다.
"맹아, 너는 맨 뒷줄에 서야 한다!"

【陽州】지금의 山東 東平縣 북쪽. 원래 魯나라 읍이었으나 뒤에 齊나라에 귀속됨.
【顏高】《史記》仲尼弟子列傳에 같은 이름이 있어 혹 孔子 제자로 보고 있으나 그와는 다른 인물임.
【六鈞】무게 단위. 1鈞은 30斤.
【籍丘子鉏】齊나라 사람.
【顏息】魯나라 사람.
【冉猛】魯나라 사람.
【會】冉會. 冉猛의 형.
【殿】후퇴할 때 가장 뒤에서 추격하는 적을 상대하는 것. 가장 위험한 위치를 뜻함. '殿'은 '臀'의 뜻. 《論語》子路篇에 "子曰:「孟之反不伐, 奔而殿, 將入門, 策其馬, 曰:『非敢後也, 馬不進也.』」"라 하였고, 哀公 11年 傳에 "師及齊師戰于郊.

右師奔; 齊人從之. 孟之側後入, 以爲殿; 抽矢策其馬, 曰:「馬不進也!」"라 함. 杜預 注에는 "會見師退而猛不在列, 乃大呼詐言猛在後爲殿"이라 하여 해석을 달리하고 있음.

❋ 1646(定8-2)

公至自侵齊.

정공이 제齊나라 치는 일에서 돌아왔다.

＊無傳

⑲
二月己丑, 單子伐穀成, 劉子伐儀栗.
辛卯, 單子伐簡成, 劉子伐盂, 以定王室.

2월 기축날, 선자單子가 곡성穀城을 치고 유자劉子는 의율儀栗을 쳤다.
신묘날, 선자는 간성簡城을 치고 유자는 우盂를 쳐서 왕실을 안정시켰다.

【己丑】 2월에는 己丑이 없으며 3월 26일이 己丑임. 따라서 '二月'은 '三月'의 오류로 보임.
【單子】 單武公. 周나라 卿士. 單穆公의 아들.
【穀城】 지금의 河南 洛陽 서북쪽. 河南通志에 "在今洛陽城西北二十五里"라 함.
【劉子】 劉桓公. 역시 周나라 卿士. 劉文公(劉盆)의 아들.
【儀栗】 周나라 직할 읍으로 지금의 河南 宜陽縣. 그러나 高士奇의《地名考略》에는 지금의 河南 蘭考縣이며, 周 王室은 당시 겨우 7개 읍만을 소유하고 있었다 하였음. 杜預 注에 "討儋翩之黨"이라 함.
【辛卯】 3월 28일.

【簡城】高士奇의《地名考略》에 "周有簡師父, 簡城當是其食邑"이라 하였으며 王城과 멀지 않은 곳으로 여겨짐.
【盂】隱公 11년의 '邘'의 다른 표기. 지금의 河南 沁陽縣 서북. 모두 周나라 직할 지역 내의 땅이었음.

傳

趙鞅言於晉侯曰:「諸侯唯宋事晉, 好逆其使, 猶懼不至; 今又執之, 是絶諸侯也.」
將歸樂祁, 士鞅曰:「三年止之, 無故而歸之, 宋必叛晉.」
獻子私謂子梁曰:「寡君懼不得事宋君, 是以止子. 子姑使溷代子.」
子梁以告陳寅.
陳寅曰:「宋將叛晉, 是棄溷也, 不如待之.」
樂祁歸, 卒于大行.
士鞅曰:「宋必叛, 不如止其尸以求成焉.」
乃止諸州.

조앙趙鞅이 진晉 정공定公에게 말하였다.

"제후들 중에 송宋나라만이 우리 진나라를 진심으로써 섬깁니다. 우리가 그들 사신을 잘 맞이하더라도 오히려 다시는 오지 않을까 걱정해야 할 판에 지금 그 나라의 사신을 억류하고 있으니 이는 제후국들을 끊는 것이 됩니다."

그리하여 장차 악기樂祁를 돌려보내려 하자 사앙士鞅이 말하였다.

"3년 동안 억류했다가 지금 아무런 이유도 없이 돌려보낸다면 송나라는 틀림없이 우리를 배반할 것입니다."

범헌자范獻子(士鞅)는 자량子梁(樂祁)에게 가서 은밀히 이렇게 말하였다.

"우리 임금께서 송나라 임금께서 멀어질까 염려하여 그 때문에 그대를 억류하고 있는 것입니다. 그대는 잠시 아들 혼溷을 그대 대신 보내주십시오."

자량이 이를 진인陳寅에게 고하였다.

그러자 진인이 말하였다.

"우리 송나라는 장차 진나라를 배반할 것입니다. 그렇게 되면 아들 혼은 포기하게 될 것입니다. 때를 기다리시느니만 못합니다."

그 뒤에 악기는 귀국하다가 태항太行에서 세상을 뜨고 말았다.

이에 사앙이 말하였다.

"송나라는 틀림없이 우리를 배반할 것이니, 그의 시신을 우리가 찾아 간수하면서 송나라와 화평을 제의하느니만 못하다."

그리하여 악기의 시신을 주州 땅에 안치해 두었다.

【趙鞅】趙簡子. 晉나라 대부. 趙武(文子)의 손자. 이름은 志父. 范氏, 中行氏와 권력 투쟁 끝에 이겨 趙나라의 기초를 세운 인물. 이들 후손이 戰國時代 趙나라를 세움.
【晉侯】당시 晉나라 군주는 定公(午). 재위 10년째였음.
【樂祁】樂祁犁. 宋나라 子罕의 손자이며 溷의 아버지. 자는 子梁. 昭公 22년을 볼 것.
【士鞅】范鞅. 范獻子. 晉나라 대부. 范叔으로도 불림. 시호는 獻子. 士匄(宣子)의 아들이며 士燮(范文子)의 손자.
【子梁】樂祁.
【溷】樂祁(樂祁犁, 子梁)의 아들. 자는 子明.
【陳寅】악기의 가신. 악기에게 여러 가지 충고를 하였음.
【大行】太行山. 山西 남부에 있음. 晉나라 땅으로 지금의 山西 晉城縣과 河南 沁陽縣 사이의 큰 산맥.
【州】大行山의 남쪽 지금의 河南 沁陽縣 동남쪽 50리 지점.

※ 1647(定8-3)

二月, 公侵齊.

2월, 정공이 제齊나라를 쳤다.

【侵齊】두 번째 다시 齊나라를 공격한 것임. 杜預 注에 "未得志故"라 함.

㊉

公侵齊, 攻廩丘之郛.
主人焚衝, 或濡馬褐以救之, 遂毀之.
主人出, 師奔.
陽虎僞不見冉猛者, 曰:「猛在此, 必敗.」
猛逐之, 顧而無繼, 僞顚.
虎曰:「盡客氣也.」

정공이 제齊나라를 쳐 늠구廩丘의 외성外城을 공격하였다.

늠구 사람이 우리 수레에 불을 붙이자 누군가 마갈馬褐에 물에 적셔 불을 끄고 드디어 늠구의 외성을 허물어버렸다.

늠구 사람들이 싸우러 성 밖으로 나오자 노나라 군사는 퇴각하였다.

그때 양호陽虎가 염맹冉猛을 못 본 체하면서 이렇게 말하였다.

"염맹이 여기에 있다면 그는 틀림없이 저들을 쳐부술 것인데."

그러자 염맹은 적군을 뒤쫓다가 뒤를 돌아보고 자신의 뒤를 따르는 자가 없음을 알고는 일부러 땅에 넘어져 뒹굴었다.

이를 본 양호는 말하였다.

"객기客氣로 저러는 것이다."

【廩丘】齊나라 읍. 지금의 山東 鄆城縣 동북 약 40리.
【郛】外郭 성을 뜻함.
【主人】廩丘를 지키고 있던 수비병들.
【衝】戰車의 일종. 성을 공격할 때 사용하는 큰 수레. 杜預 注에 "陷陳車也"라 함. 《詩經》 大雅 皇矣篇에 "與爾臨衝, 以伐崇墉"이라 함.
【馬褐】馬衣. 粗惡한 베로 만든 短衣로 천한 사람들이 입는 옷.
【陽虎】魯나라 대부. 字는 陽貨. 孟懿子의 家臣이었음. 《論語》 陽貨篇의 '陽貨'임.
【冉猛】魯나라 사람. 冉會의 아우.
【僞顚】正月의 陽州 싸움에서 달아났던 염맹이 객기를 부려 적을 몰고 나갔다가 자기 뒤를 따르는 우군이 없는 것을 보고 겁이 나 다친 척하고 땅에 넘어져 뒹굴었음. 杜預 注에 "言皆客氣. 非勇"이라 함.

* **1648(定8-4)**

　三月, 公至自侵齊.

3월, 정공이 제齊나라 치는 일에서 돌아왔다.

＊無傳

　㊙
　苫越生子, 將待事而名之.
　陽州之役獲焉, 名之曰陽州.

　노나라 점월苫越이 아들을 낳자 장차 일어날 어떤 사건이 있으면 그에 따라 이름을 지을 작정이었다.
　그런데 그가 양주陽州의 싸움에서 적을 붙잡게 되자 아들 이름을 '양주陽州'라 지었다.

【苫越】苫夷. 魯나라 季孫氏의 가신. 자는 子越.
【陽州】지금의 山東 東平縣 북쪽.

* **1649(定8-5)**

　曹伯露卒.

조백曹伯 노露가 죽었다.

【曹伯露】曹 靖公. 이름은 露. B.C.505~502년까지 4년간 재위하였으며 그 뒤를 伯陽이 이음.

＊無傳

● 1650(定8-6)
夏, 齊國夏帥師伐我西鄙.

여름, 제齊나라 국하國夏가 군사를 이끌고 우리 노나라 서쪽 변방을 쳤다.

【國夏】齊나라 대부. 國弱(國景子)의 아들로 哀公 6년 魯나라로 망명함.

● 1651(定8-7)
公會晉師于瓦.

정공이 진晉나라의 군사와 와瓦에서 만났다.

【瓦】지금의 河南 滑縣 남쪽 瓦崗集.

㊛
夏, 齊國夏·高張伐我西鄙.
晉士鞅·趙鞅·荀寅救我.
公會晉師于瓦, 范獻子執羔, 趙簡子·中行文子皆執鴈.
魯於是始尚羔.

여름 4월, 제齊나라 국하國夏와 고장高張이 우리 노나라 서쪽 변방을 쳐들어왔다.

이에 진晉나라 사앙士鞅과 조앙趙鞅, 그리고 순인荀寅이 우리나라를 구원하였다.

정공定公이 진나라 군사를 와瓦 땅에서 만났을 때 범헌자范獻子(士鞅)는 검은 양을, 조간자趙簡子(趙鞅)과 중항문자中行文子(荀寅)는 기러기를 바쳤다.

노나라는 이때부터 검은 양을 중히 여기게 되었다.

【夏四月】'四月' 두 글자가 없는 판본도 있음.
【國夏】齊나라 대부. 國弱(國景子)의 아들로 哀公 6년 魯나라로 망명함.
【高張】齊나라 대부. 高偃의 아들.
【士鞅】范獻子. 范鞅. 晉나라 대부. 士鞅. 范叔으로도 불림. 시호는 獻子. 士匄(宣子)의 아들이며 士燮(范文子)의 손자.
【趙鞅】趙簡子. 晉나라 대부. 趙武(文子)의 손자. 이름은 志父. 范氏, 中行氏와 권력투쟁 끝에 이겨 趙나라의 기초를 세운 인물. 이들 후손이 戰國時代 趙나라를 세움.
【荀寅】晉나라 대부. 中行荀吳의 아들. 中行文子. 中行帥를 역임하여 荀氏에서 中行氏로 바뀌었으며 그 때문에 中行寅으로도 불림. 이들의 후손이 晉六卿의 하나인 中行氏로 세력을 키웠으나 뒤에 知氏에게 망하여 戰國時代가 됨.
【羔】'羖'와 같으며 검은 양. 염소. 杜預 注에《周禮》大宗伯을 인용하여 "禮: 卿執羔, 大夫執雁, 魯則同之, 今始知執羔之尊也"라 함.

● 1652(定8-8)

公至自瓦.

정공이 와瓦에서 돌아왔다.

【瓦】지금의 河南 滑縣 남쪽 瓦崗集.《彙纂》에 "在河南滑縣東南, 有瓦亭崗集, 古瓦亭也"라 함.
＊無傳

※ 1653(定8-9)

秋七月戊辰, 陳侯柳卒.

가을 7월 무진날, 진후陳侯 유柳가 죽었다.

【戊辰】7월 7일.
【陳侯柳】陳 懷公. 이름은 柳. B.C.505~502년까지 4년간 재위함. 閔公(湣公, 越)이 그 뒤를 이음.
＊無傳

傳
晉師將盟衛侯于鄟澤, 趙簡子曰:「群臣誰敢盟衛君者?」
涉佗・成何曰:「我能盟之.」
衛人請執牛耳.
成何曰:「衛, 吾溫・原也, 焉得視諸侯?」
將歃, 涉佗捘衛侯之手, 及掔.
衛侯怒, 王孫賈趨進, 曰:「盟以信禮也, 有如衛君, 其敢不唯禮是事而受此盟也?」
衛侯欲叛晉, 而患諸大夫.
王孫賈使次于郊.
大夫問故, 公以晉訽語之, 且曰:「寡人辱社稷, 其改卜嗣, 寡人從焉.」
大夫曰:「是衛之禍, 豈君之過也?」
公曰:「又有患焉, 謂寡人『必以而子與大夫之子爲質』.」
大夫曰:「苟有益也, 公子則往, 群臣之子敢不皆負羈絏以從?」
將行, 王孫賈曰:「苟衛國有難, 工商未嘗不爲患, 使皆行而後可.」
公以告大夫, 乃皆將行之.
行有日, 公朝國人, 使賈問焉, 曰:「若衛叛晉, 晉五伐我, 病何如矣?」
皆曰:「五伐我, 猶可以能戰.」

賈曰:「然則如叛之, 病而後質焉, 何遲之有?」
乃叛晉.
晉人請改盟, 弗許.

진晉나라 군사가 위衛 영공靈公과 전택鄟澤에서 동맹을 맺으려 하면서 조간자趙簡子가 물었다.

"우리 신하들 중에 누가 위나라 군주와 동맹 맺는 일을 맡겠는가?"

섭타涉佗와 성하成何가 나서서 말하였다.

"우리가 능히 맹약을 성사시킬 수 있습니다."

그 자리에서 위나라가 제나라 사람에게 희생 소의 귀를 잡도록 청하자 성하가 말하였다.

"위나라는 우리의 온溫이나 원原 고을쯤에 불과한데 어찌 제후 행세를 한단 말입니까?"

삽혈歃血의 순서가 되자 섭타가 위 영공의 손을 밀쳐 피가 팔뚝에 묻었다. 영공이 노하자 왕손가王孫賈가 달려 나가 말하였다.

"맹약은 예를 밝히는 일입니다. 우리 위나라 임금 같은 분께 어찌 감히 예로써 하지 않은 채 이러한 맹약을 수용하라는 것입니까?"

위 영공은 진나라를 배반하려 하였지만 대부들의 의견이 걱정이었다.

그러자 왕손가는 임금에게 귀국하면서 교외에서 머물도록 하였다.

도성으로 들어오지 않는 까닭을 대부들이 묻자 영공은 자신이 진나라에 모욕당한 일을 고하면서 아울러 이렇게 말하였다.

"나는 사직을 욕되게 하였으니 점을 쳐 후계자를 정하시오. 나는 그 결정을 따르겠소."

대부들이 말하였다.

"그것은 위나라 재앙이지 어찌 임금님의 허물이겠습니까?"

영공이 말하였다.

"내게는 또 다른 걱정이 있소. 진나라가 나에게 '반드시 내 아들과 대부의 아들을 인질로 보내라'고 한 것이오."

대부들이 말하였다.

"실로 나라에 이익이 있어 공자公子가 인질로 가는데, 신하들의 아들이 감히 공자의 수레를 끄는 말고삐를 쥐고 뒤따르지 않을 수 있겠습니까?"

그리하여 장차 보내려 할 때 왕손가가 말하였다.

"진실로 우리 위나라에 어려움이 있다면 공인이나 상인이라고 해서 환난이 없을 수가 없습니다. 그러니 그들 자제도 모두 보낸 뒤에야 됩니다."

영공이 대부들에게 고하여 이에 모두 장차 보내게 되었다.

떠날 날짜가 정해지자 영공이 나라 인사들을 조정에 불러 왕손가로 하여금 물어보도록 하였다.

"만약 우리 위나라가 진나라를 배반하여, 진나라가 우리를 다섯 번 정도까지 쳐들어온다면 우리가 겪을 고통이 얼마나 되겠소?"

모두 대답하였다.

"다섯 번 쳐들어온다 해도 오히려 능히 맞서 싸울 수 있습니다."

그러자 왕손가가 말하였다.

"그렇다면 마땅히 배반해도 됩니다. 고통을 받은 뒤에 인질을 보낸다고 어찌 늦다고 하겠습니까?"

이에 진나라를 배반하였다.

진나라가 맹약의 내용을 바꾸어 동맹을 요청하였지만 위나라는 거부하였다.

【衛侯】당시 위나라 군주는 靈公(元). 재위 34년째였음.
【鄟澤】衛나라 도읍이었던 지금의 濮陽 부근.
【趙簡子】趙鞅. 晉나라 대부. 趙武(文子)의 손자. 范氏, 中行氏와 권력투쟁 끝에 이겨 趙나라의 기초를 세운 인물. 이들 후손이 戰國時代 趙나라를 세움.
【涉佗】晉나라 대부.
【成何】晉나라 대부.
【執牛耳】원래 희생을 두고 맹약을 할 때 지위가 낮은 자가 소의 귀를 잡고 높은 자는 그 곁에 임할 뿐임. 여기에서는 위나라는 임금 영공이, 제나라는 대부 섭타와 성하가 참석한 만큼 제나라 대부 중 누군가 소의 귀를 잡으라고 청한 것.
【溫·原】晉나라의 두 읍 이름. 杜預 注에 "言衛小, 可比晉縣, 不得從諸侯禮"라 함.
【捘】'밀치다, 밀다'의 뜻. 《說文》에 "捘, 推也"라 함.

【捥】'腕'과 같음. 팔뚝, 손목.
【王孫賈】衛나라 대부로 王孫은 姓氏로 굳어짐.《說苑》權謀篇에는 '王孫商'으로 되어 있음.《論語》憲問篇에 "王孫賈治軍旅"라 함.
【次】원래는 군사가 주둔함을 뜻함. 莊公 3년 傳에 "凡師, 一宿爲舍, 再宿爲信, 過信爲次"라 함. 여기서는 곧바로 도성으로 들어가지 않고 교외에서 머물러 있음을 뜻함. 楊伯峻 注에 "衛侯駐郊不入城"이라 함.
【訽】杜預 注에 "訽, 恥也"라 함.
【改卜嗣】거북 점을 쳐서 후계자를 다시 정함. 杜預 注에 "使改卜他公子以嗣先君, 我從大夫所立"이라 함.
【負羈絏】말고삐를 짊어지고 따라감.
【不許】《說苑》權謀篇에 "趙氏聞之, 縛涉佗而斬之, 以謝於衛. 成何走燕"이라 하여 본 장과 14년의 내용이 함께 전재되어 있음.

※ 1654(定8-10)

晉士鞅帥師侵鄭, 遂侵衛.

진晉나라 사앙士鞅이 군사를 이끌고 정鄭나라를 치고 드디어 위衛나라를 쳤다.

【士鞅】范鞅. 范獻子. 晉나라 대부. 范叔으로도 불림. 시호는 獻子. 士匄(宣子)의 아들이며 士燮(范文子)의 손자.
【侵衛】衛나라가 晉나라를 배반하였기 때문이었음.

傳
秋, 晉士鞅會成桓公侵鄭, 圍蟲牢, 報伊闕也.
遂侵衛.

가을, 진晉나라 사앙士鞅이 성환공成桓公과 모여 정鄭나라를 쳐서 충뢰蟲牢를 포위한 것은 이궐伊闕을 쳤던 일에 보복한 것이었다.
　진나라 군사는 드디어 위衛나라를 쳐들어갔다.

【成桓公】周 王室의 卿士. 杜預 注에 "桓公, 周卿士"라 함. 經文에 이 이름을 밝히지 않은 것에 대해 杜預 注에는 "監帥, 不親侵"이라 하였음.
【蟲牢】鄭나라 땅으로 지금의 河南 封丘縣 북쪽.
【伊闕】周 王室 직할지였음. 定公 6년 鄭나라가 伊闕을 쳤었음.

※ 1655(定8-11)
　葬曹靖公.

　조曹 정공靖公의 장례를 치렀다.

【曹靖公】曹나라 靖公. 이름은 露.
＊無傳

※ 1656(定8-12)
　九月, 葬陳懷公.

　9월, 진陳 회공懷公의 장례를 치렀다.

【陳懷公】陳 懷公. 7월 戊辰(7일)에 죽음. 이름은 柳.
＊無傳

✽ 1657(定8-13)

季孫斯·仲孫何忌帥師侵衛.

노魯나라 계손사季孫斯와 중손하기仲孫何忌가 군사를 이끌고 위衛나라를 쳤다.

【季孫斯】季桓子. 魯나라 대부. 季孫桓子. 季孫意如의 아들. 시호는 桓子.
【仲孫何忌】孟懿子. 魯나라 대부. 孟僖子의 후계자. 시호는 懿子.

㊉
九月, 師侵衛, 晉故也.

9월, 노나라 군사가 위衛나라를 쳐들어간 것은 진晉나라를 돕기 위해서였다.

【晉故】杜預 注에 "魯爲晉討衛"라 함.

✽ 1658(定8-14)

冬, 衛侯·鄭伯盟于曲濮.

겨울, 위후衛侯와 정백鄭伯이 곡복曲濮에서 동맹을 맺었다.

【衛侯】당시 衛나라 군주는 靈公(元). 재위 33년째였음.
【鄭伯】당시 鄭나라 군주는 成公(蠆). 재위 12년째였음.
【曲濮】衛나라 땅. 지금의 山東 濮縣 남쪽과 荷澤縣 북쪽으로 臨濮集.《彙纂》에 "蓋濮水曲折之處, 猶言河曲·汾曲也"라 하여 지명으로 보지 않았음.
  *無傳

※ 1659(定8-15)

從祀先公.

선군 소공昭公을 종묘에 모셔 제사지내기로 하였다.

【昭公】襄公의 아들. 이름은 裯. 그러나 《史記》年表와 《世本》,《漢書》古今人表에는 '稠'라 하였으며 〈索隱〉에는 徐廣의 말을 인용하여 '一作裯'라 하여 표기가 각기 다름. 어머니는 胡나라 출신 양공의 둘째 첩 齊歸. B.C.541~510년까지 32년간 재위함. 杜預 注에는 "在位二十五年, 遜于齊, 在外八年, 凡三十三年, 薨于乾侯"라 하여 재위기간을 33년이라 하였음. 諡法에 "威儀恭明曰昭"라 함. 杜預 注에 "從, 順也. 先公, 閔公·僖公也. 將正二公之位次, 所順非一, 親盡, 故通言先公"이라 함.

※ 1660(定8-16)

盜竊寶玉·大弓.

도적이 보옥寶玉과 큰 활을 훔쳐갔다.

【盜】陽虎를 가리킴. 杜預 注에 "盜謂陽虎也. 家臣賤, 名氏不見, 故曰盜"라 함.
【寶玉·大弓】璜과 繁弱. 杜預 注에 "寶玉, 夏后氏之璜; 大弓, 封父之繁弱"이라 함.

㊀

季寤·公鉏極·公山不狃皆不得志於季氏, 叔孫輒無寵於叔孫氏, 叔仲志不得志於魯, 故五人因陽虎.
陽虎欲去三桓, 以季寤更季氏, 以叔慶輒更叔孫氏, 己更孟氏.
冬十月, 順祀先公而祈焉.

辛卯, 禘于僖公.
壬辰, 將享季氏于蒲圃而殺之, 戒都車, 曰「癸巳至.」
成宰公斂處父告孟孫, 曰:「季氏戒都車, 何故?」
孟孫曰:「吾弗聞.」
處父曰:「然則亂也, 必及於子, 先備諸.」
與孟孫以壬辰爲期.
陽虎前驅, 林楚御桓子, 虞人以鈹·盾夾之, 陽越殿.
將如蒲圃, 桓子咋謂林楚曰:「而先皆季氏之良也, 爾以是繼之.」
對曰:「臣聞命後. 陽虎爲政, 魯國服焉, 違之徵死, 死無益於主.」
桓子曰:「何後之有? 而能以我適孟氏乎?」
對曰:「不敢愛死, 懼不免主.」
桓子曰:「往也!」
孟氏選圉人之壯者三百人以爲公期築室於門外.
林楚怒馬, 及衢而騁.
陽越射之, 不中.
築者闔門.
有自門間射陽越, 殺之.
陽虎劫公與武叔, 以伐孟氏.
公斂處父帥成人自上東門入, 與陽氏戰于南門之內, 弗勝; 又戰于棘下, 陽氏敗.
陽虎說甲如公宮, 取寶玉·大弓以出, 舍于五父之衢, 寢而爲食.
其徒曰:「追其將至.」
虎曰:「魯人聞余出, 喜於徵死, 何暇追余?」
從者曰:「嘻! 速駕, 公斂陽在.」
公斂陽請追之, 孟孫弗許.
陽欲殺桓子, 孟孫懼而歸之.
子言辨舍爵於季氏之廟而出.
陽虎入于讙·陽關以叛.

노나라 계오季寤와 공서극公鉏極, 공산불뉴公山不狃는 모두 계씨季氏에게서 뜻을 얻지 못하였고, 숙손첩叔孫輒은 숙손씨叔孫氏에게 사랑을 받지 못하였으며, 숙중지叔仲志는 노나라에서 뜻을 펴지 못하여 그 때문에 이들 다섯 사람은 양호陽虎에게 의지하고 있었다.

양호는 삼환三桓을 없애고 계오를 계손씨 가문의 주인으로, 숙손첩을 숙손씨 가문의 주인으로 갈아치우고 자신은 맹손씨 가문의 주인이 되고자 하였다.

겨울 10월, 양호는 노나라 선군들의 사당에 차례로 제사를 올리면서 기도하였다.

신묘날, 그들은 희공僖公의 사당에 체제禘祭를 올렸다.

임진날, 양호는 계환자를 포포蒲圃에 초대하여 장차 그를 죽여 없애려고 도읍을 지키는 전차 부대에 경계를 내려 '계사날에 모두 모이라' 하였다.

성읍成邑 읍재 공렴처보公斂處父가 이를 맹손孟孫에게 고하며 말하였다.

"계손씨 가문에서 전차 부대에 경계를 내렸다는데 무슨 까닭일까요?"

맹손이 말하였다.

"나는 그런 말을 듣지 못하였다."

공렴처보가 말하였다.

"그렇다면 그가 난을 일으키려는 것입니다. 난이 일어나면 틀림없이 그대에게 미칠 것이니 미리 대비하십시오."

그리하여 공렴처보는 맹손씨와 임진날을 대비하기로 약속하였다.

임진날, 양호가 앞장을 서고, 임초林楚가 계환자의 수레를 조종하고, 우인虞人이 창과 방패를 들고 둘러쌌으며, 양월陽越이 맨 뒤를 맡았다.

곧 포포를 향해 가려는데 계환자가 갑자기 임초에게 말하였다.

"너의 선대는 모두 우리 계손씨 가문의 좋은 가신이었다. 이제부터는 네가 우리 가문을 맡도록 하라."

그러자 임초가 대답하였다.

"제가 그 명을 받기에는 이미 때가 늦었습니다. 양호가 정권을 잡고 있어 노나라 전체가 그에게 복종하는 마당에 그의 뜻을 어기면 죽음을 불러올 뿐입니다. 제가 죽는다 한들 주인께는 아무런 이익이 없습니다."

계환자가 말하였다.

"어찌 늦었다고 하겠느냐? 네가 나를 데리고 맹손씨의 집으로 갈 수 있겠느냐?"

임초가 대답하였다.

"저야 죽음이 아깝지 않습니다만 주인께서 화를 면하지 못할까 걱정입니다."

계환자가 말하였다.

"가자!"

그때 맹손씨는 어인圉人들 중에 건장한 이들 3백 명을 골라 공기公期를 위한다는 이유로 대문 밖에 집을 짓고 있었다.

임초가 말을 노하게 하여 거리를 거쳐 맹손씨 집으로 달렸다.

양월이 활을 쏘았으나 맞지 않았다.

집을 짓던 사람들이 대문을 닫아버렸다.

그리고 대문 틈으로 양월에게 활을 쏘아 그를 죽였다.

양호는 정공과 숙손무숙叔孫武叔을 협박하여 함께 맹손씨 집을 공격하였다.

그때 공렴처보가 성읍 사람들을 이끌고 상동문上東門으로 들어가 양호 일당과 남문南門 안에서 싸웠으나 이기지 못하고, 다시 성안의 극하棘下에서 싸워서는 양호 측이 패하였다.

양호는 갑옷을 벗고 공궁公宮으로 가서 보옥寶玉과 대궁大弓을 가지고 나와 오보五父의 거리에서 머물기로 하고 자신은 잠자리에 들면서 식사를 시켰다.

그의 무리가 말하였다.

"우리를 추격하는 이들이 곧 닥칠 것입니다."

그러자 양호가 말하였다.

"노나라 사람들은 내가 달아난다는 말을 들으면 죽음에서 벗어났다고 좋아할 텐데 어느 겨를에 나를 쫓아오겠느냐?"

그러자 무리가 말하였다.

"아! 어서 수레에 말을 매십시오. 공렴양公斂陽(公斂處父)이 저기 있습니다."

공렴양이 양호를 추격하기를 청하였으나 맹손씨는 허락하지 않았다.

그러자 공렴양이 계환자를 죽이려 하자 맹손씨는 겁이 나 계환자를 돌려보냈다.

자언子言(季寤)은 계손씨 가문의 사당에 술잔을 늘어놓고 그 술잔마다 술을 모두 따라 올리고 국외로 망명하였다.

양호는 환讙과 양관陽關으로 들어가서 계속 반란을 지속하였다.

【季寤】季孫斯(季桓子)의 아우. 자는 子言. 陽虎가 季桓子를 대신하여 계손씨의 주인으로 삼고자 하였음.
【公鉏極】季孫斯의 族子.
【公山不狃】公山弗擾. 杜預 注에 "不狃, 季氏臣費宰子洩也"라 하였으며《論語》陽貨篇의 "公山弗擾以費畔"의 장본인임.《潛夫論》志氏姓에 "魯之公族有公山氏, 姬姓也"라 하였고,《通志》氏族略에는 "公山氏以字爲氏"라 함.
【公孫輒】叔孫氏의 庶子. 叔孫武叔을 대신하여 주인으로 삼고자 하였음.
【叔仲志】魯나라 대부. 叔仲帶의 손자.
【陽虎】魯나라 대부. 字는 陽貨. 孟懿子의 家臣이었음.《論語》陽貨篇의 '陽貨'임. 스스로는 孟懿子를 대신하여 孟孫氏의 주인이 되고자 하였음.
【三桓】孟孫氏, 仲孫氏, 季孫氏를 가리킴. 魯나라 실권 가문들.
【辛卯】10월 2일.
【僖公】魯나라 선대 군주. 이름은 申. B.C.659~627년까지 33년간 재위함.
【壬辰】10월 3일.
【蒲圃】魯나라 도읍의 동문 밖에 있었던 農園. 襄公 4년 및 19년을 볼 것.
【都車】도읍을 수비하는 전차부대.
【癸巳】10월 4일. 杜預 注에 "都邑之兵車也. 陽虎欲以壬辰夜殺季孫, 名曰癸巳以都車攻二家"라 함.
【公斂處父】公斂陽. 杜預 注에 "處父, 孟氏家臣, 成宰公斂陽"이라 함. 公斂은 복성. 자는 子陽.
【諸】'之乎'의 合音字.
【壬辰爲期】杜預 注에 "處父期以兵救孟氏. 壬辰先癸巳一日"이라 함.
【林楚】季孫氏의 가신.
【虞人】山林과 왕의 사냥터, 園囿를 관리하는 임무를 맡은 자.
【鈹】손잡이 자루가 긴 창.
【陽越】陽虎의 종제.《公羊傳》에 "陽越者, 陽虎之從弟也"라 함.

【桓子】魯나라 大夫. 季孫桓子. 季孫意如의 아들 季孫斯. 시호는 桓子.
【咋】'乍'와 같음. '갑자기'의 뜻.
【徵死】죽음을 불러옴. 죽음을 당함.
【圉人】가축이나 말을 먹이고 기르는 일을 맡은 자. 그러나 노복을 통칭하는 말로도 쓰임.
【公期】孟孫氏의 支子. 杜預 注에 "公期, 孟氏支子"라 함.
【築室】杜預 注에 "實欲以備難, 不欲使人知, 故僞築室於門外, 因得聚衆"이라 함.
【怒馬】고의로 말을 노하게 하여 급히 내달리게 함.《公羊傳》에는 '驟馬'로 되어 있음.
【叔孫武叔】叔孫不敢의 아들 州仇. 杜預 注에 "武叔, 叔孫不敢之子州仇也"라 함.
【成】成邑. 陽虎가 邑宰로 있던 곳.
【上東門】魯나라 東城의 北門.
【棘下】杜預 注에 "城內地名"이라 함.
【徵死】앞의 '違之徵死'와 다름. 여기서의 '徵'은 '紓'와 같음. 죽음에서 풀어줌. '紓死'와 같음.
【辨舍爵】杜預 注에 "辨, 猶周徧也"라 함. 두루 술잔을 차려 놓고 술을 올림. 망명하기에 앞서 祖禰에 행하는 예.
【讙·陽關】魯나라 지명으로 '讙'은 지금의 山東 寧陽縣. '陽關'은 泰安縣 동남쪽.

⓪傳
鄭駟歂嗣子大叔爲政.

정鄭나라 사천駟歂이 자태숙子大叔의 뒤를 이어 집정관이 되었다.

【駟歂】鄭나라 大夫. 駟乞의 아들. 자는 子然. 子大叔(游吉)을 이어 鄭나라 집정관이 됨.
【子大叔】游吉. 鄭나라 大夫. '大叔'은 '太叔'과 같음. 游販의 아우. '世叔'으로도 불리며 公孫蠆의 아들. 子産을 이어 鄭나라 집정관이 되었었으며 이번에 駟歂이 그 뒤를 이은 것임.
【爲政】杜預 注에 "爲明年殺鄧析張本"이라 함.

222. 定公 9年(B.C.501) 庚子

周	敬王(姬匄) 19년	齊	景公(杵臼) 47년	晉	定公(午) 11년	衛	靈公(元) 34년
蔡	昭公(申) 18년	鄭	獻公(蠆) 13년	曹	曹伯(陽) 원년	陳	閔公(越) 원년
杞	僖公(過) 5년	宋	景公(欒) 16년	秦	哀公(鍼?) 36년	楚	昭王(軫) 15년
吳	吳王(闔廬) 14년						

※ 1661(定9-1)

九年春王正月.

9년 봄 주력 정월.

傳

九年春, 宋公使樂大心盟于晉, 且逆樂祁之尸.
辭, 偽有疾; 乃使向巢如晉盟, 且逆子梁之尸.
子明謂桐門右師出, 曰:「吾猶衰絰, 而子擊鐘, 何也?」
右師曰:「喪不在此故也.」
既而告人曰:「已衰絰而生子, 余何故舍鐘?」
子明聞之, 怒, 言於公曰:「右師將不利戴氏. 不肯適晉, 將作亂也. 不然, 無疾?」
乃逐桐門右師.

9년 봄, 송宋 경공景公이 악대심樂大心으로 하여금 진晉나라에 가서 동맹을 맺고 악기樂祁의 시신을 받아오도록 하였다.

악대심이 사절하면서 거짓으로 병이 났다고 핑계를 대자 이에 상소向巢로 하여금 대신 진나라에서 가서 동맹을 맺고 자량子梁(樂祁)의 시신을 받아오도록 하였다.

악기의 아들 자명子明(溷)이 동문桐門 우사右師 악대심을 불러내어 이렇게 말하였다.

"나는 아직 상복을 입고 있는데 우사께서는 종을 치며 즐기고 계시니 어찌된 것입니까?"

우사가 말하였다.

"그대 아버님의 시신이 나라 안에 있지 않아 그 때문에 이러는 것일세."

잠시 후 악대심은 다른 사람에게 말하였다.

"자신은 상중에 아이도 낳았는데 내 어찌 음악 연주를 그만둬야 한단 말인가?"

자명이 이를 듣고 노하여 경공에게 말하였다.

"우사는 앞으로 우리 대공戴公의 자손들에게 이롭지 못할 것입니다. 그가 진나라에 가기를 꺼린 것은 장차 난을 일으키려 하기 때문입니다. 그렇지 않고서야 병에 걸리지도 않았는데 어찌 가려고 하지 않았겠습니까?"

그리하여 드디어 동문 우사를 축출해버렸다.

【宋公】당시 宋나라 군주는 景公(欒)으로 재위 16년째였음.
【樂大心】宋나라 대부 樂嬰齊의 4세손. 宋나라 右師를 지냄. 동문 근처에 살아 桐門右師로도 불림. 樂溷의 族父.
【樂祁】樂祁犁. 宋나라 子罕의 손자이며 溷의 아버지. 자는 子梁. 昭公 22년을 볼 것. 晉나라에 잡혔다가 풀려났으나 오는 길에 太行에서 죽음.
【向巢】宋나라 向戌의 曾孫. 그러나 《禮記》 檀弓 疏에 《世本》을 인용하여 "向戌生東鄰叔子超, 超生左師眇"라 하였으며 '眇'가 곧 '向巢'이며 따라서 손자가 됨.
【子明】樂祁의 아들 溷의 자. 杜預 注에 "子明, 樂祁之子溷也. 右師, 樂大心, 子明族父也"라 함.
【桐門】宋나라 도읍 성의 北門 이름. 악대심이 그곳 근처에 살았음.

【衰絰】縗絰과 같음. 고대의 喪服. 최복(衰服, 縗服)은 가장 무거운 것을 일러 斬衰라 하며 그 다음 단계가 齊衰로 모두가 五服의 하나.
【戴氏】宋나라를 일컫는 말이며 戴公의 후손이라는 뜻.

● 1662(定9-2)
夏四月戊申, 鄭伯蠆卒.

여름 4월 무신날, 정백鄭伯 채蠆가 죽었다.

【戊申】4월 22일.
【鄭伯蠆】鄭 獻公. 이름은 蠆. 定公(寧)을 이어 B.C.513~501년까지 13년간 재위함. 聲公(勝)이 그 뒤를 이음.
＊無傳

㊅
鄭駟歂殺鄧析, 而用其〈竹刑〉.
君子謂子然,「於是不忠. 苟有可以加於國家者, 棄其邪可也.〈靜女〉之三章, 取彤管焉.〈竿旄〉『何以告之』, 取其忠也. 故用其道, 不棄其人.《詩》云:『蔽芾甘棠, 勿翦勿伐, 召伯所茇.』思其人, 猶愛其樹, 況用其道而不恤其人乎! 子然無以勸能矣.」

정鄭나라 사천駟歂이 등석鄧析을 죽이고 등석이 제정한 〈죽형竹刑〉의 형법을 채택하였다.
군자는 자연子然(駟歂)을 두고 이렇게 말하였다.
"이로 보아 그는 불충한 사람이다. 진실로 나라에 이로움을 줄 수 있는 자라면, 그의 나쁜 점이야 모르는 체 하면 된다. 〈정녀靜女〉편 3장은 남녀가 몰래 만나면서도 여자가 정숙하여 붉은 붓대를 가지고 경계를 나타냈음을 취하여 교훈으로 삼았고, 〈간모竿旄〉편에는 '무슨 좋은 것을 말해 줄까'라고 하여 그 충실함을 취하도록 한 것이다. 그러니 사람의 능력을 보아 채용할 뿐 그 사람을 버리지는 않는다.《시》에 '무성한 팥배나무를 꺾지 말고 베지도 말라. 소백召伯이 그 나무 아래 머물렀었다'라 하였다. 그 사람을 사모하면 그 나무까지 아끼게 되는 법인데 하물며 사람의 능력을 보아 채용하면서 그 사람을 돌보지 않는단 말인가! 자연은 현능한 사람을 권면할 줄 모르는 사람이다."

【駟歂】鄭나라 대부. 駟乞의 아들. 자는 子然. 子大叔(游吉)을 이어 鄭나라 집정관이 됨.
【鄧析】춘추시대 名家의 하나.《漢書》藝文志 名家에《鄧析》2편이 저록되어 있으며 지금의《鄧析子》는 後人의 僞作으로 보고 있음. 竹簡에 형벌 조문을 써서〈竹刑〉을 제정함. 그러나《荀子》(宥坐篇),《呂氏春秋》(離謂篇),《淮南子》(氾論訓),《說苑》(指武篇),《列子》(力命篇) 등에는 모두 子産이 鄧析을 죽인 것으로 되어 있으며《列子》張湛 注에 "此傳云子産誅鄧析,《左傳》云駟歂殺鄧析而用其〈竹刑〉, 子産卒後二十年而鄧析死也"라 함.
【竹刑】죽간에 새긴 형벌 조문. 昭公 6년 子産이〈鑄刑〉을 만든 적이 있으며〈죽형〉은 그 뒤에 나온 것으로〈주형〉의 내용보다 훨씬 엄격하고 가혹하였을 것으로 보임.
【靜女】《詩經》邶風 靜女篇에 "靜女其姝, 俟我于城隅. 愛而不見, 搔首踟躕. 靜女其孌, 貽我彤管. 彤管有煒, 說懌女美. 自牧歸荑, 洵美且異. 匪女之爲美, 美人之貽"라 함. 남녀가 몰래 만나는 것을 노래하였으나 彤管으로 사실을 적어 경계로 삼은 것.
【竿旄】《詩經》鄘風 竿旄(干旄)篇에 "孑孑干旄, 在浚之郊. 素絲紕之, 良馬四之. 彼姝者子, 何以畀之. 孑孑干旟, 在浚之都. 素絲組之, 良馬五之. 彼姝者子, 何以予之. 孑孑干旌, 在浚之城. 素絲祝之, 良馬六之. 彼姝者子, 何以告之"라 함.
【詩】《詩經》召南 甘棠篇에 "蔽芾甘棠, 勿翦勿伐, 召伯所茇. 蔽芾甘棠, 勿翦勿敗, 召伯所憩. 蔽芾甘棠, 勿翦勿拜, 召伯所說"이라 함. 召公(姬奭)이 선정을 베풀면서 그 나무 아래에 쉬었던 곳이라 하여 그곳 사람들이 그를 아껴 나무까지 보호하려 한 것을 노래함.

※ 1663(定9-3)

得寶玉·大弓.

보옥과 큰 활을 얻었다.

【寶玉·大弓】璜과 繁弱. 杜預 注에 "寶玉, 夏后氏之璜; 大弓, 封父之繁弱"이라 함. 陽虎가 훔쳐갔던 것을 되찾음.

㊀

夏, 陽虎歸寶玉·大弓, 書曰「得」, 器用也.
凡獲器用曰得, 得用焉曰獲.
六月, 伐陽關.
陽虎使焚萊門.
師驚, 犯之而出, 奔齊, 請師以伐魯, 曰:「三加, 必取之.」
齊侯將許之.
鮑文子諫曰:「臣嘗爲隸於施氏矣, 魯未可取也. 上下猶和, 衆庶猶睦, 能事大國, 而無天菑, 若之何取之? 陽虎欲勤齊師也, 齊師罷, 大臣必多死亡, 己於是乎奮其詐謀. 夫陽虎有寵於季氏, 而將殺季孫, 以不利魯國, 而求容焉. 親富不親仁, 君焉用之? 君富於季氏, 而大於魯國, 茲陽虎所欲傾覆也. 魯免其疾, 而君又收之, 無乃害乎?」
齊侯執陽虎, 將東之.
陽虎願東, 乃囚諸西鄙.
盡借邑人之車, 鍥其軸, 麻約而歸之.
載蔥靈, 寢於其中而逃.
追而得之, 囚於齊.
又以蔥靈逃, 奔宋, 遂奔晉, 適趙氏.
仲尼曰:「趙氏其世有亂乎!」

여름, 양호陽虎가 훔쳐갔던 보옥과 큰 활을 돌려보냈다. 경經에 '득得'이라 쓴 것은 쓰이는 기물이기 때문이었다.

무릇 쓰이는 기물을 얻는 것을 '득得'이라 하고, 살아있는 물건을 얻는 것을 '획獲'이라 한다.

6월, 노나라가 양관陽關을 정벌하자 양호는 내문萊門에 불을 질렀다.

그리고 군사가 놀란 틈을 타서 뚫고 빠져나가 제齊나라로 달아나 제나라 군사로써 노나라를 치게 해달라고 이렇게 요청하였다.

"세 번만 공격을 가하면 노나라는 틀림없이 차지할 수 있습니다."

경공이 그의 요청을 들어주려 하였다.

그러자 포문자鮑文子가 간언하였다.

"저는 일찍이 노나라 대부 시씨施氏의 신하가 된 적이 있습니다. 노나라는 아직 차지할 수 없습니다. 위아래 사이가 좋고 백성과 서민들이 화목하며, 대국 진나라를 잘 섬기고 있으며, 천재天災도 없는데 어떻게 그런 나라를 차지할 수 있겠습니까? 양호는 지금 우리 제나라 군사를 부려 지치게 하려는 것입니다. 제나라 피폐해지면 대신들은 틀림없이 많이 죽게 될 것이며 양호 자신은 그 틈에 자신의 거짓 모략을 실현하려는 것입니다. 무릇 양호는 노나라의 계손씨에게 총애 받았으나 계손씨를 죽이려 하였고, 노나라를 불리하게 하여 우리에게 환심을 하려 하는 것입니다. 그는 부유한 자는 친히 여기고 어진 사람은 친히 여기지 않는 자인데 임금 께서는 그런 자를 어디에 쓰겠다는 것입니까? 임금께서는 계손씨보다 부유하고, 노나라보다 큰 나라를 가지고 계시니 이러한 양호는 우리나라를 뒤엎고자 하는 것입니다. 노나라는 이제 그의 해를 면하게 되었는데 임금 께서 그를 받아들이시면 그 해롭지 않겠습니까?"

그리하여 제齊 경공景公이 양호를 체포하여 동방東方으로 쫓아낼 참이었다.

그런데 양호도 동방으로 가겠다고 원하자 그를 서쪽 변방에 가두어 버렸다.

그는 읍 사람들의 수레를 모두 다 빌려 수레바퀴의 축을 끊은 뒤 삼끈 으로 묶어서 돌려주었다.

그리고 총령蔥靈이라는 수레에 짐을 싣고 그 짐 속에 숨어서 달아났다. 제나라 사람들이 그를 뒤쫓아 잡아 제나라 도읍에 가두었다.

그는 또다시 짐수레로 도망쳐 송宋나라로 달아났다가 곧이어 진晉나라로 달아나 조씨趙氏를 찾아가 의지하였다.

중니仲尼가 말하였다.

"진나라 조씨 집안은 대대로 시끄러울 것이다!"

【陽虎】 魯나라 대부. 字는 陽貨. 孟懿子의 家臣이었음.《論語》陽貨篇의 '陽貨'임.
【得·獲】 득은 그릇이나 기구 등을 얻는 것. 획은 살아있는 것을 잡거나 얻는 것을 뜻함. 孔穎達 疏에 "春秋書獲, 唯有囚俘. 除囚俘之外, 唯有獲麟"이라 하여 살아 있는 적이나 동물을 얻음을 말함.
【陽關】 지금의 山東 寧陽현 동북으로 泰安縣과 가까움. 양호가 점거하고 있었음. 杜預 注에 "討陽虎也"라 함.
【萊門】 陽關의 성문 이름.
【鮑文子】 鮑國. 齊나라 대부. 鮑氏 가문의 실권자. 그러나 그는 한때 노나라에 가서 시씨를 위해 일한 적이 있음. 杜預 注에 "文子, 鮑國也. 成十七年, 齊人召而立之, 至今七十四歲, 於是文子蓋九十餘矣"라 함.
【施氏】 魯나라 公子 施父의 후손.
【齊侯】 당시 齊나라 군주는 景公(杵臼)으로 재위 47년째였음.
【願東】 杜預 注에 "陽虎欲西奔晉, 知齊必反己, 故詐以東爲願"이라 함.
【鍥其軸, 麻約而歸之】 자신이 도망가게 되면 그 수레를 이용하여 뒤쫓을 것을 알고 수레를 쓸 수 없게 만들어버린 것.
【蔥靈】 물건, 특히 의류 등을 싣는 수레. 그 속에 숨어서 도망한 것임.
【適趙氏】 이상의 이야기는《說苑》權謀篇에도 실려 있으며《韓非子》外儲說 左下에는 "陽虎議曰:「主賢明, 則悉心以事之; 不肖, 則飾姦而試之.」逐於魯, 疑於齊, 走而之趙, 趙簡主迎而相之. 左右曰:「虎善竊人國政, 何故相也?」簡主曰:「陽虎務取之, 我務守之.」遂執術而御之. 陽虎不敢爲非, 以善事簡主, 興主之强, 幾至於霸也"라 함.

◈ 1664(定9-4)

六月, 葬鄭獻公.

6월, 정鄭 헌공獻公의 장례를 치렀다.

【鄭獻公】이름은 蠆. 4월 戊申(22)일 죽어 이때에 장례를 치른 것.
＊無傳

◈ 1665(定9-5)

秋, 齊侯·衛侯次于五氏.

가을, 제후齊侯와 위후衛侯가 오씨五氏에 주둔하였다.

【齊侯】당시 齊나라 군주는 景公(杵臼)으로 재위 47년째였음.
【衛侯】당시 衛나라 군주는 靈公(元)으로 재위 34년째였음.
【次】원래는 군사가 주둔함을 뜻함. 莊公 3년 傳에 "凡師, 一宿爲舍, 再宿爲信, 過信爲次"라 함.
【五氏】《彙纂》에 "五氏, 在今河北邯鄲市西"라 하였으며 《方輿紀要》에는 "今河北邯鄲縣西有五氏城, 亦曰寒氏城"이라 함.

(傳)
秋, 齊侯伐晉夷儀.
敝無存之父將室之, 辭, 以與其弟, 曰:「此役也, 不死, 反, 必娶於高·國.」
先登, 求自門出, 死於霤下.
東郭書讓登, 犁彌從之, 曰:「子讓而左, 我讓而右, 使登者絶而後下.」

書左, 彌先下.
書與王猛息.
猛曰:「我先登.」
書斂甲, 曰:「曩者之難, 今又難焉!」
猛笑曰:「吾從子, 如驂之有靳.」
晉車千乘在中牟, 衛侯將如五氏, 卜過之, 龜焦.
衛侯曰:「可也! 衛車當其半, 寡人當其半, 敵矣.」
乃過中牟.
中牟人欲伐之.
衛褚師圃亡在中牟, 曰:「衛雖小, 其君在焉, 未可勝也. 齊師克城而驕, 其帥又賤, 遇, 必敗之, 不如從齊.」
乃伐齊師, 敗之.
齊侯致禚·媚·杏於衛.
齊侯賞犁彌, 犁彌辭, 曰:「有先登者, 臣從之, 晳幘而衣貍製.」
公使視東郭書, 曰:「乃夫子也. 吾貺子.」
公賞東郭書, 辭, 曰:「彼, 賓旅也.」
乃賞犁彌.
齊師之在夷儀也, 齊侯謂夷儀人曰:「得敝無存者, 以五家免.」
乃得其尸.
公三襚之, 與之犀軒與直蓋, 而先歸之.
坐引者, 以師哭之, 親推之三.

가을, 제齊 경공景公이 진晉나라 이의夷儀를 쳤다.
제나라 폐무존敝無存은 아버지가 자신을 장가들이려 하자, 사양하고 이를 아우에게 양보하면서 말하였다.
"이번 싸움에서 공을 세워 죽지 않고 돌아오면 반드시 고씨高氏나 국씨國氏 문중에서 아내를 맞겠습니다."
그는 제일 먼저 성에 올라가 다시 성문을 열어놓고 나오려다가 성문의 처마 밑에서 죽고 말았다.

동곽서東郭書가 다른 사람을 제치고 성을 타고 올라가자 이미犁彌가 따라 오르며 말하였다.

"그대는 왼쪽으로 제치고 오르고 나는 오른쪽으로 제치고 올라가서 더 따라오는 자가 없도록 끊어버린 뒤에 성 안으로 내려가도록 합시다."

동곽서가 그의 말대로 왼쪽으로 제치고 올라가 있는데 이미가 먼저 뛰어내리는 것이었다.

싸움이 끝나고 동곽서와 왕맹王猛(犁彌)이 함께 쉬게 되었다.

왕맹이 말하였다.

"내가 제일 먼저 성에 올랐소."

그러자 동곽서가 갑옷을 갖추면서 말하였다.

"방금 성을 오를 때에도 고통을 겪었겠지만 지금 다시 내가 퍼붓는 고통을 겪을 것이오."

왕맹은 웃으며 말하였다.

"내가 당신을 따르는 것은 수레를 끄는 곁말이 멍에도 없이 가슴걸이로 매여 따르는 격입니다."

진晉나라 전차 1천 대가 중모中牟에 머물자 위衛 영공靈公이 제나라를 돕기 위해 오씨五氏에 가려고, 중모를 잘 지날 수 있을지 거북등 점을 쳤으나 거북등이 타버렸다.

이에 영공이 말하였다.

"좋다! 위나라 전차부대가 진나라 군사의 절반을 상대하고, 과인이 그 반을 상대하면 진나라 군사와 맞설 수 있을 것이다."

그리하여 이들은 중모를 지나게 되었다.

중모 사람이 위나라 군사를 치고자 하였다.

그러자 위나라 출신 저사포褚師圃가 말하였다.

"위나라는 비록 작은 나라이지만 그 임금이 직접 나와 있어 이길 수 없습니다. 제나라 군사는 성을 무너뜨린 승리로 인해 교만해져 있고, 그 장수는 지위가 낮습니다. 맞닥뜨려 싸운다면 틀림없이 패배시킬 수 있습니다. 그러니 제나라 군사를 공격하는 것이 좋겠습니다."

그리하여 제나라 군사를 쳐서 무찔렀다.

제 경공은 위 영공이 구원해 준 데에 감사하여, 작禚과 미媚와 행杏 세 읍을 위나라에 주었다.
　　제 경공이 이미에게 상을 내리자 이미는 사양하며 말하였다.
　　"저보다 먼저 성에 오른 이가 있어 저는 그의 뒤를 따랐을 뿐입니다. 그는 흰 두건에 삵으로 만든 갖옷을 입고 있습니다."
　　경공이 동곽서의 모습을 살펴보게 하자 이미가 말하였다.
　　"바로 이분입니다. 내 이분에게 상을 넘겨주겠습니다."
　　경공이 동곽서에게 상을 내리려 하자 동곽서 또한 사양하였다.
　　"저 사람은 외국에서 온 자입니다."
　　그리하여 결국 이미에게 상이 돌아갔다.
　　제나라 군사가 이의에 있을 때 제 경공이 이의 사람들에게 말하였다.
　　"폐무존의 시신을 찾아내는 자에게는 다섯 집안이 살 수 있는 땅을 주고 부역과 세금을 면해 주겠다."
　　이에 그의 시신을 찾아내었다.
　　경공은 수의襚衣를 세 번이나 주고, 서헌犀軒과 직개直蓋를 주어 먼저 귀국시켰다.
　　그리고 수레를 끌고 갈 사람들을 길에 앉히고, 자신은 군사를 이끌고 곡을 한 뒤 친히 그 수레를 세 번 밀어 출발시켰다.

【齊侯】 당시 齊나라 군주는 景公(杵臼)으로 재위 47년째였음.
【夷儀】 원래 齊나라 읍이었으나 晉나라가 차지하고 있었음. 지금의 河北 邢臺市 서쪽. 혹은 山東 聊城 서남쪽 夷儀城이라고도 함. 杜預 注에 "爲衛討也"라 함.
【敝無存】 齊나라 사람.
【高·國】 齊나라 貴族 집안. 杜預 注에 "高氏·國氏, 齊貴族也. 無存欲必有功, 還取卿相之女"라 함.
【霤下】 처마 밑. 빗물이 떨어져 구덩이가 된 곳. 檐溝 아래.
【東郭書】 齊나라 兵士.
【求自出門】 성을 타고 올라가 다시 안으로 내려간 다음 아군이 들어올 수 있도록 문을 열고 나옴.
【讓登】 성을 타고 오르는 것을 남을 제치고 감행함. '讓'은 '攘'으로 해석함. 아래도

같음. 杜預 注에는 "讓衆使後, 而己先登"이라 하여 남에게 양보하도록 한 다음 자신이 먼저 올라간 것이라 하였음.

【犁彌】王猛. 齊나라 병사. 夾谷 會談에 齊 景公의 호위를 맡기도 하였음.

【息】杜預 注에 "戰訖共止息"이라 함.

【今又難焉】'성을 오르는 일도 어려웠지만, 이제부터 너와 내가 맞서 싸우는 일도 어려울 것이다'라는 뜻. 즉 '내 너를 칠 테니 각오하라'는 말.

【如驂之有靳】나는 당신의 附屬에 불과하다고 말한 것임.

【中牟】지금의 河南 湯陰縣 서쪽. 그러나 高棟顧는 지금의 河北 邢臺와 邯鄲 사이라 함.

【五氏】《彙纂》에 "五氏, 在今河北邯鄲市西"라 하였으며 《方輿紀要》에는 "今河北邯鄲縣西有五氏城, 亦曰寒氏城"이라 함.

【龜焦】거북등이 타버려 제대로 점을 칠 수 없음.

【褚師圃】衛나라 출신으로 망명하여 中牟에 머물고 있었음. 昭公 20년을 볼 것.

【齊師克城】齊나라가 夷儀를 무너뜨린 것을 말함. 杜預 注에 "城, 謂夷儀"라 함.

【禚·媚·杏】모두 齊나라 서쪽 변방의 읍. 杜預 注에 "三邑, 皆齊西界, 以答謝衛意"라 함. '禚'은 지금의 長淸縣, '媚'는 禹城縣, '杏'은 博平縣. 《春秋大事表》에 "禚在山東長淸縣境, 媚在禹城縣境, 杏在博平縣境"이라 함.

【以五家免】다섯 집안이 먹고 지낼 땅을 주고 세금을 면제함.

【直蓋】높은 日傘.

【晳幘】'晳'은 '白'과 같으며 '幘'은 두건, 머리띠.

【貍製】살쾡이 가죽으로 만든 갓옷.

【貺】'황'으로 읽으며 물건이나 상 따위를 남에게 넘겨주거나 양보함.

【賓旅】외국에서 온 병사. 阮芝生의 《杜註拾遺》에 "觀犁彌與書同事而不相識, 疑係他國之人初仕于齊者, 故書以賓旅稱之"라 함.

【以五家免】다섯 집안이 먹고 살 땅을 주고 세금과 부역 등을 면제함. 杜預 注에 "給其五家, 令常不共役事"라 함.

【三襚】《說文》에 "襚, 衣死人也"라 하였으며 斂襲을 할 때 한 번, 小斂할 때 한 번, 大斂 때 한 번 등 세 차례 입히며 이를 '三襚'라 함.

【犀軒】물소 가죽을 지붕을 덮은 수레. '軒'은 高官이 타는 수레.

【直蓋】자루가 긴 日傘. 長柄傘.

※ 1666(定9-6)

秦伯卒.

진백秦伯이 죽었다.

【秦伯】秦 哀公. 이름은 제대로 알려져 있지 않음. 景公(后伯車)을 이어 B.C.536 ~501년까지 36년간 재위하고 이때에 생을 마침. 惠公이 뒤를 이음. 經文에 날짜와 이름이 없는 것으로 보아 부고를 해 오지 않은 것으로 여겨짐.
＊無傳

※ 1667(定9-7)

冬, 葬秦哀公.

겨울, 진秦 애공哀公의 장례를 치렀다.

【秦哀公】秦伯. 역시 날짜가 없으며 諡號만 기록함.
＊無傳

223. 定公 10年(B.C.500) 辛丑

周	敬王(姬匄) 20년	齊	景公(杵臼) 48년	晉	定公(午) 12년	衛	靈公(元) 35년
蔡	昭公(申) 19년	鄭	聲公(勝) 원년	曹	曹伯(陽) 2년	陳	閔公(越) 2년
杞	僖公(過) 6년	宋	景公(欒) 17년	秦	惠公 원년	楚	昭王(軫) 16년
吳	吳王(闔廬) 15년						

● 1668(定 10-1)

十年春王正月, 及齊平.

10년 봄 주력 3월, 노나라가 제齊나라와 화친을 맺었다.

【齊平】杜預 注에 "平前八年再侵齊之怨"이라 함.

㊀
十年春, 及齊平.

10년 봄에 노나라가 제齊나라와 화친을 맺었다.

※ 1669(定 10-2)

夏, 公會齊侯于夾谷.

여름, 정공이 제후_{齊侯}와 협곡_{夾谷}에서 만났다.

【齊侯】당시 齊나라 군주는 景公(杵臼)으로 재위 48년째였음.
【夾谷】지금의 山東 萊蕪縣의 夾谷峪. 그러나《山東通志》에 "夾谷在博山縣東境"이라 하여 다름. 고대 협곡의 이름은 세 곳이었다 함.《公羊傳》과《穀梁傳》에는 '頰谷'으로 되어 있음.

㊅

夏, 公會齊侯于祝其, 實夾谷.
孔丘相, 犁彌言於齊侯曰:「孔丘知禮而無勇, 若使萊人以兵劫魯侯, 必得志焉.」
齊侯從之.
孔丘以公退, 曰:「士兵之! 兩君合好, 而裔夷之俘以兵亂之, 非齊君所以命諸侯也. 裔不謀夏, 夷不亂華, 俘不干盟, 兵不偪好, 於神爲不祥, 於德爲愆義, 於人爲失禮, 君必不然.」
齊侯聞之, 遽辟之.
將盟, 齊人加於載書曰:「齊師出竟而不以甲車三百乘從我者, 有如此盟!」
孔丘使茲無還揖對, 曰:「而不反我汶陽之田, 吾以共命者, 亦如之!」
齊侯將享公.
孔丘謂梁丘據曰:「齊·魯之故, 吾子何不聞焉? 事旣成矣, 而又享之, 是勤執事也. 且犧·象不出門, 嘉樂不野合. 饗而旣具, 是棄禮也; 若其不具, 用秕稗也. 用秕稗, 君辱; 棄禮, 名惡. 子盍圖之! 夫享, 所以昭德也. 不昭, 不如其已也.」
乃不果享.

여름, 정공이 제齊 경공景公과 축기祝其에서 만났는데, 실은 협곡夾谷이다.

공구孔丘가 임금을 돕는 일을 맡게 되자 제나라 이미犁彌가 경공에게 이렇게 말하였다.

"공구는 예의는 잘 알지만 용기가 없습니다. 만약 내인萊人으로 하여금 무기를 들고 노나라 임금을 위협하면 틀림없이 뜻대로 할 수 있을 것입니다."

경공이 그의 말대로 하였다.

공구가 정공을 모시고 자리에서 물러나면서 말하셨다.

"전사들은 저들을 물리치라! 두 임금이 우호를 맺는 자리인데 먼 이적의 포로가 군사로써 혼란을 조성하다니 이는 제나라 임금이 제후에게 시킨 일이 아닐 것이다. 먼 곳 사람은 중화의 일에 간섭할 수 없고 이적은 중화에 환란을 조성할 수 없으며 포로는 맹약에 간섭할 수 없으며, 무력은 회의에 위협이 되어서는 안 되는 것이다. 이런 짓은 신에게는 상서롭지 못한 것이요 덕으로 보아서는 의에 손상을 주는 것이며 사람에게 있어서는 예를 잃는 것이니 틀림없이 임금이 그렇게 시킨 것은 아닐 것이다."

제 경공은 이를 듣고 급히 이들을 물러나게 하였다.

장차 맹약의 순서에서 제나라는 재서載書에 이렇게 문서를 만들었다.

"제나라 군사가 국경 밖으로 출동할 때 갑거甲車 3백 대로써 우리를 따르지 않으면, 이 맹약에 따라 벌을 받으리라!"

그러자 공자는 자무선玆無還으로 하여금 읍을 하고 이렇게 대답하도록 하였다.

"그대들이 우리의 문양汶陽 땅을 반환하지 않을 때 우리가 그러한 명령을 받들어 따르면 또한 그같이 벌을 받으리라!"

제 경공이 정공에게 향연을 베풀려 하였다.

그러자 공자가 제나라 양구거梁丘據에게 말하였다.

"제나라와 노나라 사이의 전례를 그대는 어찌 듣지 못하셨습니까? 일이 이미 끝났는데 다시 향연을 베푸는 일은 집사를 수고롭게 할 뿐입니다. 게다가 소나 코끼리 형상의 궁중의 중요한 기물은 궁전 문밖으로 내오지 않는 것이며, 궁중의 음악은 야외에서는 연주하지 않는 것입니다. 향연을 하겠다고 이들을 모두 갖추려면 예를 버려야 하고 만약 이를 갖추지 않은 채 잔치를 한다면 이는 비패秕稗와 같은 것입니다. 그러한 비패의 향연이라면 임금이 모욕을 베푸는 것이며, 예를 버린다면 명성이 악하게 됩니다. 그대는 어찌 그것을 헤아리지 않습니까? 무릇 향연이란 덕을 밝히기 위한 것입니다. 덕을 밝혀내지 못한다면 그만두느니만 못합니다.”

이에 과연 향연은 베풀지 않게 되었다.

【齊侯】齊 景公(杵臼).
【祝其】지명. 杜預 注에 "夾谷卽祝其也"라 함.
【夾谷】지금의 山東 萊蕪縣의 夾谷峪. 《公羊傳》과 《穀梁傳》에는 '頰谷'으로 되어 있음.
【孔丘】孔子. 仲尼. 이때 공자는 正卿이 되어 魯 定公을 도와 이 會議의 儀典을 담당하였음. 杜預 注에 "相會儀也"라 함.
【犂彌】王猛. 齊나라 병사. 東郭書에게 賞을 양보하였던 인물. 夾谷 會談에 齊 景公의 호위를 맡았던 것으로 보임.
【萊人】萊夷 출신의 포로들. 이들을 호위병으로 사용한 것. 杜預 注에 "萊人, 齊所滅萊夷也"라 하였으며 萊는 지금의 山東 煙臺 일대에서 黃縣 동남 萊子城에 살던 東夷族의 한 갈래로 뒤에 郳로 옮겼다가 齊나라에게 망함. 《水經注》 淄水에 "萊蕪故城在萊蕪谷. 舊說云, 齊靈公滅萊, 萊民播流此谷, 邑落荒蕪, 故曰萊蕪"라 함.
【士兵之】노나라 戰士에게 명하여 이들에게 무력을 행사하라는 뜻으로 보았음. 楊伯峻의 注에 "令魯戰士擊萊人"이라 함.
【裔夷之俘】제나라에게 멸망한 萊人을 낮추어 말한 것. 裔夷는 먼 곳의 夷族이라는 뜻.
【於神】회맹에서 신에게 고하게 되므로 상서롭지 못하다는 뜻. 杜預 注에 "盟將告神, 犯之爲不善"이라 함.
【載書】맹약의 문서. 흔히 문서가 작성되면 이를 희생물 위에 올려놓고 선포를 함.
【玆無還】魯나라 대부. 玆母還으로도 표기하며 玆無는 성씨. '還'은 〈석문〉에 '還音旋'이라 하여 '선'으로 읽음.
【汶陽之田】지금의 山東 寧陽縣 동북쪽. 僖公 元年 참조. 杜預 注에 "須齊歸汶陽田, 乃當共齊命"이라 함.

【梁丘據】齊나라 대부. 景公이 총애하던 신하. 자는 子猶. 晏子와 여러 차례 충돌하기도 하였던 인물.
【犧·象】소나 코끼리 형상으로 된 궁중의 중요한 술잔이나 술동이. 犧尊, 象尊 등을 가리킴. 기물들. 주로 연회에 쓰이며 이들은 궁중 밖으로 반출할 수 없음. 그러나 연회의 격식에 있어야 하므로 야외에서의 이번과 같은 연회는 맞지 않음을 지적한 것.
【嘉樂】編鐘이나 編磬 따위의 肉重한 악기들로 연주하는 正式 雅樂.
【野合】야외에서 연주함.

(傳)
齊人來歸鄆·讙·龜陰之田.

제齊나라 사람이 노나라에 와서 운鄆, 환讙, 귀음龜陰 땅을 돌려주었다.

【鄆】지금의 山東 鄆城縣 동쪽.
【讙】지금의 山東 寧陽縣 서쪽. 혹 泰安縣 서남쪽으로 肥城과 가까운 곳이라 함.
【龜陰】지금의 山東 新泰縣 서남, 泗水縣 동북쪽 汶水 남쪽. 杜預 注에 "三邑, 皆汶陽田也"라 함.
＊이는 經文 "齊人來歸鄆·讙·龜陰田"의 傳文으로 보아야 할 것임. 시기와 내용이 이곳을 순서로 하면 맞지 않으며 혹 협곡 회담에서 제나라가 노라에게 빼앗은 땅을 돌려주기로 협정을 타결한 것이 아닌가 함.

❋ 1670(定 10-3)
公至自夾谷.

정공이 협곡夾谷에서 돌아왔다.

【夾谷】齊侯와 夾谷 회담을 마치고 귀환함.
＊無傳

● 1671(定10-4)

晉趙鞅帥師圍衛.

진晉나라 조앙趙鞅이 군사를 이끌고 위衛나라를 포위하였다.

【趙鞅】趙簡子. 晉나라 대부. 趙武(文子)의 손자. 이름은 志父. 范氏, 中行氏와 권력투쟁 끝에 이겨 趙나라의 기초를 세운 인물. 이들 후손이 戰國時代 趙나라를 세움.

㊋
晉趙鞅圍衛, 報夷儀也.
初, 衛侯伐邯鄲午於寒氏, 城其西北而守之, 宵熸.
及晉圍衛, 午以徒七十人門於衛西門, 殺人於門中, 曰:「請報寒氏之役.」
涉佗曰:「夫子則勇矣; 然我往, 必不敢啓門.」
亦以徒七十人旦門焉, 步左右, 皆至而立, 如植.
日中不啓門, 乃退.
反役, 晉人討衛之叛故, 曰:「由涉佗・成何.」
於是執涉佗, 以求成於衛.
衛人不許.
晉人遂殺涉佗, 成何奔燕.
君子曰:「此之謂棄禮. 必不鈞.《詩》曰:『人而無禮, 胡不遄死?』涉佗亦遄矣哉!」

진晉나라 조앙趙鞅이 위衛나라를 포위한 것은 이의夷儀의 싸움에 보복하기 위한 것이었다.

당초, 위 영공靈公이 한단邯鄲의 오午를 한씨寒氏에서 공격하자 오는 그 서북쪽에 성을 쌓고 지켰으나 밤에 그의 군사가 달아나 흩어지고 말았다.

진나라 군사가 위나라를 포위하자 오는 무리 70명으로 위나라 서문西門을 공격하여 그 성문 안에서 위나라 군사를 죽이면서 이렇게 말하였다.

"청컨대 한씨에서의 싸움을 보복하고자 합니다."

그러자 진나라 섭타涉佗가 말하였다.

"그대는 용감하십니다. 그러나 내가 쳐들어가면 적은 틀림없이 성문을 감히 열지 못할 것입니다."

그도 역시 70명의 군졸을 이끌고 아침 일찍 성문을 공격하였다. 그의 군졸은 좌우로 나뉘어 열을 지어 가서 모두 성문 앞에 이르러 섰는데 모습이 마치 나란히 심어놓은 나무 같았다.

그러나 대낮이 되도록 적이 성문을 열고 나와 맞서지 않아 물러났다.

그 전투에서 돌아와 진나라는 위나라가 배반한 이유를 성토하자 위나라는 이렇게 대답하였다.

"섭타와 성하成何 때문이오."

이에 진나라는 섭타를 체포하고 나서 위나라에게 화평을 요구하였다.

그러나 위나라에서는 거부하였다.

진나라가 드디어 섭타를 죽이자 성하는 연燕나라로 달아났다.

군자가 말하였다.

"이를 일러 예를 버린 짓이라 할 수 있다. 그의 죄는 틀림없이 성하와 똑같지는 않았다. 《시》에 '사람으로서 예의가 없으면서 어찌 일찍 죽지도 않는가?'라 하였으니 섭타 역시 그 때문에 제 명대로 살지 못한 것이리라!"

【趙鞅】趙簡子. 晉나라 대부. 趙武(文子)의 손자. 이름은 志父. 范氏, 中行氏와 권력 투쟁 끝에 이겨 趙나라의 기초를 세운 인물. 이들 후손이 戰國時代 趙나라를 세움.

【夷儀】지난해 齊나라가 衛나라를 위해 夷儀를 공격하여 취하였으며 그 때문에 이번에는 晉나라가 衛나라를 포위하여 보복한 것임

【衛侯】衛 靈公(元).
【邯鄲午】晉나라 대부로 邯鄲을 지키고 있던 邯鄲의 邑宰. 午는 그의 이름. 邯鄲은 지금의 河北 邯鄲市로 戰國시대 趙나라 도읍이 됨.
【寒氏】地名. 앞에 나온 五氏.
【宵潰】밤이 되자 모두 흩어짐. 杜預 注에 "午衆宵散"이라 함.
【門中】衛나라는 邯鄲 午를 두렵게 여기지 않아 성문을 닫지 않고 있었던 것임.
【涉佗】晉나라 대부. 成何와 함께 鄟澤에서의 회담 때 衛 靈公에게 모욕을 주었던 인물.
【如植】杜預 注에 "至其門下, 行步門左右, 然後立待, 如立木不動, 以示整"이라 함.
【成何】晉나라 대부. 역시 鄟澤 회의 때 涉佗와 함께 衛 靈公에게 모욕을 주었던 인물.
【燕】이때 도망간 나라가 南燕 혹 北燕인지 알 수 없음. 桓公 13년 이후 南燕은 기록에 보이지 않아 北燕일 가능성이 있음. 北燕은 지금의 北京(薊)을 중심으로 발전하고 있던 燕나라. 뒤에 戰國七雄의 반열에 오름.
【詩】《詩經》鄘風 相鼠篇에 "相鼠有皮, 人而無儀. 人而無儀, 不死何爲. 相鼠有齒, 人而無止. 人而無止, 不死何俟. 相鼠有體, 人而無禮. 人而無禮, 胡不遄死"라 함.
【不鈞】'鈞'은 '均'과 같음. 楊伯峻은 "成何는 衛나라를 晉나라 縣에 불과하다 하였고, 涉佗는 靈公의 손을 밀쳐 피를 묻히는 모욕을 주어 그 '棄禮'의 정도가 더욱 과중함. 따라서 죄가 균등하지 않음. 이 때문에 성하는 연나라로 달아나는 정도로 목숨을 부지하였으나 섭타는 죽음을 당한 것"이라 풀이하였음.

1672(定10-5)

齊人來歸鄆·讙·龜陰田.

제齊나라 사람이 와서 운鄆과 환讙과 귀음龜陰 땅을 돌려주었다.

【鄆】지금의 山東 鄆城縣 동쪽.
【讙】지금의 山東 寧陽縣 서쪽.
【龜陰】지금의 山東 新泰縣 서남, 泗水縣 동북쪽. 杜預 注에 "三邑, 皆汶陽田也"라 함.

❀ 1673(定10-6)

叔孫州仇·仲孫何忌帥師圍郈.

노나라 숙손구주叔孫州仇와 중손하기仲孫何忌가 군사를 이끌고 후郈를 포위하였다.

【叔孫州仇】魯나라 대부. 叔孫武叔. 叔孫不敢의 아들. 이름은 州仇. 杜預 注에 "武叔, 叔孫不敢之子州仇也"라 함.
【仲孫何忌】孟懿子. 魯나라 대부. 孟僖子의 후계자. 시호는 懿子.
【郈】叔孫氏 가문의 采邑. 杜預 注에 "郈, 叔孫氏邑"이라 함.

❀ 1674(定10-7)

秋, 叔孫州仇·仲孫何忌帥師圍郈.

가을, 노나라 숙손구주叔孫州仇와 중손하기仲孫何忌가 군사를 이끌고 후郈를 포위하였다.

【圍郈】두 번 똑같은 記事가 있는 것은 郈를 두 번 포위한 것이며 계절이 달랐기 때문임.《公羊傳》에는 '郈'가 '費'로 되어 있음.

㊟

初, 叔孫成子欲立武叔, 公若藐固諫, 曰:「不可.」
成子立之而卒.
公南使賊射之, 不能殺.
公南爲馬正, 使公若爲郈宰.
武叔旣定, 使郈馬正侯犯殺公若, 不能.

其圉人曰:「吾以劍過朝,公若必曰:『誰之劍也?』吾稱子以告,必觀之.吾偽固而授之末,則可殺也.」

使如之.

公若曰:「爾欲吳王我乎?」

遂殺公若.

侯犯以郈叛,武叔·懿子圍郈,弗克.

秋,二子及齊師復圍郈,弗克.

叔孫謂郈工師駟赤曰:「郈非唯叔孫氏之憂,社稷之患也,將若之何?」

對曰:「臣之業在揚水卒章之四言矣.」

叔孫稽首.

駟赤謂侯犯曰:「居齊·魯之際而無事,必不可矣.子盍求事於齊以臨民?不然,將叛.」

侯犯從之.

齊使至.

駟赤與郈人爲之宣言於郈中曰:「侯犯將以郈易于齊,齊人將遷郈民.」

眾兇懼.

駟赤謂侯犯曰:「眾言異矣.子不如易於齊,與其死也,猶是郈也,而得紓焉,何必此?齊人欲以此偪魯,必倍與子地.且盍多舍甲於子之門以備不虞?」

侯犯曰:「諾.」

乃多舍甲焉.

侯犯請易於齊,齊有司觀郈.

將至,駟赤使周走呼曰:「齊師至矣!」

郈人大駭,介侯犯之門甲,以圍侯犯.

駟赤將射之,侯犯止之,曰:「謀免我.」

侯犯請行,許之.

駟赤先如宿,侯犯殿.

每出一門,郈人閉之.

及郭門, 止之, 曰:「子以叔孫氏之甲出, 有司若誅之, 羣臣懼死.」
駟赤曰:「叔孫氏之甲有物, 吾未敢以出.」
犯謂駟赤曰:「子止而與之數.」
駟赤止, 而納魯人.
侯犯奔齊.
齊人乃致郈.

당초, 숙손성자叔孫成子가 무숙武叔(州仇)을 가문의 후계자로 세우려 하자 공약막公若藐이 강하게 간언하였다.
"안 됩니다."
그럼에도 성자는 무숙을 후계자로 세우고 세상을 떴다.
공남公南이 하수인을 시켜 무숙을 활로 쏘도록 하였지만 죽이지 못하였다.
공남은 숙손씨 집안의 마정馬正이 되자 공약公若으로 하여금 후읍郈邑을 다스리게 하였다.
그 뒤 무숙이 자리가 안정되자 후읍의 마정 후범侯犯으로 하여금 공약을 죽이도록 하였으나 죽이지 못하였다.
그 어인圉人이 무숙에게 말하였다.
"제가 칼을 가지고 후읍의 관청 앞을 지나가면 공약은 틀림없이 '누구의 칼이냐?'라고 물을 것입니다. 제가 그대의 칼이라고 하면 그는 틀림없이 그 칼을 구경할 것입니다. 그때 제가 거짓으로 칼이 칼집에서 잘 빠지는 않는 체하면서, 그에게 칼집 끝을 쥐도록 한 다음, 그 칼을 빼어 그를 죽일 수 있습니다."
숙손무숙은 그의 말대로 하도록 하였다.
그리하여 실제 그런 일이 벌어지자 공약은 이렇게 말하였다.
"너는 오왕吳王을 죽였던 방법으로 나를 죽이려느냐?"
그래도 결국 공약을 죽였다.
그러자 후범은 후읍을 근거지로 숙손씨에게 반기를 들었고 이에 무숙과 의자懿子가 후읍을 포위하게 된 것이며 이기지는 못하였다.

가을, 두 사람과 제나라 군사가 다시 후읍을 포위하였으나 이기지 못하였다.

숙손무숙이 후읍의 공사工師 사적驅赤에게 말하였다.

"후읍의 반란은 우리 숙손씨 가문의 근심일 뿐만 아니라 노나라 사직의 걱정거리이다. 장차 이 일을 어찌 하면 좋겠는가?"

사적이 답하였다.

"제가 할 수 있는 일은 〈양수揚水〉편 끝장의 네 마디입니다."

숙손무숙은 머리를 조아렸다.

사적은 후범에게 이렇게 말하였다.

"제나라와 노나라 사이에 끼여 있으면서 섬기는 나라가 없으면 반드시 좋지 못할 것이오. 그대는 어찌 제나라를 섬기면서 읍민을 이끌려 하지 않소? 그렇게 하지 않으면 읍민이 앞으로 그대를 배반할 것이오."

후범은 그의 말을 따랐다.

그리하여 사신이 제나라에 도착하였다.

그러자 사적은 후읍 사람과 후읍을 돌아다니면서 이런 말을 퍼뜨렸다.

"후범이 장차 후읍을 제나라 땅과 바꾸려 하고 있다. 제나라는 장차 후읍 백성을 다른 곳으로 옮기도록 할 것이다."

이 소문에 민심이 흉흉해졌으며 두려워하였다.

사적이 다시 후범에게 말하였다.

"백성의 소문은 그대 뜻과 다릅니다. 그대는 제나라와 땅을 바꾸느니만 못합니다. 이곳에서 죽는 것보다는 땅을 바꾸어 가지면 오히려 편안할 것입니다. 하필 이 땅이어야 합니까? 제나라는 이곳을 발판으로 노나라를 위협하려 하고 있으니 틀림없이 그대에게 곱절의 땅을 줄 것입니다. 그리고 또 그대는 어찌 많은 갑옷을 집 대문 앞에 내놓아 뜻밖의 일에 대비하지 않으십니까?"

후범이 말하였다.

"그렇게 하겠소."

그리하여 많은 갑옷을 대문 앞에 내놓았다.

후범이 제나라에게 후읍과 제나라 땅과 바꿀 것을 청하자 제나라의 유사가 후읍을 살펴보기로 하였다.

제나라 유사가 장차 이를 때쯤 사적은 사람을 시켜 두루 돌면서 큰소리를 지르도록 하였다.

"제나라 군사가 온다!"

후읍 사람들이 크게 놀라 후범의 집 대문 앞에 있던 갑옷을 입고, 후범의 집을 포위하였다.

사적이 사람들에게 활을 쏘려 하자 후범이 저지하며 말하였다.

"내가 죽음을 면할 수 있도록 모책을 세워 주게."

사적이 후범에게 후읍에서 떠날 것을 청하자 후범은 그렇게 하기로 하였다.

사적이 앞서 숙宿으로 향하 후범이 맨 뒤를 따랐다.

하나씩 성문을 빠져나갈 때마다 후읍 사람들은 즉시 성문을 닫아버렸다. 이들이 외곽 성문에 이르자 문지기가 길을 막으며 말하였다.

"그대는 지금 숙손씨 가문의 갑옷을 입고 나가시는데, 나중에 유사가 저희들에게 책임을 물으면 우리는 죽음을 당할까 두렵습니다."

사적이 말하였다.

"숙손씨 가문의 갑옷에는 표시가 있다. 우리는 감히 그러한 갑옷을 꺼낸 일이 없다."

그러자 후범이 사적에게 말하였다.

"그대는 여기에 머물러 갑옷의 수를 맞추어 보시오."

사적은 따라 그곳에 머물러 노나라 사람들을 불러들였다.

후범은 제나라로 달아났고 제나라는 후읍에 관한 처리를 노나라에 넘겨주었다.

【叔孫成子】 魯나라 대부. 叔孫不敢. 諡號는 成子. 叔孫州仇(武叔)의 아버지.

【武叔】 叔孫州仇. 叔孫不敢(成子)의 아들.

【公若藐】 公若氏는 叔孫氏 가문에서 갈려나간 氏族이었음.

【公南】 叔孫氏 가신이며 叔孫武叔에게 동조한 무리. 杜預 注에 "公南, 叔孫家臣, 武叔之黨"이라 함.

【馬正】 말을 다루는 노복의 우두머리. 앞의 公南은 숙손씨 가문 전체의 馬正이며 뒤의 郈馬正(侯犯)은 郈邑의 말만 맡았던 馬正으로 각기 다름.

【侯犯】郈邑의 馬正. 武叔을 위해 公若藐을 죽이는 임무를 맡음.
【圉人】가축을 기르고 관리하는 직책. 여기서는 叔孫武叔의 圉人을 가리킴.
【吳王】鱄設諸가 吳나라 公子 光(뒤의 闔廬)의 使嗾로 吳王 僚를 죽이기 위해 구운 생선에 칼을 숨겨 들어갔던 고사를 말함. 昭公 27년을 볼 것.
【侯犯以郈叛】侯犯은 叔孫武叔이 公若藐을 죽이도록 명하였으나 이를 성공하지 못한 채 두려워하고 있던 차에 圉人이 이를 성사시키자 武叔의 질책을 받을 것을 두려워하여 도리어 난을 일으킨 것임.
【懿子】仲孫何忌. 孟懿子. 魯나라 대부. 孟僖子의 후계자. 시호는 懿子.
【二子】叔孫武叔과 孟懿子.
【工師】郈邑의 工匠 관련 책임자. 杜預 注에 "工師, 掌工匠之官"이라 함.
【駟赤】郈邑의 工師. 姚鼐의 〈補注〉에는 "孔子弟子有壤駟赤, 字子徒"라 하여 공자 제자 壤駟赤으로 보았으나 鄭玄은 秦나라 사람이라 하였음.
【揚水】〈揚水〉는 〈揚之水〉로《詩經》의 〈揚之水〉편은 王風·鄭風·唐風에 두루 있으며 내용과 맞는 것은 唐風의 〈揚之水〉편으로 보임. "揚之水, 白石鑿鑿. 素衣朱襮, 從子于沃. 旣見君子, 云何不樂. 揚之水, 白石皓皓. 素衣朱繡, 從子于鵠. 旣見君子, 云何其憂. 揚之水, 白石粼粼. 我聞有命, 不敢以告人"이라 하였으며 末章(卒章)의 "揚之水, 白石粼粼. 我聞有命, 不敢以告人"에서 '我聞有命'의 4자를 두고 말한 것으로 여겨짐. 즉 사적이 숙손씨의 명을 들었으니 그 명을 실행하겠노라 응답을 한 것임. 이 때문에 숙손이 '稽首'하여 고마움을 표시한 것임.
【兜懼】杜預 注에 "不欲遷"이라 함.
【衆言異矣】백성들 뜻은 그대의 뜻과 다름을 말하고 있음.
【與其死也】이 구절은 앞 구절과 倒置되어 있음. "與其死也, 不如易於齊"가 되어야 함. "그대로 죽느니 제나라와 땅을 바꾸느니만 못하다"의 뜻.
【紓】'느슨하다, 편안하다'의 뜻. 재앙이나 죽음을 완화시켜 시간을 벌 수 있음.
【齊師至矣】駟赤이 거짓으로 민심을 동요시켜 侯犯에게 반기를 들도록 한 것.
【駟赤將射之】杜預 注에 "僞爲侯犯射郈人"이라 함.
【宿】齊나라 읍. 지금의 山東 東平縣 동남. 郈邑에서 10여리에 불과한 거리였다 함.
【誅之】叔孫氏가 갑옷을 잃었다고 문책을 가함.
【有物】杜預 注에 "物, 識也"라 하여 標識가 있음을 말함.
【駟赤止】駟赤은 이미 문지기와 계획한 대로 고의로 侯犯과 떨어져 노나라 사람을 불러들이기 위해 갑옷을 핑계로 처진 것임.
【致郈】郈邑의 처리 문제를 魯나라에게 넘겨줌. 자신들은 관여하지 않음.

1675(定10-8)

宋樂大心出奔曹.

송宋나라 악대심樂大心이 조曹나라로 달아났다.

【樂大心】宋나라 대부 樂嬰齊의 4세손. 宋나라 右師를 지냄. 桐門 근처에 살아 '桐門右師'로도 불림. 樂溷의 族父.《公羊傳》에는 '樂世心'으로 되어 있음.

1676(定10-9)

宋公子地出奔陳.

송宋나라 공자 지地가 진陳나라로 달아났다.

【公子地】宋 景公(欒)의 배다른 아우이며 公子 辰의 형.《公羊傳》에는 '公子池'로 되어 있음.

⑰

宋公子地嬖蘧富獵, 十一分其室, 而以其五與之.
公子地有白馬四, 公嬖向魋, 魋欲之.
公取而朱其尾·鬣以與之.
地怒, 使其徒扶魋而奪之.
魋懼, 將走, 公閉門而泣之, 目盡腫.
母弟辰曰:「子分室以與獵也, 而獨卑魋, 亦有頗焉. 子爲君禮, 不過出竟, 君必止子.」
公子地出奔陳, 公弗止.
辰爲之請, 弗聽.

辰曰:「是我迋吾兄也. 吾以國人出, 君誰與處?」
冬, 母弟辰暨仲佗·石彄出奔陳.

송宋나라 공자 지地는 거부렵蘧富獵을 총애하여 자신의 가산을 11등분하여 그 다섯 등분을 그에게 줄 정도였다.
공자 지는 백마 네 필을 갖고 있었는데 송 경공은 상퇴向魋를 총애하였으며 상퇴가 그 백마를 가지고 싶어 하였다.
경공은 그 백마를 빼앗아 꼬리와 갈기에 붉은 물을 들여 상퇴에게 주었다.
공자 지는 노하여 자신의 무리로 하여금 상퇴를 구타하고 그 말을 빼앗도록 하였다.
상퇴가 겁을 먹고 달아나려 하자 경공은 그가 달아나지 못하게 문을 닫고 울어 눈이 부었다.
경공의 친동생 공자 진辰이 형 공자 지에게 말하였다.
"형님은 가산을 거부렵에게 나누어 주면서 유독 상퇴를 비하하시니 이 역시 치우친 것입니다. 형님은 임금을 예로써 대하십시오. 형님이 국외로 가시겠다고 해도 국경을 넘기 전에 임금께서는 저지하실 것입니다."
그런데 공자 지가 진陳나라로 달아나자 경공은 말리지 않았다.
공자 진이 경공에게 저지시켜 줄 것을 청하였지만 들어주지 않았다.
공자 진이 말하였다.
"이렇게 되면 제가 형을 속인 것이 됩니다. 제가 나라 사람들을 데리고 국외로 나간다면 임금께서는 누구와 함께 하시겠습니까?"
겨울, 친아우 진은 중타仲佗, 석구石彄를 데리고 진나라로 달아났다.

【公子地】宋 景公(欒)의 배다른 아우이며 公子 辰의 형.《公羊傳》에는 '公子池'로 되어 있음.
【蘧富獵】公子 地가 총애하던 신하 이름.
【向魋】司馬桓魋.《禮記》檀弓(上)에는 '桓司馬'로 되어 있음. 뒤에 宋나라 司馬가 되어 반란을 일으켰음.《論語》의 孔子의 제자 司馬牛는 그의 아우였음. '向'은 국명일 경우 '향'으로, 성씨일 경우 '상'으로 읽음.

【鬣】 말의 목 등에 난 갈기털.
【將走】 국외로 달아나려 함. 망명할 뜻을 보임.
【母弟】 같은 어머니에게서 난 아우. 公子 辰과 景公(欒)은 친형제간이었음.
【辰】 公子 地의 아우. 형을 도왔다가 景公이 배려해주지 않자 형을 따라 陳나라로 망명함.
【子爲君禮】 국외로 망명하여 임금을 피해 줄 것을 제안한 것임. 杜預 注에 "禮, 辟君也"라 함.
【迋】 '欺'의 뜻. '誑'과 같음. 국외로 망명하면 임금이 저지할 것이라 하면서 제안하였으나 실제 망명에 나서자 임금이 만류하지 않음.
【仲佗】 宋나라 대부 仲幾의 아들.
【石彄】 송나라 대부 褚師段의 아들. 杜預 注에 "佗, 仲幾子; 彄, 褚師段子, 皆宋卿, 衆之所望, 故言國人"이라 함.

※ 1677(定 10-10)

冬, 齊侯·衛侯·鄭游速會于安甫.

겨울, 제후齊侯·위후衛侯·정鄭나라 유속游速이 안보安甫에서 모임을 가졌다.

【游速】 鄭나라 대부. 子大叔(游吉)의 아들. 자는 子寬.《公羊傳》에는 '游遬'으로 되어 있음.
【安甫】 구체적으로 알 수 없음. 杜預 注에 "安甫, 地闕"이라 하였으며《公羊傳》에는 '牽甫'로 되어 있음.
＊無傳

※ 1678(定 10-11)

叔孫州仇如齊.

숙손주구叔孫州仇가 제齊나라에 갔다.

【叔孫州仇】叔孫武叔. 叔孫不敢의 아들. 杜預 注에 "武叔, 叔孫不敢之子州仇也"라 함.

㊅
武叔聘于齊, 齊侯享之, 曰:「子叔孫! 若使邱在君之他竟, 寡人何知焉? 屬與敝邑際, 故敢助君憂之.」
對曰:「非寡君之望也. 所以事君, 封疆社稷是以, 敢以家隸勤君之執事? 夫不令之臣, 天下之所惡也, 君豈以爲寡君賜?」

노나라 숙손무숙叔孫州仇이 제齊나라를 예방하자 제 경공景公이 그에게 향연을 베풀면서 말하였다.
"그대 숙손씨여! 만일 후읍邱邑이 귀국의 다른 쪽 국경지대에 있었다면 내가 어찌 아는 체하였겠소? 마침 우리와 국경이 접해진 곳에 있으므로 그 때문에 감히 귀국 임금을 도와 걱정을 한 것이오."
무숙이 답하였다.
"우리 임금께서 바라던 것은 아닙니다. 우리가 그대를 섬기는 까닭은 국경을 잘 지키고 사직을 보전하기 위해서입니다. 어찌 감히 저의 가문에서 부리는 일꾼의 일로 해서 그대의 집사들을 노고롭게 하겠습니까? 무릇 명령을 제대로 수행하지 않는 신하는 천하가 모두 미워하게 마련입니다. 군주께서는 어찌 우리 군주께 은혜를 베푸신 것으로 여기십니까?"

【武叔】叔孫武叔. 叔孫不敢의 아들 州仇. 杜預 注에 "武叔, 叔孫不敢之子州仇也"라 함.
【聘于齊】杜預 注에 "謝致邱也. 經書辰奔在聘後者, 從告"라 함.
【齊侯】齊 景公(杵臼).
【助君憂之】杜預 注에 "以致邱德叔孫"이라 함.

【是以】여기에서는 '이 때문이다'의 뜻.
【家隷】집안에서 부리는 사람. 집의 하인. 侯犯을 지칭한 것이며 齊나라도 그에 대한 어느 정도의 책임이 있음을 간접적으로 거론한 것임
【君豈以爲寡君賜】杜預 注에 "言義在討惡, 非所以賜寡君"이라 함.

❋ 1679(定10-12)

宋公之弟辰暨仲佗·石彄出奔陳.

송공宋公의 아우 진辰과 중타仲佗, 그리고 석구石彄가 진陳나라로 달아났다.

【辰】송나라 公子 地의 아우. 형을 도왔다가 景公이 배려해주지 않자 형을 따라 陳나라로 망명함.
【仲佗】宋나라 대부 仲幾의 아들.《公羊傳》과《穀梁傳》에는 '宋仲佗'라 하여 '宋'자가 더 있음.
【石彄】宋나라 대부 褚師段의 아들.

224. 定公 11年(B.C.499) 壬寅

周	敬王(姬匄) 21년	齊	景公(杵臼) 49년	晉	定公(午) 13년	衛	靈公(元) 36년
蔡	昭公(申) 20년	鄭	聲公(勝) 2년	曹	曹伯(陽) 3년	陳	閔公(越) 3년
杞	僖公(過) 7년	宋	景公(欒) 18년	秦	惠公 2년	楚	昭王(軫) 17년
吳	吳王(闔廬) 16년						

● 1680(定 11-1)

十有一年春, 宋公之弟辰及仲佗·石彄·公子地陳入于蕭以叛.

11년 봄, 송宋 경공景公의 아우 진辰이 중타仲佗, 석구石彄, 공자 지地와 함께 진陳나라에서 소蕭로 들어가 반란을 일으켰다.

【宋公】宋 景公(欒). 재위 18년째였음.
【辰】景公의 아우이며 公子 地(池)의 형.
【仲佗】宋나라 대부 仲幾의 아들.
【石彄】송나라 대부 褚師段의 아들. 杜預 注에 "佗, 仲幾子; 彄, 褚師段子, 皆宋卿, 衆之所望, 故言國人"이라 함.
【公子地】宋 景公(欒)의 배다른 아우이며 公子 辰의 형. 《公羊傳》에는 '公子池'로 되어 있음.
【蕭】宋나라 읍. 지금의 安徽 蕭縣. 莊公 12년 및 宣公 12년을 볼 것.

㊉

十一年春, 宋公母弟辰曁仲佗·石彄·公子地入于蕭以叛.
秋, 樂大心從之, 大爲宋患, 寵向魋故也.

11년 봄, 송宋 경景공의 친동생 진辰과 중타仲佗, 석구石彄, 공자 지地가 소蕭로 들어가 반란을 일으켰다.
가을, 송나라 악대심樂大心도 그들을 따라 송나라의 환란을 크게 일으켰는데 그것은 군주가 상퇴向魋를 너무 총애하였기 때문이었다.

【蕭】 지금의 安徽 蕭縣.
【樂大心】 宋나라 대부 樂嬰齊의 4세손. 宋나라 右師를 지냄. 동문 근처에 살아 桐門右師로도 불림. 樂溷의 族父.
【向魋】 司馬桓魋라고도 함. 《禮記》 檀弓(上)에는 '桓司馬'로 되어 있음. 뒤에 宋나라 司馬가 되어 반란을 일으켰음. 《論語》의 孔子의 제자 司馬牛는 그의 아우였음. '向'은 국명일 경우 '향'으로, 성씨일 경우 '상'으로 읽음.

※ 1681(定11-2)

夏四月.

여름 4월.

※ 1682(定11-3)

秋, 宋樂大心自曹入于蕭.

가을, 송宋나라 악대심樂大心이 조曹나라에서 소蕭로 들어갔다.

【樂大心】宋나라 대부 樂嬰齊의 4세손. 宋나라 右師를 지냄. 동문 근처에 살아 桐門右師로도 불림. 樂溷의 族父.

1683(定11-4)

冬, 及鄭平. 叔還如鄭涖盟.

겨울, 정鄭나라와 화친을 맺었다.
숙선叔還이 정나라로 가서 동맹 맺는 일에 참석하였다.

【及平】杜預 注에 "平六年侵鄭取匡之怨"이라 함.
【叔還】杜預 注에 "還, 叔詣之曾孫"이라 하였으나 孔穎達 疏에는 "《世族譜》云:「叔還, 叔弓曾孫也」 又《世本》云:「叔弓生定伯閱, 閱生西巷敬叔, 叔生成子還」 還爲叔弓曾孫, 杜云「叔詣曾孫」, 傳寫誤耳"라 함. '還'은 〈釋文〉에 '還音旋'이라 하여 '선'으로 읽음.

(傳)
冬, 及鄭平, 始叛晉也.

겨울, 노나라가 정鄭나라와 화평을 맺은 것은 노나라가 처음으로 진晉나라를 배반한 것이었다.

【始叛晉】魯나라는 僖公시대 이후 晉나라를 섬겼다가 이해에 비로소 배반하게 되었기에 '始'자를 넣은 것임. 杜預 注에 "魯自僖公以來, 世服於晉, 至今而叛, 故曰始"라 함.

225. 定公 12年(B.C.498) 癸卯

周	敬王(姬匄) 22년	齊	景公(杵臼) 50년	晉	定公(午) 14년	衛	靈公(元) 37년
蔡	昭公(申) 21년	鄭	聲公(勝) 3년	曹	曹伯(陽) 4년	陳	閔公(越) 4년
杞	僖公(過) 8년	宋	景公(欒) 19년	秦	惠公 3년	楚	昭王(軫) 18년
吳	吳王(闔廬) 17년						

※ 1684(定12-1)

十有二年春, 薛伯定卒.

12년 봄, 설백薛伯 정定이 죽었다.

【薛伯定】薛 襄公.
＊無傳

※ 1685(定12-2)

夏, 葬薛襄公.

여름, 설薛 양공襄公의 장례를 치렀다.

【薛襄公】이름은 定. 薛나라 군주. 봄에 죽어 이때에 장례를 치름.
　＊無傳

● 1686(定12-3)

叔孫州仇帥師墮郈.

숙손주구叔孫州仇가 군사를 이끌고 후郈를 헐었다.

【叔孫州仇】魯나라 대부. 叔孫武叔. 叔孫不敢의 아들. 이름은 州仇. 杜預 注에 "武叔, 叔孫不敢之子州仇也"라 함.
【墮】杜預 注에 "墮, 毁也. 患其險固, 毁壞其城"이라 함.
【郈】叔孫氏 가문의 采邑. 杜預 注에 "叔孫氏邑"이라 함.

● 1687(定12-4)

衛公孟彄帥師伐曹.

위衛나라 공맹구公孟彄가 군사를 이끌고 조曹나라를 쳤다.

【公孟彄】衛나라 孟縶의 아들. 孔穎達 疏에는 "《世族譜》云:「孟縶無子, 靈公以其子彄爲之後也.」爲後則爲其子. 縶字公孟, 故卽以公孟爲氏"라 함.
【曹】曹나라 도읍은 지금의 山東 定陶였음.

㊀
十二年夏, 衛公孟彄伐曹, 克郊.

還, 滑羅殿.
未出, 不退於列.
其御曰:「殿而在列, 其爲無勇乎!」
羅曰:「與其素厲, 寧爲無勇.」

12년 여름, 위衛나라 공맹구公孟彄가 조曹나라를 정벌하여 교읍郊邑에서 이겼다.
돌아오는 길에 활라滑羅가 군사 행렬의 후미를 담당하게 되어 있었다.
그런데 조나라 국경을 빠져나오기 전에 본대의 대열에서 뒤로 물러나지 않는 것이었다.
그러자 그의 마부가 말하였다.
"후미를 담당해야 하는데 본대에 그대로 계시면 용기가 없는 것인가요!"
그러자 활라가 말하였다.
"추격해 오는 자도 없는데 용기 있는 체하기보다는 차라리 용기 없는 듯이 하겠다."

【公孟彄】衛나라 孟縶의 아들. 孔穎達 疏에는 "《世族譜》云:「孟縶無子, 靈公以其子彄爲之後也.」爲後則爲其子. 縶字公孟, 故卽以公孟爲氏"라 함.
【郊】曹나라의 읍 이름. 지금의 山東 荷澤縣.
【滑羅】衛나라 대부.
【殿】군사가 후퇴할 때 가장 후미를 담당하여 추격하는 적을 상대하는 것. '殿'은 '臀'의 뜻.《論語》子路篇에 "子曰:「孟之反不伐, 奔而殿, 將入門, 策其馬, 曰:『非敢後也, 馬不進也.』」"라 하였고, 哀公 11년 傳에 "師及齊師戰于郊. 右師奔; 齊人從之. 孟之側後入, 以爲殿; 抽矢策其馬, 曰:「馬不進也!」"라 함. 杜預 注에는 "會見師退而猛不在列, 乃大呼詐言猛在後爲殿"이라 하여 해석을 달리하고 있음.
【在列】본대의 대열에 끼어 있음.
【素厲】杜預 注에 "素, 空也. 厲, 猛也"라 함.

1688(定12-5)

季孫斯·仲孫何忌帥師墮費.

계손사季孫斯와 중손하기仲孫何忌가 군사를 이끌고 비費 성을 헐었다.

【季孫斯】季桓子. 魯나라 대부. 季孫桓子. 季孫意如의 아들. 시호는 桓子.
【仲孫何忌】孟懿子. 魯나라 대부. 孟僖子의 후계자. 시호는 懿子.
【費】季孫氏의 채읍. 지금의 山東 魚臺縣.

㊁
仲由爲季氏宰, 將墮三都, 於是叔孫氏墮郈.
季氏將墮費, 公山不狃·叔孫輒帥費人以襲魯.
公與三子入于季氏之宮, 登武子之臺.
費人攻之, 弗克.
入及公側, 仲尼命申句須·樂頎下, 伐之.
費人北.
國人追之, 敗諸姑蔑.
二子奔齊, 遂墮費.
將墮成, 公斂處父謂孟孫, 「墮成, 齊人必至于北門. 且成, 孟氏之保障也. 無成, 是無孟氏也. 子僞不知, 我將不墮.」
冬十二月, 公圍成, 弗克

중유仲由가 계씨季氏의 가재家宰가 되어 장차 삼환三桓의 세 읍성邑城을 헐어버리려 하던 차에 마침 숙손씨叔孫氏가 후읍郈邑의 성을 헐었다.

계씨가 장차 비읍費邑의 성을 헐려 하자 공산불뉴公山不狃와 숙손첩叔孫輒이 비읍 사람들을 이끌고 노나라 도읍을 습격하였다.

정공定公은 세 가문의 대표 인물들과 함께 계손씨의 저택으로 들어가 계무자季武子가 지은 누대로 올라가 피하였다.

비읍 사람들이 그 누대를 공격하였으나 지키는 자들이 이겨내지 못하였다.

공격해 온 자들이 정공의 곁으로 육박해 오자 중니仲尼가 신구수申句須와 악기樂頎에게 명하여 이들을 치도록 하였다.

그제야 비읍 사람들은 패하여 달아났다.

나라 사람들이 그들을 추격하여 고멸姑蔑에서 패배시켰다.

공산불뉴와 숙손첩은 제나라로 달아났고 드디어 비읍 성이 헐렸던 것이다.

장차 성을 헐고자 할 때 공렴처보公斂處父가 맹손孟孫에게 말하였다.

"성을 헐어버리면 제齊나라가 틀림없이 북문北門까지 들이닥치는 일이 있을 것입니다. 게다가 성읍은 맹손씨 가문의 보루입니다. 성읍이 없으면 이는 맹손씨가 없어지는 것이 됩니다. 그러니 주인께서는 겉으로 모르는 체하십시오. 제가 나서서 성을 헐지 못하도록 하겠습니다."

겨울 12월, 정공이 성읍을 포위하였으나 이기지 못하였다.

【仲由】公子의 제자 子路. 仲은 성, 이름은 由, 자는 子路.《論語》子路篇과《史記》仲尼弟子列傳 등을 참조할 것.

【三都】魯나라 三桓(季孫, 孟孫, 叔孫) 세 가문의 채읍이며 본거지. 季孫氏는 費邑, 孟孫氏는 成邑, 叔孫氏는 郈邑을 차지하고 있었음. 이들 세 읍에는 南蒯는 費邑에서, 侯犯은 郈에서 반란을 일으키는 등 당시 읍재들이 통제하고 있어 실제 주인들보다 더 세력이 강하였음. 이에 자로가 그 형세를 이용하여 그 기회에 삼환의 세력을 억제하고자 나선 것이며 숙손씨와 계손씨가 급한 심정에 이에 동의한 것임.

【叔孫氏】叔孫州仇, 叔孫武叔.

【公山不狃】公山弗擾. 杜預 注에 "不狃, 季氏臣費宰子洩也"라 하였으며《論語》陽貨篇의 "公山弗擾以費畔"의 장본인임.《潛夫論》志氏姓에 "魯之公族有公山氏, 姬姓也"라 하였고,《通志》氏族略에는 "公山氏以字爲氏"라 함.

【公孫輒】叔孫氏의 庶子. 叔孫武叔을 대신하여 주인으로 삼고자 하였던 인물.

【季氏】季孫氏. 季桓子.

【三子】季孫斯·仲孫何忌·叔孫州仇.

【武子】季武子. 叔孫宿. 季孫宿. 魯나라 대부. 季孫行父의 아들.《國語》에는 '季孫夙'으로 되어 있음. 그가 일찍이 자신의 집에 높은 누대를 지었으며 이를

'武子臺'라 불렸음.《水經注》泗水에 "阜上有季氏宅, 宅有武子臺. 今雖崩夷, 猶高數丈"이라 하였고, 顧祖禹의《方輿紀要》에 "季武子臺, 曲阜城東北五里, 舊志云在魯東門內"라 함.
【仲尼】孔丘. 公子. 당시 魯나라 司寇였음.
【申句須】魯나라 대부.
【樂頎】魯나라 대부.
【姑蔑】지금의 山東 泗水縣 동쪽. 隱公 元年을 볼 것. 한편 論語 陽貨篇에 "公山弗擾以費畔, 召, 子欲往"이라 하여 이곳 기록과 차이가 있음.
【公斂處父】公斂陽. 孟氏의 가신이며 成邑의 邑宰. 杜預 注에 "處父, 孟氏家臣, 成宰公斂陽"이라 함. 公斂은 복성. 자는 子陽.
【至于北門】成邑은 지금의 山東 寧陽縣 동북쪽으로 魯나라 북쪽 국경이었으며 만일 성읍의 성을 없앤다면 이웃의 제나라가 노나라 북쪽으로부터 침입하여 곧바로 도읍의 북문에 닿을 수 있을 것이라는 뜻. 헐지 못하도록 이유를 댄 것임. 이 이야기는《史記》孔子世家에도 그대로 전재되어 있음.

● 1689(定12-6)

秋, 大雩.

가을, 기우제를 크게 지냈다.

＊無傳

● 1690(定12-7)

冬十月癸亥, 公會齊侯盟于黃.

겨울 10월 계해날, 정공이 제후齊侯와 황黃에서 만나 맹약을 맺었다.

【癸亥】10월 27일.
【齊侯】《公羊傳》에는 '晉侯'로 되어 있음. 이에 대해 毛奇齡은 《簡書刊誤》에는 "魯定與齊景同謀叛晉, 故爲此盟, 乃又改'齊'作'晉', 茫然不知矣"라 함.
【黃】齊나라 땅. 지금의 山東 淄博市 동북.
＊無傳

1691(定12-8)

十有一月丙寅朔, 日有食之.

11월 병인날 초하루, 일식이 있었다.

【日有食之】B.C.498년 9월 22일 金環日食이 있었음. 王韜의 《春秋日食辨正》에는 11월로 기록된 것은 윤달을 놓쳤기 때문이라 하였음.
＊無傳

1692(定12-9)

公至自黃.

정공이 황黃에서 돌아왔다.

【黃】齊나라 땅. 지금의 山東 淄博市 동북. 齊 景公과의 회담을 마치고 귀국한 것임.
＊無傳

● 1693(定12-10)

十有二月, 公圍成.

12월, 정공이 성成을 포위하였다.

【成】魯나라 읍으로 公斂處父가 邑宰였으며 지금의 山東 寧陽縣 동북. 원래 孟孫氏의 채읍이었음.

● 1694(定12-11)

公至自圍成.

정공이 성成을 포위한 일에서 돌아왔다.

【至】국내의 일임에도 '至'라 표현한 것에 대해 杜預 注에는 "國內而書'至'者, 成彊若列國, 興動大衆, 故出入皆告廟"라 하여 成읍은 列國처럼 큰 곳이었고 떠날 때와 돌아와서도 모두 太廟에 고하였기 때문이라 하였음. 經文의 원칙은 임금이 太廟에 고하고 행동한 일은 빠짐없이 기록하였음.
＊無傳

226. 定公 13年(B.C.497) 甲辰

周	敬王(姬匄) 23년	齊	景公(杵臼) 51년	晉	定公(午) 15년	衛	靈公(元) 38년
蔡	昭公(申) 22년	鄭	聲公(勝) 4년	曹	曹伯(陽) 5년	陳	閔公(越) 5년
杞	僖公(過) 9년	宋	景公(欒) 20년	秦	惠公 4년	楚	昭王(軫) 19년
吳	吳王(闔廬) 18년						

※ 1695(定13-1)

十有三年春, 齊侯·衛侯次于垂葭.

13년 봄, 제후齊侯와 위후衛侯가 수가垂葭에 머물렀다.

【齊侯】당시 齊나라 군주는 景公(杵臼)으로 재위 51년째였음.
【衛侯】당시 衛나라 군주는 靈公(元)으로 재위 38년째였음.《穀梁傳》에는 '衛侯' 2자가 없음.
【次】원래는 군사가 주둔함을 뜻함. 莊公 3년 傳에 "凡師, 一宿爲舍, 再宿爲信, 過信爲次"라 함.
【垂葭】《公羊傳》에는 '垂瑕'로 되어 있음.《山東通志》에 "垂葭在曹州府鉅野縣西南境"이라 하였으며《續山東考古錄》에는 "荷澤縣在周時有葭密邑"이라 하였고,《左傳地名補注》에는 "以垂葭卽葭密, 在荷澤縣西北二十五里"라 함.

㊀

十三年春, 齊侯·衛侯次于垂葭, 實郹氏.

使師伐晉.

將濟河, 諸大夫皆曰不可, 邴意茲曰:「可. 銳師伐河內, 傳必數日而後及絳. 絳不三月不能出河, 則我旣濟水矣.」

乃伐河內.

齊侯皆斂諸大夫之軒, 唯邴意茲乘軒.

齊侯欲與衛侯乘, 與之宴而駕乘廣, 載甲焉.

使告曰:「晉師至矣!」

齊侯曰:「比君之駕也, 寡人請攝.」

乃介而與之乘, 驅之.

或告曰:「無晉師.」

乃止.

13년 봄, 제齊 경공景公과 위衛 영공靈公이 수가垂葭에 군사를 주둔시켰는데 수가는 실제 격씨郹氏이다.

군사들로 하여금 진晉나라를 치도록 하였다.

황하黃河를 건너가려 하자 여러 대부들이 모두 불가하다 하였다.

그러나 병의자邴意妓는 이렇게 말하였다.

"됩니다. 정예부대가 하내河內를 친다면, 적의 전령傳令이 며칠 뒤에는 틀림없이 진나라 도읍 강絳에 닿을 수 있습니다. 그러나 강에서 오는 진나라 군사는 3개월 뒤가 아니면 하내 땅으로 나올 수 없을 것입니다. 그렇다면 우리는 이미 정벌을 마치고 이미 강물을 건너온 다음일 것입니다."

그리하여 진나라의 하내 지방을 쳤다.

제 경공은 대부들의 수레를 회수하여 오직 병의자만 수레를 탈 수 있었다.

경공이 위 영공과 수레를 함께 타고자 하여 그와 함께 주연을 베풀고 나서 승광乘廣을 타고 갑옷을 실어두었다.

그리고는 사람들에게 이렇게 알리도록 하였다.

"진나라 군사가 오고 있다!"

이에 제 경공이 위 영공에게 말하였다.

"그대의 전차가 준비될 때까지 청컨대 내가 그대를 모시겠소."

이에 갑옷을 걸치고 함께 수레에 올라 말을 몰았다.

그때 어떤 자가 다시 알렸다.

"진나라 군사는 오지 않습니다."

그리하여 그만두었다.

【鄍氏】地名. 垂葭의 다른 이름. 원전에는 '郎'로 잘못 표기되어 있음.
【邴意兹】齊나라 대부.
【河內】지금의 河南 汲縣. 원래 衛나라 땅이었으나 衛나라가 楚丘로 천도한 이후 晉나라가 차지함. 《彙纂》에 "河內, 今河南汲縣縣治"라 함.
【絳】晉나라 도읍. 지금의 山西 翼城縣 동남쪽. 孝公 때 이름을 翼으로 바꿨음.
【斂諸大夫之軒】여러 대부들이 안 된다고 반대하였기에 그들을 벌주는 의미로 수레를 회수하여 타지 못하게 한 것임.
【乘廣】乘輿라고도 하며 왕이나 귀족들이 타는 수레.

❋ 1696(定13-2)

夏, 築蛇淵囿.

여름, 사연蛇淵에 유囿를 만들었다.

【蛇淵】지금의 山東 費城縣 남쪽 汶河 북안.
【囿】園囿. 苑囿. 물과 산을 만들어 禽獸草木을 심고 길러 임금의 휴식처 및 놀이터로 삼음.
＊無傳

❖ 1697(定 13-3)
大蒐于比蒲.

비포比蒲에서 군사 연습을 크게 하였다.

【蒐】원래 천자의 봄 사냥으로 그 기회에 군사훈련을 겸하는 것.《司馬法》仁本篇에 "故國雖大, 好戰必亡; 天下雖安, 忘戰必危. 天下旣平, 天下大愷, 春蒐秋獮; 諸侯春振旅, 秋治兵, 所以不忘戰也"라 함.
【比蒲】구체적인 위치는 알 수 없음. 혹 魯나라 東門 밖의 蒲圃라고도 함. 昭公 11년에도 보이며 늘 군사훈련을 실시하는 곳으로 여겨짐.
＊無傳

❖ 1698(定 13-4)
衛公孟彄帥師伐曹.

위衛나라 공맹구公孟彄가 군사를 이끌고 조曹나라를 쳤다.

【公孟彄】衛나라 孟縶의 아들. 孔穎達 疏에는 "《世族譜》云:「孟縶無子, 靈公以其子彄爲之後也.」爲後則爲其子. 縶字公孟, 故卽以公孟爲氏"라 함.
＊無傳

❖ 1699(定 13-5)
秋, 晉趙鞅入于晉陽以叛.

가을, 진晉나라 조앙趙鞅이 진양晉陽으로 들어가 반란을 일으켰다.

11.〈定公 13年〉3431

【趙鞅】趙簡子. 晉나라 대부. 趙武(文子)의 손자. 이름은 志父. 范氏, 中行氏와 권력 투쟁 끝에 이겨 趙나라의 기초를 세운 인물. 이들 후손이 戰國時代 趙나라를 세움.
【晉陽】지금의 山西 太原市.

※ 1700(定13-6)

冬, 晉荀寅·士吉射入于朝歌以叛.

겨울, 진晉나라 순인荀寅과 사길석士吉射이 조가朝歌로 들어가 반란을 일으켰다.

【荀寅】晉나라 대부. 中行荀吳의 아들. 中行文子. 中行帥를 역임하여 荀氏에서 中行氏로 바뀌었으며 그 때문에 中行寅으로도 불림. 이들의 후손이 晉六卿의 하나인 中行氏로 세력을 키웠으나 뒤에 知氏에게 망하여 戰國時代가 됨.
【士吉射】晉나라 대부. 士鞅(范鞅)의 아들. 그 때문에 흔히 范吉射으로도 불리며 시호가 昭子로서 范昭子로도 불림. '射'은 '食亦反', 혹은 '食夜反'으로 '석', 혹은 '사'로 읽음.
【朝歌】지금의 河南 淇縣.

※ 1701(定13-7)

晉趙鞅歸于晉.

진晉나라 조앙趙鞅이 진나라로 돌아갔다.

【趙鞅】趙簡子. 晉나라 대부. 趙武(文子)의 손자. 이름은 志父. 范氏, 中行氏와 권력 투쟁 끝에 이겨 趙나라의 기초를 세운 인물. 이들 후손이 戰國時代 趙나라를 세움.

㊉

晉趙鞅謂邯鄲午曰:「歸我衛貢五百家,吾舍諸晉陽.」

午許諾.
歸告其父兄.
父兄皆曰:「不可.衛是以爲邯鄲,而寘諸晉陽,絕衛之道也.不如侵齊而謀之.」
乃如之,而歸之于晉陽.
趙孟怒,召午,而囚諸晉陽,使其從者說劍而入,涉賓不可.
乃使告邯鄲人曰:「吾私有討於午也,二三子唯所欲立.」
遂殺午.
趙稷·涉賓以邯鄲叛.
夏六月,上軍司馬籍秦圍邯鄲.
邯鄲午,荀寅之甥也;荀寅,范吉射之姻也,而相與睦,故不與圍邯鄲,將作亂.
董安于聞之,告趙孟,曰:「先備諸?」
趙孟曰:「晉國有命,始禍者死,爲後可也.」
安于曰:「與其害於民,寧我獨死.請以我說.」
趙孟不可.
秋七月,范氏·中行氏伐趙氏之宮,趙鞅奔晉陽,晉人圍之.
范皋夷無寵於范吉射,而欲爲亂於范氏.
梁嬰父嬖於知文子,文子欲以爲卿.
韓簡子與中行文子相惡,魏襄子亦與范昭子相惡.
故五子謀,將逐荀寅,而以梁嬰父代之;逐范吉射,而以范皋夷代之.
荀躒言於晉侯曰:「君命大臣,始禍者死,載書在河.今三臣始禍,而獨逐鞅,刑已不鈞矣.請皆逐之.」
冬十一月,荀躒·韓不信·魏曼多奉公以伐范氏·中行氏,弗克.
二子將伐公.

齊高彊曰:「三折肱知爲良醫. 唯伐君爲不可, 民弗與也. 我以伐君在此矣. 三家未睦, 可盡克也. 克之, 君將誰與? 若先伐君, 是使睦也.」

弗聽, 遂伐公.

國人助公, 二子敗, 從而伐之.

丁未, 荀寅·士吉射奔朝歌.

韓·魏以趙氏爲請.

十二月辛未, 趙鞅入于絳, 盟于公宮.

진晉나라 조앙趙鞅이 한단邯鄲 오午에게 말하였다.

"전에 위衛나라가 나에게 주었던 5백 가家의 사람들을 돌려주오. 나는 그들을 나의 채읍 진양晉陽으로 옮기겠소."

오가 승낙하였다.

그가 돌아가 가문의 부형들께 그 일을 고하였다.

집안 부형들이 모두 나서서 말하였다.

"안 됩니다. 위나라는 원래 한단을 위해 넘겨준 것인데 이제 와서 그들을 진양으로 옮긴다면 우리가 위나라와 친하게 지낼 길이 끊어지게 된다. 우리는 제齊나라를 치고 나서 어떻게 할지를 상의하느니만 못하다."

이에 그 의견대로 하기로 하여 제나라를 치고서 진양으로 보낼 작정이었다.

그런데 조맹趙孟(趙鞅)이 노하여 한단의 오를 불러 진양에다 가두고, 그를 따라온 이들로 하여금 칼을 풀어놓고 들어가도록 하였지만 섭빈涉賓은 그렇게 할 수 없다고 버텼다.

조앙은 사람을 시켜 한단 사람들에게 이렇게 고하도록 하였다.

"나는 오午를 사사로이 벌주려 하오. 집안 어른들은 후계자를 마음대로 정하시오."

그리고는 드디어 한단 오를 죽이고 말았다.

그러자 조직趙稷과 섭빈이 한단의 세력을 이끌고 반란을 일으켰다.

여름 6월, 진나라 상군사마上軍司馬인 적진籍秦이 한단을 포위하였다.

한단 오는 순인荀寅의 생질이며, 순인은 범길석范吉射의 인척으로서 그들은 서로 화목하게 지냈으므로 한단을 포위하는 일에 관여하지 않은 채 도리어 장차 난을 일으켜 조앙을 칠 참이었다.

동안우童安于가 이를 듣고 조맹에게 말하였다.

"이쪽에서 그들을 대비하고 계십니까?"

그러자 조맹이 말하였다. "진나라 군명君命에 화를 일으킨 자는 죽는다 하였다. 그러니 그들이 난리를 일으킨 뒤에 손을 쓰는 것이 좋겠다."

동안우가 말하였다.

"많은 사람들에게 해를 주기보다 차라리 제가 홀로 죽겠습니다. 그러니 나를 핑계로 대어주십시오."

조맹은 안 된다고 말렸다.

가을 7월, 범씨范氏와 중항씨中行氏가 조씨의 저택을 공격하자 조앙은 진양으로 달아났으며 진나라 사람들이 조앙을 포위하였다.

범고이范皋夷는 범길석에게 아무런 사랑도 받지 못하여 범씨 집안에서 난을 일으키려 하였다.

한편 양영보梁嬰父는 지문자知文子에게 총애를 받아 지문자는 그를 경卿으로 삼으려 하였다.

한간자韓簡子와 중항문자中行文子는 서로 미워하는 사이였고, 위양자魏襄子 또한 범소자范昭子(范吉射)와 서로 미워하고 있었다.

그런데 이 다섯 사람은 모의하여 순인을 몰아내고 양영보를, 범길석을 몰아내고 범고이를 그 자리에 대신 앉히려 하였다.

순력이 진나라 군주에게 말하였다.

"임금께서는 대신들에게 화를 일으킨 자는 죽으리라 하셨습니다만 그 명령의 문서는 지금 황하黃河 물속에 잠겨 있습니다. 이번에 세 신하가 화를 일으켰는데 우독 조앙만 몰아낸 것은 형벌로 보아 불평등합니다. 청컨대 셋 모두 쫓아내십시오."

겨울 11월, 순력과 한불신, 위만다가 임금의 명령을 받들고 범씨와 중항씨를 공격하였으나 이기지 못하였다.

범씨와 중항씨가 임금을 공격하려 하였다.

그러자 제齊나라에서 망명해 와 있던 고강高彊이 말하였다.

"세 차례 팔뚝을 부러뜨려 봐야 양의良醫가 된다는 것을 알고 있습니다. 오직 임금을 공격하는 것은 안 되는 것은 백성들이 따르지 않기 때문입니다. 나는 우리 임금을 공격하였다가 망명하여 이곳에 와 있습니다. 지금 삼가三家는 자신들끼리 서로 화목하지 못하니 그들을 한 집안씩 치면 모두 이길 수 있습니다. 그들을 이기고 난다면 임금은 장차 누구의 편이 되겠습니까. 그런데 만약 그대들이 먼저 군주를 친다면 그들 세 집안을 화목하도록 해 주게 됩니다."

그들은 듣지 않고 드디어 임금을 공격하였다.

그러자 나라 사람들이 임금을 돕게 되었고 두 사람은 패배하였으며 사람들은 그들을 뒤쫓아 쳐버렸다.

정미날, 순인과 사길석은 조가朝歌로 달아났다.

한불신과 위만다가 조씨를 위하여 임금에게 청원을 드렸다.

12월 신미날, 조앙이 강으로 들어가 공궁公宮에서 충성을 맹서하였다.

【趙鞅】趙簡子. 晉나라 대부. 趙武(文子)의 손자. 이름은 志父. 范氏, 中行氏와 권력투쟁 끝에 이겨 趙나라의 기초를 세운 인물. 이들 후손이 戰國時代 趙나라를 세움.

【邯鄲午】趙午. 邯鄲을 지키던 대부. 邯鄲은 지금의 河北 邯鄲市. 戰國시대 趙나라의 도읍이 됨. 역시 조씨에게서 갈려나왔음. 孔穎達 疏에 《世族譜》를 인용하여 "趙衰, 趙夙之弟也. 衰生盾, 盾生朔, 朔生武, 武生成, 成生鞅, 其家爲趙氏; 夙孫穿, 穿生旃, 旃生勝, 勝生午, 其家爲耿氏. 計衰至鞅, 夙至午皆六代, 今俗所謂五從兄弟, 是同族也. 別封邯鄲, 世不絶祀"라 함.

【歸我衛貢】定公 10년 晉나라 趙鞅이 衛나라를 포위하자 衛나라가 趙鞅에게 5백 家를 넘겨주었었음. 趙鞅은 이들을 邯鄲에 맡겼었음. 杜預 注에 "十年, 趙鞅圍衛, 衛人懼, 貢五百家, 鞅置之邯鄲. 今欲徙著晉陽. 晉陽, 趙鞅邑"이라 함.

【晉陽】지금의 山西 太原市. 晉나라의 도읍이 됨. 趙鞅의 采邑.

【父兄】邯鄲 午가 다스리고 있던 邯鄲의 長老들.

【絶衛之道也】衛나라는 넘겨준 5백 가가 한단에 있기에 언제나 한단을 친하게 여겼는데, 갑자기 옮긴다면 한단이 위나라와 가까이 지낼 길이 끊어지게 되고 말 것이라는 뜻.

【侵齊而謀之】杜預 注에 "侵齊, 則齊當來報, 欲因齊而徙, 則衛與邯鄲好不絶"이라 함. 그들을 옮기는 일을 제나라 때문이라 핑계를 삼으면 위나라가 이해해 줄 것이라는 뜻.

【趙孟怒】趙孟은 趙鞅. 그가 노한 것은 그 모책을 미처 알지 못하였기 때문이었음. 杜預 注에 "趙鞅不察其謀, 謂午不用命, 故囚之"라 함.

【說劍】'說'은 '脫'과 같음.

【涉賓】邯鄲午의 家臣.

【趙稷】趙午(邯鄲午)의 아들.

【籍秦】晉나라 大夫. 籍談의 아들. 昭公 15년 傳의 孔穎達 疏에 《世本》을 인용하여 "侯季子生籍游, 游生談, 談生秦"이라 함.

【荀寅, 范吉射之姻也】荀寅의 아들이 范吉射의 딸을 아내로 맞이하였었음. 范吉射는 士鞅(范鞅)의 아들로 士吉射, 范昭子로도 불림. 荀寅은 中行荀吳의 아들. 中行文子. 中行帥를 역임하여 荀氏에서 中行氏로 바뀌었으며 그 때문에 中行寅으로도 불림. 이들의 후손이 晉六卿의 하나인 中行氏로 세력을 키웠으나 뒤에 知氏에게 망하여 戰國時代가 됨.

【范吉射】士吉射. 晉나라 대부. 士鞅(范鞅)의 아들. 그 때문에 흔히 范吉射으로도 불리며 시호가 昭子로서 范昭子로도 불림. '射'은 '食亦反', 혹은 '食夜反'으로 '석', 혹은 '사'로 읽음. 혹 '사길야', '범길야'로도 읽음.

【作亂】杜預 注에 "作亂, 攻趙鞅"이라 함.

【董安于】趙氏 가문의 가신. '董閼于'로도 불리며 《韓非子》十過篇에 "董閼于, 簡主之才臣"이라 하였으며 같은 《韓非子》雜言篇과 觀行篇에는 도리어 '董安于'로 되어 있음. 《史記》趙世家, 扁鵲倉公列傳, 《戰國策》, 《呂氏春秋》, 《淮南子》, 《論衡》, 《說苑》 등에 널리 그 이름이 보임.

【寧我獨死】'與其~, 寧~'의 구문. '~하느니 차라리 ~하리라'의 뜻. 杜預 注에 "懼見攻, 必傷害民"이라 함.

【以我說】杜預 注에 "晉國若討, 可殺我而自解說"이라 함.

【范氏·中行氏】范吉射(士吉射)와 中行寅(荀寅).

【范皐夷】范氏(范吉射)의 庶子. 杜預 注에 "皐夷, 范氏側室子"라 함.

【梁嬰父】晉나라 대부. 賈逵는 "梁嬰父, 晉大夫也"라 함.

【知文子】荀躒. 荀盈(知盈)의 아들. 시호는 文子(文伯). 下軍佐에 임명하여 아버지 뒤를 잇도록 하였음. 杜預 注에 "躒, 荀盈之子, 知文子也. 佐下軍, 代父也"라 함.

【韓簡子】韓不信. 晉나라 대부. 伯音. 韓起의 손자이며 시호는 簡子.

【中行文子】荀寅(中行寅). 晉나라 대부. 中行荀吳의 아들. 中行帥를 역임하여 荀氏에서 中行氏로 바뀌었으며 그 때문에 中行寅으로도 불림.
【魏襄子】晉나라 대부. 魏曼多. 魏舒의 손자. 그 씨족이 뒤에 晉나라 六卿이 되었으며 戰國時代 魏나라를 세워 七雄의 반열에 들게 됨.
【五子】杜預 注에 "五子, 范皐夷, 梁嬰父, 知文子, 韓簡子, 魏襄子"라 함.
【晉侯】당시 晉나라 군주는 定公(午)으로 재위 15년째였음.
【三臣】賈逵는 "范, 中行, 趙也"라 함.
【二子】范氏와 中行氏.
【高彊】齊나라 子尾의 아들. 昭公 10년에 魯나라로 망명해 왔다가 다시 晉나라로 망명해 와 있었음.
【三折肱知爲良醫】당시 널리 쓰이던 속담.《孔叢子》嘉言篇에 "三折肱爲良醫"라 하였고,《說苑》雜言篇에도 "三折肱而成良醫"라 하였으며,《楚辭》惜誦에는 "九折臂而成醫兮"라 함.
【丁未】7월 18일.
【朝歌】지금의 河南 淇縣.
【辛未】12월 12일.

● 1702(定13-8)

薛弑其君比.

설薛나라가 그 군주 비比를 죽였다.

【薛】黃帝의 후예 奚仲이 받은 封國. 侯爵이며 군주의 성은 任姓. 지금의 山東 滕縣 동남쪽.
【比】薛나라 군주 이름.
＊無傳

㊛

　初, 衛公叔文子朝, 而請享靈公.
　退, 見史鰌而告之.
　史鰌曰:「子必禍矣! 子富而君貪, 其及子乎!」
　文子曰:「然. 吾不先告子, 是吾罪也. 君旣許我矣, 其若之何?」
　史鰌曰:「無害. 子臣, 可以免. 富而能臣, 必免於難. 上下同之. 戌也驕, 其亡乎! 富而不驕者鮮, 吾唯子之見. 驕而不亡者, 未之有也. 戌必與焉.」
　及文子卒, 衛侯始惡於公叔戌, 以其富也.
　公叔戌又將去夫人之黨, 夫人愬之曰:「戌將爲亂.」

　당초, 위衛나라의 공숙문자公叔文子가 조정으로 들어가 영공靈公을 자기 집으로 모셔서 향연을 베풀겠다고 청하였다.
　물러나와 사추史鰌에게 그 일을 말하였다.
　그러자 사추가 말하였다.
　"그대는 틀림없이 화를 당할 것입니다. 그대는 부유하시고 임금은 탐욕을 부리시니 그 재앙이 그대에게 미칠 것입니다!"
　공숙문자가 말하였다.
　"그렇군요. 내가 먼저 그대에게 말하지 않은 것은 저의 허물입니다. 임금께서 이미 나에게 허락을 하셨으니 어찌하면 좋겠습니까?"
　사추가 말하였다.
　"해로울 것은 없습니다. 그대가 신하의 도리를 다한다면 화를 면할 수 있습니다. 부유하면서도 신하 노릇을 잘 할 수 있으면 틀림없이 환난을 면할 수 있는 것은 윗사람이나 아랫사람이 모두 같습니다. 그런데 당신의 아들 공숙수公叔戌는 교만하니 그가 망하게 될 것입니다! 부유하되 교만하지 않은 사람은 드문 법인데 저는 오직 그대만은 부유하면서도 교만하지 않다고 생각합니다. 교만하면서도 망하지 않는 사람은 이제까지 있지 않았으니 공숙수가 이러한 경우에 들 것입니다."

공숙문자가 세상을 뜨자 위 영공은 비로소 공숙수公叔戍를 미워하기 시작하였는데 그것은 그가 부유하기 때문이었다.

공숙수가 다시 임금의 부인을 끼고 있는 무리들을 없애려 하자 부인이 군주에게 호소하였다.

"공숙수가 장차 난을 일으키려 합니다."

【公叔文子】衛 獻公의 손자. 이름은 拔 또는 發.
【靈公】靈公도 獻公의 손자로 이름은 元이었음.
【史鰌】衛나라 대부 史魚. '史鰍'로도 표기하며 蘧伯玉을 추천하지 못하고 彌子瑕를 퇴진시키지 못하자 죽음에 이르러 그 아들로 하여금 正堂에서 治喪하지 못하도록 함. 衛 靈公이 問喪을 왔을 때 그 아들이 "臣下의 道理를 다 하지 못하여 正堂에서 治喪하지 못하게 하였다"라고 하는 말을 듣고, 蘧伯玉을 들어 쓰고 彌子瑕는 퇴진시켰다는 '尸諫'의 고사로 유명함. 《韓詩外傳》(7)·《新序》(雜事)·《韓非子》(說難)·《孔子家語》(困誓)·《說苑》(雜言)·《史記》(韓非子列傳) 등에 아주 널리 전재되어 있음.
【公叔戍】公叔文子의 아들. 판본에 따라 '戌'로 잘못 판각된 글자도 있음.
【夫人之黨】衛 靈公의 부인은 南子였음. 그를 낀 무리는 부인의 친정나라인 宋나라 사람들로 宋나라 公子 朝의 무리들을 가리킴. 杜預 注에 "靈公夫人, 南子. 黨, 宋朝之徒"라 함.
【戍將爲亂】이 사건은 다음해 첫머리와 이어짐.

227. 定公 14年(B.C.496) 乙巳

周	敬王(姬匄) 24년	齊	景公(杵臼) 52년	晉	定公(午) 16년	衛	靈公(元) 39년
蔡	昭公(申) 23년	鄭	聲公(勝) 5년	曹	曹伯(陽) 6년	陳	閔公(越) 6년
杞	僖公(過) 10년	宋	景公(欒) 21년	秦	惠公 5년	楚	昭王(軫) 20년
吳	吳王(闔廬) 19년	越	越王(句踐) 원년				

❋ 1703(定14-1)

十有四年春, 衛公叔戍來奔.
衛趙陽出奔宋.

14년 봄, 위衛나라 공숙수公叔戍가 노魯나라로 도망쳐 왔다.
위나라 조양趙陽이 송宋나라로 달아났다.

【公叔戍】衛나라 公叔文子(發, 拔)의 아들이며 衛 獻公의 증손.
【衛趙陽】衛나라 趙黶의 손자. 그러나 《公羊傳》과 《穀梁傳》에는 모두 '晉趙陽'으로 되어 있음. 이에 대해 毛奇齡의 《簡書刊誤》에는 "趙陽, 衛大夫趙氏名陽者, 以其黨于公叔文子之子公叔戍, 故衛侯並逐之. 杜氏謂趙陽則趙黶之孫, 而〈正義〉據《世本》謂「懿子槧(趙黶)生昭子擧, 擧生趙陽」, 是顯有明據. 而《公·穀》極陋, 祇知晉有趙氏, 他國未必有, 遂奮筆改此. 此與前「齊欒施來奔」改「晉欒施」, 同一笑話"라 함.

㉭

十四年春, 衛侯逐公叔戌與其黨, 故趙陽奔宋, 戌來奔.

14년 봄, 위衛 영공靈公이 공숙수公叔戌와 그 무리를 내쫓아, 그 때문에 조양趙陽은 송宋나라로 달아났고, 공숙수는 노魯나라로 도망해 온 것이다.

【衛侯】衛 靈公(元). 재위 39년째였음.

㉭

梁嬰父惡董安于, 謂知文子曰:「不殺安于, 使終爲政於趙氏, 趙氏必得晉國, 盍以其先發難也討於趙氏?」
文子使告於趙孟曰:「范·中行氏雖信爲亂, 安于則發之, 是安于與謀亂也. 晉國有命, 始禍者死. 二子旣伏其罪矣, 敢以告.」
趙孟患之.
安于曰:「我死而晉國寧, 趙氏定, 將焉用生? 人誰不死? 吾死莫矣.」
乃縊而死.
趙孟尸諸市, 而告於知氏曰:「主命戮罪人安于, 旣伏其罪矣, 敢以告.」
知伯從趙孟盟, 而後趙氏定, 祀安于於廟.

양영보梁嬰父가 동안우董安于를 미워하여 지문자知文子에게 말하였다.
"동안우를 죽이지 않고 끝내 조씨에게 정사를 맡긴다면, 조씨는 틀림없이 진나라를 차지할 것입니다. 어찌 조씨가 먼저 환난을 일으킨 일로 조씨를 토벌하지 않으십니까?"
지문자는 사람을 시켜 조맹에게 이렇게 말하도록 하였다.
"범씨范氏와 중항씨中行氏가 비록 실제로 난리를 일으키기는 하였으나 동안우가 난리를 함께 꾀한 것입니다. 우리 진나라에는 임금의 명령이 있어 화를 시작한 자는 죽인다 하였습니다. 범씨와 중항씨는 이미 벌을 받고 있으니 감히 말씀드립니다."

이 말에 조맹趙孟은 걱정스러웠다.

그러자 동안우가 말하였다.

"제가 죽어서 진나라가 태평하고 조씨 가문이 안정된다면 제가 어찌 살려고 애쓰겠습니까? 사람이라면 누구인들 죽지 않겠습니까? 제가 죽는 것이 늦었습니다."

그리고는 목을 매어 죽었다.

조맹은 동안우의 시신을 저잣거리에 내다 놓고는 지문자에게 이렇게 고하였다.

"당신께서 동안우를 죽이도록 명하셨는데 그는 이미 그의 죄에 벌을 받았습니다. 이에 감히 고합니다."

그러자 지백知伯(知文子)은 조맹을 따라 맹약을 맺었고 그러 다음 조씨 집안이 안정되자 조맹은 동안우를 자신의 사당에 모셔 제사를 지냈다.

【梁嬰父】 晉나라 대부. 賈逵는 "梁嬰父, 晉大夫也"라 함.

【董安于】 趙氏 가문의 가신. '董閼于'로도 불리며 《韓非子》 十過篇에 "董閼于, 簡主之才臣"이라 하였으며 같은 《韓非子》 雜言篇과 觀行篇에는 도리어 '董安于'로 되어 있음. 《史記》 趙世家, 扁鵲倉公列傳, 《戰國策》, 《呂氏春秋》, 《淮南子》, 《論衡》, 《說苑》 등에 널리 그 이름이 보임.

【知文子】 荀躒. 知伯. 荀盈(知盈)의 아들. 시호는 文子(文伯). 下軍佐에 임명하여 아버지 뒤를 잇도록 하였음. 杜預 注에 "躒, 荀盈之子, 知文子也. 佐下軍, 代父也"라 함.

【趙鞅】 趙簡子. 晉나라 대부. 趙武(文子)의 손자. 이름은 志父. 范氏, 中行氏와 권력투쟁 끝에 이겨 趙나라의 기초를 세운 인물. 이들 후손이 戰國時代 趙나라를 세움.

【吾死莫矣】 아직 죽지 않고 있음이 죄라는 뜻. '莫'는 '暮'와 같으며 '遲'의 뜻.

【而後, 趙氏定】 董安于가 죽고 난 뒤 그의 죽음 덕택으로 조씨 집안이 안정을 되찾았음을 말함.

【二子】 士吉射(范吉射)와 荀寅(中行寅).

※ 1704(定 14-2)

二月辛巳, 楚公子結·陳公孫佗人帥師滅頓, 以頓子牂歸.

2월 신사날, 초楚나라 공자 결結과 진陳나라 공손타公孫佗의 사람이 군사를 이끌고 돈頓나라를 무너뜨리고 돈자頓子 장牂을 데리고 돌아갔다.

【二月】《公羊傳》에는 '三月'로 되어 있으나 이는 오류임.
【辛巳】2월 23일.
【公子結】楚나라 공자.《公羊傳》에는 '公孫結'로 되어 있음.
【公孫佗】陳나라 대부.
【頓】지금의 河南 項城縣 서쪽 南頓 故城에 있던 나라. 僖公 23년을 볼 것.
【頓子牂】頓나라의 군주.《公羊傳》에는 '頓子牆'으로 되어 있음.

(傳)

頓子牂欲事晉, 背楚而絕陳好.
二月, 楚滅頓.

돈頓나라 군주 장牂은 진晉나라를 섬기고자 초楚나라를 배반하고 진陳나라와 우호관계를 끊었다.
2월, 초나라가 돈나라를 무너뜨렸다.

【頓子牂】頓나라의 군주.《公羊傳》에는 '頓子牆'으로 되어 있음.

※ 1705(定 14-3)

夏, 衛北宮結來奔.

여름, 위衛나라 북궁결北宮結이 노나라로 도망쳐 왔다.

【北宮結】衛나라 대부. 公叔戍를 옹호하였던 인물.

㊉
夏, 衛北宮結來奔, 公叔戍之故也.

여름, 위衛나라 북궁결北宮結이 노나라로 도망해 온 것은 공숙수公叔戍 때문이었다.

【公叔戍】衛나라 公叔文子(發, 拔)의 아들이며 衛獻公의 증손.

● 1706(定14-4)
五月, 於越敗吳于檇李.

5월, 월越나라가 오吳나라 군사를 취리檇李에서 쳐부수었다.

【於越】'於'는 發語詞. 뜻은 없음.
【檇李】지금의 浙江 嘉興縣에 檇李城이 있음. 《公羊傳》에는 '醉李'로 되어 있음.

● 1707(定14-5)
吳子光卒.

오자吳子 광光이 죽었다.

【吳子光】吳王 闔廬. 闔閭로도 표기하며 鱄設諸로 하여금 吳王 僚를 죽이고 임금 자리에 올라 B.C.514~496년까지 19년간 재위하고 夫差가 그 뒤를 이음.

⑳

吳伐越, 越子句踐禦之, 陳于檇李.
句踐患吳之整也, 使死士再禽焉, 不動.
使罪人三行, 屬劍於頸, 而辭曰:「二君有治, 臣奸旗鼓. 不敏於君之行前, 不敢逃刑, 敢歸死.」
遂自剄也.
師屬之目, 越子因而伐之, 大敗之.
靈姑浮以戈擊闔廬, 闔廬傷將指, 取其一屨.
還, 卒於陘, 去檇李七里.
夫差使人立於庭, 苟出入, 必謂己曰:「夫差! 而忘越王之殺而父乎?」
則對曰:「唯. 不敢忘!」
三年乃報越.

오吳나라가 월越나라를 치자 월왕 구천句踐이 이를 방어하여 취리檇李에 진을 쳤다.

구천은 오나라 군사가 잘 정비되어 있음을 걱정하여 결사대를 두 차례나 출동시켜 포로가 되게 하였지만 오나라 군사는 흔들리지 않았다.

이번에는 죄인들을 석 줄로 열을 짓게 하고, 저마다 목에 칼을 채워 그들로 하여금 앞으로 나가면서 이렇게 말하도록 하였다.

"두 나라 임금께서 군사를 내고 있는 마당에 저희들은 깃발과 북소리 명령을 어겨 임금께서 전진하는 일을 민첩하게 하지 못하도록 하였습니다. 우리는 감히 처형에서 피하지 않고 감히 스스로 죽겠습니다."

그리고는 차고 있던 칼로 스스로 목숨을 끊었다.

오나라 군사가 그 광경에 눈을 팔고 있을 때 월왕은 그 틈을 타서 오나라 군사를 크게 무찔렀다.

그 와중에 월나라 영고부靈姑浮가 창으로 오왕 합려를 쳐, 합려가 엄지 발가락에 부상을 입자, 영고부는 합려의 한쪽 신을 빼앗았다.

오왕은 귀환하는 길에 형陘에서 세상을 떠났는데 그곳은 취리에서 7리里 떨어진 곳이었다.

합려의 아들 부차夫差는 사람을 궁정宮庭에다 세워 두고 드나들 때면 반드시 자신에게 이렇게 말하도록 하였다.

"부차야! 너는 월왕이 너의 아버지를 죽인 것을 잊었느냐?"

그때마다 그는 답하였다.

"예. 감히 잊을 수 없습니다!"

그는 이렇게 한 지 3년을 두고 월나라에 보복하였다.

【吳伐越】5년 越나라가 吳나라를 친 일에 보복한 것임.《史記》越王句踐世家에 "允常卒, 子句踐立, 是爲越王. 元年, 吳王闔廬聞允常死, 乃興師伐越"이라 함.

【句踐】越王 允常의 아들로 闔廬를 이어 越王이 됨. 吳王 夫差와 吳越鬪爭의 많은 고사를 남김. 뒤에 결국 吳나라를 멸하고 南方 霸者가 됨.

【檇李】지금의 浙江 嘉興縣에 檇李城이 있음.《公羊傳》에는 '醉李'로 되어 있음.

【二君有治】두 나라 임금이 대치하여 각기 군사작전을 펴고 있음. 杜預 注에 "治, 治軍旅"라 함.

【奸旗鼓】전투에서 깃발과 북의 신호를 제대로 수행하지 않음. 杜預 注에 "犯軍令"이라 함.

【靈姑浮】越나라 大夫. 吳王 闔廬의 발을 다치게 하고 그 신발을 취함.

【闔廬】公子 光으로 있을 때 鱄設諸를 使嗾하여 吳王 僚를 시해하고 임금 자리에 올라 B.C.514~496년까지 19년간 재위하였으며 본 장의 전투에 靈姑浮에게 부상을 입고 귀환하는 길에 陘에서 생을 마침. 아들 夫差가 그 뒤를 이음.

【指】큰 발가락. 杜預 注에 "其足大指見斬, 遂失履, 姑浮取之"라 함.

【陘】檇李의 북쪽.

【夫差】吳王 闔廬의 아들로 뒤를 이어 吳王이 되어 春秋 말기를 장식한 오나라 마지막 임금. B.C.495~473년까지 23년간 재위함. 伍子胥와 太宰 伯嚭를 등용하여 越王 句踐의 范蠡와 文種을 대항하여 치열한 투쟁을 벌였으나 결국 越王 句踐에게 나라가 망함.

【三年】3년 뒤가 아니라 그 뒤 3년 동안 심하게 보복함.

※ 1708(定14-6)

公會齊侯·衛侯于牽.

정공이 제후齊侯·위후衛侯와 견牽에서 모였다.

【齊侯】 당시 齊나라 군주는 景公(杵臼)으로 재위 52년째였음.
【衛侯】 당시 衛나라 군주는 靈公(元)으로 재위 39년째였음.
【牽】 지금의 河南 浚縣 북쪽. 《公羊傳》에는 '堅'으로 되어 있음.

※ 1709(定14-7)

公至自會.

정공이 모임에서 돌아왔다.

【會】 牽會를 마치고 돌아온 것임.
＊無傳

※ 1710(定14-8)

秋, 齊侯·宋公會于洮.

가을, 제후齊侯가 송공宋公과 조洮에서 만났다.

【宋公】 당시 宋나라 군주는 景公(欒)으로 재위 21년째였음.
【洮】 杜預 注에 "洮, 曹地"라 하였으며 馬宗璉의 〈補注〉에는 "酈元曰:「今甄城 西南五十里有桃城, 或謂之洮.」"라 함.

* **1711**(定14-9)

  天王使石尙來歸脤.

  천왕天王이 석상石尙을 시켜 제사 지낸 고기를 보냈다.

  【天王】당시 주나라 임금은 敬王(姬匄)으로 재위 24년째였음.
  【石尙】周 王室의 士. 杜預 注에 "石尙, 天子之士"라 함.
  【脤】杜預 注에 "脤, 祭社之肉, 盛以蜃器, 以賜同姓諸侯, 親兄弟之國, 與之共福"이라 하여 社廟에 제사를 지낸 고기를 大蛤조개 그릇에 담아 同姓 諸侯에게 나누어주어 복을 함께 하는 것이라 함.
  ＊無傳

* **1712**(定14-10)

  衛世子蒯聵出奔宋.

  위衛나라 세자 괴외蒯聵가 송宋나라로 달아났다.

  【蒯聵】衛 靈公(元)의 太子. 南子의 淫行을 보고 이를 제거하려다가 실패하여 定公 14년 국외로 망명, 갖은 고생을 함. 出公(輒)의 아버지. 그 뒤 哀公 16년 孔悝가 그를 받아들여 王으로 세웠으나 불과 2년 만에 다시 晉나라에게 축출당함. 시호는 '莊'.

* **1713**(定14-11)

  衛公孟彄出奔鄭.

  위衛나라 공맹구公孟彄가 정鄭나라로 달아났다.

【公孟彄】衛나라 孟縶의 아들. 孔穎達 疏에는 "《世族譜》云:「孟縶無子, 靈公以其子彄爲之後也.」爲後則爲其子. 縶字公孟, 故卽以公孟爲氏"라 함.

⑲

晉人圍朝歌, 公會齊侯·衛侯于脾·上梁之間, 謀救范·中行氏.
析成鮒·小王桃甲率狄師以襲晉, 戰于絳中, 不克而還.
士鮒奔周, 小王桃甲入于朝歌.

진晉나라가 조가朝歌를 포위하였다.
정공이 제齊 경공景公, 위衛 영공靈公 등과 함께 비脾와 상량上梁 사이의 견牽에 모였던 것은 진나라 범씨范氏와 중항씨中行氏를 구출할 일을 상의하기 위해서였다.
그때 석성부析成鮒와 소왕도갑小王桃甲이 적狄의 군사를 이끌고 진나라를 습격하여 강중絳中에서 싸웠으나 승리하지 못하고 돌아갔다.
석성부는 주周나라로 달아나고 소왕도갑은 조가로 들어갔다.

【朝歌】지금의 河南 淇縣.
【齊侯】당시 齊나라 군주는 景公(杵臼)으로 재위 52년째였음.
【衛侯】당시 衛나라 군주는 靈公(元)으로 재위 39년째였음.
【脾·上梁之間】牽. 牽은 지금의 河南 浚縣 북쪽. 《公羊傳》에는 '堅'으로 되어 있음.
【析成鮒】晉나라 대부. 范氏, 中行氏와 같은 黨羽.
【小王桃甲】晉나라 대부. 역시 范氏, 中行氏와 같은 黨羽.
【絳中】晉나라 땅. 지금의 山西 屯留 부근 絳水 유역.

⑲

秋, 齊侯·宋公會于洮, 范氏故也.

가을, 제후齊侯와 송공宋公이 조洮에서 만난 것은 진晉나라 범씨范氏 때문이었다.

【宋公】당시 宋나라 군주는 景公(欒)으로 재위 21년째였음.
【洮】杜預 注에 "洮, 曹地"라 하였으며 馬宗璉의 〈補注〉에는 "鄺元曰:「今甄城西南五十里有桃城, 或謂之洮.」"라 함.
【范氏故也】杜預 注에 "謀救范氏"라 함.

⑲

衛侯爲夫人南子召宋朝.
會于洮, 大子蒯聵獻盂于齊, 過宋野.
野人歌之曰:『旣定爾婁豬, 盍歸吾艾豭?』
大子羞之, 謂戲陽速曰:「從我而朝少君, 少君見我, 我顧, 乃殺之.」
速曰:「諾.」
乃朝夫人.
夫人見大子.
大子三顧, 速不進.
夫人見其色, 啼而走, 曰:「蒯聵將殺余.」
公執其手以登臺.
大子奔宋.
盡逐其黨, 故公孟彄出奔鄭, 自鄭奔齊.
大子告人曰:「戲陽速禍余.」
戲陽速告人曰:「大子則禍余. 大子無道, 使余殺其母. 余不許, 將戕於余; 若殺夫人, 將以余說. 余是故許而弗爲, 以紓余死. 諺曰『民保於信』, 吾以信義也.」

위衛 영공靈公이 부인 남자南子를 위하여 송나라 공자 조朝를 불러왔다.

조洮에서 회담을 하고 있을 때 태자 괴외蒯聵가 제나라에게 우읍盂邑을 넘겨주는 일로 송나라의 교외를 지나게 되었다.

그때 교외 사람들이 이런 노래를 불렀다.

"이미 그대의 암퇘지는 자리를 잡았거늘   旣定爾婁豬,
 어찌 우리 고운 수퇘지 돌려주지 않는가?   盍歸吾艾豭"

태자는 이 노래를 듣고 부끄럽게 여겨 희양속戲陽速에게 이렇게 말하였다.

"귀국하여 소군少君을 찾아뵐 때 나를 따르라. 소군이 나를 만날 때 내가 뒤를 돌아보거든 그때 너는 그를 죽여라."

희양속이 말하였다.

"알겠습니다."

그들은 귀국하여 부인을 방문하였다.

부인이 태자를 접견할 때, 태자가 세 번이나 뒤를 돌아보았으나 희양속은 부인을 죽이려 나서지 않는 것이었다.

부인이 태자의 안색이 이상함을 보고는 울면서 뛰쳐나가 외쳤다.

"괴외가 나를 죽이려 한다."

그러자 영공이 부인의 손을 잡고 누대로 올라갔다.

태자는 송나라로 달아났다.

영공은 드디어 태자의 일당을 모조리 몰아내었으며 그 때문에 공맹구公孟彄도 정鄭나라로 달아났다가 다시 정나라에서 제齊나라로 달아난 것이다.

태자 괴외가 사람에게 이렇게 말하였다.

"희양속이 나를 재앙으로 몰아넣었다."

그러나 희양속은 이렇게 말하고 다녔다.

"태자야말로 나를 재앙으로 몰아넣었다. 태자는 도리에 어긋나 나에게 그의 모부인을 죽이게 하였다. 내가 그의 말에 응낙하지 않았더라면 그는 나를 없애려 하였을 것이고, 내가 만일 군주의 부인을 죽였더라면 그는 내가 죽였다고 변명하였을 것이다. 나는 이 까닭으로 일단 응낙해놓고 그대로 실행하지 않아 나를 죽음에서 풀려나게 한 것이다. 속담에 '사람은 신의로써 몸을 지켜낸다'라 하였다. 나야말로 신의로써 한 것이다."

【南子】衛 靈公의 夫人. 宋나라 출신이었음. 宋나라 子朝와 사통하기도 하였으며 춘추 말 많은 일화를 남긴 여인. 孔子를 유혹하기도 하였음.《莊子》則陽篇에 "夫靈公有妻三人, 同濫而浴"이라 하였으며 南子는 가장 어리면서 총애를 받던 부인이었음.

【宋朝】宋나라 公子 朝. 南子의 친정 나라 공자이며 南子와 私通하고 있었음. 杜預 注에 "南子, 宋女也. 朝, 宋公子, 舊通于南子, 在宋呼之"라 하였으며《論語》雍也篇의 "子曰:「不有祝鮀之佞, 而有宋朝之美, 難乎免於今之世矣.」"라 한 宋朝임.

【洮】杜預 注에 "洮, 曹地"라 하였으며 馬宗璉의〈補注〉에는 "酈元曰:「今甄城西南五十里有桃城, 或謂之洮.」"라 함.

【蒯聵】衛 靈公(元)의 太子. 南子의 淫行을 보고 이를 제거하려다가 실패하여 定公 14년 국외로 망명, 갖은 고생을 함. 出公(輒)의 아버지. 그 뒤 哀公 16년 孔悝가 그를 받아들여 王으로 세웠으나 불과 2년 만에 다시 晉나라에게 축출당함. 시호는 '莊'.

【盂】衛나라의 읍. 지금의 河南 濮陽縣 동남쪽. 이 땅을 齊나라에 바치기로 하여 태자가 회의에 참석하러 가는 길에 宋나라 교외를 지나게 된 것임. 杜預 注에 "盂, 邑名也. 就會獻之, 故自衛行而過宋也"라 함.

【歌之曰】南子와 宋나라 공자 朝와는 전에 사통한 사이였다는 것을 말한 것임.

【婁豬】암돼지. 즉 南子를 말함. 즉 南自는 군주의 부인으로 자리가 안정되어 있는데 수돼지(예쁜 돼지), 즉 공자 조는 어찌 돌려주지 않느냐는 뜻.

【艾豭】'艾'는 '예쁘다'의 뜻. 송나라 공자 조를 비유한 것이며 송나라 사람이 공자 조를 비호하는 뜻을 담고 있음. 子曰:「不有祝鮀之佞, 而有宋朝之美, 難乎免於今之世矣.」杜預 注에 "婁豬, 求之豬, 以喩南子. 艾豭喩宋朝"라 함.

【戲陽速】태자 蒯聵의 가신. 태자와의 약속을 어기고 남자를 찌르지 않음.

【少君】小君, 寡小君과 같음. 제후 임금의 부인.《論語》季氏篇에 "邦君之妻, 邦人稱之曰君夫人, 稱諸異邦曰寡小君"이라 하였고,《禮記》曲禮(下)에는 "公侯有夫人, 夫人自稱於諸侯曰寡小君"이라 함. 여기서는 南子를 가리킴.

【啼而走】杜預 注에 "見大子色變, 知其欲殺己"라 함. 그러나 劉向《列女傳》孼嬖傳「衛靈夫人」에는 蒯聵가 南子를 죽이려 한 일은 실려 있지 않음.

【公孟彄】衛나라 孟縶의 아들. 孔穎達 疏에는 "《世族譜》云:「孟縶無子, 靈公以其子彄爲之後也.」爲後則爲其子. 縶字公孟, 故卽以公孟爲氏"라 함.

【母】南子는 蒯聵의 생모는 아니지만 아버지의 부인이므로 어머니 항렬에 해당함을 말함.

【戕】杜預 注에 "戕, 殘殺也"라 함.

【信義】杜預 注에 "使義可信, 不必信言"이라 함.

※ 1714(定14-12)

宋公之弟辰自蕭來奔.

송공宋公의 아우 진辰이 소蕭로부터 도망쳐 왔다.

【辰】宋 景公(欒)의 아우.
【蕭】宋나라 읍. 지금의 安徽 蕭縣. 莊公 12년 및 宣公 12년을 볼 것.
＊無傳

※ 1715(定14-13)

大蒐于比蒲.

노魯나라가 비포比蒲에서 크게 군사 연습을 하였다.

【蒐】원래 천자의 봄 사냥으로 그 기회에 군사훈련을 겸하는 것.《司馬法》仁本篇에 "故國雖大, 好戰必亡; 天下雖安, 忘戰必危. 天下旣平, 天下大愷, 春蒐秋獮; 諸侯春振旅, 秋治兵, 所以不忘戰也"라 함.
【比蒲】구체적인 위치는 알 수 없음. 혹 魯나라 東門 밖의 蒲圃라고도 함. 昭公 11년에도 보이며 늘 군사훈련을 실시하는 곳으로 여겨짐.
＊無傳

※ 1716(定14-14)

邾子來會公.

주자邾子가 찾아와 정공을 만났다.

【會公】杜預 注에 "會公于比蒲, 來而不用朝禮, 故曰會"라 함.
＊無傳

㊀
冬十二月, 晉人敗范‧中行氏之師於潞, 獲籍秦‧高彊.
又敗鄭師及范氏之師于百泉.

겨울 12월, 진晉나라가 범씨范氏와 중항씨中行氏의 군사를 노潞에서 쳐부수고 적진籍秦과 고강高彊을 잡았다.
다시 정鄭나라 군사와 범씨의 군사를 백천百泉에서 패배시켰다.

【潞】晉나라 땅. 지금의 山西 潞城縣. 선공 15년을 볼 것.
【籍秦】晉나라 大夫. 籍談의 아들. 昭公 15년 傳의 孔穎達 疏에 《世本》을 인용하여 "侯季子生籍游, 游生談, 談生秦"이라 함.
【高彊】齊나라 子尾의 아들. 昭公 10년에 魯나라로 망명해 왔다가 다시 晉나라로 망명해 와 있었음.
【百泉】衛나라 땅. 지금의 河南 輝縣. 杜預 注에 "鄭助范氏, 故並敗"라 함.

◈ 1717(定14-15)
城莒父及霄.

노魯나라가 거보莒父와 소霄에 성을 쌓았다.

11. 〈定公14年〉 3455

【莒父】《山東通志》에는 "莒縣卽莒國"이라 하여 지금의 山東 莒縣이라 하였으나 혹 魯나라 읍이라 함. 《論語》에 子夏가 莒父宰가 되었다는 곳이 이곳이었음.
【霄】莒縣에 있던 지명. 杜預 注에 "公叛晉, 助范氏, 故懼而城二邑也. 此年無冬, 史闕文"이라 함.
＊無傳

228. 定公 15年(B.C.495) 丙午

周	敬王(姬匄) 25년	齊	景公(杵臼) 53년	晉	定公(午) 17년	衛	靈公(元) 40년
蔡	昭公(申) 24년	鄭	聲公(勝) 6년	曹	曹伯(陽) 7년	陳	閔公(越) 7년
杞	僖公(過) 11년	宋	景公(欒) 22년	秦	惠公 6년	楚	昭王(軫) 21년
吳	吳王(夫差) 원년	越	越王(句踐) 2년				

● 1718(定15-1)

十有五年春王正月, 邾子來朝.

15년 봄 주력 정월, 주자邾子가 노나라를 찾아왔다.

【邾子】邾나라 군주. 隱公. 이름은 益. 邾는 周 武王이 祝融 八姓의 하나였던 邾俠(曹俠)을 封하여 부용국으로 삼았었으며 지금의 山東 鄒縣. 이 때문에 戰國 시대에 이름을 '鄒'로 바꾸었음. 曹姓이며 子爵 작위를 받았으나 魯나라에 예속되어 있었음.

㊝
十五年春, 邾隱公來朝.
子貢觀焉.

邾子執玉高, 其容仰; 公受玉卑, 其容俯.
子貢曰:「以禮觀之, 二君者, 皆有死亡焉. 夫禮, 死生存亡之禮也, 將左右·周旋·進退·俯仰, 於是乎取之; 朝·祀·喪·戎, 於是乎觀之. 今正月相朝, 而皆不度, 心已亡矣. 嘉事不體, 何以能久? 高·仰, 驕也; 卑·俯, 替也. 驕近亂, 替近病, 君爲主, 其先亡乎!」

15년 봄, 주邾 은공隱公이 노나라를 방문해 찾아왔다.
자공子貢이 이들의 거동을 관찰하였다.
주나라 임금이 옥을 바칠 때 너무 높이 들어 그 얼굴이 하늘을 쳐다보는 형상이었고, 정공은 옥을 받는 자세가 너무 낮아서 몸이 아래로 구부러졌다.
자공이 말하였다.
"예로써 이를 관찰하건대 두 임금은 모두 곧 돌아가실 것이다. 무릇 예란 생사와 존망의 기본이다. 좌우左右, 주선周旋, 진퇴進退, 부앙俯仰의 자세를 통해 생사를 알 수 있으며, 조정, 제사, 상喪, 전쟁 등을 통해 존망을 알아볼 수 있다. 지금 정월에 서로 만나 모두가 법도를 지키지 못하였으니 그분들은 이미 마음을 잃고 있는 것이다. 좋은 일에 몸의 움직임을 제대로 지키지 못하는 것으로 보아 어찌 오래 살 수가 있겠는가? 높이 들어 온몸이 올라가는 것은 교만함을 나타내는 것이요, 몸을 너무 낮추어 굽히는 것은 기운이 빠졌음을 나타내는 것이다. 교만하면 난리를 일으키기 쉽고, 기운이 빠지면 병이 들기 쉽다. 우리 군주께서 주인이 되시니 우리 군주께서 먼저 돌아가실 것이다!"

【邾隱公】邾나라 군주. 이름은 益.
【子貢】孔子 제자. 端木賜(B.C. 520~?). 姓은 端木, 이름은 賜, 字는 子貢. 衛나라 출신으로 孔子보다 31세 아래였음. 子贛으로도 표기함.
【不體】《漢書》五行志 顔師古 注에 "不體, 不得身體之節"이라 함.
【替】기운이 빠짐.《漢書》五行志 顔師古 注에 "替, 廢惰也"라 함.

【君爲主】魯 定公이 賓主의 主가 되어 邾子보다 먼저 죽음.
【先亡】5월 定公이 죽고 哀公 7년 邾子(益)는 귀국함.

● 1719(定 15-2)

鼷鼠食郊牛, 牛死, 改卜牛.

생쥐가 교제郊祭에 쓰일 희생 소를 물어 소가 죽어 희생에 쓰일 소를 점쳐 다시 정하였다.

【鼷鼠】아주 작은 회색의 작은 쥐.《本草綱目》獸部(3) 李時珍〈集解〉에 陳藏器의 설을 인용하여 "鼷鼠, 極細, 卒不可見, 食人及牛馬皮膚成瘡"이라 함. 成公 7년을 볼 것.
＊無傳

● 1720(定 15-3)

二月辛丑, 楚子滅胡, 以胡子豹歸.

2월 신축날, 초자楚子가 호胡나라를 무너뜨려, 그 군주 표豹를 데리고 돌아갔다.

【辛丑】2월 19일.
【楚子】당시 楚나라 군주는 昭王(任, 軫)으로 재위 22년째였음.
【胡子豹】胡나라 군주. 이름은 豹. 胡나라는 지금의 安徽 阜陽縣에 있던 작은 나라. 襄公 28년을 볼 것.

傳
吳之入楚也, 胡子盡俘楚邑之近胡者.
楚旣定, 胡子豹又不事楚, 曰:「存亡有命, 事楚何爲? 多取費焉.」
二月, 楚滅胡.

오吳나라가 초楚나라로 쳐들어갔을 때, 호胡나라 군주는 호나라에 가까운 초나라 읍의 사람들을 모두 포로로 잡았다.
초나라가 이미 안정되고 난 뒤에도 호나라 군주 표豹는 역시 초나라를 섬기지 않으면서 이렇게 말하였다.
"나라의 존망은 천명에 달려 있다. 초나라를 섬겨서 무엇 하랴? 섬기는 것은 비용만 많이 드는 일이다."
2월, 초나라가 호나라를 무너뜨렸다.

【吳之入楚】定公 4년을 볼 것.
【胡】지금의 安徽 阜陽縣.

● **1721(定15-4)**

夏五月辛亥, 郊.

여름 5월 신해날, 교제郊祭를 지냈다.

【辛亥】5월 초하루. 그러나 초하루일 경우 반드시 '朔'을 넣게 되어 있으나 여기에는 없음.
＊無傳

❋ **1722**(定15-5)

壬申, 公薨于高寢.

임신날, 정공이 고침高寢에서 훙거하였다.

【壬申】 5월 22일.
【公】 魯 定公. 襄公의 아들이며 昭公의 아우. 어머니는 알 수 없음. 杜預 注에 "史傳不言其母, 不知誰所生"이라 함. 이름은 宋. B.C.509~495년까지 15년간 재위하고 이때에 생을 마침. 諡法에 "安民大慮曰定"이라 함.
【高寢】 正寢. 정상적으로 삶을 마침을 뜻함. 한편 《說苑》 修文篇에 "春秋曰:『壬申公薨于高寢』傳曰:「高寢者何? 正寢也.」曷爲或言高寢, 或言路寢? 曰, 諸侯正寢三: 一曰高寢, 二曰左路寢, 三曰右路寢. 高寢者, 始封君之寢也. 二路寢者, 繼體之君寢也. 其二何? 曰, 子不居父之寢, 故二寢. 繼體君世世不可居高祖之寢, 故有高寢, 名曰高也. 路寢其立奈何? 高寢立中, 路寢左右. 春秋曰:『天王入于成周』傳曰:「成周者何? 東周也.」然則天子之寢奈何? 曰, 亦三承明, 繼體守文之君之寢, 曰左右之路寢. 謂之承明何? 曰: 承乎明堂之後者也. 故天子諸侯三寢立而名實正, 父子之義章, 尊卑之事別, 大小之德異矣"라 하였으나 지금의 〈三傳〉에는 이 구절이 전하지 않음.

㊉
夏五月壬申, 公薨.
仲尼曰:「賜不幸言而中, 是使賜多言者也.」

여름 5월 임신날, 정공이 훙거하였다.
중니仲尼가 말하였다.
"사賜가 한 말이 불행하게도 맞았다. 이 일은 자공으로 하여금 말 많은 사람이 되도록 하였구나."

【賜】 子貢. 端木賜. 孔子 제자.

❋ 1723(定 15-6)

鄭罕達帥師伐宋.

정鄭나라 한달罕達이 군사를 이끌고 송宋나라를 쳤다.

【罕達】鄭나라 대부. 鄭나라 공자 罕의 후손이며 子皮의 손자. 시호는 武子. 자는 子滕, 혹은 子姚. 毛奇齡의 《簡書刊誤》에 "此鄭公子罕後, 爲鄭穆七族之一, 焉得有別出字?"라 함. 《公羊傳》에는 '軒達'로 되어 있음.

㊀

鄭罕達敗宋師于老丘.

정鄭나라 한달罕達이 송宋나라 군사를 노구老丘에서 패배시켰다.

【老丘】宋나라 땅. 지금의 河南 陳留縣과 開封市 사이. 杜預 注에 "宋孔子地奔鄭, 鄭人爲之伐宋, 欲取地以處之"라 함. 이 사건은 哀公 12년을 볼 것.

❋ 1724(定 15-7)

齊侯·衛侯次于渠蒢.

제후齊侯와 위후衛侯가 거제渠蒢에 주둔하였다.

【齊侯】당시 齊나라 군주는 景公(杵臼)으로 재위 53년째였음.
【衛侯】당시 衛나라 군주는 靈公(元)으로 재위 40년째였음.
【次】원래는 군사가 주둔함을 뜻함. 莊公 3년 傳에 "凡師, 一宿爲舍, 再宿爲信, 過信爲次"라 함.

【渠蒢】 지금의 河北 長垣縣으로 추정함. 《公羊傳》에는 '蘧蒢'로 되어 있으며 傳文에는 '蓮挐'로 되어 있음.

⑲
齊侯·衛侯次于蓮挐, 謀救宋也.

제齊 경공景公과 위衛 영공靈公이 거나蓮挐에 주둔한 것은 송宋나라 구원에 대한 상의를 하기 위해서였다.

【次】 원래는 군사가 주둔함을 뜻함. 莊公 3년 傳에 "凡師, 一宿爲舍, 再宿爲信, 過信爲次"라 함.
【蓮挐】 經文에는 '渠蒢'로 되어 있음. 지금의 河北 長垣縣으로 추정함.

● 1725(定15-8)
邾子來奔喪.

주자邾子가 노나라로 달려와 조문하였다.

【奔喪】 급히 달려와 조문함을 뜻함. 그러나 춘추시대에는 諸侯끼리의 奔喪 之禮는 없었다 함.
＊無傳

● 1726(定15-9)
秋七月壬申, 姒氏卒.

가을 7월 임신날, 사씨姒氏가 죽었다.

【壬申】7월 23일.
【姒氏】定公의 夫人이며 哀公의 어머니. 定姒.《穀梁傳》에는 '妾'으로 되어 있어 그 신분이 뚜렷하지 않음. 한편《穀梁傳》에는 '姒氏'가 '弋氏'로 되어 있음.

❈ 1727(定15-10)

八月庚辰朔, 日有食之.

8월 경진날 초하루, 일식이 있었다.

【庚辰】8월 초하루.
【日有食之】B.C.495년 8월 22일 皆旣日食이 있었음.
＊無傳

❈ 1728(定15-11)

九月, 滕子來會葬.

9월, 등자滕子가 장례에 참석하러 왔다.

【滕】周 文王의 아들 叔繡가 받았던 封國. 侯爵이었으며 지금의 山東 滕縣 일대. 戰國시대 齊나라에게 망함.
＊無傳

❋ 1729(定15-12)

　　丁巳, 葬我君定公, 雨, 不克葬.
　　戊午, 日下昃, 乃克葬.

　정사날, 우리 노나라 군주 정공定公의 장례를 치르려 하였으나 비가 와서 안장을 하지 못하였다.
　무오날, 저녁 해가 기울어서야 장례를 치를 수 있었다.

【丁巳】9월 9일.
【戊午】9월 10일.
【昃】《說文》에 "昃, 日在西方時側也"라 함. 《穀梁傳》에는 '稷'으로 되어 있으며 漢代 隸書에는 '昃'자를 '稷'자로 표기하였음.

❋ 1730(定15-13)

　　辛巳, 葬定姒.

　신사날, 정공의 부인 정사定姒의 장례를 치렀다.

【辛巳】10월 3일. 杜預 注에 "辛巳, 十月三日. 有日無月"이라 하여 月을 빠뜨림.
【定姒】'定'은 定公의 시호가 정해진 다음이며 '姒'는 친정 나라의 국성.

　㊙
　　秋七月壬申, 姒氏卒. 不稱夫人, 不赴, 且不祔也.

가을 7월 임신날, 정공의 부인 사씨姒氏가 세상을 떠났으나 경에 '부인'이라 칭하지 않은 것은 각국에 부고를 제대로 하지 않았고, 게다가 선대 군주 부인들의 사당에 모시지 않았기 때문이다.

【壬申】7월 23일.
【不祔】선대 부인들의 묘역에 묻히지 못함. 그 때문에 '夫人'이라 칭하지도 않은 것임. 孔穎達 疏에 "夫人初薨, 赴於同盟之國, 其辭當云「夫人某氏薨」, 是赴則成夫人也. 禮, 適妻祔於適祖姑, 妾祔於妾祖姑. 若得祔祖姑, 則亦成夫人矣. 此赴同祔姑, 皆是夫人之禮. 二者皆闕, 故不曰「夫人薨」. 二者課行一事, 則得稱夫人. 故此以不赴兼又不祔, 解不稱夫人也"라 함.

㊉
葬定公, 雨, 不克襄事, 禮也.

　　정공의 장례를 거행할 때 비가 와서 장례를 치르지 않은 것은 예에 맞는 일이다.

【襄事】일을 처리하여 마무리 함. 杜預 注에 "襄, 成也"라 함.
【禮】杜預 注에 "雨而成事, 若汲汲於欲葬"이라 함.

㊉
葬定姒, 不稱小君, 不成喪也.

　　정공의 부인 사씨姒氏의 장례를 치르면서 경에 '소군小君'이라 칭하지 않은 것은 상례를 제대로 갖추지 않았기 때문이었다.

【小君】小君, 寡小君과 같음. 제후 임금의 부인. 《論語》季氏篇에 "邦君之妻, 邦人稱之曰君夫人, 稱諸異邦曰寡小君"이라 하였고, 《禮記》曲禮(下)에는 "公侯

有夫人, 夫人自稱於諸侯曰寡小君"이라 함.
【未成喪】杜預 注에 "公未葬而夫人薨, 煩於喪禮, 不赴不祔, 故不稱小君, 臣子怠慢也. 反哭於寢, 故書葬"이라 함.

● **1731**(定15-14)

冬, 城漆.

겨울, 칠漆에 성을 쌓았다.

【漆】邾나라 庶其의 읍으로 지금의 山東 鄒縣 북쪽.

傳
冬, 城漆, 書, 不時告也.

겨울, 칠漆에 성을 쌓았음을 기록한 것은 제때에 종묘에 알리지 않았음을 밝힌 것이다.

【書, 不時告也】농번기인 가을에 성을 쌓아 감히 종묘에 고하지 못하고 겨울이 되기를 기다린 다음에야 종묘에 고한 것은 제때에 고한 것이 아니었으므로 이를 經에 밝혀 그 잘못을 지적한 것임.

정공(定公) 在位期間(15년: B.C.509~495년)

B.C. \ 國	周	齊	晉	衛	蔡	鄭	曹	陳	宋	秦	楚	燕	魯
	敬王	景公	定公	靈公	昭公	獻公	隱公	惠公	景公	哀公	昭王	平公	定公
509	11	39	3	26	10	5	1	20	8	28	7	15	1
508	12	40	4	27	11	6	2	21	9	29	8	16	2
507	13	41	5	28	12	7	3	22	10	30	9	17	3
506	14	42	6	29	13	8	4	23	11	31	10	18	4
505	15	43	7	30	14	9	5	懷公 1	12	32	11	19	5
504	16	44	8	31	15	10	靖公 1	2	13	33	12	簡公 1	6
503	17	45	9	32	16	11	2	3	14	34	13	2	7
502	18	46	10	33	17	12	3	4	15	35	14	3	8
501	19	47	11	34	18	13	伯陽 1	閔公 1	16	36	15	4	9
500	20	48	12	35	19	哀公 1	2	2	17	惠公 1	16	5	10
499	21	49	13	36	20	2	3	3	18	2	17	6	11
498	22	50	14	37	21	3	4	4	19	3	18	7	12
497	23	51	15	38	22	4	5	5	20	4	19	8	13
496	24	52	16	39	23	5	6	6	21	5	20	9	14
495	25	53	17	40	24	6	7	7	22	6	21	10	15

※〈大事記〉(B.C.)

509: 晉나라, 宋나라 仲幾 체포하다.
508: 吳나라, 楚나라와 싸우다.
507: 楚나라 令尹, 뇌물을 탐내다.
506: 吳나라, 楚나라 도읍을 점령하다. 楚나라 大夫 申包胥, 秦나라에 가서 구원을 요청하다.
505: 魯나라 季孫意如 죽다. 楚나라, 秦나라 구원으로 회복되다.
504: 楚나라, 도읍을 옮기다. 晉나라, 宋나라 樂祁犁를 체포하다.
503: 周나라에 내란이 일어났다가 진정되다. 齊나라, 魯나라를 쳐서 공격하다.
502: 晉나라 사람, 衛나라 군주를 욕보이다. 魯나라 陽虎, 내란을 일으키다.
501: 魯나라, 陽虎가 있는 陽關을 치다. 齊나라와 衛나라, 晉나라와 싸우다.
500: 孔子, 魯나라 군주가 祝其에서 齊나라 군주와 만날 때 따라가서 돕다.
499: 魯나라와 鄭나라, 화평을 맺고 晉나라를 배반하다. 宋나라 蕭에서 내란이 일어나다.
498: 衛나라, 曹나라를 치다. 魯나라, 郈와 費의 성을 헐다.
497: 晉나라에 사건이 잇달아 터지다.
496: 吳나라, 越나라 군주 勾踐에게 지다. 衛나라 세자 蒯聵, 南子를 죽이려다 실패하다.
495: 楚나라, 胡나라를 멸망시키다. 鄭나라 군, 宋나라 군에게 지다.

12. 〈哀公〉

◎ 魯 哀公 在位期間(27년: B.C.494~468년)

定公(宋)의 아들이며 이름은 蔣.《史記》魯周公世家에는 이름을 '將'이라 하였음. 어머니는 定姒. B.C.494~468년까지 27년간 재위함. 梁玉繩의《史記志疑》에는 "人表於魯悼公下注云「出公子」, 是哀公亦有出公之稱, 以孫于越故也"라 함.〈諡法〉에 "恭仁短折曰哀"라 함.

229. 哀公 元年(B.C.494) 丁未

周	敬王(姬匄) 26년	齊	景公(杵臼) 54년	晉	定公(午) 18년	衛	靈公(元) 41년
蔡	昭公(申) 25년	鄭	聲公(勝) 7년	曹	曹伯(陽) 8년	陳	閔公(越) 8년
杞	僖公(過) 12년	宋	景公(欒) 23년	秦	惠公 7년	楚	昭王(軫) 22년
吳	吳王(夫差) 2년	越	越王(句踐) 3년				

● **1732(哀元-1)**

元年春王正月, 公卽位.

원년 봄 주력周曆 정월, 애공哀公이 즉위하였다.

【公】哀公. 정월에 애공 즉위하여 원년이 됨.
＊無傳

● **1733(哀元-2)**

楚子·陳侯·隨侯·許男圍蔡.

초자楚子·진후陳侯·수후隨侯·허남許男이 채蔡나라를 포위하였다.

【楚子】당시 楚나라 군주는 昭王(任, 軫)으로 재위 22년째였음.
【陳侯】당시 陳나라 군주는 閔公(越)으로 재위 8년째였음.
【隨】僖公 20년 이후 隨나라는 經書에 나타나지 않다가 定公 4년 吳나라가 郢으로 들어갈 때 昭王을 도운 공으로 다시 제후의 반열에 오른 것으로 보임.

㊝
元年春, 楚子圍蔡, 報柏擧也.
里而栽, 廣丈, 高倍.
夫屯晝夜九日, 如子西之素.
蔡人男女以辨.
使疆于江·汝之間而還.
蔡於是乎請遷于吳.

원년 봄, 초楚 소왕昭王이 채蔡나라 도성을 포위하여 백거柏擧에서 있었던 싸움을 보복하였다.
초나라는 채나라 성에서 1리쯤 되는 거리에 보루를 쌓아 둘렀는데 너비는 1장丈, 높이는 그 배가 되었다.
인부들을 9일 밤낮을 노역을 시켜 자서子西의 계획대로 쌓았다.
그러자 채나라는 남녀별로 나와 항복하였다.
초나라는 채나라를 장강長江과 여수汝水 사이의 땅으로 옮기도록 하고 귀환하였다.
그러나 채나라는 이에 오吳나라 영역으로 옮겨가겠다고 청하였다.

【報柏擧】柏擧 전투는 定公 4년을 볼 것. 당시 楚나라는 吳나라에게 거의 망할 정도였으며 그 발단은 蔡나라에게서 시작되었음. 이에 報復을 나선 것임.
【里而栽】'里'는 1리의 거리. '栽'는 版築을 설치하여 堡壘를 쌓아 올리는 것.
【屯】役夫들을 모아 작업을 함.
【子西】宜申. 楚나라 대부이며 令尹. 楚 平王의 庶弟이며 子期의 형.《史記》

楚世家에는 "子西, 平王之庶弟也"라 하였으나 服虔은 "子西, 平王之長庶宜申"이라 함.
【素】예정된 계획.
【男女以辨】杜預 注에 "辨, 別也. 男女各別係纍而出降"이라 함.
【江汝之間】長江 북쪽과 汝水 남쪽 사이. 杜預 注에 "楚欲使蔡徙國在江水之北, 汝水之南, 求田以自安也. 蔡權聽命, 故楚師還"이라 함.
【請遷于吳】杜預 注에 "楚旣還, 蔡人更叛楚就吳. 爲明年蔡遷州來傳"이라 함.

※ 1734(哀元-3)

鼷鼠食郊牛, 改卜牛.
夏四月辛巳, 郊.

생쥐가 교제郊祭 희생 소를 갉아 다른 소로 점쳐 바꾸었다.
여름 4월 신사날, 교제를 지냈다.

【鼷鼠】아주 작은 회색의 쥐. 《本草綱目》獸部(3) 李時珍〈集解〉에 陳藏器의 설을 인용하여 "鼷鼠, 極細, 卒不可見, 食人及牛馬皮膚成瘡"이라 함. 成公 7년을 볼 것.
【郊牛】《穀梁傳》에는 '郊牛角'으로 되어 있음.
【辛巳】4월 6일.
＊無傳

㊙
吳王夫差敗越于夫椒, 報檇李也.
遂入越.

越子以甲楯五千保于會稽, 使大夫種因吳大宰嚭以行成.
吳子將許之.
伍員曰:「不可. 臣聞之:『樹德莫如滋, 去疾莫如盡.』昔有過澆殺斟灌以伐斟鄩, 滅夏后相, 后緡方娠, 逃出自竇, 歸于有仍, 生少康焉. 爲仍牧正, 惎澆能戒之. 澆使椒求之, 逃奔有虞, 爲之庖正, 以除其害. 虞思於是妻之以二姚, 而邑諸綸, 有田一成, 有衆一旅. 能布其德, 而兆其謀, 以收夏衆, 撫其官職; 使女艾諜澆, 使季杼誘豷, 遂滅過・戈, 復禹之績, 祀夏配天, 不失舊物. 今吳不如過, 而越大於少康, 或將豐之, 不亦難乎! 句踐能親而務施, 施不失人, 親不棄勞. 與我同壤, 而世爲仇讎. 於是乎克而弗取, 將又存之, 違天而長寇讎, 後雖悔之, 不可食已. 姬之衰也, 日可俟也. 介在蠻夷, 而長寇讎, 以是求伯, 必不行矣.」
弗聽.
退而告人曰:「越十年生聚, 而十年教訓, 二十年之外, 吳其爲沼乎!」
三月, 越及吳平.
吳入越, 不書, 吳不告慶・越不告敗也.

오왕吳王 부차夫差가 월越나라 군사를 부초夫椒에서 무찔렀는데, 이는 취리檇李 전투에 대한 보복이었다.

오나라 군사는 드디어 월나라로 진입하였다.

월왕 구천은 무장병 5천을 이끌고 회계산會稽山으로 버티면서 대부 종種으로 하여금 오나라 태재太宰 비嚭를 통하여 화평을 맺도록 하였다.

오왕이 이를 허락하려 하였다.

그러자 오원伍員이 말하였다.

"안 됩니다. 제가 듣기로 '덕을 심음에는 더욱 잘 자라게 하느니만 못하지만, 악질을 제거함에는 근원까지 없앰만 한 것이 없다'라 하였습니다. 옛날 유과씨有過氏의 요澆가 짐관斟灌을 죽이고 짐심斟鄩을 치고 하왕夏王 상相을 무너뜨렸을 때 상의 왕비 민緡이 마침 임신한 상태로 구멍을 통해 탈출하여 친정 유잉씨有仍氏 나라로 돌아가 소강少康을 낳았습니다. 소강은 유잉국의 목정牧正이 되어 요를 미워하며 경계하였습니다. 그러자 요는 초椒로 하여금 소강을 찾아내어 잡도록 하자 소강은 다시 유우씨有虞氏 나라로 달아나 그곳의 포정庖正이 되어 닥쳐올 해악을 제거하였습니다. 유우씨의 군주 사思가 그에게 두 딸을 주어 아내로 삼도록 하고 윤綸에 읍을 세우도록 하였습니다. 그 땅은 사방 10리에 고작 5백 명이었습니다. 그러나 소강은 그곳에서 덕을 널리 베풀고 하나라를 부흥시킬 일을 시작하여, 하나라 사람들을 불러 모으고 관직을 안배하며, 여애女艾로 하여금 요를 살피게 하였고, 계저季杼로 하여금 우의 아우 희繄를 유혹하도록 하였습니다. 그리하여 드디어 요의 나라 과過와 희의 나라 과戈를 멸하고 우禹 임금의 업적을 부흥시켜 하나라를 천명에 맞추어 제사를 올렸으며 이로써 옛 제도를 잃지 않을 수 있었던 것입니다. 지금 우리 오나라는 옛날의 과나라만도 못하지만, 월나라는 소강보다는 강합니다. 혹 월나라가 장차 더 커지게 된다면 상대하기 어렵지 않겠습니까? 그리고 월왕 구천句踐은 능히 백성을 친히 하고 베풀기를 힘쓰고 있습니다. 베풂은 사람을 잃지 않는 것이요 친히 여김은 노고로움을 포기하지 않도록 하는 것입니다. 월나라는 우리와 국경이 접해 있어 대대로 원수 사이였습니다. 그런데 지금 이를 이겨놓고 차지하지 않으신 채 장차 그대로 존속하도록 하신다니 이는 하늘의 뜻을 위배하고 원수를 키워주는 것이니 비록 나중에 후회한들 없앨 수가 없게 됩니다. 희성姬姓인 우리 오나라의 쇠망은 날짜만 기다리고 있으면 될 것입니다. 만이蠻夷들 사이에 끼어 원수를 키워주면서 패자가 되기를 바라고 있으니 틀림없이 불가할 것입니다."

그러나 오왕은 듣지 않았다.

오원은 물러나와 다른 사람에게 말하였다.

"월나라가 10년간 생육하고 사람을 모은 다음 다시 10년을 잘 가르쳐 이렇게 20년이 지나면 우리 오나라 땅은 못으로 변하고 말 것이다."

3월, 월나라는 오나라와 화평을 맺었다.

오나라가 월나라로 들어갔으나 이를 경에 기록하지 않은 것은 오나라는 그 경사를 우리 노나라에 알리지 않았고, 월나라는 자신들이 패하였음을 알려오지 않았기 때문이었다.

【吳王夫差】吳王 闔廬의 아들로 뒤를 이어 吳王이 되어 春秋 말기를 장식한 오나라 마지막 임금. B.C.495~473년까지 23년간 재위함. 伍子胥와 太宰 伯嚭를 등용하여 越王 句踐의 范蠡와 文種을 대항하여 치열한 투쟁을 벌였으나 결국 越王 句踐에게 나라가 망함.

【夫椒】지금의 江蘇 太湖 중의 夫椒山. 杜預 注에 "夫椒, 吳都吳縣西南太湖中椒山"이라 하였으나 《通典》에는 "包山一名大椒山, 卽今江蘇吳縣太湖中之西洞庭山是也"라 함. 그러나 沈欽韓의 《地名補注》에는 "《越絶》越地記「夫山者, 句踐絶糧困地, 去山陰縣十五里」, 此夫椒在越之證矣"라 하여 지금의 浙江 山陰縣이라고 하였음.

【檇李】지금의 浙江 嘉興縣에 檇李城이 있음.《公羊傳》에는 '醉李'로 되어 있음. 이곳에서의 전투는 定公 14년을 볼 것. 夫差의 아버지 闔廬가 이 싸움에서 발가락을 다쳐 결국 귀환 도중 陘에서 죽음.

【越子】당시 越王은 句踐으로 재위 3년째였음.

【會稽】會稽山. 지금의 浙江 紹興 서쪽 12리. 會稽(지금의 紹興)는 당시 越나라 도읍이었음.

【大夫種】文種. 文은 씨, 이름은 種, 자는 禽. 楚나라 南郢 사람으로 平王 때 楚나라 宛令을 지내기도 한 인물. 越王 句踐에게는 大夫 文種과 范蠡가 가장 뛰어난 참모였으며 이들의 기지와 노력으로 뒤에 오나라를 멸하게 됨.

【嚭】吳나라 太宰 伯嚭. 伯州犂의 아들. 伯州犂가 晉나라 출신으로 楚나라에 망명하여 楚나라에 太宰가 되었으며 그 아들이 이번에는 吳나라로 망명하여 오나라 太宰가 됨. 뒤에 伍子胥와 함께 越나라 范蠡, 大夫 文種 등 넷은 吳越 抗爭의 중심인물이 됨. 伯嚭는 伍子胥와 심한 갈등을 빚었으며 부정적인 인물로 묘사되기도 함. 오나라 멸망을 재촉한 인물로 널리 알려짐.《吳越春秋》에는 '白喜'로 되어 있음.

【伍員】伍擧(椒擧)의 손자이며 伍奢의 아들. 伍尙의 아우. 伍子胥. 楚 平王과 아버지 伍奢가 太子 建의 혼인 문제에 비열함을 저지른 費無極의 참언으로 인해 멸족을 당하자 吳나라로 망명하여 太宰 伯嚭와 짝을 이루어 吳나라 중흥에 매진하였으나 伯嚭의 참언과 월나라 文種, 范蠡의 기지에 밀려 실패함. 오나라와 월나라는 춘추 말 吳楚戰鬪, 吳越鬪爭 등 많은 일화와 사건을 남김.《國語》吳語에는 '申胥'라 하였으며 申은 氏, 자는 子胥로 여겨짐.《史記》伍子胥列傳 참조. 한편 '員'은 '員音云'이라 하여 '운'으로 읽어야 하나 일반적인 관례에 의해 그대로 '오원'(伍員)으로 읽음.

【樹德莫如滋】《僞古文尙書》泰誓(下)에 "樹德務滋, 除惡務本"이라 하였으며 《戰國策》秦策(3)에도 "樹德莫如滋, 除害莫如盡"이라 하여 같은 뜻으로 인용되어 있음.

【有過】有過氏. 고대 씨족 이름이며 過나라.

【澆】寒浞의 아들로 過나라를 차지하고 있었음. 襄公 4년 傳에 "寒浞殺羿, 因其室而生澆, 處澆于過"라 함.

【斟灌】역시 斟鄩氏의 수령.

【斟鄩】斟鄩氏. 고대 씨족 이름. 《史記》夏本紀에 分封한 姓氏로써 斟鄩氏, 斟戈氏가 있었음.

【夏后相】夏后 啓의 손자이며 少康의 아버지. 나라를 잃고 斟灌氏와 斟鄩氏에게 의탁하였다가 다시 澆에게 망함. 杜預 注에 "夏后相, 啓孫也. 后相失國, 依於二斟, 復爲澆所滅"이라 함.

【后緡】夏后 相의 妃. 有仍氏의 딸. 少康의 어머니.

【有仍】有仍氏. 고대 씨족의 이름이며 동시에 나라 이름. 줄여서 仍이라고도 함. 山東 濟寧縣에 있었다고 함. 《續山東考古錄》에 "以濟寧城爲古仍國, 周爲任國, 仍任古通用, 《左傳》桓公五年仍叔之子, 《穀梁》作任是也"라 함.

【少康】夏나라를 중흥시킨 인물. 相의 遺腹子로 緡의 아들이며 有仍氏에 의해 성장함.

【牧正】杜預 注에 "牧官之長"이라 함.

【惎】惡毒함. 음은 '기'.

【椒】澆의 신하.

【有虞】有虞氏. 고대 부락 이름. 虞나라. 虞舜의 後裔들이었다 함. 지금의 河南 商丘 근처 虞城縣이라고도 하며 혹 지금의 山西 平陸縣이었다고도 함.

【庖正】주방장. 음식을 만드는 관리의 우두머리.

【虞思】有虞氏 추장의 이름.

【二姚】虞나라는 姚姓이었으며 두 딸을 少康의 아내로 시집보냄.

【綸】《方輿紀要》에 "故綸城在今河南虞城縣東南三十五里"라 함.

【一成·一旅】杜預 注에 "方十里爲成, 五百人爲旅"라 함.

【女艾】少康의 신하. 澆의 상황을 살펴보는 임무를 맡았음.

【季杼】少康의 아들. 禹의 7세손. 《國語》魯語(上)에 "杼能帥禹者也, 夏后氏報焉"이라 하였고 韋昭 注에 "杼, 禹後七世, 少康之子季杼也, 能興夏道"라 함.

【豷】澆의 아우. 杜預 注에 "豷, 澆弟也"라 함.

【過·戈】 過는 澆의 나라. 戈는 豷의 나라. 杜預 注에 "過, 澆國; 戈, 豷國"이라 함.
【句踐】 越王 允常의 아들로 闔廬를 이어 越王이 됨. 文種과 范蠡를 등용하여 세력을 키워 吳王 夫差와 吳越鬪爭의 많은 고사를 남김. 뒤에 결국 吳나라를 멸하고 南方 霸者가 됨.
【同壤】 국토가 서로 접해 있음. 越나라는 도읍이 지금의 浙江 會稽(紹興)였으며 吳나라는 江蘇 姑蘇(小邾)였음.
【食】 '消'와 같음. 없앰. 소멸시킴.
【姬】 吳나라를 가리킴. 吳나라 시조 周 泰伯은 古公亶父의 첫째 아들로 姬姓이었음.
【生聚】 生育을 통해 인구를 증가시킴. 《國語》 越語(上)에 "乃致其父母昆弟而誓之曰:「寡人聞:『古之賢君, 四方之民歸之, 若水之歸下也.』 今寡人不能, 將帥二三子夫婦以蕃. 令壯者無取老婦, 令老者無取壯妻. 女子十七不嫁, 其父母有罪; 丈夫二十不娶, 其父母有罪. 將免者以告, 公令醫守之. 生丈夫, 二壺酒, 一犬; 生女子, 二壺酒, 一豚. 生三人, 公與之母; 生二人, 公與之餼. 當室者死, 三年釋其政; 支子死, 三月釋其政. 必哭泣葬埋之, 如其子. 令孤子·寡婦·疾疹·貧病者, 納宦其子. 其達士, 絜其居, 美其服, 飽其食, 而摩厲之於義. 四方之士來者, 必廟禮之.」라 함.
【爲沼】 나라가 망함을 뜻함. 杜預 注에 "爲吳宮室廢壞, 當爲汚池. 爲二十二年越入吳起本"이라 함.

㊀
夏四月, 齊侯·衛侯救邯鄲, 圍五鹿.

여름 4월에, 제齊 경공景公과 위衛 영공靈公이 한단邯鄲을 구원하여 오록五鹿을 포위하였다.

【邯鄲】 지금의 河北 邯鄲市로 戰國시대 趙나라 도읍이 됨. 杜預 注에 "趙稷以邯鄲叛, 范·中行氏之黨也"라 함.
【五鹿】 晉나라의 읍. 지금의 河北 大名(元城) 동남 沙麓. 僖公 35년을 볼 것.

傳

吳之入楚也, 使召陳懷公.
懷公朝國人而問焉, 曰:「欲與楚者右, 欲與吳者左.」
陳人從田, 無田從黨.
逢滑當公而進, 曰:「臣聞:『國之興也以福, 其亡也以禍.』今吳未有福, 楚未有禍, 楚未可棄, 吳未可從. 而晉, 盟主也; 若以晉辭吳, 若何?」
公曰:「國勝君亡, 非禍而何?」
對曰:「國之有是多矣, 何必不復? 小國猶復, 況大國乎? 臣聞:『國之興也, 視民如傷, 是其福也; 其亡也, 以民爲土芥, 是其禍也.』楚雖無德, 亦不艾殺其民. 吳日敝於兵, 暴骨如莽, 而未見德焉. 天其或者正訓楚也, 禍之適吳, 其何日之有?」
陳侯從之.
及夫差克越, 乃修先君之怨.
秋八月, 吳侵陳, 修舊怨也.

오吳나라가 월楚나라로 쳐들어갔을 때 오나라가 진陳 회공懷公을 불렀다. 회공은 조정의 인물들을 모아 놓고 물었다.
"초나라에 가담하고자 하는 자는 오른쪽으로, 오나라에 가담하고자 하는 사람은 왼쪽에 서시오."
그러자 진나라 인물들 중에 자신의 식읍이 어느 쪽에 가까이 있는가에 따라 정하였고, 식읍이 없는 사람은 사는 곳이 어느 쪽에 가까운가에 따라 좌우로 나뉘었다.
그런데 봉활逢滑이 회공을 마주하여 앞으로 나서며 말하였다.
"제가 듣건대 '나라는 복으로 흥성하고, 화로 망한다'라고 하더이다. 지금 오나라는 아직 흥할 복을 받은 것도 아니며, 초나라는 망할 화를 당하고 있는 것도 아니니 초나라는 버릴 수 없고 오나라는 따를 수 없습니다. 그러나 진晉나라는 지금 맹주盟主이니 만약 진나라를 핑계로 오나라에게 사절하면 어떻겠습니까?"

회공이 말하였다.

"초나라는 승리를 넘겨주고 임금이 달아났는데 이것이 화를 당하고 있는 것이 아니고 무엇이오?"

봉활이 대답하였다.

"나라란 이런 경우가 많이 있습니다. 어찌 꼭 회복할 수 없다고 하겠습니까? 작은 나라도 오히려 회복되었는데 하물며 초나라처럼 큰 나라야 더 말할 나위가 있겠습니까? 제가 듣건대 '나라가 흥하려면 백성을 상처 돌보듯이 여겨야 하며 이것이 곧 복이요, 나라가 망하려면 백성을 흙덩이나 잡초처럼 여기니, 이것이 곧 재앙이다'라 하였습니다. 초나라는 비록 덕은 없지만 역시 백성을 함부로 죽이지는 않고 있습니다. 그러나 오나라는 날로 전쟁으로 피폐해졌고 죽은 이의 뼈가 들판에 우거진 풀처럼 수북함에도 임금은 조금도 덕을 보이지 않고 있습니다. 하늘이 혹시 초나라를 올바르게 가르쳐 재앙이 오나라에게 가도록 하여 그러한 날이 있을 지 아십니까?"

진 회공은 그의 의견을 따랐다.

오왕 부차는 월나라를 이겨 선군의 원한을 풀었다.

가을 8월, 오나라는 진나라를 쳐서 묵은 원한을 풀었다.

【吳之入楚】定公 4년 때의 일을 지금 거론한 것임.
【陳懷公】이름은 柳. B.C.505~502년까지 4년간 재위하고 閔公(越)이 뒤를 이음. 당시 陳 懷公은 막 즉위를 서두르고 있을 때였음.
【無田從黨】杜預 注에 "都邑之人無田者隨黨而立. 不知所與, 故直從所居. 田在西者居右, 田在東者居左"라 함.
【逢滑】陳나라 대부.
【當公】좌우 어느 쪽에도 서지 않은 채 懷公을 마주함. 杜預 注에 "當公, 不左不右"라 함.
【國勝】楚나라가 싸움에 지고 임금(昭王)이 달아남.
【吳之入楚】定公 4년을 볼 것.
【土芥】《孟子》離婁(下)에 "君之視臣如土芥, 則臣視君如寇讎"라 하였고, 같은 곳에 "文王視民如傷, 望道而未之見"이라 함.
【先君之怨】闔廬가 陳 懷公을 불렀으나 오지 않았던 원한을 이번에 夫差가 금년

8월에 陳나라를 쳐들어가 설욕함.

【舊怨】鄭玄과 孔穎達 疏에는《禮記》檀弓(下)의 "吳侵陳, 斬祀殺厲, 師還出竟, 陳太宰嚭使於師. 夫差謂行人儀曰:「是夫也多言, 盍嘗問焉; 師必有名, 人之稱斯師也者, 則謂之何?」大宰嚭曰:「古之侵伐者, 不斬祀·不殺厲·不獲二毛; 今斯師也, 殺厲與? 其不謂之殺厲之師與?」曰:「反爾地, 歸爾子, 則謂之何?」曰:「君王討敝邑之罪, 又矜而赦之, 師與, 有無名乎?」"를 말한 것이라 하였음.

● 1735(哀元-4)

秋, 齊侯·衛侯伐晉.

가을, 제후齊侯와 위후衛侯가 진晉나라를 쳤다.

【齊侯】당시 齊나라 군주는 景公(杵臼)으로 재위 54년째였음.
【衛侯】당시 衛나라 군주는 靈公(元)으로 재위 41년째였음.

㊉
齊侯·衛侯會于乾侯, 救范氏也.
師及齊師·衛孔圉·鮮虞人伐晉, 取棘蒲.

제齊 경공景公과 위衛 영공靈公이 간후乾侯에서 만난 것은 진晉나라 범씨范氏를 구하기 위해서였다.
우리 노나라 군사가 제나라 군사와 위나라 공어孔圉와 선우鮮虞 사람들과 진晉나라를 쳐서 극포棘蒲를 빼앗았다.

【乾侯】'乾'은 '간'(干)으로 읽음. 그러나 한국 음은 일반적으로 '건'으로도 읽음. 지금의 河北 成安縣 동남쪽.《一統志》에 "今河北成安縣東南, 有斥邱故城,

卽春秋乾侯"라 함. 昭公이 생을 마친 곳이기도 함.
【孔圉】魯나라 孔烝鉏의 증손.
【鮮虞】白狄의 별종.《史記》趙世家 索隱에는 中山國이 옛날에는 鮮虞라 불렸으며 姬姓이었다 하였음. 그러나 錢大昕의《通鑑注》에는《姓譜》를 인용하여 "武王封箕子於朝鮮, 支子仲食采於于, 因以鮮于爲氏. 是鮮虞與鮮于, 是一非二矣. 初封爲子姓國, 其後晉滅子姓之鮮虞而封以姬姓, 故曰先子姓, 後姬姓耳"라 함.
【棘蒲】晉나라 땅. 지금의 河北 趙縣.《一統志》에 "棘蒲故城, 在今河北省趙縣城中"이라 함.

㊝

吳師在陳, 楚大夫皆懼, 曰:「闔廬惟能用其民, 以敗我於柏擧. 今聞其嗣又甚焉, 將若之何?」
子西曰:「二三子恤不相睦, 無患吳矣. 昔闔廬食不二味, 居不重席, 室不崇壇, 器不彤鏤, 宮室不觀, 舟車不飾; 衣服財用, 擇不取費. 在國, 天有菑癘, 親巡孤寡而共其乏困. 在軍, 熟食者分而後敢食, 其所嘗者, 卒乘與焉. 勤恤其民, 而與之勞逸, 是以民不罷勞, 死知不曠. 吾先大夫子常易之, 所以敗我也. 今聞夫差, 次有臺榭陂池焉, 宿有妃嬙·嬪御焉; 一日之行, 所欲必成, 玩好必從; 珍異是聚, 觀樂是務; 視民如讎, 而用之日新. 夫先自敗也已, 安能敗我?」

오吳나라 군사가 진陳나라로 들어가자 초楚나라 대부들이 모두 두려워하면서 말하였다.
"오왕 합려闔廬 때에는 그가 단지 그 백성을 잘 쓰는 것만으로도 우리를 백거柏擧에서 패배시켰습니다. 그런데 이제 들으니 그 뒤를 이은 부차는 이보다 더 뛰어나다고 하니 장차 어찌 하면 좋겠소?"
그러자 자서子西가 말하였다.
"여러분은 서로 화목하지 못함을 안타까워 할 일이지 오나라는 걱정하지는 마시오, 옛날 합려는 식사에 두 가지 맛을 취하지 않았고 평소에는 두 겹의 자리를 깔지 않았으며, 거처하는 집은 높은 단을 짓는 것을 숭상하지 않았고, 기물은 조각을 새겨 넣지 않았으며, 궁실은 대관臺觀을 올리지 않았고, 배나 수레는 곱게 꾸미지 않았으며, 의복이나 재용은 비용이 많이 들지 않는 것을 택하였습니다. 그런가 하면 나라 안에 있을 때에 천재나 질병이 있으면 친히 고아나 과부들을 찾아다니며 곤핍함에 물질을 제공하였고, 군중軍中에 있을 때에는 더운 음식은 나누어 준 다음에야 자신이 감히 먹었으며 맛있는 음식이라면 병졸들도 함께 나누어 주었습니다. 이처럼 그 백성을 부지런히 보살폈고 그들과 노일勞逸을 함께 하였습니다. 이 까닭으로 백성들은 힘들어 하지 않았고 자신들의 죽음이 헛된 것이 아님을 알게 된 것입니다. 그런데 우리 선대부先大夫 자상子常은 그와 반대로 하여 그로써 우리를 패배하도록 한 것입니다. 지금 들으니 부차夫差는 잠깐 주둔할 때도 대사臺榭와 피지陂池를 꾸미며, 그런 곳에서의 잠자리에도 비장妃嬙과 빈어嬪御가 시중을 들도록 하고 있다는 것입니다. 그리고 단 하루의 생활에도 하고 싶은 것은 반드시 갖추어야 하며, 놀이와 즐거움이 따라다녀야 하며, 진기한 것들을 모아놓고 관상과 즐기는 것에 힘쓰고 있습니다. 이리하여 백성을 보기를 원수처럼 여기며 쓰는 물건도 날마다 새로운 것이어야 한다는 것입니다. 무릇 그렇게 한다면 그 자신을 먼저 패하게 할 뿐인데 어찌 능히 우리를 패배시킬 수 있다는 것입니까?"

【敗我於柏擧】定公 4년을 볼 것. 이때 吳王 闔廬가 楚나라를 대패시켰음.
【子西】당시 楚나라 令尹. 宜申. 楚 平王의 庶弟이며 子期(公子 結)의 형.《史記》楚世家에는 "子西, 平王之庶弟也"라 하였으나 服虔은 "子西, 平王之長庶宜申"이라 함.
【彤鏤】杜預 注에 "彤, 丹也; 鏤, 刻也"라 하여 그릇을 아름답게 치장하여 사치를 부림.
【熟食者】익은 음식을 먹는 것. 군사들에게 먼저 먹이고 나서 자신이 먹는 등 자애로움을 베풂을 뜻함.
【卒乘】步兵과 전차병, 즉 일반 병사.

【不曠】헛되지 않음. '曠'은 '空, 徒'와 같음. 임금을 위해 죽은 것이 헛된 죽음이 아니라고 여긴 것.
【子常】囊瓦. 楚나라 令尹. 子囊의 손자. 자는 子常. 陽匄를 이어 영윤에 오름. 사치를 부리며 영윤 역할을 제대로 하지 못함. 杜預 注에 "囊瓦, 子囊之孫子常也, 代陽匄"라 함.
【妃嬙·嬪御】온갖 여자들로 하여금 자신의 잠자리를 시중들도록 함. 杜預 注에 "妃嬙, 貴者; 嬪御, 賤者, 皆內官"이라 함.
【安能敗我】이상의 고사는 《國語》楚語(下)와 《說苑》權謀篇에도 실려 있으나 출입이 심함.

1736(哀元-5)

冬, 仲孫何忌帥師伐邾.

겨울, 노나라 중손하기仲孫何忌가 군사를 이끌고 주邾나라를 쳤다.

【仲孫何忌】孟懿子. 魯나라 대부. 孟僖子의 후계자. 시호는 懿子.
【邾】周 武王이 祝融 八姓의 하나였던 邾俠(曹俠)을 봉하여 부용국으로 삼았으며 지금의 山東 鄒縣. 이 때문에 戰國시대에 이름을 '鄒'로 바꾸었음. 曹姓이며 子爵 작위를 받았으나 魯나라에 예속되어 있었음.
＊無傳

(傳)
冬十有一月, 晉趙鞅伐朝歌.

겨울 11월에, 진晉나라 조앙趙鞅이 조가朝歌를 쳤다.

【冬十有一月】〈石經〉,〈宋本〉,〈淳熙本〉 등에는 10월로,〈金澤文庫本〉에는 12월로 되어 있음.
【趙鞅】趙簡子. 晉나라 대부. 趙武(文子)의 손자. 이름은 志父. 范氏, 中行氏와 권력투쟁 끝에 이겨 趙나라의 기초를 세운 인물. 이들 후손이 戰國時代 趙나라를 세움.
【朝歌】지금의 河南 淇縣.

230. 哀公 2年(B.C.493) 戊申

周	敬王(姬匄) 27년	齊	景公(杵臼) 55년	晉	定公(午) 19년	衛	靈公(元) 42년
蔡	昭公(申) 26년	鄭	聲公(勝) 8년	曹	曹伯(陽) 9년	陳	閔公(越) 9년
杞	僖公(過) 13년	宋	景公(欒) 24년	秦	惠公 8년	楚	昭王(軫) 23년
吳	吳王(夫差) 3년	越	越王(句踐) 4년				

❀ 1737(哀2-1)

二年春王正月, 季孫斯·叔孫州仇·仲孫何忌帥師伐邾, 取漷東田及沂西田.

癸巳, 叔孫州仇·仲孫何忌及邾子盟于句繹.

2년 봄 주력 2월, 노나라 계손사季孫斯·숙손주구叔孫州仇·중손하기仲孫何忌가 군사를 이끌고, 주邾나라를 쳐, 곽수漷水 동쪽과 기수沂水 서쪽 땅을 빼앗았다.

계사날, 숙손주구와 중손하기가 주자邾子와 구역句繹에서 동맹을 맺었다.

【季孫斯】季桓子. 魯나라 대부. 季孫桓子. 季孫意如의 아들. 시호는 桓子.
【叔孫州仇】魯나라 대부. 叔孫武叔. 叔孫不敢의 아들. 이름은 州仇. 杜預 注에 "武叔, 叔孫不敢之子州仇也"라 함.

【仲孫何忌】孟懿子. 魯나라 대부. 孟僖子의 후계자. 시호는 懿子.
【伐邾】杜預 注에 "邾人以略, 取之易也"라 함. 邾는 周 武王이 祝融 八姓의 하나였던 邾俠(曹俠)을 封하여 부용국으로 삼았으며 지금의 山東 鄒縣. 이 때문에 戰國시대에 이름을 '鄒'로 바꾸었음. 曹姓이며 子爵 작위를 받았으나 魯나라에 예속되어 있었음.
【漷】漷水. 강 이름. 南沙河로도 부름. 지금의 山東 滕縣의 남쪽을 흐름. 《一統志》에 "漷水在今山東滕縣南十五里, 卽南沙河也"라 함.
【沂】沂水. 강 이름. 지금의 山東 費縣의 동남쪽을 흐름. 《論語》先進篇의 "浴乎沂"의 沂水임.
【癸巳】2월 23일.
【句繹】지금의 山東 鄒縣 동남 嶧山의 동남쪽.

㊉
二年春, 伐邾, 將伐絞.
邾人愛其土, 故略以漷·沂之田而受盟.

2년 봄, 노나라가 주邾나라를 쳐서 주나라 교읍絞邑을 공격하려 하였다. 주나라 사람은 교읍 땅을 아끼고 있었으므로 곽수漷水와 기수沂水 유역의 땅을 내주고 노나라의 요구를 들어주는 맹약을 맺었다.

【絞】邾나라 읍 지금의 滕縣. 《彙纂》에 "絞, 在今山東滕縣縣境"이라 함.

※ 1738(哀2-2)

夏四月丙子, 衛侯元卒.

여름 4월 병자날, 위후衛侯 원元이 죽었다.

【丙子】4월 7일.
【衛侯元】衛 靈公. 이름은 元. 襄公(惡)의 뒤를 이어 B.C.534~493년까지 42년간 재위하고 出公(輒)이 그 뒤를 이음.

※ 1739(哀2-3)

滕子來朝.

등자滕子가 노나라를 찾아왔다.

【滕】周 文王의 아들 叔繡가 받았던 封國. 侯爵이었으며 지금의 山東 滕縣 일대. 戰國시대 齊나라에게 망함. 《彙纂》에 "滕朝止此, 齊侯來朝亦止此"라 하여 이후로는 노나라를 찾아온 제후가 더 이상 기록에 없음.
＊無傳

※ 1740(哀2-4)

晉趙鞅帥師納衛世子蒯聵于戚.

진晉나라 조앙趙鞅이 군사를 이끌고 위衛나라 세자 괴외蒯聵를 척戚으로 들여보냈다.

【趙鞅】趙簡子. 晉나라 대부. 趙武(文子)의 손자. 이름은 志父. 范氏, 中行氏와 권력투쟁 끝에 이겨 趙나라의 기초를 세운 인물. 이들 후손이 戰國時代 趙나라를 세움.
【蒯聵】衛 靈公(元)의 太子. 南子의 淫行을 보고 이를 제거하려다가 실패하여 定公 14년 국외로 망명, 갖은 고생을 함. 出公(輒)의 아버지. 그 뒤 哀公 16년

孔悝가 그를 받아들여 王으로 세웠으나 불과 2년 만에 다시 晉나라에게 축출당함. 시호는 '莊'.
【戚】衛나라의 읍. 지금의 河南 濮陽縣 북쪽.

⑲

初, 衛侯遊于郊, 子南僕.
公曰:「余無子, 將立女.」
不對.
他日又謂之, 對曰:「郢不足以辱社稷, 君其改圖. 君夫人在堂, 三揖在下, 君命祗辱.」
夏, 衛靈公卒.
夫人曰:「命公子郢爲大子, 君命也.」
對曰:「郢異於他子, 且君沒於吾手, 若有之, 郢必聞之. 且亡人之子輒在.」
乃立輒.
六月乙酉, 晉趙鞅納衛大子于戚.
宵迷, 陽虎曰:「右河而南, 必至焉.」
使大子絻, 八人衰絰, 僞自衛逆者.
告於門, 哭而入, 遂居之.

당초, 위衛 영공靈公이 교외로 놀이를 나설 때 자남子南이 그의 수레를 몰았다.
영공이 말하였다.
"나는 태자가 없으니 장차 너를 후계자로 삼겠노라."
그러나 자남은 아무 대답도 하지 않았다.
얼마 후, 영공이 다시 그 말을 하자 자남이 답하였다.
"저(郢)는 사직을 맡기에 부족하오니 임금께서는 달리 헤아리십시오. 임금의 부인께서 내전內殿에 계시고, 삼읍三揖이 임금 밑에 있는데 임금의 그러한 명령을 제가 받는다면 이는 임금께 치욕이 될 뿐입니다."

여름, 영공이 세상을 떴다.

그러자 부인이 말하였다.

"공자 영이 태자가 될 것을 명하노라. 이는 임금의 명령이었느니라."

그러자 자남이 말하였다.

"저는 다른 아들들과 뜻이 다릅니다. 게다가 임금께서는 저의 손에서 세상을 뜨셨습니다. 만약 돌아가시기 전에 그런 말씀이 있었다면 저는 틀림없이 제 귀로 들었을 것입니다. 게다가 국외로 나가 있는 태자의 아들 첩輒이 있습니다."

그리하여 첩輒을 후계로 세웠다.

6월 을유날, 진晉나라 조앙趙鞅이 위衛나라 태자 괴외를 위나라의 척戚으로 들여보냈다.

그런데 이들은 밤이 되어 그만 길을 잃고 말았다. 그때 양호陽虎가 말하였다.

"하수河水를 오른쪽으로 끼고 남쪽으로 가시면 틀림없이 척에 닿게 됩니다."

조앙은 태자에게 상주가 쓰는 모자 문絻을 쓰도록 하고 여덟 사람에게는 최질衰絰을 입혀 위나라에서 태자를 맞이하는 사람들인 양 위장하도록 하였다.

그리하여 척읍의 문지기에게 고하고 곡을 하면서 들어가 드디어 그곳에 머물렀다.

【衛侯】衛 靈公(元).
【子南】靈公의 아들. 이름은 郢. 杜預 注에 "子南, 靈公子郢也"라 하였고, 《禮記》 檀弓(上)의 疏에 《世本》을 인용하여 "靈公生昭子郢"이라 함.
【無子】太子 蒯聵가 도망하여 適子를 세울 수 없어 말한 것임.
【君夫人】영공의 부인 南子를 가리킴.
【三揖】卿·大夫·士를 말함. 군주는 이들에게 인사할 때에 읍을 하는 것이기에 이렇게 말한 것. 杜預 注에 "三揖, 卿·大夫·士"라 하였고, 孔穎達 疏에는 "《周禮》

司士云:「孤卿特揖, 大夫以其等旅揖, 士旁三揖.」鄭玄云:「特揖, 一一揖之. 旅, 衆也, 大夫爵同者, 衆揖之, 三揖者, 士有上中下.」라 함.
【異於他子】다른 공자들과 뜻이 다름. 杜預 注에 "言用意不同"이라 하여 吳나라 季札처럼 讓步와 守節을 뜻하는 것으로 보았음. 그러나 《左傳會箋》에는 "蓋郢母賤, 不敢自同於他子, 故云異於他子耳"라 하여 신분상 자신이 임금이 될 수 없다고 여긴 것이라 하였음.
【郢必聞之】임종 직전에 유언으로 남긴 말이어야 한다고 주장한 것. 杜預 注에 "言當以臨沒爲正"이라 함.
【輒】蒯聵의 아들이며 靈公의 손자. 뒤에 出公이 됨. 杜預 注에 "輒, 蒯聵之子出公也, 靈公適孫"이라 함.
【亡人】망명하여 국외에 있는 자. 태자 蒯聵를 말함. 蒯聵는 定公 14년에 宋나라로 달아났었음. '輒'은 蒯聵의 아들.
【乙酉】6월 17일.
【趙鞅】趙簡子. 晉나라 대부. 趙武(文子)의 손자. 이름은 志父. 范氏, 中行氏와 권력 투쟁 끝에 이겨 趙나라의 기초를 세운 인물. 이들 후손이 戰國時代 趙나라를 세움.
【戚】衛나라의 읍. 지금의 河南 濮陽縣 북쪽.
【陽虎】원래 魯나라 대부. 字는 陽貨. 孟懿子의 家臣이었음. 《論語》陽貨篇의 '陽貨'임. 당시 진나라에 망명해 와 있었음.
【絻】'문'으로 읽으며 喪帽. 免冠이라고도 하며 머리를 묶고 그 위에 쓰는 모자. 〈釋文〉에 "以布廣一寸, 從項中而前交於額上, 又却向後繞於髻"라 함.
【衰絰】縗絰과 같음. 喪服의 일종. 服虔은 "衰絰, 僞若從衛來迎大子也"라 함.
【遂居之】《史記》衛世家에 "六月乙酉, 趙簡子欲入蒯聵, 乃令陽虎詐命衛十餘人衰絰歸. 簡子送蒯聵. 衛人聞之, 發兵擊蒯聵, 蒯聵不得入. 入宿而保, 衛人亦罷兵"이라 하여 太子 蒯聵가 戚으로 들어오는 것을 衛나라(出公)는 강하게 거부하였음.

※ 1741(哀2-5)

秋八月甲戌, 晉趙鞅帥師及鄭罕達帥師戰于鐵.
鄭師敗績.

가을 8월 갑술날, 진晉나라 조앙趙鞅이 이끄는 군사가 정鄭나라 한달罕達이 이끄는 군사와 철鐵에서 싸웠다.

정나라 군사가 크게 패하였다.

【甲戌】8월 7일.
【趙鞅】趙簡子. 晉나라 대부. 趙武(文子)의 손자. 이름은 志父. 范氏, 中行氏와 권력투쟁 끝에 이겨 趙나라의 기초를 세운 인물. 이들 후손이 戰國時代 趙나라를 세움.
【罕達】鄭나라 대부. 鄭나라 공자 罕의 후손이며 子皮의 손자. 시호는 武子. 자는 子臧, 혹은 子姚. 毛奇齡의 《簡書刊誤》에 "此鄭公子罕後, 爲鄭穆七族之一, 焉得有別出字?"라 함. 《公羊傳》에는 '軒達'로 되어 있음.
【鐵】지금의 河南 濮陽縣 서쪽. 《一統志》에 "在今河北(南)濮陽縣北五里, 一稱鐵丘"라 함. 《公羊傳》과 傳文에는 '栗'로 되어 있음.
【敗績】全軍이 대패하였을 때 쓰는 말. 莊公 11년 傳에 "凡師, 敵未陳曰敗某師, 皆陳曰戰, 大崩曰敗績"이라 함.

㊟

秋八月, 齊人輸范氏粟, 鄭子姚·子般送之.

士吉射逆之, 趙鞅禦之, 遇於戚.

陽虎曰:「吾車少, 以兵車之旆與罕·駟兵車先陳. 罕·駟自後隨而從之, 彼見吾貌, 必有懼心, 於是乎會之, 必大敗之.」

從之.

卜戰, 龜焦.

樂丁曰:「《詩》曰:『爰始爰謀, 爰契我龜.』謀協, 以故兆詢可也.」

簡子誓曰:「范氏·中行氏反易天明, 斬艾百姓, 欲擅晉國而滅其君. 寡君恃鄭而保焉. 今鄭爲不道, 棄君助臣, 二三子順天明, 從君命, 經德義, 除詬恥, 在此行也. 克敵者, 上大夫受縣, 下大夫受郡, 士田十萬, 庶人·工·商遂, 人臣隸圉免. 志父無罪, 君實圖之! 若其有罪, 絞縊以戮, 桐棺三寸, 不設屬辟, 素車·樸馬, 無入于兆, 下卿之罰也.」

甲戌, 將戰, 郵無恤御簡子, 衛大子爲右.

登鐵上, 望見鄭師衆, 大子懼, 自投于車下.

子良授大子綏, 而乘之, 曰:「婦人也.」

簡子巡列, 曰:「畢萬, 匹夫也, 七戰皆獲, 有馬百乘, 死於牖下. 羣子勉之! 死不在寇.」

繁羽御趙羅, 宋勇爲右.

羅無勇, 麇之.

吏詰之, 御對曰:「痁作而伏.」

衛大子禱曰:「曾孫蒯聵敢昭告皇祖文王・烈祖康叔・文祖襄公, 鄭勝亂從, 晉午在難, 不能治亂, 使鞅討之. 蒯聵不敢自佚, 備持矛焉. 敢告無絶筋, 無折骨, 無面傷, 以集大事, 無作三祖羞. 大命不敢請, 佩玉不敢愛.」

鄭人擊簡子中肩, 斃于車中, 獲其蠭旗.

大子救之以戈.

鄭師北, 獲溫大夫趙羅.

大子復伐之, 鄭師大敗, 獲齊粟千車.

趙孟喜曰:「可矣!」

傅傁曰:「雖克鄭, 猶有知在, 憂未艾也.」

初, 周人與范氏田, 公孫尨稅焉, 趙氏得而獻之.

吏請殺之.

趙孟曰:「爲其主也, 何罪?」

止而與之田.

及鐵之戰, 以徒五百人宵攻鄭師, 取蠭旗於子姚之幕下, 獻, 曰:「請報主德.」

追鄭師, 姚・般・公孫林殿而射, 前列多死.

趙孟曰:「國無小.」

旣戰, 簡子曰:「吾伏弢嘔血, 鼓音不衰, 今日我上也.」

大子曰:「吾救主於車, 退敵於下, 我, 右之上也.」

郵良曰:「我兩靷將絶, 吾能止之, 我, 御之上也.」

駕而乘材, 兩靷皆絶.

가을 8월, 제齊나라가 진晉나라 범씨范氏에게 식량을 보낼 때 정鄭나라 자요子姚와 자반子般이 수송을 맡았다.

진나라 사길석士吉射이 이를 받기 위해 나가자 조앙趙鞅이 막으러 나가 척戚에서 마주쳤다.

양호陽虎가 말하였다.

"우리의 전차가 적습니다. 전차의 깃발을 많이 준비하여 세워 한달罕達(子姚)과 사홍駟弘(子般)이 이끄는 전차부대가 오기 전에 먼저 진을 칩시다. 한달과 사홍의 군사들이 나중에 따라와 우리의 모습을 보고 틀림없이 두려운 마음을 품게 될 것입니다. 그때 결전을 한다면 틀림없이 크게 무찌를 수 있을 것입니다."

그리하여 그의 말대로 하기로 하였다.

그런데 싸움에 대해 점을 쳤더니 거북등이 타서 점을 칠 수가 없었다.

그러자 악정樂丁이 말하였다.

"《시》에 '일을 시작하고 꾀하면서 거북등 구워 점을 치노라'라 하였습니다. 모책이 이루어졌으니 출군할 때에 쳤던 점의 징조로써 물어보면 됩니다."

이에 간자簡子(趙鞅)는 사람들에게 이렇게 서약하였다.

"범씨范氏와 중항씨中行氏는 하늘의 밝은 도를 어겨 백성을 잔악하게 죽였으며 진나라를 자기들 마음대로 하고 군주를 없애려 하였소. 우리 임금께서는 정나라를 믿고 그들의 난을 진압하여 나라를 보존시켜 주었소. 그런데 이제 정나라는 도리에 어긋난 자들을 위하여 우리 임금을 버리고 못된 신하를 돕고 있으니 그대들은 하늘의 밝은 도를 따르고, 임금의 명령에 따르며, 덕과 의를 근본으로 삼아 비방하는 수치를 없애버리기 위해 이번 싸움에 나선 것이오. 이에 적을 이기면 상대부上大夫는 현縣을 상으로 받고, 하대부下大夫는 군郡을 상으로 받으며, 사士는 10만 무畝의 땅을 받고, 서인, 공인工人, 상인商人은 자신의 뜻대로 벼슬에도 나갈 수 있을 것이며 남에게 매어 노예가 된 자는 풀려나 자유를 얻게 될 것이오. 내(志父)가 이번 싸움에서 죄짓는 일이 없으면 임금께서는 실로 내 말대로 해주실 것이오! 그러나 만약 내가 싸움에 져서 죄를 얻으면 나를 목을 매어 죽이시되 세 치 두께밖에 안 되는 오동나무로 만든 관에 넣어 속屬도 비椑도 없이 소거素車, 박마樸馬에 조상의 묘지에도 묻지 못하게 할 것이니 이는 하경下卿에 대한 벌인 것이오."

갑술날, 장차 싸움이 시작되어 우무휼郵無恤이 간자의 전차를 조종하고 위 태자가 그의 오른쪽 전사가 되었다.

철구鐵丘라는 언덕으로 올라 정나라 군사가 많은 것을 보고 태자는 겁이 나서 전차 아래로 굴러 떨어졌다.

이에 자량子良(郵無恤)이 밧줄을 던져 그것을 잡고 오르도록 하면서 말하였다.

"아녀자로군요."

간자는 군진의 대열을 두루 돌며 말하였다.

"필만畢萬은 필부匹夫였지만 일곱 번 나가 번번이 적을 사로잡아 전차 백 대를 끄는 말을 가진 신분이 되고, 자신의 집 창문 밑에서 편히 죽었다. 그대들이 힘을 낼지어다! 사람의 죽음이란 적 앞에 있는 것이 아니다."

이 싸움에서 번우繁羽는 조라趙羅의 전차를 조종하였고, 송용宋勇은 그의 오른쪽 전사가 되었다.

조라는 용기가 없어 번우와 송용이 그를 묶어 앉혀 놓았다.

군리軍吏가 그 모습을 보고 꾸짖자 번우가 대답하였다.

"학질에 걸려서 저렇게 엎드려 있는 것입니다."

위나라 태자는 기도를 올렸다.

"증손 괴외蒯聵는 감히 태조 문왕文王과 우리 위나라 조상 강숙康叔, 문덕文德이 높으셨던 할아버지 양공襄公의 영혼께 고합니다. 정鄭 성공聲公 승勝이 난동을 부린 자를 따라가고 있어, 진晉 정공定公 오午가 어려움에 처해 있고, 난을 평정할 수가 없어 조앙으로 하여금 이를 토벌하도록 하였습니다. 저 괴외는 감히 편히 있을 수 없어 그를 위하여 창을 갖추어 나섰습니다. 감히 고하건대 그들의 살이 찢어지지 않게 하시고 뼈가 부러지지 않게 하시며, 얼굴에 상처가 나지 않도록 하시어 이 큰일이 성공하여 세 분 조상님께 부끄러움이 되지 않도록 하옵소서. 저의 생명에 대해서는 감히 청할 수가 없으며 제가 차고 있는 옥 정도야 감히 아끼지 않겠나이다."

정나라가 조간자에게 덤벼들어 어깨를 맞추어 간자가 전차 안에 쓰러지고, 봉기蠭旗를 빼앗아갔다.

그러자 태자가 창을 가지고 간자를 구해내었다.

정나라 군사는 달아나면서 온대부溫大夫 조라를 잡아갔다.

태자가 다시 정나라 군사를 치자 정나라 군사는 대패하였으나 이번에는 제나라에서 보내오던 수레 천 대의 양식을 빼앗아갔다.

조맹趙孟(趙鞅, 趙簡子)이 기꺼워하면서 이렇게 말하였다.

"이제 되었다!"

그러자 부수傅傁가 말하였다.

"우리가 비록 정나라를 이기기는 하였지만 오히려 지씨知氏가 아직 건재하니 걱정은 아직 없어진 것이 아닙니다."

당초, 주周나라가 범씨范氏에게 땅을 주었는데 공손방公孫尨이 그 땅의 세금을 받으러 갔을 때 조씨趙氏 측에서 공손방을 잡아 조앙에게 넘겼다.

조앙의 가신이 공손방을 죽이기를 청하였다.

그러자 조맹이 말하였다.

"그는 자신의 주인을 위해서 그렇게 한 것인데 어찌 죄가 되겠는가?"

그리고는 공손방을 자신에 머물러 있도록 하고 그에게 토지까지 주었다.

철구의 전투에서 공손방은 보병 5백 명을 이끌고 밤에 정나라 군사를 공격하여 자요의 군막 아래에서 빼앗겼던 봉기를 다시 찾아 조맹에게 바치면서 이렇게 말하였다.

"이로써 주인께서 지난 번 저에게 베푸신 덕에 보답하기를 청합니다."

정나라 군사를 뒤쫓자 자요와 자반, 그리고 공손림公孫林이 그들 맨 후미를 맡아 활을 쏘아 진나라 군사 앞줄 사람들이 많이 죽었다.

그러자 조맹이 말하였다.

"나라가 작다고 깔볼 것이 아니로구나."

이윽고 싸움이 끝나자 간자가 말하였다.

"나는 활 주머니에 엎어져 피를 토하면서도 북을 울리기에는 전혀 쇠함이 없었다. 오늘 싸움의 공은 내가 으뜸이다."

그러자 태자가 말하였다.

"나는 전차 위에서 장군을 구하였고 내려서는 적군을 물리쳤습니다. 그러므로 나는 오른쪽 전사들 가운데에서 으뜸으로 공을 세운 사람입니다."

이번에는 우량郵良(郵無恤)이 말하였다.

"나는 두 말의 배띠가 거의 끊어질 지경이었는데도 이를 견뎌내며 말을 몰았습니다. 그러니 내가 마부 중에 으뜸입니다."

그리고는 전차에 올라 나무 위로 오르게 조종하자 두 말의 배띠가 모두 끊어지고 말았다.

【范氏】范吉射.

【子姚】罕達. 鄭나라 대부. 鄭나라 공자 罕의 후손이며 子皮의 손자. 시호는 武子. 자는 子縢, 혹은 子姚. 毛奇齡의《簡書刊誤》에 "此鄭公子罕後, 爲鄭穆七族之一, 焉得有別出字?"라 함.《公羊傳》에는 '軒達'로 되어 있음.

【子般】鄭나라 대부. 駟弘.

【士吉射】范吉射. 晉나라 대부. 士鞅(范鞅)의 아들. 그 때문에 흔히 范吉射으로도 불리며 시호가 昭子로써 范昭子로도 불림. '射'은 '食亦反', 혹은 '食夜反'으로 '석', 혹은 '사'로 읽음. 혹 '사길야', '범길야'로도 읽음.

【趙鞅】趙簡子. 晉나라 대부. 趙武(文子)의 손자. 이름은 志父. 范氏, 中行氏와 권력 투쟁 끝에 이겨 趙나라의 기초를 세운 인물. 이들 후손이 戰國時代 趙나라를 세움.

【戚】衛나라의 읍. 지금의 河南 濮陽縣 북쪽.

【陽虎】원래 魯나라 대부. 字는 陽貨. 孟懿子의 家臣이었음.《論語》陽貨篇의 '陽貨'임. 당시 晉나라에 망명하여 趙簡子에게 의탁하고 있었음.

【龜焦】杜預 注에 "兆不成"이라 함.

【樂丁】晉나라 대부.

【詩】《詩經》大雅 緜에 "周原膴膴, 菫荼如飴. 爰始爰謀, 爰契我龜. 曰止曰時, 築室于玆. 迺慰迺止, 迺左迺右, 迺疆迺理, 迺宣迺畝, 自西徂東, 周爰執事"라 함.

【兆詢】지난번 있었던 점으로 대체하면 될 것이라는 뜻. 杜預 注에 "詢, 諮詢也, 故兆, 始納衛大子, 卜得吉兆, 言今旣謀同, 可不須更卜"이라 함. 그러나 이에 대해서는 異論이 많음.

【遂】杜預 注에 "遂, 得遂進仕"라 함.

【志父】趙鞅의 이름.

【桐棺三寸】오동나무로 대강 짠 관. 그 두께도 세 치정도로 함.《荀子》禮論에

"刑餘罪之人喪, 不得合族黨, 獨屬妻子, 棺椁三寸, 衣衾三領, 不得飾棺"이라 하였고, 楊倞 注에 "刑餘, 遭刑之餘死者.《墨子》曰:「桐棺三寸, 葛以爲緘.」趙簡子亦云, 然則厚三寸, 刑人之棺也"라 함.

【屬辟】'屬'은 上大夫의 경우 6촌으로 하며 '辟'는 '椑'와 같음. 제후 임금의 경우 內棺 안에 다시 넣는 大棺.《禮記》喪服大記에 "君, 大棺八寸, 屬六寸, 椑四寸. 上大夫, 大棺八寸, 屬六寸"이라 하여 원래 上大夫의 경우 椑가 없으나 여기에서 趙簡子가 한 말로 보아 당시 이미 上大夫에게도 이러한 관을 썼을 가능성이 있음. 뜻은 자신이 上大夫 대접을 받지 못하고 下大夫로 취급받게 될 것임을 말한 것.

【素車】전혀 장식을 하지 않은 수레. 여기서는 喪輿를 말함. 杜預 注에는 "以載柩"라 하였고, 孔穎達 疏에는 "素車不以翣·柳飾車"라 함,

【樸馬】髦馬라고도 하며, 갈기를 전혀 자르지 않은 말. 좋은 말이 아님을 뜻함.《禮記》曲禮(下)에 "大夫士去國, 爲位而哭, 乘髦馬"라 하였고, 鄭玄 注에 "髦馬, 不鬄落也"라 함.

【兆】兆域. 先塋.

【下卿之罰也】자신은 그러한 벌과 치욕을 받게 될 것임을 말한 것. 杜預 注에 "爲衆設賞, 自設罰, 所以能克敵"이라 함.

【郵無恤】趙簡子의 신하. 이름은 王良(子良). 孟子 滕文公(下)에 "昔者, 趙簡子 使王良與嬖奚乘"이라 한 인물이며《國語》晉語에는 '郵無正'으로,《荀子》正論篇에는 '王梁'으로 표기가 각기 다름. 수레 몰이에 뛰어났던 인물.

【鐵上】鐵丘 위. 鐵丘는 戚 남쪽에 있는 언덕.

【婦人】아녀자처럼 겁이 많음을 조롱한 것.

【畢萬】晉 獻公 때의 용사. 閔公 元年 傳을 볼 것.

【死於牖下】명대로 살고 집의 창문 밑에서 편히 죽음. 전사의 죽음은 반드시 전쟁터에서만 당하는 것이 아니라는 뜻으로 이 말을 한 것.

【繁羽】晉나라 대부. 趙羅의 馬夫.

【趙羅】趙武의 증손. 程公說의《春秋分紀世譜》(6)에 "武生二子, 曰獲曰成, 獲之孫曰羅"라 함.

【宋勇】晉나라 대부.

【槀】綑과 같음. 묶어둠.《說文》에 "綑, 絫束也"라 하였고《廣雅》에도 "綑, 束也"라 함.

【痁】杜預 注에 "痁, 瘧疾也"라 하여 벌벌 떠는 모습으로 구실을 삼은 것.

【蒯聵】衛 靈公(元)의 太子. 南子의 淫行을 보고 이를 제거하려다가 실패하여

定公 14년 국외로 망명, 갖은 고생을 함. 出公(輒)의 아버지. 그 뒤 哀公 16년 孔悝가 그를 받아들여 王으로 세웠으나 불과 2년 만에 다시 晉나라에게 축출당함. 시호는 '莊'.

【曾孫~皇祖文王】皇祖는 자신의 조상을 부르는 말이며 《詩經》의 구절을 내세워 기도문의 앞을 시작한 것. 《詩經》 周頌 維天之命에 "維天之命, 於穆不已. 於忽不顯, 文王之德之純. 假以溢我, 我其受之. 駿惠我文王, 曾孫篤之"라 하였고, 〈閔予小子〉에는 "念玆皇祖", 魯頌 閟宮에는 "皇祖后稷"이라 함.

【烈祖康叔】烈祖는 훌륭한 조상. 康叔은 衛나라 시조.

【文祖襄公】衛 襄公은 文德을 지닌 군주였음. 杜預 注에 "繼業守文, 故曰文祖. 蒯聵, 襄公之孫"이라 함.

【鄭勝】鄭 聲公. 이름은 勝. 獻公(蠆)의 뒤를 어어 B.C.500년부터 春秋말까지 재위함.

【晉午】晉 定公. 이름은 오. 頃公(去疾)을 이어 B.C.511년부터 춘추말까지 재위함.

【集大事】큰일을 이룸.

【三祖】皇祖, 烈祖, 文祖.

【佩玉不敢愛】옥을 바치며 기도함에 옥을 아까워하지 않음. 孔穎達 疏에 "尙書 金縢稱周公植璧秉珪以告大王·王季·文王, 是禱請用玉也. 在軍無珪璧, 故以佩玉"이라 함.

【躓】'엎어지다, 고꾸라지다'의 뜻. 杜預 注에 "躓, 踣也"라 함.

【蠭旗】'蠭'은 '蜂'과 같음. 깃발 이름. 趙簡子가 지휘용으로 쓰던 깃발.

【溫大夫趙羅】여기서의 趙羅는 앞서 나온 趙武의 曾孫 趙羅가 아님. 于鬯의 〈校書〉에 "此趙羅蓋范氏之黨犽, 與上趙羅異人也. 故不第曰「趙羅」, 而曰「溫大夫趙羅」, 乃所以別于上文之趙羅非溫大夫也. 此正與襄十九年傳有兩乇孔, 而一於子孔上特著「士」字. 又二十五年傳有兩賈擧, 而一於賈擧上特著「侍人」二字者同例"라 함.

【趙孟喜】趙孟은 趙鞅, 趙簡子. 그가 기꺼워한 이유에 대해 顧炎武는 "以中行氏失援糧竭, 必將亡"이라 함.

【傅傁】杜預 注에 "傅傁, 簡子屬也. 言知氏將爲難, 後竟有晉陽之患"이라 함.

【公孫尨】范氏의 家臣. 杜預 注에 "尨, 范氏臣, 爲范氏收周人所與田之稅"라 함.

【殿】후퇴할 때 가장 뒤에서 추격하는 적을 상대하는 것. 가장 위험한 위치를 뜻함. '殿'은 '臀'의 뜻. 《論語》 子路篇에 "子曰:「孟之反不伐, 奔而殿, 將入門, 策其馬, 曰:『非敢後也, 馬不進也』」"라 하였고, 哀公 11年 傳에 "師及齊師戰于郊"

右師奔; 齊人從之. 孟之側後入, 以爲殿; 抽矢策其馬, 曰:「馬不進也!」"라 함. 杜預 注에는 "會見師退而猛不在列, 乃大呼詐言猛在後爲殿"이라 하여 해석을 달리하고 있음.
【國無小】鄭나라가 작아도 용감하게 싸우는 자가 있으나 깔볼 수 없음.
【弢】'韜'와 같음. 활을 넣는 주머니.
【駕而乘材, 兩靷皆絶】우무휼은 양쪽 副馬의 배띠가 거의 끊어지게 되었던 사실을 증명하기 위하여 고의로 전차를 나무 위로 조종하였던 것.

1742(哀2-6)

冬十月, 葬衛靈公.

겨울 10월, 위衛 영공靈公의 장례를 치렀다.

【衛靈公】이름은 元. 衛 襄公(惡)의 뒤를 이어 B.C.534~493년까지 42년간 재위하고 아들 손자 出公(輒)이 그 뒤를 이음. 부인 南子로 인해 태자 蒯聵를 축출하는 등 많은 사건을 남김. 7개월 만에 장례를 치른 것임.
＊無傳

1743(哀2-7)

十有一月, 蔡遷于州來.
蔡殺其大夫公子駟.

11월, 채蔡나라가 주래州來로 옮겨갔다.
채나라가 그 나라 대부 공자 사駟를 죽였다.

【州來】 지금의 安徽 鳳臺縣. 下蔡라고도 불렸음. 蔡나라는 본래 上蔡(지금의 河南 上蔡縣)가 도읍이었으나 뒤에 新蔡(지금의 河南 新蔡縣)로 옮겼다가 다시 吳나라에 편입되자 오나라가 이들을 州來(下蔡)로 이주시킨 것임.
【駟】 蔡나라 공자 이름. 遷都를 반대하다가 죽음을 당한 것임.

㊁

吳洩庸如蔡納聘, 而稍納師.
師畢入, 衆知之.
蔡侯告大夫, 殺公子駟以說.
哭而遷墓.
冬, 蔡遷于州來.

오吳나라 설용洩庸이 채蔡나라로 선물을 가지고 가서 드리는 것처럼 위장을 하여 군사를 조금씩 채나라 안으로 들여보냈다.
예정된 군사들이 모두 채나라 안으로 들어가고 나서야 채나라 사람들이 이를 알게 되었다.
채 소후昭侯는 대부들에게 이를 고하고 공자 사駟를 죽여 초나라에게 그를 핑계 대었다.
그리고 곡을 하고 나서 선군들의 묘를 옮겼다.
겨울, 채나라는 주래州來로 옮겨갔다.

【洩庸】 吳나라 사람. 哀公 26년의 '舌庸'이라고도 하나 확실치 않음.
【蔡侯】 당시 蔡나라 군주는 昭侯(昭公, 申)로 재위 26년째였음.
【公子駟】 蔡나라 공자. 蔡侯와 갈등이 있었으며 주래로 이주하는 것을 반대하였음. 이에 그를 죽여 오나라에게 핑계를 대며 동시에 설명을 한 것.
【哭而遷墓】 杜預 注에 "將遷, 與先君辭, 故哭"이라 함.
【州來】 下蔡라고도 함. 지금의 安徽 鳳臺縣.

231. 哀公 3年(B.C.492) 己酉

周	敬王(姬匄) 28년	齊	景公(杵臼) 56년	晉	定公(午) 20년	衛	出公(輒) 원년
蔡	昭公(申) 27년	鄭	聲公(勝) 9년	曹	曹伯(陽) 10년	陳	閔公(越) 10년
杞	僖公(過) 14년	宋	景公(欒) 25년	秦	惠公 9년	楚	昭王(軫) 24년
吳	吳王(夫差) 4년	越	越王(句踐) 5년				

● **1744(哀3-1)**

三年春, 齊國夏·衛石曼姑帥師圍戚.

3년 봄, 제齊나라 국하國夏와 위衛나라 석만고石曼姑가 군사를 이끌고 척戚을 포위하였다.

【國夏】齊나라 대부. 國弱(國景子)의 아들. 시호는 惠子. 哀公 6년 魯나라로 망명함.
【石曼姑】衛나라 대부.
【戚】衛나라의 읍. 지금의 河南 濮陽縣 북쪽. 衛나라 太子 蒯聵가 있어 이를 포위한 것임.

(傳)

三年春, 齊·衛圍戚, 求援于中山.

3년 봄, 제齊나라와 위衛나라가 진晉나라의 척읍戚邑을 포위하고 중산中山에 도움을 요청하였다.

【戚】衛나라의 읍. 지금의 河南 濮陽縣 북쪽. 蒯聵가 거주하고 있었음.
【中山】鮮虞의 다른 이름으로 지금의 河北 定縣에 있었으며 戰國時代에 中山國으로 명맥을 이어갔음.

※ 1745(哀3-2)

夏四月甲午, 地震.

여름 4월 갑오날, 지진이 있었다.

【甲午】4월 초하루.
＊無傳

※ 1746(哀3-3)

五月辛卯, 桓宮·僖宮災.

5월 신묘날, 노나라 환공桓公의 사당과 희공僖公의 사당에서 불이 났다.

【辛卯】5월 28일.
【桓宮】魯 桓公의 사당. 桓公은 B.C.711~694년까지 18년간 재위하였던 선대 군주.
【僖宮】魯 僖公(申)은 B.C.659~627년까지 33년간 재위하였음.

㋖

夏五月辛卯, 司鐸火.
火踰公宮, 桓·僖災.
救火者皆曰顧府.
南宮敬叔至, 命周人出御書, 俟於宮, 曰:「庀女, 而不在, 死.」
子服景伯至, 命宰人出禮書, 以待命:「命不共, 有常刑.」
校人乘馬, 巾車脂轄, 百官官備, 府庫愼守, 官人肅給.
濟濡帷幕, 鬱攸從之.
蒙葺公屋, 自大廟始, 外內以悛.
助所不給.
有不用命, 則有常刑, 無赦.
公父文伯至, 命校人駕乘車.
季桓子至, 御公立于象魏之外, 命救火者:「傷人則止, 財可爲也.」
命藏象魏, 曰:「舊章不可亡也.」
富父槐至, 曰:「無備而官辦者, 猶拾瀋也.」
於是乎去表之槀, 道還公宮.
孔子在陳, 聞火, 曰:「其桓·僖乎!」

여름 5월 신묘날, 사탁司鐸의 관사官司에서 불이 났다.
그 불길이 공궁公宮을 넘어 환공桓公과 희공僖公의 사당에도 옮겨 붙었다.
불을 끄는 사람들이 한결같이 재화를 보관한 창고를 살피라 하였다.
그때 남궁경숙南宮敬叔이 와서 주인周人에게 명하여 어서御書를 모두 꺼내어 궁궐에서 기다리도록 하면서 이렇게 말하였다.
"네가 잘 가지고 있어야 한다. 없어진 것이 있으면 죽게 될 것이다."
다시 자복경백子服景伯이 와서 재인宰人에게 명하여 예서禮書를 꺼내어 다음 명령을 기다리도록 하면서 "명령을 공경히 지키지 않으면 법에 의해 형벌을 받으리라"라 하였다.
교인校人은 말을 준비하고 건거巾車는 수레바퀴에 기름을 치고, 백관百官은 자신의 일을 준비하고 창고는 신중히 지키며 관리들은 필요한 물건을 조용히 공급받았다.

휘장에 물을 적시고 불 끄는 기구들을 그에 맞추어 뒤를 따랐다.

공실 지붕은 불이 붙지 않도록 덮되 태묘太廟로부터 차례대로 내외의 중요한 것부터 순서를 잡았다.

제대로 공급되지 못한 것이 있으면 보완하였다.

명령을 지키지 않는 자가 있으면 정해진 법대로 벌을 주어 용서하지 않겠다고 하였다.

공보문백公父文伯이 와서 교인에게 임금의 수레를 준비하도록 하였다.

계환자季桓子가 와서 임금을 모시고 상위象魏 밖에 서서 불을 끄고 있는 사람들에게 명하여 "사람이 다치게 되면 불 끄는 일을 멈추어라. 재물은 타더라도 훗날 다시 구비할 수가 있는 것이다"라 하였다.

그리고 상위를 잘 보관하라고 명하면서 말하였다.

"옛 법규 문서는 망실되어서는 안 된다."

부보괴富父槐가 와서 말하였다.

"불을 끌 대비는 하지 않고 각기 자신의 관무만을 처리하는 것은 마치 땅에 흘린 국물을 주워 담겠다는 것과 같소."

그리하여 불길이 닿을 만한 곳에 있는 마른 나무들은 모두 치워 불이 넘어오지 못하도록 공궁 주위를 빈 길로 둘러쌌다.

당시 공자는 진陳나라에 있었는데 나라에 불이 났다는 말을 듣고 이렇게 말하였다.

"그 불은 환공과 희공의 사당에서 시작되었을 것이다!"

【司鐸】 杜預는 궁궐 이름이라 하였으나 章炳麟은 "司鐸, 蓋官署之在宮城中者也, 猶〈考工記〉疏云「外有九室, 九卿朝焉」, 卽後世之郎署也. 其地宜在公宮之西, 故火踰公宮而東, 桓·僖災也"라 함.

【南宮敬叔】 孔子 제자 南宮閱.

【周人】 종주국 周나라의 法度와 典籍을 관리하는 책임을 맡은 자.

【子服景伯】 魯나라 대부. 仲孫何.《禮記》檀弓(上)의 鄭玄 注에 "子服伯子, 蓋仲孫蔑之玄孫子服景伯"이라 하였음. 孔穎達의 疏에는《世本》을 인용하여 "獻子蔑生孝伯(它), 孝伯生惠伯(椒), 惠伯生昭伯(回), 昭伯生景伯"이라 함.

【宰人】宰夫.《周禮》天官 宰夫에 "凡禮事, 贊小宰比官府之具"라 함.
【禮書】국가의 儀典, 朝覲, 會同, 賓客 등의 일을 적은 책.
【校人】임금의 말을 관장하는 임무를 맡은 자. 校正이라고도 함.《周禮》夏官 校人을 참조할 것.
【巾車】임금의 수레를 관리하는 임무를 맡은 자.《周禮》春官 巾車에 "掌公車之政令"이라 하였고, 鄭玄 注에 "巾車, 車官之長"이라 함.
【鬱攸】杜預 注에 "火氣"라 하였으나 王紹蘭은 '火器'의 오기라 하였음. 불을 끄는 기구들. 雙聲連綿語가 아닌가 함.
【蒙葺】모두 덮어씌워 불이 붙지 않도록 함.
【俊】중요한 것부터 차례로 불을 끔. 杜預 注에 "俊, 次也. 先尊後卑, 以次救之"라 함.
【公父文伯】季孫歜. 公父歜. 公甫文伯으로도 표기하며 季桓子의 從父昆弟. 杜預 注에 "陽虎欲爲亂, 恐二子不從, 故囚之"라 함. 定公 5년 陽虎에 의해 쫓겨났다가 陽虎가 敗退하자 다시 귀국하였음.
【乘車】임금이 일상 타는 수레. 公車.
【季桓子】季孫斯. 魯나라 대부. 季孫桓子. 季孫意如의 아들. 시호는 桓子.
【象魏】公宮의 雉門의 양쪽에 두었으며 흙을 쌓아 높인 다음 臺를 세우고 그 위에 올라 멀리 조망할 수 있도록 한 건축물.《釋名》釋宮室에 "觀, 觀也, 於上觀望也"라 하였으며 새로운 법을 제정하면 그 위에 걸어 사람들이 볼 수 있도록 하여 흔히 '象魏'라고도 불렀음. 그 아래 '藏象魏'의 '象魏'는 법률 文書나 그와 관련된 簡策을 의미하는 말로 쓰였음.
【拾瀋】땅에 쏟은 국물을 다시 주워 담으려 함.
【道還公宮】도는 불이 넘어오지 않도록 絶火 間隔의 도로. '還'은 '環'과 같음. 한 바퀴.
【孔子】공자가 이렇게 말한 것은 당시에 환공의 사당과 희공의 사당이 따로 있었으나 시조가 아닌 환공과 희공의 사당만을 따로 둘 필요가 없어 하늘의 뜻으로 불이 나게 하여 불태워 없애기 위해서였을 것이라고 풀이하기도 하고 공자의 신령한 辨物 능력을 과장한 것이라고도 함. 한편《孔子家語》辨物篇에 "孔子在陳, 陳侯就之燕遊焉. 行路之人云:「魯司鐸災及宗廟.」以告孔子, 子曰:「所及者其桓・僖之廟?」陳侯曰:「何以知之?」子曰:「禮: 祖有功而宗有德, 故不毁其廟焉. 今桓・僖之親盡矣, 又功德不足以存其廟, 而魯不毁, 是以天災加之.」三日, 魯使至, 問焉, 則桓・僖也. 陳侯謂子貢曰:「吾乃今知聖人之可貴.」對曰:「君之知之, 可矣; 未若專其道而行其化之善也.」"라 하였음.

❈ 1747(哀3-4)

季孫斯·叔孫州仇帥師城啓陽.

노나라 계손사季孫斯와 숙손주구叔孫州仇가 군사를 이끌고 계양啓陽에 성을 쌓았다.

【季孫斯】季桓子. 魯나라 대부. 季孫桓子. 季孫意如의 아들. 시호는 桓子.
【叔孫州仇】魯나라 대부. 叔孫武叔. 叔孫不敢의 아들. 이름은 州仇. 杜預 注에 "武叔, 叔孫不敢之子州仇也"라 함.
【啓陽】《公羊傳》에는 '開陽'으로 되어 있음. 《彙纂》과 《一統志》에 지금의 山東 臨沂縣 북쪽 開陽 故城이라 하였음. 원래는 鄅國이었으나 뒤에 魯나라에 예속되어 지명을 '啓陽'으로 바꿈. 趙坦의 《異文箋》에 "《公羊》疏引戴宏序云:「子夏傳與公羊高, 高傳與其子平, 平傳與其子地, 地傳與其子敢, 敢傳與其子壽. 至景帝時, 壽乃共弟子齊人胡母子都著于竹帛, 與董仲舒皆見于圖讖」是公羊經·傳正當景帝時出, 故傳寫者遂改「啓」爲「開」"라 함. 漢 景帝의 이름이 劉啓여서 避諱하여 '啓'를 '開'로 고친 것.
＊無傳

❈ 1748(哀3-5)

宋樂髡帥師伐曹.

송宋나라 악곤樂髡이 군사를 이끌고 조曹나라를 쳤다.

【樂髡】宋나라 대부.
＊無傳

㊉

劉氏·范氏世爲昏姻, 萇弘事劉文公, 故周與范氏.
趙鞅以爲討.
六月癸卯, 周人殺萇弘.

유씨劉氏와 범씨范氏는 대대로 혼인 관계를 맺었고 장홍萇弘은 유문공劉文公을 섬기고 있어 그 때문에 주周나라는 범씨 편을 들고 있었다.
조앙趙鞅이 이를 성토의 대상으로 여겼다.
6월 계묘날, 주나라가 장홍을 죽였다.

【劉氏】周나라 卿士. 여기서는 劉文公을 가리킴.
【范氏】晉나라 六卿의 하나로 中行氏와 함께 난을 일으켜 조앙이 이를 진압하기에 골머리를 앓고 있었음.
【萇弘】周 敬王의 대부. 晉나라 六卿의 혼란에 연루되어 趙鞅이 周나라를 책하자 周나라에서는 두려워 본 장에서처럼 萇弘을 죽여 버렸음. 장홍은 이 억울한 죽음으로 그의 피가 굳어 푸른색 옥이 되었다 함. 杜預 注에 "責周與范氏"라 하였고, 《國語》周語(下)에 "及范·中行之難, 萇弘與之. 晉人以爲討"라 함. 萇弘에 대한 고사는 《莊子》(胠篋), 《韓非子》(難言), 《淮南子》(氾論訓), 《史記》(樂書, 天官書, 封禪書, 管蔡世家) 등에 널리 실려 있으며 《呂氏春秋》必己篇에는 "萇弘死, 藏其血三年而爲碧"이라 함.
【趙鞅】趙簡子. 晉나라 대부. 趙武(文子)의 손자. 이름은 志父. 范氏, 中行氏와 권력투쟁 끝에 이겨 趙나라의 기초를 세운 인물. 이들 후손이 戰國時代 趙나라를 세움.
【癸卯】6월 11일.

❀ 1749(哀3-6)

秋七月丙子, 季孫斯卒.

가을 7월 병자날, 계손사季孫斯가 죽었다.

【丙子】 7월 14일.
【季孫斯】 季桓子. 魯나라 대부. 季孫桓子. 季孫意如의 아들. 시호는 桓子.

㊉

秋, 季孫有疾, 命正常曰:「無死! 南孺子之子, 男也, 則以告而立之; 女也, 則肥也可.」
季孫卒, 康子卽位.
旣葬, 康子在朝.
南氏生男, 正常載以如朝, 告曰:「夫子有遺言, 命其圉臣曰:『南氏生男, 則以告於君與大夫而立之.』今生矣, 男也, 敢告.」
遂奔衛.
康子請退.
公使共劉視之, 則或殺之矣.
乃討之.
召正常, 正常不反.

가을, 계손씨季孫氏가 병이 나자 정상正常에게 명하였다.
"나를 따라 죽는 일이 없도록 하라! 남유자南孺子가 낳는 아기가 남아이거든 군주에게 고하여 그를 나의 후계자로 세우고, 여아이거든 비肥를 후계자로 세워도 된다."
계손이 죽자 강자康子가 후계로 즉위하였다.
장례가 끝나고 계강자가 조정에 나가게 되었다.
그런데 남씨南氏가 아들을 낳자 정상은 그 아기를 수레에 싣고 조정으로 가서 임금에게 고하였다.
"돌아가신 분의 유언에 저에게 명하시되 '남씨가 아들을 낳거든 임금과 대부들에게 고하여 그를 후계로 세우라'고 하였습니다. 지금 아들을 낳았기에 감히 고합니다."
그리고는 정상은 바로 위衛나라로 달아났다.

계강자가 자리에서 물러나겠노라 청하였다.

임금이 공류共劉로 하여금 가서 살펴보게 하였더니 어떤 자가 그 아기를 죽여 없앴던 것이다.

그리하여 그자를 찾아 처형하였다.

그리고 정상을 불렀으나 정상은 돌아오지 않았다.

【季孫】季孫斯를 말함. 季桓子. 魯나라 대부. 季孫桓子. 季孫意如의 아들. 시호는 桓子.
【正常】季桓子의 寵臣. 杜預 注에 "正常, 桓子之寵臣, 欲付以後事, 故勅令勿從己死"라 함.
【南孺子】季孫斯의 妻. 孺子는 亞夫人을 존중하여 이른 말.
【肥】季孫斯의 서자. 季孫肥. 季康子. 뒤에 노나라 正卿이 됨.
【圉臣】말을 먹이는 신하. 正常 자신이 임금 앞에서 자신을 겸손하게 칭한 것.
【共劉】魯나라 대부.
【討之】杜預 注에 "討殺者"라 함.

※ 1750(哀3-7)

蔡人放其大夫公孫獵于吳.

채蔡나라가 그 나라 대부 공손렵公孫獵을 오吳나라로 쫓아내었다.

【公孫獵】蔡나라 公子 駟의 일당.
＊無傳

※ **1751(哀3-8)**

冬十月癸卯, 秦伯卒.

겨울 10월 계묘날, 진백秦伯이 죽었다.

【癸卯】 10월 13일.
【秦伯】 秦 惠公. 秦 哀公의 뒤를 이어 B.C.500~491년까지 10년간 재위하였으며 悼公이 그 뒤를 이음. 이름은 제대로 알려져 있지 않음.
＊無傳

(傳)
冬十月, 晉趙鞅圍朝歌, 師于其南.
荀寅伐其郛, 使其徒自北門入, 己犯師而出.
癸丑, 奔邯鄲.
十一月, 趙鞅殺士皋夷, 惡范氏也.

겨울 10월, 진晉나라 조앙趙鞅이 조가朝歌를 포위하여 그 남쪽에 진을 치고 있었다.
이에 순인荀寅이 그 외곽 성을 공격하여 그 무리들로 하여금 북문으로부터 들여보내고, 자신은 조앙의 군사들을 뚫고 탈출하였다.
계축날, 그는 한단邯鄲으로 달아났다.
11월, 조앙이 사고이士皋夷를 죽여 범씨에 대한 미움을 분풀이하였다.

【趙鞅】 趙簡子. 晉나라 대부. 趙武(文子)의 손자. 이름은 志父. 范氏, 中行氏와 권력투쟁 끝에 이겨 趙나라의 기초를 세운 인물. 이들 후손이 戰國時代 趙나라를 세움.
【朝歌】 지금의 河南 淇縣. 荀寅과 士吉射가 버티고 있던 곳임.
【荀寅】 晉나라 대부. 中行荀吳의 아들. 中行文子. 中行帥를 역임하여 荀氏에서

中行氏로 바뀌었으며 그 때문에 中行寅으로도 불림. 이들의 후손이 晉六卿의 하나인 中行氏로 세력을 키웠으나 뒤에 知氏에게 망하여 戰國時代가 됨.
【癸丑】10월 23일.
【邯鄲】지금의 河北 邯鄲市. 趙稷이 강하게 버티고 있었음. 戰國시대 趙나라의 도읍이 됨. 杜預 注에 "趙稷以邯鄲叛, 范·中行氏之黨也"라 함.
【士皋夷】范皋夷. 范氏(范吉射)의 庶子. 杜預 注에 "皋夷, 范氏側室子"라 함.
【惡范氏】杜預 注에 "惡范氏而殺其族, 言遷怒"라 함.

● 1752(哀3-9)

叔孫州仇·仲孫何忌帥師圍邾.

숙손주구叔孫州仇와 중손하기仲孫何忌가 군사를 이끌고 주邾나라를 포위하였다.

【叔孫州仇】魯나라 대부. 叔孫武叔. 叔孫不敢의 아들. 이름은 州仇. 杜預 注에 "武叔, 叔孫不敢之子州仇也"라 함.
【仲孫何忌】孟懿子. 魯나라 대부. 孟僖子의 후계자. 시호는 懿子.
【邾】周 武王이 祝融 八姓의 하나였던 邾俠(曹俠)을 封하여 부용국으로 삼았었으며 지금의 山東 鄒縣. 이 때문에 戰國시대에 이름을 '鄒'로 바꾸었음. 曹姓이며 子爵 작위를 받았으나 魯나라에 예속되어 있었음.
【圍邾】지난해 漷沂之田을 받아 동맹을 맺었는데 다시 이를 포위한 것에 대해서는 이유를 밝히지 않아 자세히 알 수 없음.
＊無傳

232. 哀公 4年(B.C.491) 庚戌

周	敬王(姬匄) 29년	齊	景公(杵臼) 57년	晉	定公(午) 21년	衛	出公(輒) 2년
蔡	昭公(申) 28년	鄭	聲公(勝) 10년	曹	曹伯(陽) 11년	陳	閔公(越) 11년
杞	僖公(過) 15년	宋	景公(欒) 26년	秦	悼公 원년	楚	昭王(軫) 25년
吳	吳王(夫差) 5년	越	越王(句踐) 6년				

● 1753(哀4-1)

四年春王二月庚戌, 盜殺蔡侯申.

4년 봄 주력 2월 경술날, 도적이 채후蔡侯 신申을 죽였다.

【庚戌】 2월 21일. 《公羊傳》에는 '二月'이 '三月'로 되어 있으며 이는 오류임.
【盜】 蔡나라 公孫辰, 公孫姓, 公孫霍의 무리들.
【蔡侯申】 蔡 昭侯(昭公). 이름은 申. 悼侯(東國)를 이어 B.C.518~491년까지 28년간 재위하고 이때에 시해를 당함. 成侯(朔)가 그 뒤를 이음. 宣公 17년 經에 "蔡侯申卒"이라 하여 蔡 文侯의 이름도 '申'으로 同名임. 이에 대해 孔穎達 疏에는 "必有誤者"라 하여 잘못이 있을 것으로 여겼으나 당시 같은 이름이 많았던 것으로 보고 있음. 본문 '殺蔡侯'는 《公羊傳》과 《穀梁傳》에는 모두 '弑蔡侯'로 되어 있음.

※ 1754(哀4-2)

蔡公孫辰出奔吳.

채蔡나라 공손진公孫辰이 오吳나라로 달아났다.

【公孫辰】蔡나라 大夫. 蔡 昭侯를 시해한 일당.

※ 1755(哀4-3)

葬秦惠公.

진秦 혜공惠公의 장례를 치렀다.

【秦惠公】秦伯. 秦 哀公의 뒤를 이어 B.C.500~491년까지 10년간 재위하였으며 悼公이 그 뒤를 이음. 이름은 제대로 알려져 있지 않음. 애공 3년 10월에 죽어 이때에 장례를 치른 것임.
＊無傳

※ 1756(哀4-4)

宋人執小邾子.

송宋나라가 소주자小邾子를 사로잡았다.

【小邾子】小邾의 군주. 小邾는 齊나라 근처에 있던 작은 나라. 이들은 모두 齊나라 명령을 듣고 있었음. 諸侯의 分封이었으므로 '小邾'라 부른 것.
＊無傳

※ 1757(哀4-5)

夏, 蔡殺其大夫公孫姓・公孫霍.

여름, 채蔡나라가 그 나라 대부 공손성公孫姓과 공손곽公孫霍을 죽였다.

【公孫姓】蔡나라 대부로 昭侯를 시해한 일당. 《公羊傳》에는 '公孫歸姓'으로 되어 있음.
【公孫霍】公孫盱. 역시 蔡나라 대부로 昭侯를 시해한 일당.

⑫
四年春, 蔡昭公將如吳.
諸大夫恐其又遷也, 承公孫翩逐而射之, 入於家人而卒.
以兩矢門之, 衆莫敢進.
文之鍇後至, 曰:「女牆而進, 多而殺二人.」
鍇執弓而先, 翩射之, 中肘; 鍇遂殺之.
故逐公孫辰而殺公孫姓・公孫盱.

4년 봄, 채蔡 소공昭公이 오吳나라에 가려 하였다.
여러 대부들이 또 도읍을 옮기려는 것이 아닌가 두려워하여, 공손편公孫翩을 계승자로 삼고 소공의 뒤를 쫓아가 활을 쏘자 소공은 민가로 들어가 죽고 말았다.
공손편은 두 손에 화살을 쥐고 그 민가의 문을 지키고 있어 사람들이 감히 그 집으로 들어갈 수가 없었다.
문지개文之鍇가 뒤늦게 와서 이렇게 말하였다.
"여러 사람이 담처럼 서로를 끼고 앞으로 나아간다면 우리를 죽인다 해도 많아야 두어 사람만 죽일 수밖에 없을 것이다."
문지개가 활을 잡고 앞서자 공손편이 그를 쏘아 팔뚝을 맞혔지만 문지개가 결국 공손편을 죽였다.

그 때문에 공손진公孫辰을 내쫓고 공손성公孫姓과 공손우公孫盱를 죽였던 것이다.

【蔡昭公】蔡 昭侯(申).
【承】繼承者로 삼음. 그러나 '承'을 '佐', '助'로 보는 해석도 있음.
【公孫翩】蔡나라 대부. 公孫翩은 蔡 昭侯를 죽인 인물이 아니라 분석에 따라 昭侯를 掩護하고자 애쓴 인물로 보기도 함.
【文之鍇】蔡 昭侯의 신하. 文鍇.
【公孫辰】채나라 대부. 채 昭侯의 시해에 관여한 인물.
【公孫姓】채나라 대부. 역시 昭侯의 시해에 관여한 인물. 公孫歸姓.
【公孫盱】公孫霍. 채나라 대부. 자는 子盱.

※ 1758(哀4-6)

晉人執戎蠻子赤歸于楚.

진晉나라 사람이 융만戎蠻의 수령 적赤을 잡아 초楚나라로 돌려보냈다.

【戎蠻子】戎蠻의 군주. 이름은 赤.《公羊傳》에는 '戎曼子'로 되어 있음. 蠻氏는 成公 6년 傳을 볼 것. 그 나라는 지금의 河南 汝陽縣 동남쪽에 있었음.

(傳)
夏, 楚人旣克夷虎, 乃謀北方.
左司馬眅·申公壽餘·葉公諸梁致蔡於負函, 致方城之外於繒關, 曰:「吳將泝江入郢, 將奔命焉.」
爲一昔之期, 襲梁及霍.
單浮餘圍蠻氏, 蠻氏潰.

蠻子赤奔晉陰地.

司馬起豐・析與狄戎, 以臨上雒.

左師軍于菟和, 右師軍于倉野, 使謂陰地之命大夫士蔑曰:「晉・楚有盟:『好惡同之.』若將不廢, 寡君之願也. 不然, 將通於少習以聽命.」

士蔑請諸趙孟.

趙孟曰:「晉國未寧, 安能惡於楚? 必速與之!」

士蔑乃致九州之戎, 將裂田以與蠻子而城之, 且將爲之卜.

蠻子聽卜, 遂執之與其五大夫, 以畀楚師于三戶.

司馬致邑立宗焉, 以誘其遺民, 而盡俘以歸.

여름, 초楚나라가 이호夷虎를 쳐서 이기고 나자 이에 북쪽을 공략할 모의를 하였다.

이에 좌사마左司馬 판眅・신공申公 수여壽餘, 섭공葉公 제량諸梁이 채나라 사람들을 부함負函에, 방성方城 밖의 사람들은 증관繒關에 모이도록 하고 이렇게 말하였다.

"오吳나라가 장강을 거슬러 올라와 우리 초나라 영郢으로 쳐들어오려 하고 있어 우리는 왕명에 따라 오군을 막으러 달려가는 길이오."

그리고는 하루 저녁에 서로 기약하여, 양梁과 곽霍을 습격하기로 하였다.

선부여單浮餘가 만족蠻族을 포위하여 만족이 무너졌다.

만족의 군주 적赤은 진晉나라의 음지陰地로 달아났다.

사마 판은 풍豐・석析 두 읍 사람들과 적狄・융戎을 출동시켜 상락上雒으로 육박하였다.

좌사左師는 도화산菟和山에 군사를 배치하고, 우사右師는 창야倉野로 진군시켜 음지의 대부 사멸士蔑에게 다음과 같이 말을 전하도록 하였다.

"진나라와 초나라는 서로 동맹을 맺어 '좋은 일, 나쁜 일에 고락을 함께 한다'라 하였습니다. 만약 진나라가 이 맹약을 폐기하지 않는다면 이는 우리 초나라 임금께서 바라던 일입니다. 그렇게 하지 않는다면, 우리는 앞으로 소습산少習山을 거쳐 진나라의 명령을 받겠습니다."

이에 사멸이 조맹趙孟에게 어떻게 대처할 지를 물었다.

조맹은 답하였다.

"진나라는 아직 평온을 찾지 못하고 있는데 어찌 초나라와 불화를 일으키겠소? 어서 급히 만족의 군주 적을 그들에게 넘겨주도록 하시오."

이에 사멸은 아홉 부락의 융족戎族을 불러 모아 장차 만족의 군주에게 땅을 나누어 주고 그곳에 성을 쌓을 것이며 이를 위해 점을 쳐보겠다고 하였다.

만족의 군주가 그 점의 결과를 들으러 그 자리에 나타나자 사멸은 바로 그와 그를 따르는 다섯 대부를 잡아 삼호三戶에서 초나라 군사에게 이들을 넘겨주었다.

초나라 사마는 그들을 위해 고을을 새로 만들고 통치자를 정해 세워 주겠노라 유민들을 꾀어 모은 다음 그들을 모두 잡아 데리고 돌아갔다.

【夷虎】楚나라 서남부에 살고 있었던 이민족으로 초나라에 반기를 들었음. 杜預 注에 "夷虎, 蠻夷叛楚者"라 함.
【眅】楚나라 대부. 당시 左司馬에 있었음.
【申公壽餘】楚나라 대부. 申邑의 대부. 이름은 壽餘.
【葉公諸梁】沈尹戌의 아들. 葉땅의 대부. 섭(葉)은 地名. 당시 楚나라에 속하였으며 지금의 河南省 葉縣. 葉公은 그곳의 縣長인 沈諸梁으로 字는 子高. 《論語》 述而篇의 "葉公問孔子於子路, 子路不對. 子曰:「女奚不曰:『其爲人也, 發憤忘食, 樂以忘憂, 不知老之將至』云爾.」"라 한 葉公임. 이상 세 대부는 모두가 楚나라 故地를 차지하여 대부들이 된 이들로 그 때문에 채나라 사람들을 모은 것임. 杜預 注에 "三子, 楚大夫也. 此蔡之故地人民, 楚因以爲邑. 致之者, 會其衆也"라 함.
【負函】지금의 河南 信陽縣 부근.
【方城】지금의 河南 方城縣.
【繒關】지금의 河南 方城縣 부근.
【郢】초나라 도읍지. 지금의 湖北 江陵市 북쪽 紀南城. 《漢書》 地理志에 "南郡 江陵, 古楚郢都, 楚文王自丹陽徙此, 後九世平王城之"라 함.
【梁·霍】梁은 지금의 臨汝縣, 霍은 梁의 서남쪽. 이 두 곳 근방에 蠻族이 많이 살고 있었음. 《水經注》에 "汝水之右, 有霍陽聚, 汝水逕其北, 東合霍陽山水. 杜預曰:「河南梁縣有霍陽山者也.」 其水東北流, 逕霍陽聚東"이라 함.

【單浮餘】楚나라 대부.
【陰地】晉나라 땅. 지금의 河南 盧氏縣 동북.
【豐·析】楚나라의 읍. 豐은 지금의 河南 淅川縣, 析은 內鄕縣.《方輿紀要》에 "豐城在今河南析川縣西南, 析在內鄕縣西, 有淅陽城"이라 함.
【上雒】지금의 陝西 商縣.
【菟和】산 이름. 菟和山. 商縣 동쪽에 있음.
【倉野】'蒼野'로도 표기하며《一統志》에《水經注》를 인용하여 "丹水自倉野, 又東歷菟和山, 是蒼野聚在菟和山之西"라 함.
【命大夫】'命'은 '一命'의 뜻. 처음 벼슬에 나선 자를 뜻함.
【少習】上雒 근처에 있는 산 이름. 少習山의 밑에 武關이라는 關門이 있었음.
【士蔑】晉나라 대부로 陰地를 지키고 있었음. 陰地는 진나라의 남쪽 중요한 요새였음.
【趙孟】趙簡子. 趙鞅. 이름은 志父. 晉나라 대부. 趙武(文子)의 손자. 范氏, 中行氏와 권력투쟁 끝에 이겨 趙나라의 기초를 세운 인물. 이들 후손이 전국시대 趙나라를 세움.
【未寧】당시 晉나라는 范氏와 中行氏의 난으로 안정을 찾지 못하고 있었음.
【九州之戎】晉나라 陰地의 戎族(陸渾戎)은 아홉 부락으로 나뉘어져 살고 있었음. 昭公 22년을 볼 것.
【三戶】楚나라 땅. 지금의 河南 析川縣 丹江의 남쪽.《一統志》에 "三戶城在河南析川縣西南"이라 함.
【致邑立宗】杜預 注에 "楚復詐爲蠻子作邑, 立其宗主"라 함.

※ 1759(哀4-7)

城西郛.

노나라가 서쪽 외곽에 성을 쌓았다.

【郛】외곽의 성. 杜預 注에 "魯西郭, 備晉也"라 함.
＊無傳

※ 1760(哀4-8)

六月辛丑, 亳社災.

6월 신축날, 박사亳社에 불이 났다.

【辛丑】 6월 14일.
【亳社】 殷나라 도읍 亳에 세워진 사당. 魯나라는 殷나라 유민 奄을 이어받아 다스렸으므로 이에 그들을 위무하기 위하여 亳社를 지었었음. 《公羊傳》에는 '蒲社'로, 《禮記》郊特牲이는 '薄社'로 되어 있음. '薄'과 亳은 혼용하였으며 '蒲'는 '薄'의 오기로 보임.
＊無傳

※ 1761(哀4-9)

秋八月甲寅, 滕子結卒.

가을 8월 갑인날, 등자滕子 결結이 죽었다.

【甲寅】 8월 28일.
【滕】 周 文王의 아들 叔繡가 받았던 封國. 侯爵이었으며 지금의 山東 滕縣 일대. 戰國시대 齊나라에게 망함.
【結】 滕 頃公의 이름.
＊無傳

❋ 1762(哀4-10)

冬十有二月, 葬蔡昭公.

겨울 12월, 채蔡 소공昭公의 장례를 치렀다.

【蔡昭公】蔡 昭侯. 이름은 申. 2월 21일에 죽어 12월에 장례를 치른 것은 매우 늦어진 것이며 이에 대해 杜預 注에는 "亂故, 是以緩"이라 함.
＊無傳

❋ 1763(哀4-11)

葬滕頃公.

등滕 경공頃公의 장례를 치렀다.

【滕頃公】이름은 結. 8월 28일에 죽어 이때 장례를 치름.
＊無傳

傳
秋七月, 齊陳乞·弦施·衛甯跪救范氏.
庚午, 圍五鹿.
九月, 趙鞅圍邯鄲.
冬十一月, 邯鄲降.
荀寅奔鮮虞, 趙稷奔臨.
十二月, 弦施逆之, 遂墮臨.
國夏伐晉, 取邢·任·欒·鄗·逆畤·陰人·盂·壺口, 會鮮虞, 納荀寅于柏人.

가을 7월, 제齊나라 진걸陳乞, 현시弦施와 위衛나라 영궤甯跪가 진晉나라 범씨范氏를 구원하러 나섰다.

경오날, 오록五鹿을 포위하였다.

9월, 진나라 조앙趙鞅이 한단邯鄲을 포위하였다.

겨울 11월, 한단이 항복하였다.

순인荀寅은 선우鮮虞로 달아나고, 조직趙稷은 임臨으로 달아났다.

12월, 현시가 임으로 가서 조직을 맞이하고 곧 임읍의 성을 헐어버렸다. 제나라 국하國夏가 진나라를 쳐서 형邢·임任·난欒·호鄗·역치逆時·음인陰人·우맹盂·호구壺口 등을 빼앗고, 선우와 만나 순인을 백인柏人으로 들여보냈다.

【陳乞】田乞. 齊나라 대부. 陳氏(田氏) 가문의 실력자. 시호는 僖子. 陳僖子로도 불림. 뒤에 晏孺子(荼)를 시해하고 悼公(陽生)을 옹립함.

【弦施】齊나라 대부. 弦多.

【甯跪】위나라 대부. 《說苑》復恩篇에 衛나라 '甯文子'가 있으며 이는 知伯과 동시대 인물로 이가 곧 甯跪가 아닌가 함.

【范氏】中行氏와 함께 晉나라에 난을 일으켰던 인물로 齊나라의 지지를 받고 있었음.

【庚午】7월 14일.

【五鹿】지금의 河北 大名縣 동쪽.

【趙鞅】趙簡子. 晉나라 대부. 趙武(文子)의 손자. 이름은 志父. 范氏, 中行氏와 권력투쟁 끝에 이겨 趙나라의 기초를 세운 인물. 이들 후손이 戰國時代 趙나라를 세움.

【邯鄲】지금의 河北 邯鄲市로 戰國시대 趙나라 도읍이 됨.

【荀寅】晉나라 대부. 中行荀吳의 아들. 中行文子. 中行帥를 역임하여 荀氏에서 中行氏로 바뀌었으며 그 때문에 中行寅으로도 불림. 이들의 후손이 晉六卿의 하나인 中行氏로 세력을 키웠으나 뒤에 知氏에게 망하여 戰國時代가 됨.

【鮮虞】白狄의 별종. 《史記》趙世家 索隱에는 中山國이 옛날에는 鮮虞라 불렸으며 姬姓이었다 하였음. 그러나 錢大昕의 《通鑑注》에는 《姓譜》를 인용하여 "武王封箕子於朝鮮, 支子仲食采於于, 因以鮮于爲氏. 是鮮虞與鮮于, 是一非二矣. 初封爲子姓國, 其後晉滅子姓之鮮虞而封以姬姓, 故曰先子姓, 後姬姓耳"라 함.

【趙稷】邯鄲을 점거하고 있던 晉나라 대부. 杜預 注에 "趙稷以邯鄲叛, 范·中行氏之黨也"라 함.
【臨】晉나라 읍. 지금의 河北 臨城縣 부근에 古臨城이 있음. 弦施가 그곳에 있던 趙稷을 맞이해 돌아가면서 臨邑城을 파괴해 버렸음.
【國夏】齊나라 대부. 國弱(國景子)의 아들. 시호는 惠子. 哀公 6년 魯나라로 망명함.
【邢】지금의 河北 邢臺縣.
【任】지금의 河北 任縣 동남쪽.
【欒】지금의 河北 欒城縣 동남쪽.
【鄗】지금의 河北 柏鄕縣 북쪽.
【逆畤】지금의 河北 完縣 동남쪽.
【陰人】지금의 山西 平順縣과 壺關 사이.
【盂】지금의 壺關 근처.
【壺口】지금의 山西 長治縣 동남.
【柏人】지금의 河北 隆堯縣 서남 堯城鎭.

233. 哀公 5年(B.C.490) 辛亥

周	敬王(姬匄) 30년	齊	景公(杵臼) 58년	晉	定公(午) 22년	衛	出公(輒) 3년
蔡	成公(朔) 원년	鄭	聲公(勝) 11년	曹	曹伯(陽) 12년	陳	閔公(越) 12년
杞	僖公(過) 16년	宋	景公(欒) 27년	秦	悼公 2년	楚	昭王(軫) 26년
吳	吳王(夫差) 6년	越	越王(句踐) 7년				

❋ 1764(哀5-1)

五年春, 城毗.

5년 봄, 노나라가 비毗에 성을 쌓았다.

【毗】《公羊傳》에는 '比'로 되어 있으며 구체적 위치는 알 수 없음.
＊無傳

㊧
五年春, 晉圍柏人, 荀寅·士吉射奔齊.
初, 范氏之臣王生惡張柳朔, 言諸昭子, 使爲柏人.
昭子曰:「夫非而讎乎?」
對曰:「私讎不及公, 好不廢過, 惡不去善, 義之經也, 臣敢違之?」

及范氏出, 張柳朔謂其子:「爾從主, 勉之! 我將止死, 王生授我矣, 吾不可以僭之.」
遂死於柏人.

5년 봄, 진晉나라가 백인柏人을 포위하자 순인荀寅과 사길석士吉射은 제齊나라로 달아났다.
당초, 범씨의 가신 왕생王生이 장유삭張柳朔을 미워하여 그가 백인을 다스리도록 범소자范昭子에게 말했었다.
그러자 소자가 왕생에게 말하였다.
"장유삭은 너의 원수가 아니냐?"
왕생은 대답하였다.
"사사로운 원한은 공적인 일에 영향을 줄 수 없습니다. 좋아하면서도 과실을 못 본 체 하지 아니하고 미워하면서도 잘하는 것을 없애지 않는 것이 의義의 근본입니다. 그런데 제가 어찌 감히 그러한 의리를 어기겠습니까?"
소자가 이번에 제나라로 달아나게 되자 장유삭이 그의 아들에게 이렇게 말하였다.
"너는 주인어른을 따라가 그를 위해 노력하라! 나는 여기에 머물러 죽으리라. 이곳은 왕생이 나에게 여기서 죽으라고 정해 준 것이니 나는 그의 뜻을 어길 수가 없다."
그리고는 결국 백인에서 죽었다.

【柏人】지금의 河北 隆堯縣 서남 堯城鎭. 荀寅을 들여보냈던 곳.
【荀寅】晉나라 대부. 中行荀吳의 아들. 中行文子. 中行帥를 역임하여 荀氏에서 中行氏로 바뀌었으며 그 때문에 中行寅으로도 불림. 이들의 후손이 晉六卿의 하나인 中行氏로 세력을 키웠으나 뒤에 知氏에게 망하여 戰國時代가 됨.
【士吉射】晉나라 대부. 士鞅(范鞅)의 아들. 그 때문에 흔히 范吉射으로도 불리며 시호가 昭子로서 范昭子로도 불림. '射'은 '食亦反', 혹은 '食夜反'으로 '석', 혹은 '사'로 읽음.
【王生】王勝. 范昭子의 가신.

【張柳朔】역시 范昭子의 가신.
【昭子】范吉射. 士吉射.
【授我】나에게 柏人의 邑宰를 삼도록 한 것은 이곳에서 守節하라고 한 것이라 믿었던 것임. 杜預 注에 "授我死節"이라 함.
【僭】믿음을 저버림.
【遂死】杜預 注에 "爲吉射距晉戰死"라 함.

1765(哀5-2)

夏, 齊侯伐宋.

여름, 제후齊侯가 송宋나라를 쳤다.

【齊侯】당시 齊나라 군주는 景公(杵臼)으로 재위 58년째였음.
＊無傳

1766(哀5-3)

晉趙鞅帥師伐衛.

진晉나라 조앙趙鞅이 군사를 이끌고 위衛나라를 쳤다.

【趙鞅】趙簡子. 晉나라 대부. 趙武(文子)의 손자. 이름은 志父. 范氏, 中行氏와 권력투쟁 끝에 이겨 趙나라의 기초를 세운 인물. 이들 후손이 戰國時代 趙나라를 세움.

㊉

夏, 趙鞅伐衛, 范氏之故也, 遂圍中牟.

여름, 진晉나라 조앙趙鞅이 위衛나라를 친 것은 위나라가 범씨范氏를 도왔기 때문이었다. 그는 그 기회에 중모中牟를 포위하였다.

【趙鞅】趙簡子. 晉나라 대부. 趙武(文子)의 손자. 이름은 志父. 范氏, 中行氏와 권력투쟁 끝에 이겨 趙나라의 기초를 세운 인물. 이들 후손이 戰國時代 趙나라를 세움.
【伐衛】杜預 注에 "衛助范氏故也"라 함.
【范氏】中行氏와 함께 晉나라에 난을 일으킨 대부.
【中牟】지금의 河南 湯陰縣. 定公 9년을 볼 것. 江永의 《左傳考實》에 "中牟嘗屬晉趙氏矣, 而此時屬衛, 豈因佛肸叛而中牟遂屬衛歟?"라 함.

✱ 1767(哀5-4)

秋九月癸酉, 齊侯杵臼卒.

가을 9월 계유날, 제후齊侯 저구杵臼가 죽었다.

【癸酉】9월 24일.
【杵臼】齊 景公. 이름은 杵臼. 《公羊傳》에는 '處臼'로 되어 있음. 莊公(光)을 이어 B.C.547~490년까지 58년간 재위하였으며 晏孺子(荼)가 1년, 다시 悼公(陽生)이 뒤를 이음. 晏子(晏嬰)를 재상으로 하여 많은 도움을 받았던 임금.

㊉

齊燕姬生子, 不成而死.

諸子鬻姒之子荼嬖, 諸大夫恐其爲大子也, 言於公曰:「君之齒長矣, 未有大子, 若之何?」
公曰:「二三子間於憂虞, 則有疾疢, 亦姑謀樂, 何憂於無君?」
公疾, 使國惠子·高昭子立荼, 寘羣公子於萊.
秋, 齊景公卒.
冬十月, 公子嘉·公子駒·公子黔奔衛, 公子鉏·公子陽生來奔.
萊人歌之曰:『景公死乎不與埋, 三軍之事乎不與謀, 師乎師乎, 何黨之乎?』

제齊 경공景公의 부인 연희燕姬가 아들을 낳았으나 제대로 성장하지 못한 채 죽고 말았다.
다른 희첩 육사鬻姒가 낳은 아들 도荼가 사랑을 받고 있어 여러 대부들은 도가 태자가 되는 것을 꺼려 경공에게 이렇게 말하였다.
"임금께서 나이가 높으신데 아직 태자를 정하지 않고 계십니다. 이를 어찌 하시겠습니까?"
경공이 말하였다.
"여러분 나는 근심 걱정에서 벗어나 한가하면 병이 나곤 하였소. 한가한 데다 병도 없고 하여 나는 지금 잠시나마 즐겁게 지내려 하는데 어찌 태자 없는 것을 걱정하겠소?"
경공이 병이 나자 국혜자國惠子와 고소자高昭子로 하여금 도를 태자로 삼도록 하고 다른 여러 공자들은 내萊에서 머물게 하였다.
가을, 경공이 세상을 떴다.
겨울 10월, 공자 가嘉, 공자 구駒, 공자 검黔은 위衛나라로 달아나고, 공자 서鉏. 공자 양생陽生은 우리 노나라로 도망왔다.
내읍 사람들이 그들을 두고 이렇게 노래를 불렀다.
"경공 돌아가셨는데 장례에도 참여하지 못하고,
삼군三軍의 일에도 함께하지 못하는 신세로구나.
우리는 어디로 가야 하나!
우리는 누구를 따라야 하나?"

【燕姬】齊 景公의 嫡夫人. 昭公 7년 燕나라에서 데려온 여인임. 燕나라도 姬姓이었으므로 燕姬라 부른 것임.

【不成】冠禮를 치르기 전에 죽음을 말함.

【諸子】天子나 齊侯의 姬妾을 일컫는 공식적인 官稱.

【鬻姒】景公의 姬妾이며 荼의 生母. 《晏子春秋》內篇 諫上에 "淳于人納女于景公, 生孺子荼, 景公愛之"라 하여 淳于 출신이라 하였으나 《史記》齊世家에는 "景公五十八年夏, 景公夫人燕姬適子死, 景公寵妾芮姬生子荼"라 하여 芮나라 출신이라 하였음.

【荼】景公과 鬻姒 사이에 난 아들. 《公羊傳》에는 '舍'로 되어 있음. 景公이 죽고 B.C.489년 한 해 임금 자리에 올랐으나 곧바로 陽生이 朱毛를 사주하여 시해함. 悼公(陽生)에게 넘어가 諡號가 없음.

【何憂於無君】君은 嗣君. 太子를 뜻함. 杜預 注에 "景公意欲立荼而未發, 故以此言塞大夫請"이라 함.

【國惠子】國夏. 齊나라 대부. 國弱(國景子)의 아들. 시호는 惠子. 哀公 6년 魯나라로 망명함.

【高昭子】高張. 齊나라 대부. 高偃의 아들. 시호는 昭子.

【萊】지금의 山東 煙臺 黃縣 동남쪽 萊山. 고대 萊國이 있던 곳.

【景公】諡號는 장례를 치른 후에 주어지는 것이므로 이 노래는 뒤에 나온 거임. 杜預 注에 "稱諡, 蓋葬後而爲此歌"라 함.

【師乎, 師乎】萊 사람들이 자기들의 집단을 호칭한 말. 杜預 注에 "師, 衆也; 黨, 所也; 之, 往也. 哀群公子失所"라 함.

傳
鄭駟秦富而侈, 嬖大夫也, 而常陳卿之車服於其庭.
鄭人惡而殺之.
子思曰:「《詩》曰:『不解于位, 民之攸墍.』不守其位而能久者鮮矣. 〈商頌〉曰:『不僭不濫, 不敢怠皇, 命以多福.』」

정鄭나라 사진駟秦은 부유하였으나 사치를 부렸으며 폐대부嬖大夫의 신분이면서도 항상 경卿의 수레와 관복을 자신의 뜰에 벌여 놓는 것이었다.

정나라 사람이 그를 미워하여 죽였다.

자사子思가 말하였다.

"《시》에 '자신의 지위를 지키는 일을 게을리 하지 않으니 백성이 편하도다.'라 하였다. 자신의 지위를 지키지 않고서 능히 오래 버티는 자는 드물다. 〈상송商頌〉에 '분수를 넘지 않으며, 세력을 함부로 쓰지 않고 감히 게을리하지 않아, 하늘이 많은 복을 내려주셨네'라 하였다."

【駟秦】鄭나라 대부.
【嬖大夫】下大夫.
【子思】鄭나라 자산의 아들 國參. 자는 子思.
【詩】《詩經》大雅 假樂篇에 "假樂君子, 顯顯令德. 宜民宜人, 受祿于天. 保右命之, 自天申之. 干祿百福, 子孫千億. 穆穆皇皇, 宜君宜王. 不愆不忘, 率由舊章. 威儀抑抑, 德音秩秩. 無怨無惡, 率由群匹. 受福無疆, 四方之綱. 之綱之紀, 燕及朋友. 百辟卿士, 媚于天子. 不解于位, 民之攸墍"라 함.
【商頌】《詩經》商頌 殷武篇에 "天命降監, 下民有嚴. 不僭不濫, 不敢怠遑. 命于下國, 封建厥福. 商邑翼翼, 四方之極. 赫赫厥聲, 濯濯厥靈. 壽考且寧, 以保我後生"이라 함. 杜預 注에 "言駟秦違詩商頌, 故受禍"라 함.

※ 1768(哀5-5)

冬, 叔還如齊.

겨울, 노나라 숙선叔還이 제齊나라에 갔다.

【叔還】杜預 注에 "還, 叔詣之曾孫"이라 하였으나 孔穎達 疏에는 "《世族譜》云: 「叔還, 叔弓曾孫也.」 又《世本》云: 「叔弓生定伯閱, 閱生西巷敬叔, 叔生成子還.」 還爲叔弓曾孫, 杜云「叔詣曾孫」, 傳寫誤耳"라 함. '還'은 〈釋文〉에 '還音旋'이라 하여 '선'으로 읽음. 齊 景公의 喪에 조문과 함께 장례에 참석하기 위해 간 것임.
＊無傳

※ 1769(哀5-6)

閏月, 葬齊景公.

윤달, 제齊 경공景公의 장례를 치렀다.

【齊景公】杵臼. 9월 24일에 죽고 이때에 장례를 치른 것임.
＊無傳

234. 哀公 6年(B.C.489) 壬子

周	敬王(姬匄) 31년	齊	安孺子(荼) 원년	晉	定公(午) 23년	衛	出公(輒) 4년
蔡	成公(朔) 2년	鄭	聲公(勝) 12년	曹	曹伯(陽) 13년	陳	閔公(越) 13년
杞	僖公(過) 17년	宋	景公(欒) 28년	秦	悼公 3년	楚	昭王(軫) 27년
吳	吳王(夫差) 7년	越	越王(句踐) 8년				

※ 1770(哀6-1)

六年春, 城邾瑕.

6년 봄, 주하邾瑕에 성을 쌓았다.

【邾瑕】《公羊傳》에는 '邾婁葭'로 되어 있음. 지금의 山東 濟寧縣 남쪽으로 추정하고 있음.《山東通志》에 "邾瑕城在山東濟寧縣東南二十里, 與負瑕爲近, 邾氏居此, 因名邾瑕"라 함.
＊無傳

※ 1771(哀6-2)

晉趙鞅帥師伐鮮虞.

진晉나라 조앙趙鞅이 군사를 이끌고 선우鮮虞를 쳤다.

【趙鞅】趙簡子. 晉나라 대부. 趙武(文子)의 손자. 이름은 志父. 范氏, 中行氏와 권력투쟁 끝에 이겨 趙나라의 기초를 세운 인물. 이들 후손이 戰國時代 趙나라를 세움.
【鮮虞】白狄의 별종.《史記》趙世家 索隱에는 中山國이 옛날에는 鮮虞라 불렸으며 姬姓이었다 하였음. 그러나 錢大昕의《通鑑注》에는《姓譜》를 인용하여 "武王封箕子於朝鮮, 支子仲食采於于, 因以鮮于爲氏. 是鮮虞與鮮于, 是一非二矣. 初封爲子姓國, 其後晉滅子姓之鮮虞而封以姬姓, 故曰先子姓, 後姬姓耳"라 함. 진나라는 여러 차례 선우를 정벌하였으나 끝내 얻지 못하였으며 선우는 뒤에 중산국으로 발전하여 전국시대까지 존재하였으며《戰國策》에 中山策이 있음. 전국 후기 趙나라에게 망함.

㊅

六年春, 晉伐鮮虞, 治范氏之亂也.

6년 봄, 진晉나라가 선우鮮虞를 친 것은 범씨范氏의 난을 다스리기 위해서였다.

【范氏】中行氏와 함께 난을 일으킨 張本人. 杜預 注에 "四年, 鮮虞納荀寅于柏人"이라 함.

※ 1772(哀6-3)

吳伐陳.

오吳나라가 진陳나라를 쳤다.

㊅

吳伐陳, 復修舊怨也.
楚子曰:「吾先君與陳有盟, 不可以不救.」
乃救陳, 師于城父.

오吳나라가 진陳나라를 친 것은 지난날의 원한을 거듭 풀기 위해서였다. 초楚 소왕昭王이 말하였다.
"우리 선군께서 진나라와 동맹을 맺으셨으니 진나라를 구하지 않을 수 없다."
이에 진나라 구원을 위해 성보城父로 진군시켰다.

【舊怨】元年 傳에 "吳侵陳, 修舊怨也"라 하여 당시 陳나라를 쳤으나 뜻을 이루지 못하여 이번에 다시 공격한 것임.《會箋》에는 "夫差之所以亡也. 定五年傳云:「子常唯思舊怨以敗」"라 함.
【與陳有盟】昭公 13년 楚 平王이 陳 惠公(吳)을 보내주면서 맺은 맹약.
【城父】楚나라 읍. 지금의 河南 寶豊縣 동쪽이며 平頂山市 서북쪽.

❈ 1773(哀6-4)

夏, 齊國夏及高張來奔.

여름, 제齊나라 국하國夏와 고장高張이 노나라로 도망쳐 왔다.

【國夏】齊나라 대부. 國弱(國景子)의 아들. 시호는 惠子. 哀公 6년 魯나라로 망명함.
【高張】齊나라 대부. 高偃의 아들. 시호는 昭子.

(傳)
齊陳乞僞事高·國者, 每朝, 必驂乘焉.
所從, 必言諸大夫曰:「彼皆偃蹇, 將棄子之命. 皆曰:『高·國得君, 必偪我, 盍去諸?』固將謀子, 子早圖之! 圖之, 莫如盡滅之. 需, 事之下也.」

及朝, 則曰:「彼, 虎狼也. 見我在子之側, 殺我無日矣, 請就之位.」
又謂諸大夫曰:「二子者禍矣, 恃得君而欲謀二三子, 曰:『國之多難, 貴寵之由, 盡去之而後君定.』旣成謀矣, 盍及其未作也, 先諸? 作而後, 悔亦無及也.」
大夫從之.
夏六月戊辰, 陳乞·鮑牧及諸大夫以甲入于公宮.
昭子聞之, 與惠子乘如公.
戰于莊, 敗.
國人追之, 國夏奔莒, 遂及高張·晏圉·弦施來奔.

제齊나라 진걸陳乞이 겉으로는 고장高張과 국하國夏를 섬기는 척하면서 매번 조정에 갈 때마다 반드시 그들의 수레를 함께 탔다.
 그는 그들을 따를 때마다 언필칭 다른 대부들을 들먹였다.
 "저들은 모두가 거만하며 장차 그대들의 명령을 저버릴 것입니다. 그들은 말끝마다 '고장과 국하는 임금을 손아귀에 넣었으니 틀림없이 우리를 핍박할 것이다. 그러니 우리가 어찌 먼저 나서서 제거하지 않을 수 있겠는가?'라고 하고 있습니다. 진실로 장차 그대들을 두고 모반할 것입니다. 그대들은 장차 대책을 세우셔야 할 것입니다! 대책이란 그들을 모조리 없애는 것만 한 것이 없습니다. 의심하면서 망설이는 것은 일 처리에 있어서 가장 낮은 책략입니다."
 그리고 조정에 도착할 때쯤이면 이렇게 말하는 것이었다.
 "저들은 호랑虎狼과 같은 무리들입니다. 제가 그대들 곁에 있는 것만 본다면 나는 언제 죽을지 모릅니다. 청컨대 저는 얼른 제자리로 가겠습니다."
 그리고 다시 다른 여러 대부들에게는 이렇게 말하였다.
 "고장과 국하 두 사람은 우리의 화근입니다. 군주를 손아귀에 넣었음을 믿고 여러분을 없애려 하면서 '나라의 많은 어려움이란 귀한 자리를 차지한 귀총貴寵들 때문이니 이들을 모조리 없애고 난 다음에야 임금 자리가 안정을 얻을 수 있다'라고 하고 있습니다. 그들은 이미 계획을 짜두고 있는데 어찌 그들이 계획을 실행하지 않고 있는 이때에 미리 손을 쓰지 않습니까? 그들이 일을 실행하고 난 뒤에는 후회한다고 해도 소용이 없을 것입니다."

대부들은 그의 말을 믿고 따르기로 하였다.

여름 6월 무진날, 진걸과 포목鮑牧 및 여러 대부들과 병사들을 이끌고 공궁公宮으로 들어갔다.

소자昭子(高張)는 이를 듣고 혜자惠子(國夏)와 함께 수레를 타고 공궁으로 갔다.

그리하여 장莊에서 싸웠으나 패하고 말았다.

나라 사람들이 그들을 뒤쫓자 국하는 거莒나라로 달아나고 드디어 고장과 안어晏圉, 현시弦施는 우리 노나라로 도망왔던 것이다.

【陳乞】陳僖子. 田乞. 齊나라 대부. 陳氏(田氏) 가문의 실력자. 시호는 僖子. 晏孺子(荼)를 시해하고 悼公(陽生)을 옹립함.
【高·國】高張과 國夏. 高張은 齊나라 대부. 高偃의 아들. 시호는 昭子. 國夏 역시 齊나라 대부. 國弱(國景子)의 아들. 시호는 惠子. 哀公 6년 魯나라로 망명함. 杜預 注에 "高張·國夏受命立荼, 陳乞欲害之 故先僞事焉"이라 함.
【偃蹇】교만함을 뜻하는 疊韻連綿語. 杜預 注에 "偃蹇, 驕敖"라 함.
【需】杜預 注에 "需, 疑也"라 하였고, 孔穎達 疏에는 "需, 是懦弱之意"라 함.
【貴寵】齊 景公으로부터 총애를 받았던 귀한 신분의 대부들을 가리킴.
【戊申】6월 23일.
【鮑牧】齊나라 대부. 鮑國의 손자.
【莊】齊나라 도읍 臨淄의 가장 번화한 거리 莊嶽. 《孟子》滕文公(下)에 "一齊人傳之, 衆楚人咻之, 雖日撻而求其齊也, 不可得矣; 引而置之莊嶽之間數年, 雖日撻而求其楚, 亦不可得矣"라 한 곳임.
【晏圉】晏子(晏嬰)의 아들.
【弦施】齊나라 대부. 弦多. 이들의 이름을 經에 기록하지 않은 것에 대해 杜預 注에는 "圉·施不書, 非卿"이라 함. 한편 《史記》田齊世家에는 "田乞·鮑牧乃與大夫以兵入公宮, 攻高昭子. 昭子聞之, 與國惠子救公. 公師敗. 田乞之徒追之, 奔莒, 遂反殺高昭子. 晏孺子奔魯"라 함.

● 1774(哀6-5)

叔還會吳于柤.

노나라 숙선叔還이 오吳나라와 사柤에서 모였다.

【叔還】杜預 注에 "還, 叔詣之曾孫"이라 하였으나 孔穎達 疏에는 "《世族譜》云:「叔還, 叔弓曾孫也.」又《世本》云:「叔弓生定伯閱, 閱生西巷敬叔, 叔生成子還.」還爲叔弓曾孫, 杜云「叔詣曾孫」, 傳寫誤耳"라 함. '還'은 〈釋文〉에 '還音旋'이라 하여 '선'으로 읽음.
【柤】원래 楚나라 땅이었으나 당시 吳나라가 차지하고 있었던 것으로 보임. 지금의 江蘇 邳縣 북쪽 泇口.
＊無傳

● 1775(哀6-6)

秋七月庚寅, 楚子軫卒.

가을 7월 경인날, 초자楚子 진軫이 죽었다.

【庚寅】7월 16일.
【楚子軫】軫은 珍으로도 표기하며 楚나라 太子. 본명은 壬. 혹은 任으로도 표기함.

傳
秋七月, 楚子在城父, 將救陳.
卜戰, 不吉; 卜退, 不吉.
王曰:「然則死也. 再敗楚師, 不如死; 棄盟·逃讎, 亦不如死. 死一也, 其死讎乎!」

命公子申爲王, 不可; 則命公子結, 亦不可; 則命公子啓, 五辭而後許. 將戰, 王有疾.

庚寅, 昭王攻大冥, 卒于城父.

子閭退, 曰:「君王舍其子而讓, 羣臣敢忘君乎? 從君之命, 順也; 立君之子, 亦順也. 二順不可失也.」

與子西·子期謀, 潛師, 閉塗, 逆越女之子章立之, 而後還.

是歲也, 有雲如衆赤鳥, 夾日以飛三日.

楚子使問諸周大史.

周大史曰:「其當王身乎! 若禜之, 可移於令尹·司馬.」

王曰:「除腹心之疾, 而寘諸股肱, 何益? 不穀不有大過, 天其夭諸? 有罪受罰, 又焉移之?」

遂弗禜.

初, 昭王有疾, 卜曰:「河爲祟.」

王弗祭.

大夫請祭諸郊.

王曰:「三代命祀, 祭不越望. 江·漢·雎·漳, 楚之望也. 禍福之至, 不是過也. 不穀雖不德, 河非所獲罪也.」

遂弗祭.

孔子曰:「楚昭王知大道也. 其不失國也, 宜哉!〈夏書〉曰:『惟彼陶唐, 帥彼天常, 有此冀方. 今失其行, 亂其紀綱, 乃滅而亡.』又曰:『允出茲在茲.』由己率常, 可矣.」

가을 7월, 초楚 소왕昭王이 성보城父에 머물면서 장차 진陳나라 구원에 나섰다.

싸움에 대한 점을 쳤더니 불길하다는 괘가 나와 철군하고자 하였으나 역시 불길하다는 것이었다.

소왕은 이렇게 말하였다.

"그렇다면 어찌해도 죽는다는 것이다. 초나라 군사가 또다시 패배하느니 죽느니만 못하고, 그렇다고 피차 맹약을 저버리고 원수에게 도망치는 것

역시 죽느니만 못하다. 죽기는 매한가지이니 원수와 싸우다가 죽으리라!"

그리하여 공자 신申에게 왕위를 잇도록 명하였더니 공자 신이 거절하여 다시 공자 결結에게 명하였으나 그 역시 거절하는 것이었다. 이에 공자 계啓에게 명하였더니 다섯 번이나 사양하고 나서야 겨우 허락하는 것이었다.

장차 전투가 벌어지자 소왕은 그만 병이 들고 말았다.

경인날, 소왕은 대명大冥을 공격하고 나서 성보城父에서 세상을 떠났다.

자려子閭(啓)가 물러나와 이렇게 말하였다.

"임금께서 자신의 아들들을 제쳐놓고 우리에게 양보하셨으나 우리 신하들이 어찌 감히 임금을 잊을 수 있겠소? 임금의 명령을 따르는 것은 순리이기는 하나 임금의 아들을 세우는 것 역시 순리에 맞는 것이오. 이 두 가지 순리는 어느 것도 어길 수가 없는 것이오."

그리고는 자서子西(申), 자기子期(結)와 모책을 세워 군사를 몰래 빼돌리고, 길을 막아 왕이 죽었다는 말이 퍼져나가지 않도록 한 다음 월녀越女 소생의 왕자 장章을 맞이하여 왕으로 세운 다음 귀환하였다.

이해에 붉은 새떼와 같은 형상을 한 구름이 해를 사흘이나 끼고 날아가는 모습을 보이는 것이었다.

초 소왕이 주周나라 태사太史에게 사람을 보내어 알아보도록 하였다.

그러자 주나라 태사가 말하였다.

"재앙이 국왕 자신에게 미치려는가! 만약 남에게 떠넘기는 제사를 올린다면 그 재앙을 영윤이나 사마에게 옮겨 가게 할 수가 있을 것이오."

소왕은 이를 듣고 말하였다.

"배와 심장의 질환을 없앤다고 이를 팔과 다리에게 떠넘긴다면 무슨 이익이 되겠는가? 내가 큰 허물을 짓지 않았다면 하늘이 나를 이렇게 요절하게 하겠는가? 그러나 나에게 죄가 있다면 내가 벌을 받아야 할 것이니 내 어찌 이를 남에게 옮겨가도록 하겠는가?"

그리고는 끝내 남에게 미루지 않았다.

일찍이 소왕이 병이 나서 점을 쳤더니 "하수의 신이 빌미"라는 것이었다.

그러나 왕은 신에게 병을 낫게 해달라는 제사를 올리지 않았다.

대부들이 교외에서 하신에게 제사 지낼 것을 청원하였다.

그러자 왕이 말하였다.

"삼대三代 동안 천자가 제사 지낼 범위를 정하여 명하시되 제후는 자신의 영토 밖으로 넘어서지 못하도록 하였소. 강수江水, 한수漢水, 저수雎水, 장수漳水는 우리 초나라가 제사를 올릴 수 있는 대상이오. 우리에게 화나 복이 온다는 것은 이들 밖의 신을 넘어서지 않소. 내 비록 덕이 모자라기는 하나 하수의 신에게 죄를 지은 것은 아닐 것이오."

그리하여 끝내 제사를 올리지 않았다.

공자가 말하였다.

"초 소왕은 대도를 알고 있다. 그가 나라를 잃지 않았던 것은 마땅하도다! 〈하서夏書〉에 '오직 저 도당陶唐(堯)은 천도를 따라 중국을 갖게 되었다. 지금 걸왕은 바른 행동을 잃고 기강을 어지럽혀 결국 나라가 망하고 말았다'라 하였다. 그리고 다시 '모든 운명은 자신에게서 나오고 그 원인도 자신에게 있다'라 하였다. 그러니 천도를 따라 자신에게 모든 것을 찾아야 하는 것이다."

【楚子】楚 昭王. 재위 27년으로 마지막 해였음.
【公子申】楚나라 공자 子西. 宜申. 楚나라 대부이며 令尹. 楚 平王의 庶弟. 子期 (公子 結)의 형.《史記》楚世家에는 "子西, 平王之庶弟也"라 하였으나 服虔은 "子庶, 平王之長庶宜申"이라 함.
【公子結】楚나라 공자 子期. 子西(公子 申, 宜申)의 아우.
【公子啓】楚나라 공자 子閭. 이상 셋은 모두 昭王의 형이었음. 그러나《列女傳》節義篇에는 "王病甚, 讓位於三弟, 三弟不聽. ……王弟子閭與子西·子期謀"라 하여 세 사람을 昭王의 아우라 하였음.
【大冥】陳나라 땅. 지금의 河南 項城縣.《彙纂》에 "當在今河南淮陽項城縣境"이라 함.
【潛師】몰래 군사를 이동시킴.
【越女】越王 句踐의 딸로 16년 傳의 昭夫人. 公子 章의 어머니.《列女傳》節義篇에는 昭王이 죽기 전 자살한 것으로 되어 있음.
【子章】熊章. 昭王과 越女(昭夫人) 사이에 난 아들.《列女傳》에는 '熊章'으로 되어 있음.

【周大史】종주국 周나라 왕실의 태사. 제후국의 吉凶에 대해 풀이하기도 하고 역사 기록을 담당하기도 함. 본 장과 관련한 《說苑》君道篇에는 "楚昭王之時, 有雲如飛鳥, 夾日而飛三日, 昭王患之, 使人乘驛東而問諸太史州黎, 州黎曰: 「將虐於王身, 以令尹司馬說焉, 則可.」令尹司馬聞之, 宿齋沐浴, 將自以身禱之焉. 王曰: 「止, 楚國之有不穀也, 由身之有匈脇也; 其有令尹司馬也, 由身之有股肱也. 匈脇有疾, 轉之股肱, 庸爲去是人也?」"라 함.

【禜】'영'으로 읽으며 杜預 注에 "禜, 禳祭"라 함. 자신이 받을 재앙을 제사를 올려 남에게 떠넘김.

【股肱】팔과 다리. 腹心(昭王 자신)에 상대하여 重臣을 비유한 것임.

【不穀】'孤', '寡人'과 더불어 임금이 자신을 낮추어 부르는 칭호. 《老子》39장에 "故貴以賤爲本, 高以下爲基. 是以侯王自謂孤·寡·不穀, 此非以賤爲本邪? 非歟?"라 함.

【祟】'수'로 읽으며 '빌미', '해코지'를 뜻함. 그 신에게 제대로 하지 않아 생기는 재앙이나 질병.

【三代】夏, 殷, 周.

【江】江水. 長江. 揚子江. 宣公 12년 전을 볼 것.

【漢】漢水. 莊公 4년 전을 볼 것.

【雎】雎水. 定公 4년 전을 볼 것. 《說苑》 등에는 '睢'로 되어 있음.

【漳】漳水. 宣公 4년 전을 볼 것. 이상 네 강은 모두 楚나라 경내를 흘러 초나라가 관리하고 제사를 올려야 하는 강물.

【夏書】夏나라 역사를 기록한 逸書. 지금의 《僞古文尙書》夏書 五子之歌에 "其三曰:「惟彼陶唐, 有此冀方. 今失厥道, 亂其紀綱, 乃底滅亡.」"이라 함.

【冀方】'中國', '中原'을 뜻함.

【今失其行】夏나라 末王 桀을 가리킴.

【允出玆在玆】《僞古文尙書》虞書 大禹謨에 "禹曰:「朕德罔克, 民不依, 皐陶邁種德, 德乃降, 黎民懷之, 帝念哉, 念玆在玆, 釋玆在玆, 名言玆在玆, 允出玆在玆, 惟帝念功.」"이라 함.

＊이상의 이야기는 《說苑》君道篇, 《孔子家語》正論解, 《韓詩外傳》(3), 《公子集語》主德篇 및 《史記》楚世家 등에 전재되어 있으며, 혹 楚 昭王이 楚 莊王으로 된 곳도 있음.

❋ 1776(哀6-7)

齊陽生入齊.

제齊나라 양생陽生이 제나라로 들어갔다.

【陽生】齊 景公의 庶子. 晏孺子(荼)가 왕위에 오르자 魯나라로 도망갔다가 뒤에 悼公이 되어 B.C.484~481년까지 4년간 재위하고 簡公(壬)에게로 이어짐.

❋ 1777(哀6-8)

齊陳乞弒其君荼.

제齊나라 진걸陳乞이 군주 도荼를 죽였다.

【陳乞】田乞. 齊나라 대부. 陳氏(田氏) 가문의 실력자. 시호는 僖子. 晏孺子(荼)를 시해하고 悼公(陽生)을 옹립함.
【荼】景公과 鬻姒 사이에 난 아들. 《公羊傳》에는 '舍'로 되어 있음. 景公이 죽고 B.C.489년 한 해 임금 자리에 올랐으나 곧바로 陽生이 朱毛를 사주하여 시해함. 悼公(陽生)에게 넘어가 諡號가 없음.

㊉
八月, 齊邴意茲來奔.

8월, 제齊나라 병의자邴意茲가 우리 노나라로 망명해 왔다.

【邴意茲】齊나라 대부. 《史記》에는 '秉意茲'로 되어 있음. 高氏와 國氏의 一黨. 定公 13년을 볼 것. 《史記》 齊世家에는 "八月, 齊秉意茲·田乞敗二相, 乃使人之 魯召公子陽生"이라 하여 기록이 다름.

㉓

陳僖子使召公子陽生.

陽生駕而見南郭且于, 曰:「嘗獻馬於季孫, 不入於上乘, 故又獻此, 請與子乘之.」

出萊門而告之故.

闞止知之, 先待諸外.

公子曰:「事未可知, 反, 與壬也處.」

戒之, 遂行.

逮夜, 至於齊, 國人知之.

僖子使子士之母養之, 與饋者皆入.

冬十月丁卯, 立之.

將盟, 鮑子醉而往.

其臣差車鮑點曰:「此誰之命也?」

陳子曰:「受命于鮑子.」

遂誣鮑子曰:「子之命也!」

鮑子曰:「女忘君之爲孺子牛而折其齒乎? 而背之也?」

悼公稽首, 曰:「吾子, 奉義而行者也. 若我可, 不必亡一大夫; 若我不可, 不必亡一公子. 義則進, 否則退, 敢不唯子是從? 廢興無以亂, 則所願也.」

鮑子曰:「誰非君之子?」

乃受盟.

使胡姬以安孺子如賴, 去鬵姒, 殺王甲, 拘江說, 囚王豹于句竇之丘.

公使朱毛告於陳子, 曰:「微子, 則不及此. 然君異於器, 不可以二. 器二不匱, 君二多難, 敢布諸大夫.」

僖子不對而泣, 曰:「君擧不信羣臣乎? 以齊國之困, 困又有憂, 少君不可以訪, 是以求長君, 庶亦能容羣臣乎! 不然, 夫孺子何罪?」

毛復命, 公悔之.

毛曰:「君大訪於陳子, 而圖其小可也.」

使毛遷孺子於駘.
不至, 殺諸野幕之下, 葬諸乂冒淳.

　제齊나라 진희자陳僖子가 우리 노나라로 도망와 있던 제나라 공자 양생陽生을 불렀다.
　그러자 양생은 수레를 타고 남곽南郭에 있던 저우乂于를 찾아가 이렇게 말하였다.
　"내 일찍이 계손씨에게 말을 바쳤었는데 그 말이 상등의 말에 끼지 못하고 있소이다. 그 때문에 다시 이 말을 헌납하려 하니 그대와 함께 타고 시험해 보았으면 하오."
　이에 함께 말을 타고 내문萊門을 나서서야 사실을 말해 주었다.
　감지闞止가 이를 알고 성 밖에 먼저 가서 이들을 기다리고 있었다.
　양생이 감지에게 말하였다.
　"일이 어찌 될지 알 수 없으니 너는 돌아가 임壬과 같이 있도록 하라."
　공자 양생은 감지에게 경계를 시킨 다음 제나라로 향하였다.
　저녁이 되어 제나라에 이르자 제나라 사람들이 그를 알아보았다.
　그때 진희자는 자사子士의 어머니에게 공자 양생을 돌보도록 하고 궁중의 음식물을 보급하는 사람과 함께 궁중으로 들여보냈다.
　겨울 10월 정묘날, 공자 양생이 군주가 되었다.
　장차 대부들과 맹약을 맺고자 할 때 포자鮑子가 술에 취한 채 그곳으로 갔다.
　포자의 가신으로 수레를 관리하는 포점鮑點이 물었다.
　"이번의 맹약은 어느 분의 명령입니까?"
　진희자가 말하였다.
　"우리는 포자의 명을 받고 있는 것이다."
　그리고 그는 곧 포자를 속여 이렇게 말하였다.
　"이 맹약은 그대의 명으로 하게 되는 것입니다!"
　그러자 포자가 말하였다.

"너는 전의 군주께서 어린 도茶의 소 노릇을 하였다가 임금의 이를 부러뜨린 일을 잊었느냐? 너는 돌아가신 군주를 배반하려느냐?"

이에 도공悼公(陽生)은 머리를 조아리며 말하였다.

"그대는 의義를 받들어 이를 실행하는 분이십니다. 만약 내가 임금이 되어도 좋다면 대부 한 분을 잃을 필요가 없을 것이며, 만약 내가 임금이 되기에 불가하다면 공자公子 하나를 잃을 필요가 없습니다. 내가 임금이 되는 것이 의롭다면 나는 임금이 될 것이요, 그렇지 않다면 나는 물러날 것입니다. 감히 그대의 뜻을 따르지 않을 수 있겠습니까? 내가 물러나거나 나가거나 혼란이 없도록 한다면 이것이 내가 바라는 바입니다."

포자가 말하였다.

"어느 분인들 군주의 아드님이 아니겠습니까?"

그리고 맹약을 받아들였다.

도공은 호희胡姬에게 어린 안安(茶)을 데리고 뇌賴로 가도록 하고, 도의 어머니 육사鬻姒를 쫓아냈으며, 왕갑王甲을 죽이고 강열江說을 구속하고, 왕표王豹를 구두句竇의 언덕에 가두었다.

도공은 주모朱毛로 하여금 진희자에게 이렇게 말하도록 하였다.

"그대가 아니었더라면 나는 이 자리에 있지 못하였을 것이오. 그러나 임금이란 그릇과는 달라 둘이 있을 수는 없소. 같은 그릇이 둘이면 쓰임에 궁핍함이 없으나 임금이 둘이면 환란이 많게 되오. 감히 대부인 그대에게 일러두는 것이오."

진희자는 대답을 하지 못한 채 울며 말하였다.

"그대께서는 우리 신하들을 모두 믿지 못하십니까? 우리 제나라는 안으로 곤란한 처지이며 곤란함에 더하여 다시 우환도 있으나 어린 임금과는 국사를 상의할 수도 없어 이 때문에 나이 드신 그대를 찾았던 것입니다. 아마도 신하들을 능히 용납하실 수 있을 것입니다! 그것이 아니라면 저 어린 임금이 무슨 죄가 있겠습니까?"

주모가 복명하자 도공은 뉘우쳤다.

주모가 말하였다.

"그대께서는 큰 일은 진희자에게 물으시고, 작은 일은 마음대로 헤아리심이 옳을 듯합니다."

도공은 주모에게 어린 도를 태駘로 옮기도록 하였다.

그러나 태에 이르기 전에 주모는 도를 들의 막사에서 도를 죽여 수모순父冒淳에 묻었다.

【陳僖子】陳乞. 田乞. 齊나라 대부. 陳氏(田氏) 가문의 실력자. 시호는 僖子. 晏孺子(荼)를 시해하고 悼公(陽生)을 옹립함.
【陽生】齊 景公의 庶子. 晏孺子(荼)가 왕위에 오르자 魯나라로 도망갔다가 뒤에 悼公이 되어 B.C.484~481년까지 4년간 재위하고 簡公(壬)에게로 이어짐.
【且于】齊나라 公子 鉏. 그가 살던 곳이 魯나라 曲阜의 南郭이었음. 杜預 注에 "且于, 齊公子鉏, 在魯南郭"이라 함.
【與子乘之】陳乞이 자신이 부르고 있음을 남이 알까 두려워 핑계를 대고 함께 밖으로 나가 그 사실을 알리고자 한 것임. 杜預 注에 "畏在家, 人聞其言, 故欲二人共載, 以試馬爲辭"라 함.
【萊門】魯나라 郭門. 그러나 定公 9년 傳에 "陽虎使焚萊門"이라 하여 이미 불타 버려 혹 陽關의 邑門이 아닌가 함.
【闞止】陽生의 가신. 子我. 杜預 注에 "闞止, 陽生家臣子我也. 待外, 欲俱去"라 함. 한편《史記》(仲尼弟子列傳),《呂氏春秋》(愼勢篇),《淮南子》(人間訓),《鹽鐵論》(殊語篇, 頌賢篇),《說苑》(正諫篇, 指武篇) 등에는 '闞止'를 孔子 弟子 '宰予'(字는 子我)라 하였음. 그러나《史記》索隱에는 "左傳闞止字子我, 爲陳恆所殺, 字與宰予相涉, 因誤"라 하여 '宰予'의 자가 '子我'여서 잘못 알려진 것이라 하였음.
【壬】공자 陽生의 아들. 뒤에 簡公이 되어 B.C.484~481년까지 4년간 재위함. 陽生의 아내는 노나라 季康子의 누이동생이었음. 8년 傳에 "齊悼公之來, 季康子以其妹妻之"라 함.
【國人知之】杜預 注에 "故以昏至, 不欲令人知也. 國人知而不言, 言陳氏得衆"이라 함.
【子士之母】子士는 陳僖子의 아들. 그의 어머니는 陳僖子의 첩이었음. 杜預 注에 "隱於僖子家內. 子士母, 僖子妾"이라 함.
【饋者】杜預 注에 "陳僖子又令陽生隨饋食之人入處公宮"이라 함.
【丁卯】10월 24일.

【立之】陽生이 임금(悼公)이 됨.
【鮑子】鮑牧. 齊나라 대부. 鮑國의 손자.
【差車】수레의 관리인. 杜預 注에 "差車, 主車之官"이라 함.
【鮑點】鮑牧의 신하.
【誣】杜預 注에 "見其醉, 故誣之"라 함.
【孺子】晏孺子(安孺子). 齊 景公이 아끼던 아들 荼이며 B.C.489년 임금 자리에 올랐으나 재위 1년 만에 陽生(悼公)이 뒤를 이었음. 晏은 시호.
【折齒】景公이 荼를 사랑하여 陳乞로 하여금 소가 되어 景公을 태우고 荼로 하여금 끌도록 하는 놀이를 하다가 진걸이 넘어져 景公의 이가 부러짐. 그때 용서를 받고 荼를 부탁받았던 경공의 은혜를 저버리고 있음을 뜻함.
【亡一大夫】鮑牧을 죽이는 일.
【亡一公子】杜預 注에 "公子, 自謂也. 恐鮑子殺己, 故要之"라 함.
【胡姬】景公의 첩. 胡나라 출신. 姬姓.
【晏孺子】安은 어린 상속자였던 荼의 시호. 景公의 유언으로 임금 자리에 올랐으나 어린 나이에 피살되어 廟號가 없었으며 安孺子(晏孺子)로 불렸음.
【賴】지금의 章丘縣 서북.
【鬻姒】荼의 생모.
【王甲·江說·王豹】杜預 注에 "三子, 景公嬖臣, 荼之黨也"라 하였으며 王豹는 《孟子》告子(下)에 "昔者王豹處於淇, 而河西善謳"라 한 인물이 아닌가 여겼음.
【句竇】지명. 구체적으로는 알 수 없음. 楊伯峻의 注에는 '句瀆'으로 되어 있음.
【朱毛】齊나라 대부. 悼公의 신하.
【君二】이미 임금 자리에 올라 있는 어린 荼(安孺子)와 悼公 자신.
【不信群臣】顧炎武의 〈補正〉에 "悼公忌荼, 恐諸大夫復立荼而廢己, 欲使除之, 故僖子以爲疑己"라 함.
【憂】杜預 注에 "內有饑荒之困, 又有兵革之憂"라 함.
【大小】杜預 注에 "大謂國政, 小謂殺荼"라 함.
【駘】顧棟高 〈大事表〉(7)에 지금의 山東 靑州府 臨朐縣이라 함.
【野幕】들에 임시로 친 幕舍.
【㝬冒淳】賴 근처의 지명.

● 1778(哀6-9)

冬, 仲孫何忌帥師伐邾.

겨울, 중손하기仲孫何忌가 군사를 이끌고 주邾나라를 쳤다.

【仲孫何忌】孟懿子. 魯나라 대부. 孟僖子의 후계자. 시호는 懿子.
【邾】周 武王이 祝融 八姓의 하나였던 邾俠(曹俠)을 封하여 부용국으로 삼았었으며 지금의 山東 鄒縣. 이 때문에 戰國시대에 이름을 '鄒'로 바꾸었음. 曹姓이며 子爵 작위를 받았으나 魯나라에 예속되어 있었음.
　＊無傳

● 1779(哀6-10)

宋向巢帥師伐曹.

송宋나라 상소向巢가 군사를 이끌고 조曹나라를 쳤다.

【向巢】宋나라 向戌의 曾孫이며 向魋의 형. 그러나《禮記》檀弓 疏에《世本》을 인용하여 "向戌生東鄰叔子超, 超生左師眇"라 하였으며 '眇'가 곧 '向巢'이며 따라서 손자가 됨.
　＊無傳

235. 哀公 7年(B.C.488) 癸丑

周	敬王(姬匄) 32년	齊	悼公(陽生) 원년	晉	定公(午) 24년	衛	出公(輒) 5년
蔡	成公(朔) 3년	鄭	聲公(勝) 13년	曹	曹伯(陽) 14년	陳	閔公(越) 14년
杞	僖公(過) 18년	宋	景公(欒) 29년	秦	悼公 4년	楚	惠王(章) 원년
吳	吳王(夫差) 8년	越	越王(句踐) 9년				

● 1780(哀7-1)

七年春, 宋皇瑗帥師侵鄭.

7년 봄, 송宋나라 황원皇瑗이 군사를 이끌고 정鄭나라를 쳤다.

【皇瑗】宋나라 대부이며 右師. 皇麋의 아버지.

● 1781(哀7-2)

晉魏曼多帥師侵衛.

진晉나라 위만다魏曼多가 군사를 이끌고 위衛나라를 쳤다.

【魏曼多】晉나라 대부.

㊅
七年春, 宋師侵鄭, 鄭叛晉故也.

7년 봄, 송宋나라 군사가 정鄭나라를 쳐들어간 것은 정나라가 진晉나라를 배반하였기 때문이었다.

【叛晉】杜預 注에 "定八年鄭始叛"이라 하였고,《會箋》에는 "定十四年經, 齊侯·宋公會於洮, 是始從齊也. 然經書鄭·衛之盟, 而宋則無盟齊文, 蓋宋雖叛晉, 與鄭·衛自異. 今觀齊之不競, 又去齊卽晉也"라 함.

㊅
晉師侵衛, 衛不服也.

진晉나라가 위衛나라를 쳐들어간 것은 위나라가 복종하지 않아서였다.

【衛不服】杜預 注에 "五年晉伐衛, 至今未服"이라 함. 楊伯峻은 "蓋晉趙鞅欲納蒯聵, 未得. 卽十四年·十五年兩次伐衛, 亦欲納蒯聵, 樹立使己之國. 十六年蒯聵入國, 趙鞅便欲使蒯聵朝晉"이라 함.

● 1782(哀7-3)
夏, 公會吳于鄫.

여름, 애공哀公이 오吳나라와 증鄫에서 만났다.

【吳】당시 吳나라 군주는 吳王 夫差로 재위 8년째였음.
【鄫】《穀梁傳》에는 '繒'으로 되어 있으며〈釋文〉에는 "本又作繒"이라 함. 지금의 山東 棗莊市 동쪽.

⑲

夏, 公會吳于鄖.

吳來徵百牢.

子服景伯對曰:「先王未之有也.」

吳人曰:「宋百牢我, 魯不可以後宋. 且魯牢晉大夫過十, 吳王百牢, 不亦可乎?」

景伯曰:「晉范鞅貪而棄禮, 以大國懼敝邑, 故敝邑十一牢之. 君若以禮命於諸侯, 則有數矣. 若亦棄禮, 則有淫者矣. 周之王也, 制禮, 上物不過十二, 以爲天之大數也. 今棄周禮, 而曰必百牢, 亦唯執事.」

吳人弗聽.

景伯曰:「吳將亡矣, 棄天而背本. 不與, 必棄疾於我.」

乃與之.

大宰嚭召季康子, 康子使子貢辭.

大宰嚭曰:「國君道長, 而大夫不出門, 此何禮也?」

對曰:「豈以爲禮? 畏大國也. 大國不以禮命於諸侯, 苟不以禮, 豈可量也? 寡君旣共命焉, 其老豈敢棄其國? 大伯端委以治周禮, 仲雍嗣之, 斷髮文身, 臝以爲飾, 豈禮也哉? 有由然也.」

反自鄖, 以吳爲無能爲也.

여름, 애공이 오吳나라와 증鄖에서 만났다.

그때 오나라 사람이 와 백 가지 요리를 갖춘 향연을 요구하였다.

이에 자복경백子服景伯이 대답하였다.

"옛날 선왕에게도 그러한 향연을 베푼 예가 없습니다."

오나라 사람이 말하였다.

"송宋나라는 나에게 백 가지 요리의 향연을 베풀었습니다. 노나라가 송나라만 못할 수는 없는 것입니다. 게다가 노나라는 진晉나라의 대부에게도 요리 열 가지가 넘는 향연을 베풀었으니 오왕이 백 가지 요리의 향연을 받는 것은 마땅하지 않습니까?"

자복경백은 말하였다.

"진나라 범앙范鞅은 탐욕스러워 예를 무시하고 대국의 위세로 우리를 두렵게 하여 그 때문에 우리가 열한 가지 요리로 대접하였던 것입니다. 귀국 군주께서 만약 예로써 다른 제후들에게 명하신다면 정해진 수량이 있는 것입니다. 만약 귀국 군주 역시 예를 무시한다면 정해진 수량의 법도를 어지럽히는 것이 됩니다. 주周나라가 천자가 되어 예를 정하되 향연의 상한은 열두 가지 요리를 넘지 않도록 하였으니 이는 하늘의 대수大數입니다. 지금 그러한 주나라 예를 버리고 반드시 백 가지 요리의 향연을 요구하신다면 역시 귀국 집사의 명령을 따르겠습니다."

오나라 사람이 거부하였다.

자복경백은 말하였다.

"오나라는 장차 망할 것이다. 천도를 버리고 근본을 배반하고 있다. 그들이 요구하는 대로 응하지 않는다면 그들은 틀림없이 우리를 괴롭힐 것이다."

이에 그들의 요구대로 해주었다.

오나라 태재太宰 비嚭가 계강자季康子를 부르자 계강자는 자공子貢으로 하여금 그와 상대하도록 하였다.

태재 비가 말하였다.

"귀국의 군주께서 먼 길 여행을 하고 계시는데 대부가 문에서 나오지도 않고 있으니 이는 어찌된 예의입니까?"

자공이 대답하였다.

"그것이 어찌 예이겠습니까? 큰 나라를 두려워하여 그런 것입니다. 큰 나라가 예를 지키지 않으면서 제후들에게 마구 명하고 있으니 진실로 예로써 하지 않는다면 앞일을 어떻게 헤아리겠습니까? 우리 임금께서는 이미 공손히 귀국의 명령을 따르고 있는데 원로들이 어찌 감히 나라를 버릴 수 있겠습니까? 태백大伯께서는 현단玄端과 위모관委貌冠의 복장으로써 주周나라 예를 갖추셨으나 중옹仲雍께서 그 뒤를 이어서는 단발문신斷髮文身을 하고 벌거벗은 차림을 장식으로 여겼으니 그것이 어찌 예이겠습니까? 그러나 그것은 그렇게 할 수밖에 없는 이유가 있었을 것입니다."

애공이 증에서 돌아와서 오나라는 아무 일도 할 수 없을 것이라 여기게 되었다.

【吳】 吳王 夫差는 이때에 中原으로 진출하여 패자가 되겠다는 욕망을 가지고 있었음. 杜預 注에 "吳欲霸中國"이라 함.

【鄫】 고대 나라 이름. 莒나라에 의하여 무너졌음. 지금의 山東 嶧縣 동쪽에 그 자취가 있음.

【百牢】 백 마리 소를 잡아 대접함. 혹은 백 가지 요리를 갖춘 잔치. 吳王 夫差는 宋나라를 지나며 이와 같은 큰 대접을 받아 그 때문에 노나라에게도 자신에게 복종할 것을 요구한 것임.

【子服景伯】 魯나라 대부. 仲孫何. 《禮記》 檀弓(上)의 鄭玄 注에 "子服伯子, 蓋仲孫蔑之玄孫子服景伯"이라 하였음. 孔穎達 疏에는 《世本》을 인용하여 "獻子蔑生孝伯(它), 孝伯生惠伯(椒), 惠伯生昭伯(回), 昭伯生景伯"이라 함.

【范鞅】 范獻子. 晉나라 대부. 士鞅. 范叔으로도 불림. 시호는 獻子. 士匄(宣子)의 아들이며 士燮(范文子)의 손자.

【有數】 牢의 예가 정해져 있음. 《周禮》 秋官 大行人에 "上公九牢, 侯伯七牢, 子男五牢, 是常數也"라 함.

【淫】 杜預 注에 "淫, 過也"라 함.

【大宰嚭】 吳나라 太宰 伯嚭. 伯州犁의 아들. 伯州犁가 晉나라 출신으로 楚나라에 망명하여 楚나라 太宰가 되었으며 그 아들이 이번에는 吳나라로 망명하여 오나라 太宰가 됨. 뒤에 伍子胥와 함께 越나라 范蠡, 大夫 文種 등 넷은 吳越 抗爭의 중심인물이 됨. 伯嚭는 伍子胥와 심한 갈등을 빚었으며 부정적인 인물로 묘사되기도 함. 오나라 멸망을 재촉한 인물로 널리 알려짐. 《吳越春秋》에는 '白喜'로 되어 있음.

【季康子】 季孫肥. 季孫斯의 서자. 시호는 康子. 魯나라 正卿.

【子貢】 孔子 제자. 端木賜. 孔門四科 중 言語로 뛰어났던 인물. 《孔子家語》 七十二弟子解에 "端木賜, 字子貢, 衛人, 有口才, 著名"이라 하였고, 《史記》 仲尼弟子列傳에는 "子貢利口巧辭, 孔子常黜其辯"이라 함.

【畏大國】 杜預 注에 "畏大國, 不敢許國盡行"이라 함.

【大伯】 吳 太伯(泰伯). 周나라 古公亶父(太王)의 맏아들로서 古公이 막내아들 季歷의 아들 昌(西伯, 文王)이 뛰어남을 알고 季歷을 거쳐 그에게 왕위가 이어지기를 바라는 눈치를 알고 泰伯은 아우 仲雍(虞仲)과 함께 吳(지금의 江蘇 蘇州)로 도망하여 미개한 그곳 백성을 개화시키고 吳나라를 세워 그 시조가 됨. 《史記》 周本紀 및 吳泰伯世家 참조.

【端委】 端은 玄端으로 검은색 베옷. 委는 委貌冠을 말함. 예복과 예관을 뜻하며 그때 태백은 처음 오나라를 세운 다음 주나라 선진 예악을 그대로 실행하였

음을 말함..
【仲雍】虞仲이라고도 부르며 古公亶父의 둘째 아들이며 泰伯의 아우. 형 泰伯과 함께 남쪽으로 내려와 吳나라를 일으킴. 그가 태백의 뒤를 이어 원주민의 풍습을 그대로 좇아 斷髮文身하고 裸身(臝身)으로 다스려 민심을 사로잡았음을 말함.
【有由然】虞仲(仲雍)이 그렇게 한 것은 그 땅의 풍속이나 기후 따위의 조건 때문에 그렇게 해야 할 이유가 있었을 것임.
【無能爲】魯 哀公이 吳나라는 결코 패자가 될 수 없을 것이라 판단한 것임.

※ **1783(哀7-4)**

秋, 公伐邾.
八月己酉, 入邾, 以邾子益來.

가을, 애공이 주邾나라를 쳤다.
8월 기유날, 애공이 주나라로 들어가 주자邾子 익益을 데리고 왔다.

【邾】周 武王이 祝融 八姓의 하나였던 邾俠(曹俠)을 봉하여 부용국으로 삼았으며 지금의 山東 鄒縣. 이 때문에 戰國시대에 이름을 '鄒'로 바꾸었음. 曹姓이며 子爵 작위를 받았으나 魯나라에 예속되어 있었음.
【己酉】8월 11일.
【邾子益】邾나라 군주 이름. 邾 隱公. 杜預 注에 "他國言'歸', 於魯言'來', 內外之辭"라 함.

㊀
季康子欲伐邾, 乃饗大夫以謀之.
子服景伯曰:「小所以事大, 信也; 大所以保小, 仁也. 背大國, 不信;

伐小國, 不仁. 民保於城, 城保於德. 失二德者, 危, 將焉保?」

孟孫曰:「二三子以爲何如? 惡賢而逆之?」

對曰:「禹合諸侯於塗山, 執玉帛者萬國. 今其存者, 無數十焉, 唯大不字小‧小不事大也. 知必危, 何故不言? 魯德如邾, 而以眾加之, 可乎?」

不樂而出.

秋, 伐邾, 及范門, 猶聞鐘聲.

大夫諫, 不聽.

茅成子請告於吳, 不許, 曰:「魯擊柝聞於邾; 吳二千里, 不三月不至, 何及於我? 且國內豈不足?」

成子以茅叛, 師遂入邾, 處其公宮.

眾師晝掠, 邾眾保于繹.

師宵掠, 以邾子益來, 獻于亳社, 囚諸負瑕.

負瑕故有繹.

邾茅夷鴻以束帛乘韋自請救於吳, 曰:「魯弱晉而遠吳, 馮恃其眾, 而背君之盟, 辟君之執事, 以陵我小國. 邾非敢自愛也, 懼君威之不立. 君威之不立, 小國之憂也. 若夏盟於鄫衍, 秋而背之, 成求而不違, 四方諸侯其何以事君? 且魯賦八百乘, 君之貳也; 邾賦六百乘, 君之私也. 以私奉貳, 唯君圖之!」

吳子從之.

계강자季康子가 주邾나라를 치고자 대부들에게 향연을 베풀면서 그 일을 논의하였다.

자복경백이 말하였다.

"작은 나라가 큰 나라를 섬기는 것은 신信이며 큰 나라가 작은 나라를 보호하는 것은 인仁입니다. 따라서 큰 나라를 배반하는 것은 불신不信이며 작은 나라를 침벌하는 것은 불인不仁입니다. 백성은 성城에 의해 보호되고 성은 덕에 의해 보전되는 것입니다. 이 두 가지 덕을 잃는 자는 위험에 빠지고 마는 것이니 그렇게 하고서 장차 어찌 지켜낼 수 있겠습니까?"

맹손씨孟孫氏가 말하였다.

"다른 여러분은 어떻게 여기시오? 우리가 어찌 훌륭하다 하여 이를 거스를 수가 있겠소?"

다른 대부들이 대답하였다.

"우禹임금이 제후들을 도산塗山으로 모았을 때 옥백玉帛을 가지고 바친 자가 만萬 나라나 되었습니다. 그런데 지금 그들 중에 남아있는 자는 수십 나라도 되지 않으니 그 이유는 큰 나라가 작은 나라를 돌보지 않고 작은 나라가 큰 나라를 잘 섬기지 않았기 때문입니다. 틀림없이 위험하리라는 것을 알면서도 어찌 진실을 말하지 않습니까? 우리 노나라의 덕은 주나라만 못하면서 무리를 이끌고 주나라를 친다는 것이 옳은 일입니까?"

계강자는 불쾌히 여기면서 밖으로 나가버렸다.

가을, 주나라를 쳐서 주나라 범문范門에 다다랐더니 종을 치며 음악을 연주하는 소리가 들리는 것이었다.

대부들이 주나라 임금에게 음악을 그치기를 간하였으나 주나라 임금은 이를 듣지 않았다.

주나라 모성자茅成子가 오吳나라에게 사태를 알릴 것을 청하였으나 군주는 이 역시 허락하지 않으면서 이렇게 말하였다.

"노나라가 야경夜警 도는 목탁을 치면 그 소리가 우리 주나라까지 들릴 정도로 가깝다. 그러나 오나라는 2천 리나 멀리 있어 3개월이 아니면 닿지 못한다. 그런데 어떻게 우리를 구할 수가 있겠는가? 게다가 우리의 힘이 노나라와 맞서기에 어찌 부족하겠는가?"

모성자가 모읍茅邑을 근거로 반란을 일으키자 노나라 군사는 곧바로 주나라로 들이닥쳐 공궁公宮을 점거하였다.

노나라 군사들이 대낮에 약탈을 일삼자 주나라 무리들은 역산繹山을 지키고 있었다.

노나라 군사들이 밤에 그곳을 습격하여 군주 익益을 데리고 와서 박사亳社에 바치고 나서 부하負瑕에 가두었다.

부하에는 지금도 역산에서 끌려왔던 사람들이 남아 있다.

주나라 모이홍茅夷鴻은 비단 열 묶음과 가죽 넉 장을 가지고 스스로 오나라에 가서 이렇게 구원을 요청하였다.

"노나라는 진晉나라는 약하고, 오나라가 멀리 있다고 하면서 자신들의 무기가 많은 것을 믿고 그대 오나라 군주와의 맹약을 저버리며, 그대 나라의 집사를 업신여겨 우리 작은 나라를 능멸하고 있습니다. 우리 주나라로서는 감히 우리만을 위하는 것이 아니며 그대 임금의 권위가 제대로 서지 않는 것을 걱정하고 있습니다. 그대 임금의 권위가 제대로 서지 않는다는 것이 우리 작은 나라의 근심입니다. 여름에 증연鄶衍에서 동맹을 맺어 놓고 가을에 이를 배신하고 있는데 만약 그들이 화해를 요구해 와서 다시는 위배하지 않겠노라 한다면 사방의 제후들이 어떻게 그대 임금을 섬기겠습니까? 게다가 노나라의 전차 8백 대는 그대에게 딸린 소유이며, 우리 주나라 전차 6백 대는 그대 군주께서 마음대로 부릴 사유물입니다. 그 사유물을 가지고 부속물을 받들 것인가의 여부는 오직 임금께서 헤아리실 일입니다!"

오왕은 그의 말을 따르기로 하였다.

【季康子】季孫肥. 季孫斯의 서자. 시호는 康子. 魯나라 正卿. 당시 노나라 執政官이었음.
【邾】周 武王이 祝融 八姓의 하나였던 邾俠(曹俠)을 封하여 부용국으로 삼았으며 지금의 山東 鄒縣. 이 때문에 戰國시대에 이름을 '鄒'로 바꾸었음. 曹姓이며 子爵 작위를 받았으나 魯나라에 예속되어 있었음.
【子服景伯】魯나라 대부. 仲孫何. 《禮記》 檀弓(上)의 鄭玄 注에 "子服伯子, 蓋仲孫蔑之玄孫子服景伯"이라 하였음. 孔穎達 疏에는 《世本》을 인용하여 "獻子蔑生孝伯(它), 孝伯生惠伯(椒), 惠伯生昭伯(回), 昭伯生景伯"이라 함.
【二德】杜預 注에 "二德, 信與仁也"라 함.
【孟孫】仲孫何忌. 孟懿子. 魯나라 대부. 孟僖子의 후계자. 시호는 懿子.
【塗山】지명. 禹임금이 천하 제후들을 모아 회담을 가졌던 곳. 지금의 浙江 會稽(紹興), 渝州(지금의 重慶市), 濠州(安徽 懷遠縣), 當塗(安徽 當塗縣) 등으로 추정됨. 혹은 河南 嵩山의 三塗山이라고도 함.
【無數十】齊召南의 〈左傳考證〉에 "《晉書》地理志:「春秋之初, 尙有千二百國; 迄獲麟之末, 二百四十二年, 見於經傳者百七十國. 百三十九知其所居, 三十一國盡亡其處.」此總論經傳中所載國名耳, 至哀公時, 國之存者, 原不過數十也"라

하였고, 《荀子》富國篇에도 "古有萬國, 今有十數焉"이라 함. 한편 《戰國策》 齊策(4)에는 "大禹之時, 諸侯萬國; 及湯之時, 諸侯三千; 今之世南面稱寡者乃 二十四"라 함.

【范門】邾나라 도읍의 외곽 성문 이름.

【鐘聲】전혀 방비를 하지 않고 음악을 즐기고 있음. 杜預 注에 "邾不禦寇"라 함.

【大夫諫】두 가지로 해석함. 노나라 대부들이 季康子에게 邾나라를 치지 말 것을 간언한 것. 혹은 邾나라 대부들이 邾 임금(益)에게 음악을 거두고 노나라 침략군 방어에 나설 것을 간한 것.

【茅成子】邾나라 대부. 茅夷鴻. 茅는 식읍 이름.

【茅】지금의 山東 濟寧縣 동남쪽, 金鄉縣 서북쪽. 고대 邾水가 泗水로 들어가는 서쪽.

【擊柝】柝은 밤에 야경을 돌 때 치는 나무. 《周禮》天官 宮正에 "夕擊柝而比之"라 하였고, 《周易》繫辭傳(下)에 "重門擊柝以待暴客"이라 함.

【繹】지금의 山東 鄒縣 동남 繹山. 繹山에 보루를 설치하여 지킴.

【邾子益】邾 隱公. 邾는 周 武王이 祝融 八姓의 하나였던 邾俠(曹俠)을 封하여 부용국으로 삼았었으며 지금의 山東 鄒縣. 이 때문에 戰國時代에 이름을 '鄒'로 바꾸었음. 曹姓이며 子爵 작위를 받았으나 魯나라에 예속되어 있었음.

【亳社】殷(商)의 조상을 모신 사당. 杜預 注에 "以其亡國與殷同"이라 함.

【負瑕】魯나라 읍. 지금의 山東 滋陽縣 부근. 《方輿紀要》에 "瑕丘城在滋陽城 西北二十五里, 魯負瑕邑也"라 하였으며 《彙纂》에는 "負瑕在今山東兗州縣西 二十五里"라 함.

【負瑕故有繹】이는 다른 사람이 끼워 넣은 附記의 문장으로 보고 있음. 吳闓生의 《文史甄微》에 "此記者旁挿之筆, 因邾子之囚, 故負瑕至今有繹民也"라 함.

【茅夷鴻】앞에 나온 茅成子. 邾나라 대부. 茅읍을 채읍으로 가졌던 사람.

【束帛】10단 묶음의 비단.

【乘韋】'乘'은 숫자 4. '韋'는 무두질한 좋은 가죽. 격식에 맞추어 선물을 준비하였음을 말함.

【鄫衍】鄫에서의 맹약. 鄫衍은 鄫을 가리킴. 杜預 注에 "鄫衍, 卽鄫也"라 함.

【成求而不違】杜預 注에 "言魯成其所求, 無違逆也"라 함.

【貳】부속물. 魯나라 군사는 이미 吳나라와 맹약을 맺은 것으로 그들을 부릴 수 있음.

【吳子】당시 吳나라 군주는 吳王 夫差로 재위 8년째였음.

※ 1784(哀7-5)

宋人圍曹.

송宋나라가 조曹나라를 포위하였다.

※ 1785(哀7-6)

冬, 鄭駟弘帥師救曹.

겨울, 정鄭나라 사홍駟弘이 군사를 이끌고 조曹나라를 구원하였다.

【駟弘】鄭나라 대부 子般.

㊅
宋人圍曹, 鄭桓子思曰:「宋人有曹, 鄭之患也, 不可以不救.」
冬, 鄭師救曹, 侵宋.
初, 曹人或夢衆君子立于社宮, 而謀亡曹.
曹叔振鐸請待公孫彊, 許之.
旦而求之, 曹無之.
戒其子曰:「我死, 爾聞公孫彊爲政, 必去之.」
及曹伯陽卽位, 好田弋.
曹鄙人公孫彊好弋, 獲白鴈, 獻之, 且言田弋之說, 說之.
因訪政事, 大說之.
有寵, 使爲司城以聽政.
夢者之子乃行.
彊言霸說於曹伯, 曹伯從之, 乃背晉而奸宋.
宋人伐之, 晉人不救, 築五邑於其郊, 曰黍丘·揖丘·大城·鍾·邘.

송宋나라가 조曹나라를 포위하자 정鄭나라 환자사桓子思가 말하였다.

"송나라가 조나라를 차지한다면 정나라의 걱정거리가 될 것이니 조나라를 구하지 않을 수 없다."

겨울, 정나라 군사가 조나라를 구원하고자 송나라를 쳐들어갔다.

일찍이 조나라 어떤 사람의 꿈에 많은 군자들이 사궁社宮에 모여 조나라를 멸망시킬 모의를 하고 있는 것이었다.

조나라 조상 조숙진탁曹叔振鐸이 그들에게 공손강公孫彊이 나올 때까지만 기다려 줄 것을 청하자 그들은 허락해 주었다.

아침이 되어 그가 공손강이라는 사람을 찾았으나 조나라에는 그런 사람이 없었다.

그리하여 그는 아들에게 이렇게 경계하였다.

"내 죽은 뒤 너는 공손강이라는 사람이 정치를 한다는 소문을 듣게 되거든 필히 나라를 떠나거라."

조曹 백양伯陽이 즉위하여 그는 새 사냥을 좋아하였다.

그런데 조나라 시골 사람으로 공손강이라는 자가 있어 그 역시 새 사냥을 좋아하여 흰 기러기를 잡아 이를 임금에게 바치면서 아울러 새 사냥에 대한 얘기를 화제로 삼자 임금은 좋아하였다.

그리고 그에게 정치를 물어 크게 즐거워하였다.

그는 총애를 입어 사성司城으로 삼아 정치를 듣게 되었다.

꿈을 꾸었던 자의 아들은 곧바로 나라를 떠났다.

공손강이 조나라 임금에게 패자霸者에 대해 말하자 임금은 그의 말을 좇아 진晉나라를 배반하고 송宋나라를 침범하였다.

그러자 송나라가 조나라를 반격하였으며 진나라는 구원에 나서지 않자 공손강은 교외의 다섯 읍, 즉 서구黍丘·읍구揖丘·대성大城·종鍾·우邘에 성을 쌓았다.

【桓子思】鄭나라 子産의 아들 國參. 시호는 思.
【社宮】社는 曹나라 社稷壇. 宮은 그 곁의 담장.《禮記》儒行 "儒有一畝之宮"의 鄭玄 注에 "宮爲牆垣也"라 함.

【曹叔振鐸】曹나라는 周 武王의 아우 叔振鐸이 봉을 받은 나라로 지금의 山東 定陶에 도읍을 정하였었음.《史記》曹叔世家에 "曹叔振鐸者, 周武王弟也. 武王已克殷紂, 封叔振鐸於曹"라 함.

【公孫彊】曹나라 시골의 賤民. 새 사냥으로 임금 伯陽에게 총애를 입어 司城에 오름.

【曹伯陽】曹나라 마지막 임금 이름. 靖公(露)을 이어 B.C.501~487년까지 15년간 재위하고 나라가 망하여 이후 曹나라는 역사 속으로 사라짐. 廟號는 없음.

【司城】司空과 같음. 土木工事과 營建 등을 맡은 최고 책임자.

【築五邑】公孫彊이 曹나라 교외 다섯 읍에 성을 쌓은 것임.

【黍丘】지금의 河南 夏邑 서남쪽.

【揖丘】지금의 山東 曹縣.

【大城】지금의 山東 荷澤縣.

【鍾】지금의 山東 定陶縣.

【邢】지금의 山東 定陶縣과 荷澤縣 부근. 이상은 8년 "宋公伐曹" 사건의 시작 단계임.

236. 哀公 8年(B.C.487) 甲寅

周	敬王(姬匄) 33년	齊	悼公(陽生) 2년	晉	定公(午) 25년	衛	出公(輒) 6년
蔡	成公(朔) 4년	鄭	聲公(勝) 14년	曹	曹伯(陽) 15년	陳	閔公(越) 15년
杞	僖公(過) 19년	宋	景公(欒) 30년	秦	悼公 5년	楚	惠王(章) 2년
吳	吳王(夫差) 9년	越	越王(句踐) 10년				

● **1786(哀8-1)**

八年春王正月, 宋公入曹, 以曹伯陽歸.

8년 봄 주력 정월, 송공宋公이 조曹나라로 들어가 조曹 백양伯陽을 데리고 돌아갔다.

【宋公】당시 宋나라 군주는 景公(欒)으로 재위 30년째였음.
【曹伯陽】曹나라 마지막 군주 伯陽. 靖公(露)의 뒤를 이어 B.C.501~487년까지 15년간 재위하고 이때에 曹나라는 역사 속에 종말을 고함.

㊝

八年春, 宋伐曹將還, 褚師子肥殿.
曹人詬之, 不行.

師待之.
公聞之, 怒, 命反之, 遂滅曹, 執曹伯陽及司城彊以歸, 殺之.

8년 봄, 송宋나라가 조曹나라를 치고 돌아갈 때 저사자비褚師子肥가 맨 뒤의 후미를 맡았다.
조나라 사람이 그에게 욕설을 퍼붓자 그가 전진하지 않았다.
송나라 군사의 본대가 멈추어 그를 기다렸다.
군공이 이를 듣고 화를 내면서 군사들에게 뒤로 돌아서도록 명하여 결국 조나라를 멸망시키고 조나라 임금 백양伯陽과 사성司城 강彊을 잡아 귀국하여 그들을 죽여버렸다.

【褚師子肥】宋나라 대부. 杜預 注에 "子肥, 宋大夫"라 함.
【殿】후퇴할 때 가장 뒤에서 추격하는 적을 상대하는 것. 가장 위험한 위치를 뜻함. '殿'은 '臀'의 뜻.《論語》子路篇에 "子曰:「孟之反不伐, 奔而殿, 將入門, 策其馬, 曰:『非敢後也, 馬不進也.』」"라 하였고, 哀公 11年 傳에 "師及齊師戰于郊. 右師奔; 齊人從之. 孟之側後入, 以爲殿; 抽矢策其馬, 曰:「馬不進也!」"라 함. 杜預 注에는 "會見師退而猛不在列, 乃大呼詐言猛在後爲殿"이라 하여 해석을 달리하고 있음.
【詬】杜預 注에 "詬, 詈辱也"라 함.
【不行】杜預 注에 "殿兵止也"라 함.
【伯陽】曹나라 마지막 임금.
【司城彊】司城은 벼슬 이름. 彊은 曹나라 대부 公孫彊.
【殺之】《史記》曹世家에 이상의 문장을 전재하고 이어서 "曹遂絶其祀"라 함.

● 1787(哀8-2)
吳伐我.

오吳나라가 우리 노나라를 침벌하였다.

【吳】당시 吳나라 군주는 吳王 夫差로 재위 9년째였음.

㊉

吳爲邾故, 將伐魯, 問於叔孫輒.

叔孫輒對曰:「魯有名而無情, 伐之, 必得志焉.」

退而告公山不狃.

公山不狃曰:「非禮也. 君子違, 不適讎國. 未臣而有伐之, 奔命焉, 死之可也. 所託也則隱. 且夫人之行也, 不以所惡廢鄕. 今子以小惡而欲覆宗國, 不亦難乎? 若使子率, 子必辭. 王將使我.」

子張疾之.

王問於子洩.

對曰:「魯雖無與立, 必有與斃; 諸侯將救之, 未可以得志焉. 晉與齊·楚輔之, 是四讎也. 夫魯, 齊·晉之脣. 脣亡齒寒, 君所知也, 不救何爲?」

三月, 吳伐我, 子洩率, 故道險, 從武城.

初, 武城人或有因於吳竟田焉, 拘鄫人之漚菅者, 曰:「何故使吾水滋?」

及吳師至, 拘者道之以伐武城, 克之.

王犯嘗爲之宰, 澹臺子羽之父好焉, 國人懼.

懿子謂景伯,「若之何?」

對曰:「吳師來, 斯與之戰, 何患焉? 且召之而至, 又何求焉?」

吳師克東陽而進, 舍於五梧.

明日, 舍於蠶室.

公賓庚·公甲叔子與戰于夷, 獲叔子與析朱鉏, 獻於王.

王曰:「此同車, 必使能, 國未可望也.」

明日, 舍于庚宗, 遂次於泗上.

微虎欲宵攻王舍, 私屬徒七百人三踊於幕庭, 卒三百人, 有若與焉.

及稷門之內, 或謂季孫曰:「不足以害吳, 而多殺國士, 不如已也.」

乃止之.

吳子聞之, 一夕三遷.

吳人行成, 將盟, 景伯曰:「楚人圍宋, 易子而食, 析骸而爨, 猶無城下之盟; 我未及虧, 而有城下之盟, 是棄國也. 吳輕而遠, 不能久, 將歸矣, 請少待之.」

弗從.

景伯負載, 造於萊門.

乃請釋子服何於吳, 吳人許之, 以王子姑曹當之, 而後止.

吳人盟而還.

오吳나라가 주邾나라 일로 우리 노나라를 치고자 노나라에서 도망 온 숙손첩叔孫輒에게 물었다.

숙손첩이 대답하였다.

"노나라는 이름만 있을 뿐 내용은 없습니다. 친다면 틀림없이 뜻을 이룰 수 있을 것입니다."

그리고 물러나와 공산불뉴公山不狃에게 일러주었다.

그러자 공산불뉴가 말하였다.

"그것은 예가 아닙니다. 군자는 자신의 나라를 배반한다 해도 조국과 원수인 나라로는 가지 않는 법이오. 그리고 망명해 있는 나라의 신하가 되지 않은 처지에 자신의 조국을 치는 일이 있다면 조국으로 달려가 그곳에서 죽는 것이 옳은 일이며, 의탁하고 있는 나라에서는 조국의 사정을 숨기는 것이오. 게다가 사람이란 국외로 나가 있더라도 조국에 대한 원한으로 고향을 해치지 않는 법이오. 그런데 지금 그대는 조국에 대한 조그만 증오로 인해 조국을 뒤엎으려 하고 있으니 역시 어렵지 않겠소? 만약 오왕이 그대로 하여금 군사를 인솔하도록 하거든 그대는 반드시 사양해야 하오. 왕은 나에게 시킬 것이오."

이 말에 자장子張(叔孫輒)은 고통스러워하였다.

오왕이 자설子泄(公山不狃)에게 물었다.

그러자 그는 이렇게 대답하였다.

"노나라에는 비록 함께 힘을 합하여 나라를 바로 세울 자가 없다 할지라도 틀림없이 나라를 위해 죽을 사람들은 있을 것이며, 다른 제후국들로서 장차 노나라를 구제하려는 나라가 있을 것이니 아직 뜻을 이룰 수는 없을 것입니다. 진晉, 제齊, 초楚나라가 노나라를 돕는다면 오나라로서는 적국敵國이 넷이 되는 것입니다. 무릇 노나라는 제, 진 두 나라의 입술입니다. 입술이 없어지면 이가 시리게 된다는 것은 임금께서도 알고 계실 것입니다. 그런데 그들이 구원하러 나서지 않고 어쩌겠습니까?"

3월, 오나라가 우리 노나라를 쳤으며 자설이 길잡이가 되었는데 그는 일부러 험한 길을 택하여 무성武城을 경유하게 하였다.

이에 앞서, 무성의 어떤 사람이 오나라와의 국경을 따라 농사를 짓다가 증읍鄫邑 사람으로서 왕골을 물에 담가 흙을 털고 있는 자를 잡아 이렇게 물었다.

"네가 어찌 우리 땅의 물을 흐리게 하느냐?"

그런데 오나라 군사가 무성에 이르자 그 잡혔던 자가 길잡이가 되어 무성을 쳐서 함락시켰다.

왕범王犯은 일찍이 무성의 읍재를 지낸 적이 있었으며 담대자우澹臺子羽의 아버지와 친하여 노나라 사람들은 왕범을 두려워하고 있었다.

이에 맹의자孟懿子가 자복경백子服景伯에게 말하였다.

"이 일을 어찌하면 좋겠소?"

자복경백은 대답하였다.

"오나라 군사가 쳐들어오면 이에 그들과 싸울 따름입니다. 어찌 걱정하십니까? 게다가 우리가 그들을 불러들인 것인데 또 무엇을 구하겠습니까?"

오나라 군사는 동양東陽을 함락하고 전진하여 오오五梧에서 머물렀다.

다음날, 잠실蠶室에서 머물렀다.

이에 공빈경公賓庚과 공갑숙자公甲叔子가 이夷에서 오군과 맞서자 오군은 공갑숙자와 석주서析朱鉏를 잡아 오왕에게 바쳤다.

그러자 오왕이 말하였다.

"이들은 같은 전차를 타고 있었다. 반드시 이들같이 훌륭한 사람들을 태워 싸우도록 할 수 있으니 노나라를 엿볼 수가 없구나."

이튿날, 오군은 경종庚宗에 머물다가 드디어 사상泗上에 주둔하였다.

미호微虎는 밤을 틈타 오왕의 본진을 공격하고자 몰래 병사 7백 명을 모아 막사 앞에서 세 번을 뛰도록 시험하여 선발하였으며 이러한 사졸 3백여 명 가운데 유약有若도 참가하였다.

그들이 직문稷門 안에 다다르자 어떤 이가 계선씨季孫氏에게 이렇게 말하였다.

"이렇게 해서 오나라에게 해를 끼칠 수가 없고 나라의 좋은 사람만 죽일 뿐이니 그만두느니만 못합니다."

이에 중지하였다.

오왕이 이를 듣고 하루 저녁에 세 번이나 자리를 옮겼다.

오나라가 화해를 요청하여 장차 동맹을 맺으려 할 때 자복경백이 말하였다.

"초나라가 송나라를 포위하였을 때 송나라 사람들은 자식을 바꾸어 먹고 해골을 쪼개어 장작을 삼아 불을 땠으나 성하지맹城下之盟의 치욕은 맺지 않았습니다. 우리는 아직 완전히 허물어진 것도 아닌데 성하지맹을 맺는다면 이는 나라를 버리는 것입니다. 오나라는 경솔하게 멀리 와 있으니 오래 버틸 수 없어 장차 돌아갈 것입니다. 청컨대 조금 더 기다리려 보시지요."

그러나 애공은 그의 의견을 따르지 않았다.

자복경백이 맹약의 문서를 등에 지고 내문萊門으로 갔다.

이에 자복하子服何(子服景伯)를 오나라의 인질로 하는 조건을 오나라가 포기하여 이를 허락하면 대신 오나라 왕자 고조姑曹도 그에 맞추어 풀어주겠노라 청한 다음에야 이들 인질 문제가 해지되었다.

오나라는 동맹을 맺고 돌아갔다.

【叔孫輒】 魯나라 대부. 자는 子張. 孔穎達 疏에 "定十二年叔孫輒與公山不狃帥費人以襲魯, 兵敗, 奔于齊; 後自齊奔吳"라 함.

【公山不狃】 자는 子洩. 역시 魯나라 대부로 費에서 반란을 벌였다가 실패하자 齊나라를 거쳐 吳나라로 달아남. 定公 12년을 볼 것.

【鄕】고향. 조국.
【率】군사를 인솔하여 앞장서 길을 인도함. 길잡이가 됨. 孔穎達 疏에 "率謂在軍前引道率領先行, 非爲軍之將帥"라 함.
【脣亡齒寒】입술이 없어지면 이가 시림. 노나라가 망하면 제나라와 진나라가 위태롭게 됨을 뜻함. 僖公 5년에 "諺所謂「輔車相依, 脣亡齒寒」者, 其虞·虢之謂也"라 하여 당시의 格言이었음.
【武城】魯나라 읍. 南武城을 가리킴. 지금의 山東 費縣 서남쪽. 《論語》雍也篇의 子游가 邑宰로 있던 곳임.
【漚菅】왕골을 물에 담가 흙을 털어 물을 흐리게 함.
【滋】'㳄'와 같음. 마시는 물에 진흙 침전이 생기게 함.
【王犯】吳나라의 대부로 전에 魯나라로 도망하여 武城의 邑宰를 지내다가 다시 오나라로 돌아간 인물. 杜預 注에 "王犯, 吳大夫. 故嘗奔魯爲武城宰"라 함.
【澹臺子羽】孔子의 제자. 무성 사람으로 이름은 滅明이었음. 杜預 注에 "澹臺子羽, 武城人, 孔子弟子也, 其父與王犯相善"이라 함.
【孟懿子】魯나라 대부 孟孫何忌. 孟孫으로도 부름.
【子服景伯】魯나라 대부. 仲孫何. 《禮記》檀弓(上)의 鄭玄 注에 "子服伯子, 蓋仲孫蔑之玄孫子服景伯"이라 하였음. 孔穎達의 疏에는 《世本》을 인용하여 "獻子蔑生孝伯(它), 孝伯生惠伯(椒), 惠伯生昭伯(回), 昭伯生景伯"이라 함.
【召之】杜預 注에 "言犯盟伐邾, 所以召吳"라 함.
【東陽】지금의 山東 費縣 서남 7십리의 關陽鎭. 혹 東陽鎭이라고도 함.
【五梧】지금의 山東 費縣 서쪽 6십리.
【蠶室】江永은 "春秋滕不屬魯, 當在費縣西北境"이라 함. 그러나 《彙纂》에는 "或曰, 今滕縣東三十里蠶母山是也. 案春秋滕不屬魯, 亦應在費縣西北境"이라 함.
【公賓庚】魯나라 대부. 公賓은 複姓임.
【公甲叔子】역시 魯나라 대부. 公甲은 복성임.
【夷】지금의 山東 費縣 서쪽.
【析朱鉏】魯나라 대부. 杜預 注에 "公賓庚·公甲叔子幷析朱鉏爲三人, 皆同車, 傳互言之"라 하였고, 吳闓生이 《文史甄微》에는 "析朱鉏乃從衛靈公出走而有功者, 今死于此"라 함.
【必使能】틀림없이 능한 이들을 부리고 있음. 杜預 注에 "同車能俱死, 是國能使人, 故不可望得"이라 함.
【望】엿봄. 楊伯峻의 注에 "望, 猶覘覯也"라 함.

【次】 군사가 주둔함을 뜻함. 莊公 3년 傳에 "凡師, 一宿爲舍, 再宿爲信, 過信爲次"라 함.
【庚宗】 지금의 山東 泗水縣 동쪽. 昭公 4년 傳을 볼 것.
【泗】 泗水. 魯나라 경내를 흐르는 물 이름.
【微虎】 魯나라 대부.
【三踊】 杜預 注에 "於帳前設格, 令士試躍之"라 함.
【有若】 孔子 제자. 有子로도 부름.《孟子》와《史記》에 의하면 孔子가 죽은 후 有若이 孔子처럼 생겼다고 하여 스승으로 모시고자 하였으나 질책하고 물러섰던 인물임. 杜預 注에 "有若, 孔子弟子, 與在三百人中"이라 함.
【稷門】 魯나라 도읍 曲阜의 성문 이름.
【季孫】 季孫肥. 季孫斯의 서자. 季康子. 魯나라 正卿이 됨.
【一夕三遷】 杜預 注에 "畏微虎"라 함.
【楚人圍宋】 이는 宣公 15년을 볼 것.
【城下之盟】 나라가 완전히 피폐하여 자신의 성 아래에서 적국의 모든 요구를 들어주는 치욕적인 맹약.
【萊門】 魯나라 郭門. 哀公 6년을 볼 것.
【負載】 載는 載書. 맹약의 초본. 杜預 注에 "以言不見從, 故負載書, 將欲出盟"이라 함.
【釋】 버림. 子服景伯을 인질로 하는 조건을 오나라가 풀어주면 대신 오나라 왕자의 인질도 포기하겠다는 뜻임. 杜預 注에 "釋, 舍也. 魯人不以盟爲了, 欲因留景伯爲質於吳, 旣得吳之許, 復求吳王之子以交質, 吳人不欲留王子, 故遂兩止"라 함.

※ 1788(哀8-3)

夏, 齊人取讙及闡.

여름, 제齊나라가 우리 노나라 환讙과 천闡을 빼앗았다.

【讙】 지금의 山東 泰安.
【闡】《公羊傳》에는 '僤'으로 되어 있으며 지금의 山東 寧陽縣 동북.

※ 1789(哀8-4)

歸邾子益于邾.

주자邾子 익益을 주邾나라로 돌려보냈다.

【邾子益】邾 隱公. 邾는 周 武王이 祝融 八姓의 하나였던 邾俠(曹俠)을 封하여 부용국으로 삼았었으며, 지금의 山東 鄒縣. 이 때문에 戰國시대에 이름을 '鄒'로 바꾸었음. 曹姓이며 子爵 작위를 받았으나 魯나라에 예속되어 있었음.

㊉
齊悼公之來也, 季康子以其妹妻之, 卽位而逆之.
季魴侯通焉, 女言其情, 弗敢與也.
齊侯怒.
夏五月, 齊鮑牧帥師伐我, 取讙及闡.

제齊 도공悼公이 우리 노나라에 와 있을 때, 계강자季康子가 자신의 여동생을 도공의 아내로 삼아주었으며, 도공이 귀국하여 즉위하자 이를 맞이하려 하였다.
그런데 그 여인은 계방후季魴侯와 사통하고 있어 그 사실을 오빠 계강자에게 말하자 계강자는 감히 그를 보내지 못하였다.
제 도공은 노하였다.
여름 5월, 제나라 포목鮑牧이 군사를 이끌고 우리 노나라를 쳐서 환讙과 천闡을 빼앗았던 것이다.

【悼公】陽生. 齊 景公의 庶子. 晏孺子(荼)가 왕위에 오르자 魯나라로 도망갔다가 뒤에 陳乞(陳僖子)의 도움으로 悼公이 되어 B.C.484~481년까지 4년간 재위하고 簡公(壬)에게로 이어짐. 임금이 되기 전인 哀公 5년 魯나라에 와 있었음.

【季康子】季孫肥. 季孫斯의 서자. 魯나라 正卿.
【妹】季康子의 여동생이며 齊 悼公의 부인이 되어 뒤에 季姬로 불림.
【季魴侯】季康子의 숙부. 季孫斯의 여동생과 밀통하고 있었음.
【鮑牧】鮑子. 齊나라 대부. 鮑國의 손자. 원래는 齊 悼公의 반대자였음. 哀公 6년을 볼 것.
【讙】지금의 山東 泰安市.
【闡】지금의 山東 寧陽縣.

㊝
或譖胡姬於齊侯曰:「安孺子之黨也.」
六月, 齊侯殺胡姬.

어떤 자가 제齊 도공悼公에게 호희胡姬를 이렇게 헐뜯었다.
"호희는 어린 안유자安孺子와 같은 당입니다."
6월, 도공이 호희를 죽였다.

【胡姬】齊 景公의 첩. 安孺子를 데리고 賴로 갔었음. 6년 傳을 볼 것.
【安】安孺子(晏孺子). 荼. 景公이 죽고 어린 나이에 왕위에 올랐으나 1년이 되지 않아 陽生(悼公)의 신하 朱毛에 의해 駘로 옮겨가던 중 野幕에서 살해됨.

㊝
齊侯使如吳請師, 將以伐我, 乃歸邾子.
邾子又無道, 吳子使大宰子餘討之.
囚諸樓臺, 栫之以棘, 使諸大夫奉大子革以爲政.

제齊 도공悼公이 오吳나라에 사신을 보내어 군사를 요청하여 우리 노나라를 치려 하자, 이에 노나라가 주邾나라 군주를 돌려보냈다.

그런데 주나라 군주가 또다시 무도한 짓을 하자 오왕은 태재大宰 자여
子餘(伯嚭)로 하여금 주나라를 토벌하도록 하였다.
이에 자여는 주나라 군주를 높은 다락에 가둔 채 그 둘레에 가시나무로
울타리를 치고 대부들에게 태자 혁革을 받들어 정사를 펴도록 하였다.

【齊侯】齊 悼公(陽生). 杜預 注에 "齊未得季姬, 故請師也. 吳前爲邾討魯, 懼二國 同心, 故歸邾子"라 함.
【大宰子餘】太宰 伯嚭. 大宰는 太宰와 같으며 吳나라 관직 이름. 伯嚭는 伯州犁의 아들. 伯州犁가 晉나라 출신으로 楚나라에 망명하여 楚나라에 太宰가 되었으며 그 아들이 이번에는 吳나라로 망명하여 오나라 太宰가 됨. 뒤에 伍子胥와 함께 越나라 范蠡, 大夫 文種 등 넷은 吳越抗爭의 중심인물이 됨. 伯嚭는 伍子胥와 심한 갈등을 빚었으며 부정적인 인물로 묘사되기도 함. 오나라 멸망을 재촉한 인물로 널리 알려짐.《吳越春秋》에는 '白喜'로 되어 있음.
【栫】'천'으로 읽으며《廣韻》에 "栫, 圍也"라 하였고,《廣雅》에는 "栫, 籬也"라 함.
【革】邾나라 태자. 뒤에 邾 桓公이 됨. 杜預 注에 "革, 邾大子, 桓公也. 爲十年邾子來奔傳"이라 함.

※ 1790(哀8-5)

秋七月.

가을 7월.

(傳)
秋, 及齊平.
九月, 臧賓如如齊涖盟.
齊閭丘明來涖盟, 且逆季姬以歸, 嬖.

鮑牧又謂羣公子曰:「使女有馬千乘乎?」
公子愬之.
公謂鮑子:「或譖子, 子姑居於潞以察之. 若有之, 則分室以行; 若無之, 則反子之所.」
出門, 使以三分之一行; 半道, 使以二乘.
及潞, 麇之以入, 遂殺之.

가을, 노나라가 제齊나라와 화해하였다.
9월, 장빈여臧賓如가 제나라에 가서 동맹을 맺는 자리에 임하였다.
제나라 여구명閭丘明이 우리 노나라로 와서 동맹 맺는 자리에 임하였으며 아울러 계희季姬를 맞이하여 돌아갔다. 계희는 제나라 군주의 사랑을 받았다.
포목鮑牧이 여러 공자들에게 말하였다.
"내가 그대들로 하여금 임금이 되도록 해줄까?"
공자들이 이를 임금에게 하소연하였다.
그러자 도공이 포목에게 말하였다.
"누군가 그대를 비방하고 있소. 그대는 잠시 노읍潞邑에 가 있으면서 이를 살펴보도록 하시오. 만약 그러한 죄가 있다면 그대는 가산을 나누어 국외로 떠나시오. 그러나 만약 그런 사실이 없다면 그대를 복귀시키리다."
포씨가 문을 나설 때에 그의 가솔 3분의 1이 따라가도록 하였고, 반쯤에 이르렀을 때에는 수레 2승만 따르도록 하였다.
그가 노읍에 이르자 그를 잡아 묶어 들어가 드디어 죽여 버렸다.

【臧賓如】魯나라 대부. 臧會의 아들.
【閭丘明】齊나라 대부. 閭丘嬰의 아들.
【季姬】魯나라 正卿 季康子(季孫肥)의 누이동생이며 齊 悼公의 부인. 季魴侯와 밀통하였던 여인. 杜預 注에 "季姬, 魴侯所通者"라 함.
【鮑牧】鮑子. 齊나라 대부. 鮑國의 손자. 원래는 齊 悼公의 반대자였음. 哀公 6년을 볼 것.

【有馬千乘】千乘之主. 諸侯國의 임금을 뜻함. 杜預 注에 "有馬千乘, 使爲君也. 鮑牧本不欲立陽生, 故諷動群公子"라 함.
【潞】齊나라 도읍 臨淄 교외의 읍.《彙纂》에 "在齊之郊外"라 함.
【縻】杜預 注에 "縻, 亦束縛"이라 함.

※ 1791(哀8-6)

冬十有二月癸亥, 杞伯過卒.

겨울 12월 계해, 기백杞伯 과過가 죽었다.

【癸亥】12월 3일.
【杞伯過】杞나라 군주. 杞 僖公. 이름은 過.《史記》杞世家에 의하면 杞 悼公의 아들임.
＊無傳

※ 1792(哀8-7)

齊人歸讙及闡.

제齊나라가 환讙과 천闡을 노나라에 돌려주었다.

【讙】지금의 山東 泰安.
【闡】《公羊傳》에는 '僤'으로 되어 있으며 지금의 山東 寧陽縣 동북.

㊀
冬十二月, 齊人歸讙及闡, 季姬嬖故也.

겨울 12월, 제齊나라 사람이 환讙과 천闡을 우리 노나라에 돌려주었으니 그것은 계희季姬가 제나라 군주의 사랑을 받고 있기 때문이었다.

【季姬】季康子(季孫肥)의 누이동생. 齊나라 陽生이 魯나라에 와 있을 때 季康子가 아내로 삼아주었으며 陽生이 제나라 왕(悼公)에 올라 맞이하려 하였으나 당시 季姬는 季魴侯와 사통하고 있어 가지 못하였음. 뒤에 齊나라에 가서 도공의 총애를 받음.

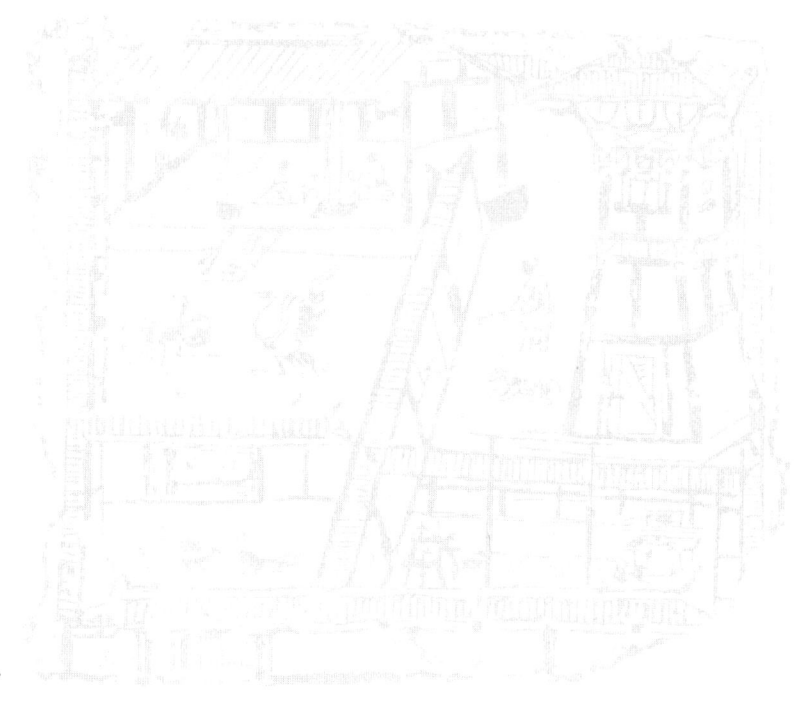

237. 哀公 9年(B.C.486) 乙卯

周	敬王(姬匄) 34년	齊	悼公(陽生) 3년	晉	定公(午) 26년	衛	出公(輒) 7년
蔡	成公(朔) 5년	鄭	聲公(勝) 15년			陳	閔公(越) 16년
杞	閔公(維) 원년	宋	景公(欒) 31년	秦	悼公 6년	楚	惠王(章) 3년
吳	吳王(夫差) 10년	越	越王(句踐) 11년				

❀ 1793(哀9-1)

九年春王二月, 葬杞僖公.

9년 봄 주력 2월, 기杞 희공僖公의 장례를 치렀다.

【杞僖公】杞伯 過. 지난 해 12월 己亥에 죽음.《史記》에는 '僖公'이 '釐公'으로 되어 있음
＊無傳

㊉
九年春, 齊侯使公孟悼辭師于吳.
吳子曰:「昔歲寡人聞命, 今又革之, 不知所從, 將進受命於君.」

9년 봄, 제齊 도공悼公이 공맹작公孟綽을 오吳나라에 보내어 오나라에 요청하였던 군사 출동을 없던 일로 하였다.

오왕 부차夫差가 말하였다.

"지난해에 나는 군사를 빌려달라는 요청을 받았는데 지금 달리 말을 하니 내 어느 쪽을 따라야 할지 모르겠소. 내 직접 가서 귀국의 임금에게 명령을 들어보아야겠소."

【齊侯】齊 悼公(陽生). 재위 3년째였음.
【公孟綽】齊나라 대부.
【辭師】杜預 注에 "齊與魯平, 故辭吳師"라 함.
【吳子】吳나라 군주 夫差. 재위 10년째였음. 杜預 注에 "爲十年吳伐齊傳"이라 함.

● 1794(哀9-2)

宋皇瑗帥師取鄭師于雍丘.

송宋나라 황원皇瑗이 군사를 이끌고 정鄭나라 군사를 옹구雍丘에서 깨뜨렸다.

【皇瑗】宋나라 대부이며 右師. 皇麋의 아버지.
【雍丘】지금의 河南 杞縣.

⑰
鄭武子賸之嬖許瑕求邑, 無以與之.
請外取, 許之, 故圍宋雍丘.

宋皇瑗圍鄭師, 每日遷舍, 壘合.
鄭師哭.
子姚救之, 大敗.
二月甲戌, 宋取鄭師于雍丘, 使有能者無死, 以邧張與鄭羅歸.

정鄭나라 무자武子 잉賸이 총애하는 허하許瑕가 읍을 하나 갖고 싶어하였지만 줄 만한 곳이 없었다.
　허하가 다른 나라를 쳐서 고을을 빼앗아 갖겠다고 청하자 이를 허락하여 그 때문에 송나라 옹구雍丘를 포위하였던 것이다.
　그러자 송나라 황원皇瑗이 정나라 군사를 포위하고 매일 보루를 정나라 군사의 보루 쪽으로 조금씩 옮겨 쌓아 두 나라 보루를 맞닿게 하였다.
　정나라 군사는 잘못되었다며 울었다.
　이에 자요子姚(武子 賸)가 구원하러 나섰으나 크게 패하고 말았다.
　2월 갑술날, 송나라 군사가 정나라 군사를 옹구에서 모두 잡았으나, 유능한 자는 죽이지 않도록 하여 겹장邧張과 정라鄭羅를 데리고 돌아갔다.

【武子賸】罕達. 鄭나라 공자 罕의 후손이며 子皮의 손자. 시호는 武子. 자는 子賸, 혹은 子姚. 毛奇齡의《簡書刊誤》에 "此鄭公子罕後, 爲鄭穆七族之一, 焉得有別出字?"라 함.《公羊傳》에는 '軒達'로 되어 있음.
【許瑕】武子 賸(罕達)의 寵臣.
【外取】杜預 注에 "瑕請取於他國"이라 함.
【雍丘】지금의 河南 杞縣.《一統志》에 "今河南杞縣縣治"라 함.《史記》杞世家 索隱에 "春秋時, 杞已遷東國, 僖十四年傳云杞遷緣陵"이라 하여 당시 宋나라가 차지하고 있었음.
【甲戌】2월 14일.
【邧張】鄭나라 대부.
【鄭羅】역시 鄭나라 대부.

※ **1795(哀9-3)**

夏, 楚人伐陳.

여름, 초楚나라가 진陳나라를 쳤다.

㊅
夏, 楚人伐陳, 陳卽吳故也.

여름, 초楚나라가 진陳나라를 친 것은 진나라가 오吳나라에 복종하고 있었기 때문이었다.

【伐陳】楊伯峻 注에 "六年吳伐陳, 楚救之而不得"이라 함.

※ **1796(哀9-4)**

秋, 宋公伐鄭.

가을, 송공宋公이 정鄭나라를 쳤다.

【宋公】당시 宋나라 군주는 景公(欒)으로 재위 31년째였음.

㊅
宋公伐鄭.

송공宋公이 정鄭나라를 쳤다.

【伐鄭】楊伯峻 注에 "宋已敗鄭師, 再伐鄭, 下文晉趙鞅卜鄭卽爲此也"라 함.

㊉
秋, 吳城邗, 溝通江·淮.

가을, 오吳나라가 한邗에 성을 쌓고 도랑을 파서 장강長江과 회수淮水로 통하게 하였다.

【邗】《水經注》의 韓江이며 고대 邗溝水. 지금의 江蘇 揚州시 북쪽으로 大運河의 서쪽임.
【江淮】長江과 淮水를 통하게 함.

㊉
晉趙鞅卜救鄭, 遇水適火, 占諸史趙·史墨·史龜.
史龜曰:「『是謂沈陽, 可以興兵, 利以伐姜, 不利子商.』伐齊則可, 敵宋不吉.」
史墨曰:「盈, 水名也; 子, 水位也. 名位敵, 不可干也. 炎帝爲火師, 姜姓其後也. 水勝火, 伐姜則可.」
史趙曰:「是謂如川之滿, 不可游也. 鄭方有罪, 不可救也. 救鄭則不吉, 不知其他.」
陽虎以周易筮之, 遇泰䷊之需䷄, 曰:「宋方吉, 不可與也. 微子啓, 帝乙之元子也. 宋·鄭, 甥舅也. 祉, 祿也. 若帝乙之元子歸妹而有吉祿, 我安得吉焉?」
乃止.

진晉나라 조앙趙鞅이 정鄭나라를 구원을 두고 점을 쳤더니 물이 불로 달려드는 점괘가 나타나 사관 사조史趙·사묵史墨·사귀史龜 등에게 풀이하도록 하였다.

사귀가 말하였다.

"이를 침양沈陽이라 한다. 가히 군사를 발동시킬 수 있으며 강씨姜氏 나라를 치면 이롭고, 자씨子氏 상商(殷)을 치면 불리하다'라 하였으니 제齊 나라를 치면 되지만 송나라를 대적하는 것은 불길합니다."

그러자 사묵도 이렇게 풀이하였다.

"영盈은 물 이름이며, 자子는 물의 방위입니다. 이름과 방위는 서로 맞서는 것이니 범할 수가 없습니다. 염제炎帝는 화사火師였으며 강성姜姓은 그의 후손입니다. 물은 불을 이기는 것이니 강성의 나라를 치면 됩니다."

그러나 사조는 이렇게 말하였다.

"이는 강에 물이 가득 차서 헤엄을 칠 수 없는 것과 같다는 말입니다. 정나라는 바야흐로 죄를 짓고 있으니 구할 수 없습니다. 정나라 구원은 불길합니다. 그 외의 것은 알 수 없습니다."

그때 양호陽虎가 《주역周易》으로 점을 쳤더니 〈태泰〉괘가 〈수需〉괘로 변하자 그는 이렇게 말하였다.

"송나라는 바야흐로 길운을 맞고 있으니 그런 나라에 맞설 수 없습니다. 미자微子 계啓는 제을帝乙의 맏아들이었습니다. 송나라와 정나라는 인척 관계입니다. 지祉는 복록을 뜻합니다. 이처럼 제을의 맏아들이 여동생을 정나라로 시집보내어 길한 녹을 받고 있는데 우리가 어떻게 길운을 차지할 수 있겠습니까?"

이에 조앙은 정나라 구원을 그만두었다.

【趙鞅】趙簡子. 晉나라 대부. 趙武(文子)의 손자. 이름은 志父. 范氏, 中行氏와 권력투쟁 끝에 이겨 趙나라의 기초를 세운 인물. 이들 후손이 戰國時代 趙나라를 세움.

【史趙·史墨·史龜】모두 晉나라 太史.

【沈陽】불은 물을 만나면 삭아들어 가라앉듯이 사라짐. 杜預 注에 "水陽, 得水 故沈"이라 함.

【姜】齊나라는 姜尙(太公, 子牙, 呂尙)의 후손이었음.

【子商】商(殷)은 子姓이며 周 武王이 殷의 帝辛(紂)을 멸한 다음 그 후손 微子(啓)에게 제사를 잇도록 하여 宋나라를 세워줌. 따라서 子姓은 宋나라를 가리킴.
【盈】趙鞅의 本姓. 趙氏는 秦나라와 同姓으로 '嬴'이었으며 '嬴'과 '盈'은 고대 通用字였음.
【炎帝】고대 부족 사회의 氏族 집단의 수령. 神農氏. 황야를 태워 농사법을 마련하여 烈山氏라고도 함. 그 때문에 불을 중시하여 관리를 火師로 하였음. 杜預 注에 "神農有火瑞, 以火名官"이라 하였고, 昭公 17년 傳에도 "炎帝氏以火紀"라 함. 이들은 姜太公의 선조이며 따라서 齊나라는 이에 해당함.
【盈】史趙는 '盈'의 뜻을 '滿'으로 풀이한 것임.
【有罪】杜預 注에 "鄭以嬖寵伐人, 故以爲有罪"라 함.
【陽虎】원래 魯나라 대부. 字는 陽貨. 孟懿子의 家臣이었음.《論語》陽貨篇의 '陽貨'임. 당시 진나라에 망명해 와 있었음.
【泰】《周易》제 11번째 괘로 '地天泰'(乾下坤上)로 구성되어 있으며 "泰: 小往大來, 吉, 亨. 象曰:「泰: 小往大來, 吉, 亨」則是天地交而萬物通也, 上下交而其志同也. 內陽而外陰, 內健而外順, 內君子而外小人. 君子道長, 小人道消也. 象曰: 天地交, 泰; 后以財成天地之道, 輔相天地之宜, 以左右民. 初九, 拔茅茹, 以其彙; 征吉. 象曰:「拔茅征吉」, 志在外也. 九二, 包荒, 用馮河, 不遐遺; 朋亡, 得尙于中行. 象曰:「包荒」·「得尙于中行」, 以光大也. 九三, 无平不陂, 无往不復; 艱貞无咎, 勿恤其孚, 于食有福. 象曰:「无往不復」, 天地際也. 六四, 翩翩, 不富, 以其鄰不戒以孚. 象曰:「翩翩不富」, 皆失實也;「不戒以孚」, 中心願也. 六五, 帝乙歸妹, 以祉元吉. 象曰:「以祉元吉」, 中以行願也. 上六, 城復于隍; 勿用師, 自邑告命, 貞吝. 象曰: 城復于隍, 其命亂也"라 함.
【需】《周易》제 5번째 괘로 '水天需'(乾下坎上)로 구성되어 있으며 "需: 有孚, 光亨, 貞吉, 利涉大川. 象曰:「需」, 須也; 險在前也, 剛健而不陷, 其義不困窮矣.「需, 有孚, 光亨,貞吉」, 位乎天位, 以正中也.「利涉大川」, 往有功也. 象曰: 雲上於天, 需; 君子以飮食宴樂. 初九, 需于郊, 利用恒, 无咎. 象曰:「水牛郊」, 不犯難行也;「利用恒无咎」, 未失常也. 九二, 需于沙, 小有言, 終吉. 象曰:「需于沙」, 衍在中也; 雖小有言, 以終吉也. 九三, 需于泥, 致寇至. 象曰:「需于泥」, 災在外也; 自我致寇, 敬愼不敗也. 六四, 需于血, 出自穴. 象曰:「需于血」, 順以聽也. 九五, 需于酒食, 貞吉. 象曰:「酒食貞吉」, 以中正也. 上六, 入于穴, 有不速之客三人來; 敬之, 終吉. 象曰:「不速之客來, 敬之終吉」, 雖不當位, 未大失也"라 함.
【微子啓】宋나라의 시조이며 殷나라 말기 帝乙의 맏아들이며 紂의 庶兄.《史記》

殷本紀에 "帝乙長子曰微子啓"라 하였고, 宋微子世家에도 "微子開者, 殷帝乙之首子"라 함. '啓'를 '開'로 한 것은 漢 景帝(劉啓)를 피휘한 것임.
【帝乙】殷나라 30대 군주로 文丁의 아들이며 帝辛(紂)의 아버지.
【舅】宋나라와 鄭나라는 인척관계임을 말함. 帝乙이 여동생을 鄭나라에 시집보냄.
【祉, 祿也】앞의 인척 관계와 함께 이는 〈泰卦〉六五의 爻辭 "帝乙歸妹, 以祉元吉"을 풀이한 말임.

● 1797(哀9-5)

冬十月.

겨울 11월.

傳

冬, 吳子使來微師伐齊.

겨울, 오왕吳王이 우리 노나라에 사신을 보내어 우리 군사를 정비하여 제齊나라를 치도록 하였다.

【吳王】吳나라 군주 夫差.
【徵】《說文》에 "徵, 戒也"라 함.
【伐齊】杜預 注에 "前年齊與吳謀伐魯, 齊旣與魯成而止, 故吳恨之, 反與魯謀伐齊"라 함.

238. 哀公 10年(B.C.485) 丙辰

周	敬王(姬匄) 35년	齊	悼公(陽生) 4년	晉	定公(午) 27년	衛	出公(輒) 8년
蔡	成公(朔) 6년	鄭	聲公(勝) 16년			陳	閔公(越) 17년
杞	閔公(維) 2년	宋	景公(欒) 32년	秦	悼公 7년	楚	惠王(章) 4년
吳	吳王(夫差) 11년	越	越王(句踐) 12년				

● 1798(哀10-1)

十年春王二月, 邾子益來奔.

10년 봄 주력 2월, 주자邾子 익益이 노나라로 도망왔다.

【邾子益】邾 隱公. 邾는 周 武王이 祝融 八姓의 하나였던 邾俠(曹俠)을 봉하여 부용국으로 삼았으며 지금의 山東 鄒縣. 이 때문에 戰國시대에 이름을 '鄒'로 바꾸었음. 曹姓이며 子爵 작위를 받았으나 魯나라에 예속되어 있었음.

● 1799(哀10-2)

公會吳伐齊.

애공이 오吳나라와 함께 제齊나라를 쳤다.

㊀
十年春, 邾隱公來奔; 齊甥也, 故遂奔齊.

10년 봄, 주邾 은공隱公이 우리 노나라로 도망왔는데, 그는 제齊 도공悼公의 생질이었으므로 그 때문에 그는 곧 제나라로 달아난 것이다.

【邾隱公】邾子 益. 邾는 周 武王이 祝融 八姓의 하나였던 邾俠(曹俠)을 封하여 부용국으로 삼았으며 지금의 山東 鄒縣. 이 때문에 戰國시대에 이름을 '鄒'로 바꾸었음. 曹姓이며 子爵 작위를 받았으나 魯나라에 예속되어 있었음.

㊀
公會吳子·邾子·郯子伐齊南鄙, 師于鄎.

애공이 오왕吳王, 주자邾子, 담자郯子 등과 모임을 갖고, 제齊나라의 남쪽 변경을 쳐서 식鄎에 군사를 주둔시켰다.

【邾子·郯子】邾나라 군주와 郯나라 군주. 杜預 注에 "邾·郯不書, 兵幷屬吳, 不列於諸侯"라 함.
【鄎】齊나라 땅. 지금의 山東 蒙陰縣 북쪽.

※ 1800(哀10-3)
三月戊戌, 齊侯陽生卒.

3월 무술날, 제후齊侯 양생陽生이 죽었다.

【戊戌】3월 14일.
【陽生】齊 悼公. 陳乞(陳僖子)의 도움으로 公子 荼(安孺子)를 죽이고 임금 자리에 올라 B.C.488~485년까지 4년간 재위하였으며 시해를 당하고 이때에 생을 마침. 簡公(壬)이 그 뒤를 이음.

㊃

齊人弑悼公, 赴于師.
吳子三日哭于軍門之外.
徐承帥舟師將自海入齊, 齊人敗之, 吳師乃還.

제齊나라 사람이 도공悼公을 죽이고 우리 군사에게 알려왔다.
오왕 부차夫差는 3일간 군문 밖에서 곡을 하였다.
오吳나라의 서승徐承이 수군水軍을 이끌고 바닷가로부터 제나라 땅으로 들어오려 하자 제나라가 이를 패배시켜 오나라 군사는 되돌아갔다.

【殺悼公】陽生.《史記》齊世家와 衛世家, 伍子胥列傳 및 年表 등에는 모두 鮑子(鮑牧)가 悼公을 죽인 것으로 되어 있으나 鮑牧은 이미 悼公에게 죽음을 당한 뒤였으며《晏子春秋》諫上에 의하면 "田氏殺陽生"이라 하여 田氏(陳恒, 田恒, 田常, 陳常)가 悼公을 죽인 것으로 여겼음.
【吳子】吳王 夫差.
【三日哭】동맹국의 諸侯가 죽었을 때 표하는 禮. 服虔은 "諸侯相臨之禮"라 함.
【徐承】吳나라 대부.

* 1801(哀10-4)
夏, 宋人伐鄭.

여름, 송宋나라가 정鄭나라를 쳤다.

＊無傳

※ 1802(哀10-5)
晉趙鞅帥師侵齊.

진晉나라 조앙趙鞅이 군사를 이끌고 제齊나라를 쳤다.

【趙鞅】趙簡子. 晉나라 대부. 趙武(文子)의 손자. 이름은 志父. 范氏, 中行氏와 권력투쟁 끝에 이겨 趙나라의 기초를 세운 인물. 이들 후손이 戰國時代 趙나라를 세움.

傳
夏, 趙鞅帥師伐齊, 大夫請卜之.
趙孟曰:「吾卜於此起兵, 事不再令, 卜不襲吉. 行也!」
於是乎取犁及轅, 毀高唐之郭, 侵及賴而還.

여름, 진晉나라 조앙趙鞅이 군사를 이끌고 제齊나라를 치자 대부가 출정에 대한 점을 칠 것을 청하였다.
그러자 조맹趙孟이 말하였다.
"나는 이미 이번 군사 출동에 대하여 점을 쳤다. 일에는 두 번 명령을 내리지 않으며 점도 두 번 다시 길운을 요구하지 않는다. 가자!"
이에 이犁와 원轅을 빼앗고, 고당高唐의 외곽 성을 부수었으며 쳐들어가 뇌賴까지 이르렀다가 돌아왔다.

【趙鞅】趙簡子. 晉나라 대부. 趙孟으로도 불림. 趙武(文子)의 손자. 이름은 志父. 范氏, 中行氏와 권력투쟁 끝에 이겨 趙나라의 기초를 세운 인물. 이들 후손이 戰國時代 趙나라를 세움.
【犁】지금의 山東 濟陽 서남쪽.《續山東考古錄》에 "在今濟陽縣西南五十里"라 함.
【轅】지금의 山東 濟河縣 서북쪽.《續山東考古錄》에 "在今山東濟河縣西北二十五里之瑗縣故城"이라 함.
【高唐】지금의 山東 禹城縣 서북쪽.《一統志》에 "在今山東禹城西北"이라 함.
【賴】지금의 山東 聊城縣. 혹 章丘縣 서북이며 濟南市 동쪽이라고도 함.《方輿紀要》에는 "今山東聊城縣西有賴亭"이라 함.

❀ 1803(哀10-6)

五月, 公至自伐齊.

5월, 애공이 제齊나라 치는 일에서 돌아왔다.

＊無傳

❀ 1804(哀10-7)

葬齊悼公.

제齊 도공悼公의 장례를 치렀다.

【齊悼公】陽生. 3월 戊戌에 죽어 이때에 장례를 치른 것임.
＊無傳

※ 1805(哀10-8)

衛公孟彄自齊歸于衛.

위衛나라 공맹구公孟彄가 제齊나라에서 위나라로 돌아갔다.

【公孟彄】蒯聵의 일당. 元 李廉의 《春秋諸傳會通》에 "彄, 蒯聵之黨, 今歸于衛, 必從輒而叛蒯聵, 故十五年蒯聵入國, 彄復奔齊"라 함.
＊無傳

※ 1806(哀10-9)

薛伯夷卒.

설백薛伯 이夷가 죽었다.

【薛伯夷】薛 惠公.《公羊傳》에는 '夷'가 '寅'으로 되어 있음.
＊無傳

※ 1807(哀10-10)

秋, 葬薛惠公.

가을, 설薛 혜공惠公의 장례를 치렀다.

【薛惠公】薛나라 군주. 이름은 夷, 혹은 寅.
＊無傳

㊟
秋, 吳子使來復儆師.

가을, 오왕吳王이 우리 노나라에 사신을 보내어 다시 군사를 정비하도록 하였다.

【吳子】 당시 吳나라 군주는 오왕 夫差로 재위 11년째였음.
【儆師】 杜預 注에 "伐齊未得志故, 爲明年吳伐齊傳"이라 함.

※ 1808(哀10-11)
冬, 楚公子結帥師伐陳.

겨울, 초楚나라 공자 결結이 군사를 이끌고 진陳나라를 쳤다.

【公子結】 楚나라 공자 子期. 子西(公子 申, 宜申)의 아우.

※ 1809(哀10-12)
吳救陳.

오吳나라가 진陳나라를 구원하였다.

【吳】 吳나라 季札(延陵季子)이 군사를 이끌고 陳나라 구원에 나선 것임.

❨傳❩
冬, 楚子期伐陳, 吳延州來季子救陳.
謂子期曰:「二君不務德, 而力爭諸侯, 民何罪焉? 我請退, 以爲子名, 務德而安民.」
乃還.

겨울, 초楚나라 자기子期가 진陳나라를 치자 오吳나라 연주래延州來 계자季子가 진나라 구원에 나섰다.
그때 오나라 계찰이 초나라 자기에게 이렇게 말하였다.
"두 나라 임금이 덕을 닦는 일에는 힘쓰지 않고 다른 제후와 다투기에만 힘을 쓰고 있으니 백성들이 무슨 죄가 있단 말이오? 내 퇴각하여 그대가 명예를 차지하도록 해 줄 것이니 그대는 덕을 닦아 백성을 편안하게 하시오."
그리고는 돌아갔다.

【子期】 楚나라 公子 結. 子西(公子 申, 宜申)의 아우.
【延州來】 원래 延과 州來는 지명. 延陵季子(季札)의 봉지였음.
【季子】 延陵季子. 季札. 壽夢의 막내아들. 襄公 14년을 볼 것. 당시 90여세였음. 杜預 注에 "季子, 吳壽夢少子也. 壽夢以襄十二年卒, 至今七十七歲. 壽夢卒, 季子已能讓國, 年當十五六, 至今蓋九十餘"라 함.

239. 哀公 11年(B.C.484) 丁巳

周	敬王(姬匄) 36년	齊	簡公(壬) 원년	晉	定公(午) 28년	衛	出公(輒) 9년
蔡	成公(朔) 7년	鄭	聲公(勝) 17년			陳	閔公(越) 18년
杞	閔公(維) 3년	宋	景公(欒) 33년	秦	悼公 8년	楚	惠王(章) 5년
吳	吳王(夫差) 12년	越	越王(句踐) 13년				

● 1810(哀11-1)

十有一年春, 齊國書帥師伐我.

11년 봄, 제齊나라 국서國書가 군사를 이끌고 우리 노나라를 쳤다.

【國書】齊나라 대부. 國夏의 아들. 國夏는 定公 7년을 볼 것.

㊅
十一年春, 齊爲鄎故, 國書·高無丕帥師伐我, 及淸.
季孫謂其宰冉求曰:「齊師在淸, 必魯故也, 若之何?」
求曰:「一子守, 二子從公禦諸竟.」
季孫曰:「不能.」
求曰:「居封疆之間.」

季孫告二子, 二子不可.
求曰:「若不可, 則君無出. 一子帥師, 背城而戰, 不屬者, 非魯人也. 魯之羣室眾於齊之兵車, 一室敵車優矣, 子何患焉? 二子之不欲戰也宜, 政在季氏. 當子之身, 齊人伐魯而不能戰, 子之恥也, 大不列於諸侯矣.」
季孫使從於朝, 俟於黨氏之溝.
武叔呼而問戰焉.
對曰:「君子有遠慮, 小人何知?」
懿子強問之, 對曰:「小人慮材而言, 量力而共者也.」
武叔曰:「是謂我不成丈夫也.」
退而蒐乘.
孟孺子洩帥右師, 顏羽御, 邴洩爲右.
冉求帥左師, 管周父御, 樊遲爲右.
季孫曰:「須也弱.」
有子曰:「就用命焉.」
季氏之甲七千, 冉有以武城人三百爲己徒卒, 老幼守宮, 次于雩門之外.
五日, 右師從之.
公叔務人見保者而泣, 曰:「事充, 政重, 上不能謀, 士不能死, 何以治民? 吾既言之矣, 敢不勉乎!」
師及齊師戰于郊.
齊師自稷曲, 師不踰溝.
樊遲曰:「非不能也, 不信子也, 請三刻而踰之.」
如之, 眾從之.
師入齊軍.
右師奔, 齊人從之.
陳瓘·陳莊涉泗.
孟之側後入以爲殿, 抽矢策其馬, 曰:「馬不進也.」
林不狃之伍曰:「走乎?」

不狃曰:「誰不如?」
曰:「然則止乎?」
不狃曰:「惡賢?」
徐步而死.
師獲甲首八十, 齊人不能師.
宵諜曰:「齊人遁.」
冉有請從之三, 季孫弗許.
孟孺子語人曰:「我不如顏羽, 而賢於邴洩. 子羽銳敏, 我不欲戰而能黙, 洩曰『驅之』.」
公爲與其嬖僮汪錡乘, 皆死, 皆殯.
孔子曰:「能執干戈以衛社稷, 可無殤也.」
冉有用矛於齊師, 故能入其軍.
孔子曰:「義也!」

11년 봄, 제齊나라 식鄎의 전투를 보복하고자 국서國書와 고무비高無㔻가 군사를 이끌고 우리 노나라를 공격하여 청淸에 이르렀다.

계손季孫이 가재家宰 염구冉求에게 말하였다.

"제나라 군사가 청에 와 있는 것은 틀림없이 우리 노나라를 치기 위한 것이리라. 어찌 하면 좋겠는가?"

염구가 말하였다.

"한 분은 도읍을 지키고, 두 분은 임금을 따라 나서서 국경을 방어하십시오."

계손이 말하였다.

"그렇게 할 수 없다."

염구가 말하였다.

"그러면 국경과 도읍 중간에서 막아내십시오."

계손이 맹손씨와 숙손씨 두 사람에게 이를 제의하였더니 둘은 그렇게 할 수 없다고 하였다.

염구가 말하였다.

"만약 그렇게 할 수 없다면 임금은 출정하지 말도록 하십시오. 한 분만이 군사를 이끌고 도성을 뒤로 하여 싸우십시오. 그 싸움에 참가하지 않는 자는 노나라 사람이 아닙니다. 이 노나라 도읍의 가호 수는 제나라의 전차 수보다 많습니다. 한 집이 적의 전차 한 대를 대적하면 우리가 우세합니다. 그런데 그대는 어찌 걱정하십니까? 다른 두 분이 싸우려 하지 않는 것은 마땅한 일입니다. 정권이 계손씨에게 있기 때문입니다. 그대가 정치를 맡고 있는 터에 제나라가 우리 노나라를 침범하고 있는데 맞서 싸워내지 못한 다면 이는 그대의 수치입니다. 그렇게 되면 크게는 노나라는 제후의 지위에 끼지도 못합니다."

계손이 염구로 하여금 자신을 따르도록 하여 조정으로 가서 당씨黨氏 집 곁의 도랑에서 기다리도록 하였다.

숙손무숙叔孫武叔이 그를 불러 싸움에 대하여 물었다.

염구가 답하였다.

"어른께서 깊은 생각을 하고 계실 것입니다. 소인이 어찌 알겠습니까?"

그러자 맹의자孟懿子가 굳이 묻기에 염구는 이렇게 답하였다.

"소인이야 제 분수를 생각해서 말하고 능력을 헤아려 공손히 할 따름입니다."

숙손무숙이 말하였다.

"이 사람은 내가 장부가 되지 못할 것이라 여기고 있군."

대신들은 조정에서 물러나 전차를 열병하였다.

맹유자孟孺子 설泄이 우군右軍이 되어 안우顔羽가 그의 전차를 몰고, 병설 邴泄이 오른쪽 전사가 되었다.

염구는 좌군左軍이 되어 관주보管周父가 그의 전차를 몰았으며 번지樊遲가 오른쪽 전사가 되었다.

계손이 말하였다.

"번수樊須는 아직 어리네."

그러자 유자有子(冉求)가 말하였다.

"나서면 명령하는 대로 잘할 것입니다."

당시 계씨의 군사는 7천 명이었으며 염유는 무성武城 사람 3백 명을 자신의 병졸로 삼고, 늙고 어린 사람들은 공궁公宮을 지키도록 하면서 우문雩門 밖에 주둔하였다.

닷새가 지나서야 우군이 염구의 군사 뒤를 따라 나섰다.

그때 공숙무인公叔務人은 도성을 지키는 이들을 보고 울면서 말하였다.

"부역은 많고 세금은 무거우며 윗사람은 나랏일을 도모하지 못하고, 선비들은 나라를 위해 목숨을 바치지 않으니 어찌 백성을 다스릴 수 있겠는가? 내 이미 이렇게 말을 해 놓았으니 난들 감히 힘쓰지 않을 수 있겠는가!"

노나라 군사와 제나라 군사가 교외에서 전투를 벌였다.

제나라 군사가 직곡稷曲으로부터 쳐들어오는데도 노나라 군사는 도랑을 건너려 하지 않는 것이었다.

번지가 말하였다.

"건너지 못하는 것이 아니라 그대를 믿지 못하는 것입니다. 청컨대 상벌에 대해서 세 번 일러주어 도랑을 넘도록 하십시오."

그의 말대로 하자 모두들 그의 명령을 따랐다.

노나라 군사가 제나라 군사로 쳐 들어갔다.

우군右軍이 달아나자 제나라 군사가 우군을 추격하였다.

진관陳瓘과 진장陳莊이 사수泗水를 건너 다가왔다.

당시 맹지측孟之側이 후미에 처져 맨 뒤가 되자 화살을 빼어 말을 채찍질 하며 이렇게 말하였다.

"말이 앞으로 나가지 않아서 뒤처진 것이다."

임불뉴林不狃의 부하가 말하였다.

"달려 달아날까요?"

임불뉴가 말하였다.

"우리가 누구만 못해서 달려 달아난단 말이냐?"

부하가 말하였다.

"그러면 여기에 머물러 싸울까요?"

임불뉴가 말하였다.

"모두들 달아나고 있는데 우리만 남아 싸운다고 어찌 훌륭한 사람이 될 것이냐?"

그리고는 천천히 걸어 도읍으로 돌아가다가 죽음을 당하고 말았다.

염구의 군사가 적군 80명의 잡자 제나라 군사는 제대로 대응하지 못하였다.

밤에 첩자가 말하였다.

"제나라 사람들이 달아나고 있습니다."

그래서 염구가 뒤쫓기를 세 번이나 청하였지만 계손은 허락하지 않았다.

맹유자가 다른 사람에게 말하였다.

"나는 안우보다는 못하나 병설보다는 낫다. 자우子羽(顔羽)는 날래고 민첩하였고 나는 싸우려 들지는 않았지만 그래도 묵묵히 있기는 하였다. 그런데 병설은 '말을 몰아 달아나자'고 하였었다."

공위公爲는 사랑하는 동복 왕기汪錡와 같은 전차에 타고 싸우다가 둘 모두 죽어 함께 염빈殮殯을 하였다.

그러자 공자孔子가 말하였다.

"능히 창과 방패를 잡고 사직을 보위하였으니 어린 소년의 죽음으로 여기지 말고 어른의 예를 갖추어 장례를 치러야 한다."

그리고 염유는 창을 들고 제나라 군사와 잘 싸웠다. 그 때문에 능히 적군 속으로 쳐들어갈 수 있었던 것이다.

공자가 말하였다.

"의로운 사람이로다!"

【郎】 지난해 郎에서의 싸움.
【國書】 齊나라 대부. 國夏의 아들. 國夏는 定公 7년을 볼 것.
【高無㔻】 역시 齊나라 대부. 高張의 아들. 高張은 昭公 29년을 볼 것. '㔻'는 反切로 '普悲反'. '비'로 읽음.
【淸】 지금의 山東 長淸縣. 《方輿紀要》에 "淸亭在山東長淸縣東南"이라 함. 그러나 沈欽韓은 지금의 東阿縣으로 비정하였음.
【季孫】 季孫肥. 季康子. 季孫斯의 庶子이며 魯나라 正卿이 되어 執政하고 있었음.
【冉求】 孔子 제자. 冉有. 魯나라 사람. 有子로도 부름.

【一子】季孫, 叔孫, 孟孫은 魯나라 三桓이며 이 중의 하나는 도읍을 지키고 둘은 임금을 따라 나서서 국경을 지킬 것을 제안한 것임.
【不能】자신의 힘으로는 두 집안에게 부탁하기 어려움. 杜預 注에 "自度力不能使二子禦諸竟"이라 함.
【封疆】封土의 疆域. 杜預 注에 "封疆, 竟內近郊地"라 함.
【二子】叔孫과 孟孫을 가리킴. 杜預 注에 "二子, 叔孫·孟孫也"라 함.
【群室】노나라 도읍의 家戶 수.
【政在季氏】계손씨 집안의 季孫肥(康子)가 정권을 쥐고 있어 다른 두 집안이 질투를 하고 있음. 杜預 注에 "言二子恨季氏專政, 故不盡力"이라 함.
【從於朝】杜預 注에 "使冉求隨己之公朝"라 함.
【黨氏之溝】당씨 집 근처의 도랑. 《方輿紀要》에 "莊公臺在今曲阜縣東北八里, 莊公三十二年, 築臺臨黨氏, 見孟任是也"라 함.
【叔孫】叔孫州仇. 魯나라 대부. 叔孫武叔. 叔孫不敢의 아들. 이름은 州仇. 杜預 注에 "武叔, 叔孫不敢之子州仇也"라 함.
【孟懿子】仲孫何忌. 魯나라 대부. 孟僖子의 후계자. 시호는 懿子.
【不成丈夫】杜預 注에 "知冉求非己不欲戰, 故不對"라 함.
【蒐乘】'蒐'는 열병. '乘'은 전차. 杜預 注에 "蒐, 閱"이라 함.
【孟孺子洩】孟懿子의 아들 孟武伯. 이름은 彘. 仲孫彘.
【邴洩·顔羽】모두 孟氏의 가신. 顔羽는 子羽로도 불림. 이들은 孟孺子 泄과 함께 같은 전차의 전투요원이었음.
【管周父】魯나라 전사.
【樊遲】孔子 제자. 樊須. 魯나라 사람. 《論語》와 《史記》仲尼弟子列傳 등에 그의 행적과 언론이 실려 있음. 공자보다 36세 어렸음.
【武城】魯나라 읍. 南武城을 가리킴. 지금의 山東 費縣 서남쪽. 冉求의 고향이었음.
【次】군사가 주둔함을 뜻함. 莊公 3년 傳에 "凡師, 一宿爲舍, 再宿爲信, 過信爲次"라 함.
【雩門】魯나라 都城 曲阜의 남문.
【五日】孟懿子는 나서고 싶지 않아 닷새나 날짜를 지체한 것임. 杜預 注에 "五日乃從, 言不欲戰"이라 함.
【事充·政重】杜預 注에 "徭役煩, 賦稅多"라 함.

【敢不勉乎】杜預 注에 "旣言人不能死, 己不敢不死"라 함.
【稷曲】魯나라 도읍의 교외 지명. 〈春秋大事表〉에 "曲阜縣北寧陽東有曲池, 疑卽 稷曲"이라 함.
【三刻】세 번 약속을 함. 《孔子家語》의 王肅 注와 杜預 注에 '契約'의 뜻으로 풀이하였음.
【陳瓘】齊나라 대부. 陳恒의 형 子玉.
【陳莊】齊나라 대부. 陳成子의 아우 陳昭子.
【泗】泗水. 지금의 山東 曲阜 북쪽에서 서쪽으로 흐르는 물 이름.
【孟之側】孟孫氏 가문. 자는 反.《論語》子路篇에 "子曰:「孟之反不伐, 奔而殿, 將入門, 策其馬, 曰:『非敢後也, 馬不進也.』」"라 한 인물임.
【殿】후퇴할 때 가장 뒤에서 추격하는 적을 상대하는 것. 가장 위험한 위치를 뜻함. '殿'은 '臀'의 뜻. 杜預 注에 "會見師退而孟不在列, 乃大呼詐言孟在後爲殿"이라 함.
【林不狃】魯나라 군사의 伍長.
【子羽銳敏】杜預 注에 "子羽, 顔羽. 銳 精也; 敏, 疾也. 言欲戰"이라 함.
【能默】杜預 注에 "心雖不欲, 口不言奔"이라 함.
【公爲】魯나라 대부. 公叔務人.
【嬖僮】매우 아끼고 사랑하는 僮僕.
【汪錡】公叔務人의 僮僕 이름.
【可無殤也】20세 전 어린 나이에 죽는 것을 殤이라 함. 成人의 죽음과 같이 대우하여 장례를 치러주어야 함을 뜻함.《儀禮》喪服 大功章을 볼 것.

● 1811(哀11-2)

夏, 陳轅頗出奔鄭.

여름, 진陳나라 원파轅頗가 정鄭나라로 달아났다.

【轅頗】陳나라 대부.《公羊傳》에는 '袁頗'로 되어 있음. 轅選의 曾孫.

㊉

夏, 陳轅頗出奔鄭.
初, 轅頗爲司徒, 賦封田以嫁公女; 有餘, 以爲己大器.
國人逐之, 故出.
道渴, 其族轅咺進稻醴·粱糗·腶脯焉.
喜曰:「何其給也?」
對曰:「器成而具.」
曰:「何不吾諫?」
對曰:「懼先行.」

여름, 진陳나라 원파轅頗가 정鄭나라로 달아났다.
당초, 원파는 사도司徒가 되어 나라 안 모든 토지에 세금을 부과하여 공녀公女를 시집보낼 채비를 하면서 쓰고 남은 것으로 자신의 큰 기물을 만들었다.
그리하여 나라 사람들이 그를 쫓아내어 도망간 것이다.
가는 도중 목이 말라 하자 그의 일족 원훤轅咺이 쌀술과 말린 밥, 말린 육포를 내주었다.
원파는 기뻐하며 말하였다.
"어떻게 이런 이러한 것을 준비하였는가?"
원훤이 대답하였다.
"기물을 만들 때 이것들을 준비하였습니다."
원파가 물었다.
"그때 어찌 나에게 충고하지 않았느냐?"
원훤이 대답하였다.
"제가 먼저 쫓겨날 것이 두려웠기 때문이었습니다."

【賦封田】영토 안의 모든 토지에 세금을 부과함. 杜預 注에 "封乃之田悉賦稅之"라 함.

【大器】자신의 세를 과시하기 위하여 나랏돈으로 鐘鼎 따위를 주조함. 杜預 注에 "大器, 鐘鼎之屬"이라 함.
【轅喧】轅頗의 族人.
【稻醴】벼(쌀)로 빚은 단술.
【粱糗】乾飯. 말린 밥.
【腶脯】양념을 하여 익힌 다음 말린 肉脯의 일종.
【懼先行】杜預 注에 "恐言不從, 先見逐"이라 함.

✸ 1812(哀11-3)

五月, 公會吳伐齊. 甲戌, 齊國書帥師及吳戰于艾陵, 齊師敗績, 獲齊國書.

5월, 공이 오吳나라와 만나 제齊나라를 쳤다.
갑술날, 제나라 국서國書가 군사를 이끌고 오나라와 애릉艾陵에서 싸웠으나 제나라 군사가 크게 패하였고 오나라는 제나라 국서를 잡았다.

【甲戌】5월 27일.
【國書】齊나라 대부. 國夏의 아들.
【艾陵】지금의 山東 泰安縣 남쪽. 혹 萊蕪縣 동쪽 艾邑이라고도 함.
【敗績】全軍이 대패하였을 때 쓰는 말. 莊公 11년 傳에 "凡師, 敵未陳曰敗某師, 皆陳曰戰, 大崩曰敗績"이라 함.

⟨傳⟩
爲郊戰故, 公會吳子伐齊.
五月, 克博.
壬申, 至于嬴.
中軍從王, 胥門巢將上軍, 王子姑曹將下軍, 展如將右軍.

齊國書將中軍, 高無㔻將上軍, 宗樓將下軍.
陳僖子謂其弟書,「爾死, 我必得志.」
宗子陽與閭丘明相屬也.
桑掩胥御國子.
公孫夏曰:「二子必死.」
將戰, 公孫夏命其徒歌虞殯.
陳子行命其徒具含玉.
公孫揮命其徒曰:「人尋約, 吳髮短.」
東郭書曰:「三戰必死, 於此三矣.」
使問弦多以琴, 曰:「吾不復見子矣.」
陳書曰:「此行也, 吾聞鼓而已, 不聞金矣.」
甲戌, 戰于艾陵.
展如敗高子, 國子敗胥門巢, 王卒助之, 大敗齊師, 獲國書·公孫夏·閭丘明·陳書·東郭書, 革車八百乘, 甲首三千, 以獻于公.
將戰, 吳子呼叔孫, 曰:「而事何也?」
對曰:「從司馬.」
王賜之甲·劍鈹, 曰:「奉爾君事, 敬無廢命!」
叔孫未能對.
衛賜進, 曰:「州仇奉甲從君.」
而拜.
公使大史固歸國子之元, 寘之新篋, 褽之以玄纁, 加組帶焉.
寘書于其上, 曰:「天若不識不衷, 何以使下國?」

노나라는 교외에서 있었던 싸움을 보복하고자 애공은 오왕吳王과 만나 제齊나라를 쳤다.
5월, 박博을 공격하여 무찔렀다.
임신날, 영嬴에 이르렀다.
당시 오나라 중군中軍은 오왕을 따랐고, 서문소胥門巢가 상군을 지휘하였으며 왕자 고조姑曹가 하군을 거느렸고, 전여展如가 우군을 지휘하였다.

제나라는 국서國書가 중군을, 고무비高無丕가 상군을, 종루宗樓가 하군을 이끌었다.

제나라 진희자陳僖子가 아우 진서陳書에게 말하였다.

"네가 죽으면 내가 틀림없이 뜻을 이룰 것이다."

종자양宗子陽(宗樓)과 여구명閭丘明은 서로 격려하여 잘 싸우다 죽기로 하였다.

상엄서桑掩胥는 국서의 전차를 조종하였다.

공손하公孫夏가 말하였다.

"종루와 여구명 두 사람은 틀림없이 싸우다 죽을 것이다."

장차 전투가 벌어지자 공손하는 부하들에게 우빈가虞殯歌를 부르도록 하였다.

진자행陳子行은 부하들에게 함옥含玉을 준비하도록 하였다.

공손휘公孫揮는 부하들에게 이렇게 명하였다.

"각자 8척尺의 새끼줄을 준비하라. 오나라 사람의 짧은 머리를 묶기 위한 것이다."

동곽서東郭書가 말하였다.

"세 차례 싸움에 나가서는 반드시 죽는 것인데 나는 이번이 세 번째 싸움이다."

그리고 노나라에 도망 와 있는 현다弦多에게 사람을 시켜 금琴을 보내며 이렇게 말하였다.

"나는 이후로 다시는 당신을 볼 수 없을 것이오."

진서가 말하였다.

"이번 싸움에서 나는 진군의 북소리만 들을 따름이지 퇴각의 징소리는 듣지 않을 것이다."

갑술날, 애릉艾陵에서 싸웠다.

오나라의 전여는 제나라의 고무비를 패배시키고, 제나라의 국서는 오나라의 서문소를 패배시켰다. 오왕 부차가 이끄는 병졸들이 도와 제나라 군사를 대파하고, 국서·공손하·여구명·진서·동곽서를 잡고, 전차 8백 대와 병사 3천을 노획하여 이를 애공에게 바쳤다.

장차 전투가 벌어지려 할 오왕이 숙손城孫을 불러 말하였다.

"그대가 맡고 있는 일은 무엇인가?"

숙손이 대답하였다.

"사마司馬에 종사하고 있습니다."

오왕은 그에게 갑옷과 검피劍鈹를 주면서 이렇게 일렀다.

"그대는 임금을 받들어 공경히 명령에 따를 것이며 명령을 위배하는 일이 없도록 하라!"

숙손이 제대로 대답을 하지 못하였다.

그러자 위사衛賜가 앞으로 나가 말하였다.

"숙손주구는 그 갑옷을 받고서 임금을 잘 따를 것입니다."

숙손은 오왕에게 절을 하였다.

애공이 태사太史 고固로 하여금 국서의 목을 제나라로 돌려보내도록 하면서 그 목을 새 상자에 담고 검붉은 명주를 깔아 좋은 끈으로 묶었다.

그 위에 편지를 써서 이렇게 덧붙였다.

"하늘이 만약 그대가 불충不衷함을 알지 못하였다면 어찌 우리 노나라 같이 작은 나라로 하여금 이기게 해 주었겠습니까?"

【博】齊나라 읍. 지금의 山東 泰安縣 동남쪽 舊縣村.《山東通志》에 "在泰安縣東南三十里"라 함.

【壬申】5월 25일.

【嬴】齊나라 읍. 지금의 山東 萊蕪縣 서북쪽.《山東通志》에 "在萊蕪縣西北四十里"라 함.

【胥門巢】吳나라 대부. 胥門은 원래 吳나라 성문 이름. 이것이 氏가 됨.

【王子姑曹】吳나라 왕자. 이름은 姑曹.

【展如】역시 吳나라 대부.

【國書】齊나라 대부. 國夏의 아들.

【高無㔻】齊나라 대부. 高張의 아들. 高張은 昭公 29년을 볼 것. '㔻'는 反切로 '普悲反'. '비'로 읽음.

【宗樓】齊나라 대부. 자는 子陽. 下軍將帥.

【陳乞】田乞. 齊나라 대부. 陳氏(田氏) 가문의 실력자. 시호는 僖子. 陳僖子로도

불림. 뒤에 晏孺子(荼)를 시해하고 悼公(陽生)을 옹립하였던 인물.

【書】陳書. 자는 子占. 陳乞(僖子)의 아우이며 齊나라 대부.

【得志】杜預 注에 "欲獲死事之功"이라 함.

【閭丘明】齊나라 대부. 閭丘嬰의 아들.

【桑掩胥】國書의 전차를 몰던 병사.

【公孫夏】齊나라 대부.

【虞殯】葬送曲. 輓歌.

【子行】陳逆. 齊나라 陳氏(田氏)의 일족. 杜預 注에 "子行, 陳逆也"라 함.

【含玉】죽은 자의 입에 물리는 옥.

【公孫揮】齊나라 대부.

【人尋約】尋은 8尺의 길이. 約은 새끼줄. 사람마다 8척의 새끼줄을 준비하도록 함. 吳나라는 斷髮하는 풍습이 있어 머리카락이 짧아 묶기가 어려움. 杜預 注에 "約, 繩也. 八尺爲尋. 吳髮短, 欲以繩貫其首"라 함.

【東郭書】齊나라 대부.

【弦多】齊나라 사람으로 哀公 6년 魯나라에 망명해 와 있었음. 杜預 注에 "弦多, 齊人也. 六年奔魯"라 함.

【琴】자문을 구하고자 예물로 琴을 바친 것.

【鼓·金】북소리는 진군을, 징소리는 퇴각을 알리는 신호로 사용하였음. 杜預 注에 "鼓以進軍, 金以退軍. 不聞金, 言將死也. 傳言吳師彊, 齊人皆自知將敗"라 함.

【艾陵】齊나라 지명. 지금의 山東 萊蕪縣 동남쪽 땅.

【王卒】吳王 夫差가 직접 인솔하는 병졸들.

【獻于公】哀公에게 바침. 杜預 注에 "公以兵從, 故以勞公"이라 함.

【叔孫】魯나라 대부. 叔孫州仇. 武叔州仇라고도 부름.

【劍鈹】검은 양날이 있는 칼이며 도는 한쪽만 날이 있는 것임. 《說文》에 "鈹, 大鍼也; 一曰: 劍而刀裝者"라 하였고, 段玉裁 注에 "劍兩刃, 刀一刃, 而裝不同. 實劍而用刀削裹之, 是曰鈹"라 함.

【衛賜】衛나라 출신의 端木賜. 端木賜는 공자 제자 子貢. 당시 그는 魯나라 叔孫 州仇를 섬기고 있었음. 杜預 注에 "賜, 子貢, 孔子弟子"라 하였고, 孔穎達 疏에 "子貢衛人, 故稱衛賜"라 함.

【元】'首'와 같음. 머리. 杜預 注에 "歸於齊也. 元, 首也. 吳以獻魯"라 함.

【襲之以玄纁】'襲'는 '외'로 읽으며 깔아줌. 杜預 注에 "襲, 薦也"라 함. 玄纁은 紅黑色의 비단.

【不忒】忒은 正의 뜻. 정당함. 올바름. 선함. 杜預 注에 "言天識不善, 故殺國子"라 하였으나 《左傳會箋》에는 "不忒, 斥齊侯也. 非斥國子. 使下國者, 使下國得克也. 〈吳語〉, 夫差釋言於齊曰:「天若不知有罪, 則何以使下國勝?」此亦爲吳王之辭必矣"라 함.

㊌

吳將伐齊, 越子率其衆以朝焉, 王及列士皆有饋賂.
吳人皆喜, 唯子胥懼, 曰:「是豢吳也夫!」
諫曰:「越在我, 心腹之疾也, 壤地同, 而有欲於我. 夫其柔服, 求濟其欲也, 不如早從事焉. 得志於齊, 猶獲石田也, 無所用之. 越不爲沼, 吳其泯矣. 使醫除疾, 而曰『必遺類焉』者, 未之有也. 盤庚之誥曰『其有顚越不共, 則劓殄無遺育, 無俾易種于玆邑』, 是商所以興也. 今君易之, 將以求大, 不亦難乎!」
弗聽.
使於齊, 屬其子於鮑氏, 爲王孫氏.
反役, 王聞之, 使賜之屬鏤以死.
將死, 曰:「樹吾墓檟, 檟可材也. 吳其亡乎! 三年, 其始弱矣. 盈必毁, 天之道也.」

오吳나라가 제齊나라를 치려 하자 월왕越王 구천句踐이 무리를 이끌고 오왕吳王 부차夫差를 뵈러 가서 오왕과 여러 인사들에게 모두 선물을 주었다.
오나라 사람들이 모두 기뻐하였으나 오직 자서子胥만은 두렵게 여기며 이렇게 말하였다.
"이는 오나라를 길러주는 것이로다!"
그리하여 이렇게 간하였다.
"월나라는 우리에게 있어서 가슴과 배의 병과 같습니다. 영토를 맞대고 있으면서 우리에 대하여 욕심을 품고 있습니다. 무릇 부드럽게 복종하는 것은 그 욕심을 성취하고자 하는 것이니 서둘러 일을 처리하느니만 못합니다. 우리가 제나라에 대해 뜻을 이루었으나 이는 돌밭을 얻은 것과 같아 아무런 쓸모가 없습니다. 월나라를 못으로 만들지 않았다가는 우리 오나라가 사라지고 말 것입니다. 의사로 하여금 병을 제거하도록 하면서 '병의 뿌리는 남겨두라'고 하는 사람은 있어 본 적이 없습니다. 〈반경盤庚〉에 이르되 '방종하여 명령을 받들지 않음이 있으면 잘라 없애어 조금도 남겨두지 말아 이 땅에 그 씨앗이 퍼지지 않도록 하라'라 하였습니다. 이것이 상商나라가 흥하게 된 원인이었습니다. 그런데 임금께서는 지금 거꾸로 하면서 장차 큰 것을 찾고 있으니 역시 어렵지 않겠습니까!"

그러나 오왕은 이를 듣지 않았다.

오자서는 제나라에 사신으로 가면서 자신의 아들을 제나라의 포씨鮑氏에게 부탁하여 그의 아들이 뒤에 왕손씨王孫氏가 되었다.

싸움에서 돌아오자 오왕이 그 사실을 듣고 촉루屬鏤라는 칼을 내려주며 죽으라 하였다.

그는 장차 죽음에 이르자 이렇게 말하였다.

"나의 묘 옆에 가檟나무를 심어다오. 가나무는 관을 만들 수 있다. 오나라 망하리라! 3년이 지나면 약해지기 시작할 것이다. 가득 차면 반드시 무너지는 것이 하늘의 도이다."

【越子】越王 句踐. '鳩淺'으로도 표기함.

【子胥】伍子胥. 伍員. 伍擧(椒擧)의 손자이며 伍奢의 아들. 伍尙의 아우. 伍子胥. 楚 平王과 아버지 伍奢가 太子 建의 혼인 문제에 비열함을 저지른 費無極의 참언으로 인해 멸족을 당하자 吳나라로 망명하여 太宰 伯嚭와 짝을 이루어 吳나라 중흥에 매진하였으나 伯嚭의 참언과 월나라 文種, 范蠡의 기지에 밀려 실패. 오나라와 월나라는 춘추 말 吳楚戰鬪, 吳越鬪爭 등 많은 일화와 사건을 남김.《國語》吳語에는 '申胥'라 하였으며 申은 氏, 자는 子胥로 여겨짐.《史記》伍子胥列傳 참조. 한편 '員'은 '員音云'이라 하여 '운'으로 읽어야 하나 일반적인 관례에 의해 그대로 '오원'(伍員)으로 읽음.

【是豢吳也夫】吳나라를 길러 장차 잡아먹을 것임. 杜預 注에 "豢, 養也. 若人養犧牲, 非愛之, 將殺之"라 함.《史記》吳太伯世家에는 '豢'이 '棄'로 되어 있음.

【盤庚之誥】《書經》商書 盤庚篇에 "嗚呼! 今予告汝不易, 永敬大恤, 無胥絶遠. 汝分猷念以相從, 各設中于乃心. 乃有不吉不迪, 顚越不恭, 暫遇姦宄, 我乃劓殄滅之, 無遺育, 無俾易種于玆新邑"이라 함.
【王孫氏】伍員의 아들이 齊나라에서 뒤에 王孫氏로 바꿈. 杜預 注에 "改姓爲王孫, 欲以辟吳禍"라 함.
【屬鏤】寶劍의 이름. 屬은 '屬音燭'이라 하여 '촉'으로 읽음. 《淮南子》氾論訓에 "大夫種身伏屬鏤而死"라 하여 屬鏤는 일반 명사였음.
【檟】개오동나무의 일종. 혹은 楸, 즉 개오동나무, 가래나무로 棺材로 사용함. 그러나 《史記》吳太白世家와 伍子胥列傳에는 '梓'로 되어 있음.
【盈必毁】杜預 注에 "越人朝之, 伐齊勝之, 盈之極也. 爲十三年越伐吳起"라 함.
＊이상의 이야기는 《呂氏春秋》(知化篇), 《國語》(吳語), 《史記》(越王句踐世家, 吳太白世家, 伍子胥列傳, 仲尼弟子列傳), 《說苑》(正諫篇), 《吳越春秋》, 《越絶書》 등에 널리 실려 있음.

⁕ 1813(哀11-4)

秋七月辛酉, 滕子虞母卒.

가을 7월 신유날, 등자滕子 우무虞母가 죽었다.

【辛酉】7월 15일.
【滕子虞母】滕 隱公. 이름은 虞母. 혹 虞冊으로도 표기함. 滕나라는 周 文王의 아들 叔繡가 받았던 封國. 侯爵이었으며 지금의 山東 滕縣 일대. 戰國시대 齊나라에게 망함.
＊無傳

⑲
秋, 季孫命修守備, 曰:「小勝大, 禍也, 齊至無日矣.」

가을, 우리 노나라 계손씨季孫氏가 국토 수비를 잘하라고 명령을 내리면서 말하였다.

"작은 나라가 큰 나라를 이기는 것은 화근의 씨앗이다. 제나라가 곧 쳐들어올 것이다."

【小勝大】魯나라는 작고 齊나라는 큰 나라임.
【季孫】季孫肥. 季康子. 季孫斯의 庶子이며 魯나라 正卿이 되어 執政하고 있었음.

1814(哀11-5)

冬十有一月, 葬滕隱公.

겨울 11월 등滕 은공隱公을 장사지냈다.

【滕隱公】虞母.
＊無傳

1815(哀11-6)

衛世叔齊出奔宋.

위衛나라 세숙제世叔齊가 송宋나라로 달아났다.

【世叔齊】衛나라 대부. 世叔은 大叔(太叔)으로도 부르며 이름은 齊, 혹은 疾. 시호는 悼子. 宋나라로 도망하여 向魋에게 의지하였으며 그의 총애를 받음.

㊉

冬, 衛大叔疾出奔宋.
初, 疾娶于宋子朝, 其娣嬖.
子朝出, 孔文子使疾出其妻, 而妻之.
疾使侍人誘其初妻之娣寘於犁, 而爲之一宮, 如二妻.
文子怒, 欲攻之, 仲尼止之.
遂奪其妻.
或淫于外州, 外州人奪之軒以獻.
耻是二者, 故出.
衛人立遺, 使室孔姞.
疾臣向魋, 納美珠焉, 與之城鉏.
宋公求珠, 魋不與, 由是得罪.
及桓氏出, 城鉏人攻大叔疾.
衛莊公復之, 使處巢, 死焉.
殯於鄖, 葬於少禘.
初, 晉悼公子憖亡在衛, 使其女僕而田, 大叔懿子止而飲之酒, 遂聘之, 生悼子.
悼子卽位, 故夏戊爲大夫.
悼子亡, 衛人翦夏戊.
孔文子之將攻大叔也, 訪於仲尼.
仲尼曰:「胡簋之事, 則嘗學之矣; 甲兵之事, 未之聞也.」
退, 命駕而行, 曰:「鳥則擇木, 木豈能擇鳥?」
文子遽止之, 曰:「圉豈敢度其私, 訪衛國之難也.」
將止, 魯人以幣召之, 乃歸.

겨울, 위衛나라 태숙질大叔疾이 송宋나라로 달아났다.
일찍이 태숙질은 송나라 자조子朝의 딸을 아내를 맞이하였는데 그 아내의 여동생이 사랑스러웠다.

자조가 망명하자 공문자孔文子는 태숙질로 하여금 아내를 내쫓고 자신의 딸을 주어 아내로 삼도록 하였다.

그러자 태숙질은 자신의 시종으로 하여금 전처의 여동생을 꾀어내도록 하고는 이犁에 집을 지어 살림을 차려 마치 두 아내를 거느린 셈이 되고 말았다.

공문자는 노하여 태숙질을 공격하려 하였으나 중니仲尼가 말렸다.

그러나 공문자는 결국 질의 아내, 즉 자신의 딸을 찾아 돌아갔다.

그 뒤 태숙질이 외주外州에서 또 음란한 짓을 하자 외주 사람들이 그의 수레를 빼앗아 임금에게 바쳤다.

태숙질은 이처럼 두 번의 수치를 당하여 그 때문에 송나라로 달아난 것이다.

위나라에서는 태숙질의 아우 유遺를 가문의 후계자로 세우고 공길孔姞을 아내로 삼도록 하였다.

태숙질이 송나라에서 상퇴向魋를 모셔 아름다운 구슬을 바치자 상퇴는 그에게 성서城鉏라는 고을을 주었다.

송 경공이 그 구슬을 요구하였으나 상퇴가 주지 않아 그 때문에 죄를 얻게 되었다.

이에 환씨桓氏(向魋)가 국외로 망명하자 성서 사람들이 태숙질을 공격하였다. 그러자 위 장공이 그를 불러들여 복직을 시켜주고 소巢 땅에 살도록 해 주었으며 그는 그곳에서 죽었다.

운鄆에 빈소를 차리고 소체少禘에 묻었다.

일찍이 진晉 도공悼公의 아들 은慭이 망명하여 위나라에 있을 때 그는 자신의 딸에게 수레를 몰게 하여 사냥을 할 때, 태숙의자大叔懿子가 그들을 머물게 하여 술을 대접하여 은의 딸을 맞아 도자悼子(大叔疾)을 낳았던 것이다.

도자가 뒤에 가문의 후계자가 되었으며 그 때문에 공자 은의 아들 하무夏戊가 위나라의 대부가 되었던 것이다.

그런데 도자가 국외로 망명하게 되자 위나라에서는 하무의 봉읍을 깎아 버렸다.

공문자가 장차 태숙질을 공격하고자 중니仲尼를 방문하여 물었다.

그러자 중니가 말하였다.

"호궤胡簋의 일은 배운 적이 있으나 갑병甲兵에 대해서는 들은 바가 없습니다."

공자는 물러나 수레에 말을 채워 떠나면서 이렇게 말하였다.

"새가 앉을 나무를 택하는 것이지 나무가 어찌 새를 택할 수 있겠느냐?"

공문자가 급히 공자를 말리며 이렇게 말하였다.

"제(圉)가 어찌 감히 사사롭게 나를 위해 헤아리겠습니까? 저는 위나라의 어려움을 질문하였던 것입니다."

공자가 그대로 머무르려 하였지만 노나라가 예물로써 공자를 불러 이에 귀국하였다.

【大叔疾】世叔齊. 衛나라 대부. 이름은 齊, 혹은 疾. 시호는 悼子. 宋나라로 도망하여 向魋에게 의지하였으며 그의 총애를 받음.

【子朝】宋朝라고도 부르며 宋나라 公子朝. 衛 靈公의 부인 南子의 친정 나라 공자이며 南子와 私通하고 있었음. 杜預 注에 "南子, 宋女也. 朝, 宋公子, 舊通于南子, 在宋呼之"라 하였으며 《論語》雍也篇의 "子曰:「不有祝鮀之佞, 而有宋朝之美, 難乎免於今之世矣.」"라 한 宋朝임.

【娣嬖】子朝의 딸을 아내로 맞았으나 아내의 여동생에게 눈독을 들인 것임.

【子朝出】子朝가 국외로 망명함. 杜預 注에 "出奔"이라 함.

【孔文子】孔圉. 衛나라 대부. 《論語》公冶長篇에 "敏而好學, 不恥下問"이라 칭했던 인물임. 그의 딸은 孔姞이었으며 孔姞을 大叔疾에게 주어 아내로 삼도록 함.

【犂】江永은 "在今山東范縣境"이라 하였고, 《一統志》에는 "在今山東鄆城縣西"라 함.

【二妻】孔圉의 딸과 子朝의 딸(전처)의 여동생을 모두 아내로 삼았음.

【奪其妻】태숙질이 데리고 살던 둘째 딸을 빼앗아 찾아 돌아감.

【淫】그곳에서 다시 다른 여인과 通姦함.

【外州】衛나라 읍. 지금의 山東 鄆城縣과 范縣 사이.

【軒】대부가 타는 수레. 태숙질의 수레를 빼앗아 나라에 바침.

【遺】태숙질의 아우.

【孔姞】孔文子(孔圉)의 딸. 원래 大叔疾의 아내였음. 형수를 아내로 삼아 살도록 한 것임. 杜預 注에 "孔姞, 孔文子女, 疾之妻"라 함.

【向魋】司馬桓魋. 司馬魋, 桓氏 등으로도 불림.《禮記》檀弓(上)에는 '桓司馬'로 되어 있음. 뒤에 宋나라 司馬가 되어 반란을 일으켰음.《論語》의 孔子의 제자 司馬牛는 그의 아우였음. '向'은 국명일 경우 '향'으로, 성씨일 경우 '상'으로 읽음.
【城鉏】지금의 河北 東明縣 부근. 원래 宋나라 읍이었으나 뒤에 衛나라 땅이 됨.
【宋公】당시 宋나라 군주는 景公(欒)이었음.
【桓氏出】桓魋(向魋)가 망명한 것은 定公 14년을 볼 것.
【衛莊公】이는 뒤에 莊公이 된 蒯聵를 가리킴. 出公(輒)을 이어 B.C.479~478년까지 2년간 재위함.
【巢】《太平寰宇記》에 "今河南睢縣西南二十里有巢亭"이라 함.
【鄖·少禘】모두 衛나라 읍 이름. 杜預 注에 "巢·鄖·少禘皆衛地"라 함. 지금의 河南 睢縣.
【晉悼公】이름은 周. B.C.573~558년까지 16년간 재위하였으며 그 뒤를 平公(彪)이 이음. 悼公의 아들 慭이 일찍이 衛나라로 망명하여 그 딸과 大叔懿子 사이에 大叔疾(大叔悼子)이 태어난 것임.
【僕】마부가 되어 사냥을 돕도록 함. 杜預 注에 "僕, 御田獵"이라 함.
【大叔懿子】衛나라 대부. 大叔儀의 손자. 이름은 申. 世叔申으로도 불림.
【外州】衛나라 읍. 지금의 山東 鄆城縣과 范縣 사이.
【悼子】大叔疾. 世叔齊. 시호가 悼子였음.
【夏戊】大叔疾의 외삼촌. 자는 丁. 杜預 注에 "夏戊, 悼子之舅"라 하였고,《左傳會箋》에는 "懿子娶慭女, 生悼子及一女. 女適夏氏, 生戊, 故戊是懿子之外孫. 二十五年彌子飲公酒, 納夏戊之女, 嬖, 以爲夫人; 其弟期, 大叔疾之從孫舅也. 前後相照, 而夏戊爲悼子姊妹之子審矣"라 함.
【翦】'剪'과 같음. 깎아버림. 杜預 注에 "翦, 削其爵邑"이라 하였으며 25년의 전에 의하면 삭탈함을 넘어 그 家室과 財産을 모두 彌子瑕에게 주었음.
【胡簋】瑚簋와 같음. 瑚璉과 簠簋. 瑚璉은 太廟와 社稷에 쓰는 귀한 그릇. 簠簋는 가을 추수를 끝내고 곡식 이삭을 담아 바치는 바구니. 모두 禮에 관한 것임을 뜻함.
【甲兵】군사에 관한 일.《論語》衛靈公篇에도 "衛靈公問陳於孔子. 孔子對曰:「俎豆之事, 則嘗聞之矣; 軍旅之事, 未之學也」明日遂行. 在陳絶糧, 從者病, 莫能興. 子路慍見曰:「君子亦有窮乎?」子曰:「君子固窮, 小人窮斯濫矣.」"라 하였음.
【訪衛國之難】《孔子家語》의 일부 판본에는 '訪'이 '防'으로 되어 있음. 이상의 고사는《孔子家語》(正論解)와《史記》(孔子世家)에도 실려 있음.

㊅

季孫欲以田賦, 使冉有訪諸仲尼.

仲尼曰:「丘不識也.」

三發, 卒曰:「子爲國老, 待子而行, 若之何子之不言也?」

仲尼不對, 而私於冉有曰:「君子之行也, 度於禮, 施取其厚, 事擧其中, 斂從其薄. 如是, 則以丘亦足矣. 若不度於禮, 而貪冒無厭, 則雖以田賦, 將又不足. 且子季孫若欲行而法, 則周公之典在; 若欲苟而行, 又何訪焉?」

弗聽.

계손季孫이 전부법田賦法을 시행하고자 염유冉有로 하여금 중니仲尼를 찾아뵙고 그 일을 여쭙도록 하였다.

중니가 말하였다.

"나(丘)는 그런 일을 모르네."

세 번을 묻자 끝내 계손이 말하였다.

"그대는 나라의 원로로서 그대의 말씀을 기다려 시행하려는데 어찌하여 그대는 말씀을 아니 해주십니까?"

그래도 공자는 아무런 대답을 하지 않은 채 염유에게 사사롭게 이렇게 말하였다.

"군자가 일을 행함에는 예의에 맞는가를 헤아려야 한다. 그리고 베풀 때에는 후하게 하여 일마다 그 중간을 기준으로 하되 세금은 엷게 해야 한다. 이와 같이 한다면 종래의 구부법丘賦法으로도 충족할 것이다. 그러나 예를 헤아리지 않고 탐욕에 끝이 없다면 비록 전부법으로 한다 해도 앞으로 역시 부족할 것이다. 게다가 계손이 만약 행하는 일을 법대로 하고자 한다면 주공周公께서 정하신 법이 있다. 만약 법대로 하려고 한다면 다시 무엇을 나에게 물어 볼 것이 있겠느냐?"

그러나 계손은 이 말을 듣지 않았다.

【季孫】季孫肥. 季康子. 季孫斯의 庶子이며 魯나라 正卿이 되어 執政하고 있었음.

【田賦】魯나라는 丘賦法으로 稅를 거두었음. 丘는 16井에 전투용 말 1필, 소 세 마리를 부과하는 세법. 그러나 이때 그 세법을 고쳐 백성들이 경작하는 토지의 넓이에 따라 일정한 세율로 토지세를 받으려 하였던 것.
【冉有】冉求. 孔子 제자.
【國老】나라의 長老, 元老.
【丘】丘賦法. 杜預 注에 "丘, 十六井, 出戎馬一疋, 牛三頭, 是賦之常法"이라 함.
【周公】姬旦. 文王(姬昌)의 아들이며 武王(姬發)의 아우. 成王(姬誦)의 삼촌. 周나라 文物制度를 완비하였으며《周禮》를 제정하였으며 그가 그렇게 만든 稅法을 그대로 지키면 된다는 뜻임.

240. 哀公 12年(B.C.483) 戊午

周	敬王(姬匄) 37년	齊	簡公(壬) 2년	晉	定公(午) 29년	衛	出公(輒) 10년
蔡	成公(朔) 8년	鄭	聲公(勝) 18년			陳	閔公(越) 19년
杞	閔公(維) 4년	宋	景公(欒) 34년	秦	悼公 9년	楚	惠王(章) 6년
吳	吳王(夫差) 13년	越	越王(句踐) 14년				

❋ **1816(哀12-1)**

十有二年春, 用田賦.

12년 봄, 전부법田賦法을 시행하였다.

【田賦】魯나라는 丘賦法으로 稅를 거두었음. 丘는 16井에 전투용 말 1필, 소 세 마리를 부과하는 세법. 그러나 이때 그 세법을 고쳐 백성들이 경작하는 토지의 넓이에 따라 일정한 세율로 토지세를 받으려 하였던 것.

㊀
十二年春王正月, 用田賦.

12년 봄, 주력 봄 정월, 전부법田賦法을 시행하였다.

✸ 1817(哀12-2)

夏五月甲辰, 孟子卒.

여름 5월 갑진날, 부인 맹자孟子가 죽었다.

【甲辰】 5월 3일.
【孟子】 昭公의 부인. 吳나라 출신이었음. 《論語》 述而篇 陳司敗가 "君取於吳, 爲同姓, 謂之吳孟子"라 하였고, 《禮記》 坊記篇에도 "魯春秋猶去夫人之姓曰吳, 其死曰孟子卒"이라 함.

⟨傳⟩
夏五月, 昭夫人孟子卒.
昭公娶于吳, 故不書姓.
死不赴, 故不稱夫人.
不反哭, 故不言葬小君.
孔子與弔, 適季氏.
季氏不絻, 放絰而拜.

여름 5월, 소공昭公의 부인 맹자孟子가 세상을 떠났다.
소공은 오吳나라 여인을 부인으로 맞았으므로 그 때문에 희씨姬氏 성을 쓰지 않는 것이다.
그리고 맹자가 죽자 그 죽음을 제후국들에게 알리지 않았으므로 '부인'이라 칭하지 않은 것이다.
그리고 장례를 치른 다음 반곡反哭의 예를 행하지 않았으므로 그 때문에 '소군小君의 장례를 치르다'라고 말하지 않은 것이다.
공자孔子는 조문에 참여하고 그길로 계씨季氏를 찾아갔다.
계씨가 관을 쓰지 않고 있었으므로 공자도 상복을 벗고 예를 하였다.

【昭公】襄公의 아들. 이름은 裯. 그러나 《史記》年表와 《世本》, 《漢書》 古今人表에는 '稠'라 하였으며 〈索隱〉에는 徐廣의 말을 인용하여 '一作裯'라 하여 표기가 각기 다름. 어머니는 胡나라 출신 양공의 둘째 첩 齊歸. B.C.541~510년까지 32년간 재위함. 杜預 注에는 "在位二十五年, 遜于齊, 在外八年, 凡三十三年, 薨于乾侯"라 하여 재위기간을 33년이라 하였음. 諡法에 "威儀恭明曰昭"라 함.

【同姓】吳나라는 泰伯이 시조이며 泰伯은 古公亶父의 맏이로서 魯나라 周公 姬旦과 같은 姬姓으로 同姓임.

【不稱夫人】杜預 注에 "不稱夫人, 故不言薨"이라 함.

【小君】임금의 부인을 부르는 칭호. 《論語》 季氏篇에 "邦君之妻, 君稱之曰『夫人』, 夫人自稱曰『小童』; 邦人稱之曰『君夫人』, 稱諸異邦曰『寡小君』; 異邦人稱之亦曰『君夫人』"이라 함.

【季氏】季孫. 季孫肥. 季康子. 季孫斯의 庶子이며 魯나라 正卿이 되어 執政하고 있었음.

【絻】'문'으로 읽으며 상례에 쓰는 모자.

【絰】衰絰. 縗絰. 喪服.

❋ 1818(哀12-3)

公會吳于橐皐.

애공이 오吳나라와 탁고橐皐에서 만났다.

【橐皐】吳나라 땅. 지금의 安徽 巢縣 서북쪽 拓皐鎭. 《江南通志》에 "在今安危 巢縣西北六十里, 有柘(拓)皐鎭, 一名會吳城"이라 함.

㊉

公會吳于橐皐, 吳子使大宰嚭請尋盟.

公不欲, 使子貢對曰:「盟, 所以周信也, 故心以制之, 玉帛以奉之, 言以結之, 明神以要之. 寡君以爲苟有盟焉, 弗可改也已. 若猶可改, 日盟何益? 今吾子曰『必尋盟』, 若可尋也, 亦可寒也.」
乃不尋盟.

애공이 오吳나라와 탁고橐皐에서 만났을 때 오왕吳王 부차夫差는 태재太宰 비嚭에게 지난날의 맹약을 굳건히 할 것을 요청토록 하였다.

애공은 응하고 싶지 않아 자공子貢으로 하여금 이렇게 대답하도록 하였다.

"맹약은 믿음을 굳건히 하는 것입니다. 그 때문에 마음으로 지킬 것을 정하고 옥백을 바치며 말로 약속을 맺고, 신에게 밝혀 약속 지키기를 맹세하는 것입니다. 우리 임금께서는 진실로 이미 맺은 동맹이 있으니 이를 고칠 수 없다고 여기십니다. 만약 다시 이를 고친다면 날마다 동맹을 맺은들 무슨 이익이 있겠습니까? 지금 그대께서 '반드시 예전의 맹약을 굳게 해야 한다'라고 말씀하시나 만약 지난날의 맹약을 굳힐 수 있는 것이라면 역시 차갑게 식힐 수도 있는 것입니다."

그리하여 지난 맹약을 다시 굳히는 행사를 않았다.

【大宰嚭】吳나라 太宰 伯嚭. 伯州犂의 아들. 伯州犂가 晉나라 출신으로 楚나라에 망명하여 楚나라에 太宰가 되었으며 그 아들이 이번에는 吳나라로 망명하여 오나라 太宰가 됨. 뒤에 伍子胥와 함께 越나라 范蠡, 大夫 文種 등 넷은 吳越 抗爭의 중심인물이 됨. 伯嚭는 伍子胥와 심한 갈등을 빚었으며 부정적인 인물로 묘사되기도 함. 오나라 멸망을 재촉한 인물로 널리 알려짐.《吳越春秋》에는 '白喜'로 되어 있음.
【橐皐】吳나라 읍. 지금의 安徽 巢縣 서북쪽 拓皋鎭.
【周信】신의를 굳건하게 함. '周'는 '固'와 같음.

● **1819**(哀12-4)

秋, 公會衛侯·宋皇瑗于鄖.

가을, 애공이 위후衛侯, 송宋나라 황원皇瑗과 운鄖에서 만났다.

【衛侯】당시 衛나라 군주는 出公(輒), 靈公의 손자이며 蒯聵의 아들로 재위 10년째였음.
【皇瑗】宋나라 대부이며 右師. 皇麋의 아버지.
【鄖】《公羊傳》에는 '運'으로 되어 있음. 지금의 江蘇 如皐縣 동쪽. 그러나 지금의 山東 琅邪 姑幕縣 남쪽 員亭으로 보기도 함. 《方輿紀要》에 "今江蘇如皐東十里有立發壩, 古發揚也, 一名古鄖, 一稱會盟原"이라 함.

㊉

吳徵會于衛.
初, 衛人殺吳行人且姚而懼, 謀於行人子羽.
子羽曰:「吳方無道, 無乃辱吾君? 不如止也.」
子木曰:「吳方無道, 國無道, 必棄疾於人. 吳雖無道, 猶足以患衛. 往也! 長木之斃, 無不摽也; 國狗之瘈, 無不噬也, 而況大國乎!」
秋, 衛侯會吳于鄖.
公及衛侯·宋皇瑗盟, 而卒辭吳盟.
吳人藩衛侯之舍.
子服景伯謂子貢曰:「夫諸侯之會, 事旣畢矣, 侯伯致禮, 地主歸餼, 以相辭也. 今吳不行禮於衛, 而藩其君舍以難之, 子盍見大宰?」
乃請束錦以行.
語及衛故, 大宰嚭曰:「寡君願事衛君, 衛君之來也緩, 寡君懼, 故將止之.」
子貢曰:「衛君之來, 必謀於其衆, 其衆或欲或否, 是以緩來. 其欲來者, 子之黨也; 其不欲來者, 子之讎也. 若執衛君, 是墮黨而崇讎也,夫墮子者得其志矣. 且合諸侯而執衛君, 誰敢不懼? 墮黨·崇讎, 而懼諸侯, 或者難以霸乎!」

大宰嚭說, 乃舍衛侯.

衛侯歸, 效夷言.

子之尚幼, 曰:「君必不免, 其死於夷乎! 執焉而又說其言, 從之固矣.」

오吳나라가 위衛나라에게 회담을 요구하였다.

당초, 위나라가 오나라 행인行人 저요且姚를 죽인 일이 있어 두려워하면서 행인 자우子羽에게 모책을 짜도록 하였다.

자우가 말하였다.

"오나라는 지금 한창 무도하게 굴고 있으니 우리 임금에게 치욕을 입히지 않겠습니까? 그만두시느니만 못합니다."

그러자 자목子木이 말하였다.

"오나라가 지금 한창 무도하니 나라가 무도하면 틀림없이 다른 나라에 대해서 난폭한 짓을 하게 됩니다. 오나라가 비록 무도하다고 하나 그래도 족히 우리 위나라에게 환난을 끼칠 수 있습니다. 가십시오! 큰 나무가 넘어질 때면 다른 나무를 후려치지 않는 일이 없고 나라의 개가 미치면 물리지 않을 자가 없는 법인데 하물며 큰 나라가 무도함에야 어떻겠습니까?"

가을, 위 출공出公이 오나라와 운鄖에서 모임을 가졌다.

애공은 위 출공, 송宋나라 황원皇瑗과는 맹약을 맺었으나 오나라와의 맹약은 끝내 사절하였다.

오나라가 위 출공이 묵고 있는 집 둘레에 울타리를 쳤다.

그러자 자복경백子服景伯이 자공子貢에게 말하였다.

"무릇 제후들 모임에서 일이 끝나면 맹주가 예로써 하며 그 땅의 주인은 먹을 것을 보내어 대접하여 서로 인사를 하는 법이다. 지금 오나라는 위나라에게 예를 지키지 않을 뿐만 아니라 그 임금이 묵고 있는 집 둘레에 울타리를 쳐서 곤란하게 하고 있으니 그대는 어찌 태재大宰 지嚭를 만나지 않고 있소?"

이에 자공은 한 묶음의 비단을 청하여 태재를 만나러 나섰다.

이들이 위나라 일에 대한 언급에 이르자 태재 비가 말하였다.

"우리 임금께서 위나라 임금을 모시고자 원하셨는데 위나라 임금이 늦게 오셨기에 그가 배반이나 하지 않을까 두려워 그 때문에 울타리를 쳐서 저지하고 있는 것입니다."

자공이 말하였다.

"위나라 임금께서 이곳에 오실 때에는 반드시 여러 사람들과 상의하셨을 것입니다. 그때 여러 사람들 가운데 누구는 가라 하였고 누구는 가지 말라 하였을 것입니다. 그 대문에 늦었을 것입니다. 오는 것을 주장한 자는 그대와 같은 편일 것이며, 가지 말아야 한다고 한 자들은 그대와 원수일 것입니다. 만약 위나라 임금을 잡아둔다면 이는 그대 편을 드는 자들을 무너뜨리고 그대의 원수를 숭상하는 셈이 됩니다. 그렇게 되면 그대를 무너뜨리고자 하는 이들이 뜻을 얻게 되는 것입니다. 게다가 제후들을 불러 놓고 위나라 임금을 잡아두면 누군들 감히 두려워하지 않겠습니까? 자신의 편을 떨어뜨리고 원수를 높이시며 나아가 제후들을 두렵게 하고서야 아마 패자霸者가 되기는 어려울 것입니다!"

태재 비는 기꺼워하며 위나라 임금을 풀어주었다.

위나라 임금은 귀국하여 오나라 사투리를 흉내 내었다.

그러자 자지子之는 아직 어린 나이였지만 이렇게 말하였다.

"임금은 틀림없이 화를 면하지 못할 것이니 만이의 땅에서 죽으리라! 그곳에 잡혔음에도 그들 말이 좋다고 흉내를 내니 그들을 따르는 마음이 굳어진 것이다."

【行人】 관직 이름으로 외교관. 통역관.
【且姚】 吳나라 行人. 그를 죽인 일은 구체적으로 알 수 없음.
【子羽】 衛나라 대부.
【子木】 역시 衛나라 대부.
【棄疾】 남의 사정을 돌보지 않고 급히 마구 포악한 짓을 함. 加害와 같음.
【摽】 후려침. 《說文》에 "摽, 擊也"라 함.
【瘈】 '계'로 읽으며 미친 개. 襄公 17년 "國人逐瘈狗"라 함.

【衛侯】당시 衛나라 군주는 出公(輒)으로 재위 10년째였음.
【皇瑗】宋나라 대부이며 右師. 皇麋의 아버지. 哀公이 오직 이들과 맹약을 맺은 것에 대하여 杜預 注에 "盟不書, 畏吳, 竊盟"이라 함.
【大宰】吳나라 太宰 伯嚭. 伯州犁의 아들. 伯州犁가 晉나라 출신으로 楚나라에 망명하여 楚나라의 太宰가 되었으며 그 아들이 이번에는 吳나라로 망명하여 오나라 太宰가 됨. 뒤에 伍子胥와 함께 越나라 范蠡, 大夫 文種 등 넷은 吳越 抗爭의 중심인물이 됨. 伯嚭는 伍子胥와 심한 갈등을 빚었으며 부정적인 인물로 묘사되기도 함. 오나라 멸망을 재촉한 인물로 널리 알려짐. 《吳越春秋》 에는 '白喜'로 되어 있음.
【子服景伯】魯나라 대부. 仲孫何. 《禮記》 檀弓(上)의 鄭玄 注에 "子服伯子, 蓋仲孫蔑之玄孫子服景伯"이라 하였음. 孔穎達의 疏에는 《世本》을 인용하여 "獻子蔑生孝伯(它), 孝伯生惠伯(椒), 惠伯生昭伯(回), 昭伯生景伯"이라 함.
【子貢】孔子 제자. 端木賜. 孔門四科 중 言語로 뛰어났던 인물. 《孔子家語》 七十二弟子解에 "端木賜, 字子貢, 衛人, 有口才, 著名"이라 하였고, 《史記》 仲尼弟子列傳에는 "子貢利口巧辯, 孔子常黜其辯"이라 함.
【地主】회담 장소를 제공한 나라의 군주.
【墮】杜預 注에 "墮, 毀也"라 함. 훼멸시킴.
【夷言】吳나라 사투리. 吳語.
【子之】公孫彌牟로 彌牟文子. 이름은 木. 衛 靈公의 손자. 昭子郢의 아들. 뒤에 장군이 되어 將軍文子로도 부름. 《禮記》 檀弓(上)의 疏에 《世本》을 인용하여 "靈公生昭子郢, 郢生文子木及惠叔蘭"이라 하였고, 杜氏 《世族譜》에는 "子之, 公孫彌牟文子"라 함.
【死於夷】杜預 注에 "出公輒後卒死於越"이라 하여 越나라에서 죽음.

● 1820(哀12-5)

宋向巢帥師伐鄭.

송宋나라 상소向巢가 군사를 이끌고 정鄭나라를 쳤다.

【向巢】宋나라 向戌의 曾孫이며 向魋의 형. 그러나《禮記》檀弓 疏에《世本》을 인용하여 "向戌生東鄰叔子超, 超生左師眇"라 하였으며 '眇'가 곧 '向巢'이며 따라서 손자가 됨.

㊂
宋·鄭之間有隙地焉, 曰彌作·頃丘·玉暢·嵒·戈·錫.
子産與宋人爲成, 曰:「勿有是.」
及宋平·元之族自蕭奔鄭, 鄭人爲之城嵒·戈·錫.
九月, 宋向巢伐鄭, 取錫, 殺元公之孫, 遂圍嵒.
十二月, 鄭罕達救嵒, 丙申, 圍宋師.

송宋나라와 정鄭나라 사이에 개간하지 않은 땅이 있었으니 미작彌作·경구頃丘·옥창玉暢·암嵒·과戈·양錫이었다.
일찍이 자산子産이 송나라와 화평을 맺으면서 이렇게 말하였었다.
"우리 두 나라는 누구도 이 땅들을 소유하지 말자."
그런데 송나라 평공平公과 원공元公의 자손들이 소蕭에서 정나라로 달아났을 때에 정나라에서 그들을 위해 암·과·양에 성을 쌓아 주었다.
9월, 송나라 상소向巢가 정나라를 쳐서 양을 차지하고, 원공의 자손들을 죽이고 곧이어 암을 포위하였다.
12월, 정나라의 한달罕達이 암을 구원하고, 병신날에 송나라 군사를 포위하였다.

【隙地】杜預 注에 "隙地, 閒田"이라 하였으며 개간할 수 있는 땅이었으나 두 나라 모두 이를 개간하지 않은 채 그대로 두었던 땅.
【彌作】지금의 河南 陳留와 杞縣, 太康縣 사이.
【頃丘】지금의 河南 陳留縣.
【玉暢】지금의 河南 杞縣 동북 玉帳, 혹 古玉暢이라 함.
【嵒】陳留에 있는 지명.

【戈】杞縣의 지명.
【錫】封丘의 黃池.
【子産】鄭나라 대부. 公孫僑. 子國(公孫成)의 아들. 뒤에 鄭나라의 훌륭한 宰相이 되어 孔子가 자주 칭찬한 인물.
【宋平·元之族】定公 15년을 볼 것.
【罕達】鄭나라 대부. 鄭나라 공자 罕의 후손이며 子皮의 손자. 시호는 武子. 자는 子騰, 혹은 子姚. 毛奇齡의 《簡書刊誤》에 "此鄭公子罕後, 爲鄭穆七族之一, 焉得有別出字?"라 함. 《公羊傳》에는 '軒達'로 되어 있음.
【向巢】宋나라 向戌의 曾孫이며 向魋의 형. 그러나 《禮記》 檀弓 疏에 《世本》을 인용하여 "向戌生東鄰叔子超, 超生左師眇"라 하였으며 '眇'가 곧 '向巢'이며 따라서 손자가 됨.
【丙申】12월 28일.

※ 1821(哀12-6)

冬十有二月, 螽.

겨울 12월, 메뚜기 떼가 일어났다.

【螽】누리. 蝗蟲. 메뚜기의 일종으로 농사에 큰 피해를 줌.

㊀
冬十二月, 螽, 季孫問諸仲尼.
仲尼曰:「丘聞之: 火伏而後蟄者畢. 今火猶西流, 司曆過也.」

겨울 12월, 메뚜기 떼가 일어나자 계손季孫이 중니仲尼에게 물었다. 그러자 중니가 말하였다.

"내(丘) 듣기로 화성火星이 자취를 감춘 뒤에는 벌레들은 칩복하여 사라진다 하였는데 지금도 화성이 아직 서쪽 하늘을 흘러가고 있으니 사력司曆이 날짜 계산을 잘못하여 그런 것입니다."

【螽】穀物에 피해를 주는 누리. 蝗蟲. 메뚜기의 일종. 《穀梁傳》에 "螽, 蟲災也"라 함.
【季孫】季孫肥. 季康子. 季孫斯의 庶子이며 魯나라 正卿이 되어 執政하고 있었음.
【火】火星. 心宿의 두 번째 별. 夏曆 10월이면 보이지 않으며 이때는 추위가 시작되어 벌레들이 활동을 멈추고 蟄伏함.
【司曆】曆書를 담당하는 관리. 당시 周曆 12월(夏曆 10월)이므로 화성이 보이지 않아야 하나 이는 司曆이 날짜를 잘못 계산하여 12월이 아니니 벌레가 나타나는 것은 당연한 것이며 괴이히 여길 것이 아니라고 풀이해 준 것임.
＊한편 본 장의 배열 순서에 대해 楊伯峻은 "經書宋伐鄭在前, 螽在後; 傳書螽在前, 宋伐鄭在後, 以宋伐鄭連及明年也"라 하여 "經에는 '宋伐鄭'을 먼저 실었으나 傳에는 '螽'이 발생한 사건은 먼저 실어 순서가 바뀐 것은 '宋伐鄭'이 13년 사건과 연결되기 때문"이라 하였음. 이에 본고에서는 經文의 순서에 따라 傳文의 위치를 바꾸었음.

241. 哀公 13年(B.C.482) 丁未

周	敬王(姬匄) 38년	齊	簡公(壬) 3년	晉	定公(午) 30년	衛	出公(輒) 11년
蔡	成公(朔) 9년	鄭	聲公(勝) 19년			陳	閔公(越) 20년
杞	閔公(維) 5년	宋	景公(欒) 35년	秦	悼公 10년	楚	惠王(章) 7년
吳	吳王(夫差) 14년	越	越王(句踐) 15년				

● 1822(哀13-1)

十有三年春, 鄭罕達帥師取宋師于喦.

13년 봄, 정鄭나라 한달罕達이 군사를 이끌고 송宋나라 군사를 암喦에서 깨뜨렸다.

【罕達】鄭나라 대부. 鄭나라 공자 罕의 후손이며 子皮의 손자. 시호는 武子. 자는 子滕, 혹은 子姚. 毛奇齡의《簡書刊誤》에 "此鄭公子罕後, 爲鄭穆七族之一, 焉得有別出字?"라 함.《公羊傳》에는 '軒達'로 되어 있음.
【喦】지금의 河南 陳留 관내.

十三年春, 宋向魋救其師.

鄭子賸使徇曰:「得桓魋者有賞.」
魋也逃歸.
遂取宋師于嵒, 獲成讙‧郜延. 以六邑爲虛.

13년 봄, 송宋나라 상퇴向魋가 자신의 군사를 구원하러 나섰다.
그러자 정鄭나라 자잉子賸이 군중을 돌아다니며 이렇게 이르도록 하였다.
"상퇴를 잡는 자에게 상을 주리라."
그러자 상퇴는 도망하여 돌아갔다.
그리하여 드디어 자잉은 암嵒에서 송나라 군사를 무찌른 다음 성환成讙과 고연郜延을 잡았다.
이리하여 여섯 고을을 전과 같이 빈 땅으로 두었다.

【向魋】司馬桓魋.《禮記》檀弓(上)에는 '桓司馬'로 되어 있음. 뒤에 宋나라 司馬가 되어 반란을 일으켰음.《論語》의 孔子의 제자 司馬牛는 그의 아우였음. '向'은 국명일 경우 '향', 성씨일 경우 '상'으로 읽음.
【子賸】罕達. 鄭나라 대부. 鄭나라 공자 罕의 후손이며 子皮의 손자. 시호는 武子. 자는 子賸, 혹은 子姚. 毛奇齡의《簡書刊誤》에 "此鄭公子罕後, 爲鄭穆七族之一, 焉得有別出字?"라 함.《公羊傳》에는 '軒達'로 되어 있음.
【成讙】宋나라 대부.
【郜延】역시 宋나라 대부.
【六邑】앞서 밝힌 彌作‧頃丘‧玉暢‧嵒‧戈‧錫. 이 땅을 다시 지난날처럼 소유가 없는 빈 땅으로 함. 杜預 注에 "空虛之, 各不有"라 함.

※ 1823(哀13-2)
夏, 許男成卒.

여름, 허남許男 성成이 죽었다.

【許男成】許 元公. 男爵. 이름은 成.《公羊傳》에는 '成'이 '戌'로 되어 있음.《左傳會箋》에는 "元公也. 國滅後楚立之"라 하였으나 姚彦渠의《春秋會要》에는 "何人復封, 何年所立, 失考"라 함.
＊無傳

✸ 1824(哀13-3)

公會晉侯及吳子于黃池.

애공이 진후晉侯와 오자吳子를 황지黃池에서 만났다.

【晉侯】당시 晉나라 군주는 定公(午)으로 재위 30년째였음.
【吳子】吳王 夫差. 재위 14년째였음.
【黃池】지금의 河南 封丘縣 남쪽. 옛 濟水의 남안.《國語》吳語에 "闕爲深溝, 通於商魯之間, 北屬之沂, 西屬之濟, 以會晉公午於黃池"라 함. 한편《太平寰宇記》에는 "黃池在今河南封丘縣西南七里, 東西廣三里"라 함.

(傳)
夏, 公會單平公·晉定公·吳夫差于黃池.

여름, 애공이 선평공單平公, 진晉 정공定公, 오왕吳王 부차夫差 등과 황지黃池에서 모임을 가졌다.

【單平公】周 王室의 卿士. 單武公의 아들. 杜預 注에 "平公, 周卿士也. 不書, 尊之, 不與會也"라 함.
【晉定公】이름은 午. 景公(去疾)을 이어 B.C.511년에 왕위에 올라 春秋 말기까지 재위함.

【夫差】吳王. 闔廬(光)를 이어 B.C.495~743년까지 23년간 재위하고 越王 句踐에게 망함.

㊀
六月丙子, 越子伐吳, 爲二隧, 疇無餘·謳陽自南方, 先及郊.
吳大子友·王子地·王孫彌庸·壽於姚自泓上觀之.
彌庸見姑蔑之旗, 曰:「吾父之旗也. 不可以見讎而弗殺也.」
大子曰:「戰而不克, 將亡國, 請待之.」
彌庸不可, 屬徒五千, 王子地助之.
乙酉, 戰, 彌庸獲疇無餘, 地獲謳陽.
越子至, 王子地守.
丙戌, 復戰, 大敗吳師, 獲大子友·王孫彌庸·壽於姚.
丁亥, 入吳.
吳人告敗于王.
王惡其聞也, 自剄七人於幕下.

6월 병자날, 월왕越王 구천句踐이 오吳나라를 쳐서 두 개의 좁은 길을 만들어 주무여疇無餘와 구양謳陽이 남쪽으로부터 먼저 오나라 도읍 교외에 이르렀다.
그러자 오나라의 태자 우友, 왕자 지地, 왕손 미용彌庸, 수어요壽於姚 등이 홍수泓水 가에 올라 월나라 군사들을 살펴보고 있었다.
미용이 고멸姑蔑의 깃발을 보고는 이렇게 말하였다.
"저것은 나의 아버지가 가지고 계셨던 깃발이다. 원수를 보고서 죽이지 않을 수 없다."
그러자 태자가 말렸다.
"싸워서 이기지 못하면 나라가 망하게 될 것이니 청컨대 기다리시오."
미용은 참을 수 없다고 하며 자신의 보병 5천 명을 모으자 왕자 지가 돕겠다고 나섰다.

을유날, 전투가 벌어져 미용이 월나라 주무여를 잡고 왕자 지는 구양을 잡았다.

월왕 구천이 도착하자 왕자 지는 수비에 들어갔다.

병술날, 다시 전투가 벌어져 오군을 패배시키고 태자 우와 왕손 미용, 수어요를 잡았다.

정해날, 오나라의 도성으로 들어갔다.

오나라 사람이 황지黃池에 가 있던 오왕 부차에게 달려가 패배를 알렸다.

오왕은 그 사실이 알려질까 싫어하여 보고하러 온 일곱 사람을 자신의 군막 안에서 목을 쳐서 죽여 없애버렸다.

【丙子】 6월 11일.
【越子】 越王 句踐. 당시 재위 15년째였음.
【隧】 굴. 좁은 길. 杜預 注에 "隧, 道也"라 함. 월나라가 눈치채지 못하도록 몰래 굴(혹 좁은 길)로 출동한 것임.
【疇無餘】 越나라 대부.
【謳陽】 역시 越나라 대부. 章炳麟《左傳讀》(8)에 "漢地理志會稽郡烏程有歐陽亭, 蓋卽謳陽所封之地也. 古字謳·歐通"이라 하여 '謳陽'은 '歐陽'과 같음.
【郊】 吳나라 도성 姑蘇城(蘇州)의 교외에 다다름.
【大子友】 吳나라 태자. 이름은 友. 한편《國語》吳語에는 "越王句踐乃命范蠡·舌庸率師沿海泝淮以絶吳路, 敗王子友於姑熊夷. 越王句踐乃率中軍泝江以襲吳"라 함.
【王子地】 吳나라 왕자. 이름은 地.
【王孫彌庸】 吳나라 王孫. 왕의 손자. 이름은 彌庸.
【壽於姚】 吳나라 대부.
【泓】 泓水. 지금의 江蘇 吳縣 동남 5리. 胥門 서쪽에 越來溪라는 지명이 됨. 그 냇물 곁에 橫山이 있어 그 위에 올라 월나라 군사를 살펴본 것임. 한편 홍은 오나라 발음으로 '옹'(烏宏反)으로 읽도록 되어 있으나 관례에 따라 '홍'으로 읽음.
【姑蔑之旗】 姑蔑은 越나라 지명. 지금의 浙江 龍游縣.《一統志》에 "姑蔑故城, 在今浙江龍游縣北, 今人呼爲寺城麓"이라 함. 彌庸의 아버지가 만든 깃발에 姑蔑이라는 글씨를 써 넣은 것.

【吾父之旗也】 미용의 아버지가 월나라에게 붙잡혔으며 그때 가지고 있던 깃발을 월나라가 고멸이라 이름을 쓰고 지니고 있음. 杜預 注에 "彌庸父爲越所獲, 故姑蔑人得其旌旗"라 함.
【丙子】 6월 11일.
【越子】 越王 句踐. 당시 재위 15년째였음.
【疇無餘】 越나라 대부.
【謳陽】 역시 越나라 대부.
【泓】 泓水. 지금의 江蘇 吳縣 동남 5리.
【姑蔑之旗】 姑蔑은 越나라 지명. 지금의 浙江 龍游縣. 《一統志》에 "姑蔑故城, 在今浙江龍游縣北, 今人呼爲寺城麓"이라 함. 깃발은 원래 고멸 사람이 만든 것이었다고 봄.
【自剄七人】 그 무렵 吳王 夫差는 黃池에서 다른 제후들과 모임을 갖고 있었으며 패전을 알리러 가자 그 소문이 다른 제후들에게 알려질까 두려워 보고하러 온 일곱 사람을 자신의 군막 안에서 목을 쳐 죽인 것임.

❈ 1825(哀13-4)

楚公子申帥師伐陳.

초楚나라 공자 신申이 군사를 이끌고 진陳나라를 쳤다.

【公子申】 楚나라 공자.
＊無傳

❀ **1826(哀13-5)**

於越入吳.

월越나라가 오吳나라로 쳐들어갔다.

【於越】 '於'는 語助辭. 당시 越王은 句踐.

❀ **1827(哀13-6)**

秋, 公至自會.

가을, 애공이 모임에서 돌아왔다.

【會】黃池의 모임을 가리킴.
＊無傳

❀ **1828(哀13-7)**

晉魏曼多帥師侵衛.

진晉나라의 위만다魏曼多가 군사를 이끌고 위衛나라를 쳤다.

【魏曼多】 晉나라 大夫.《公羊傳》에는 '魏多'로 되어 있음. 한편《彙纂》에는 "霸國侵伐止此"라 하였음.
＊無傳

※ 1829(哀13-8)

葬許元公.

허許 원공元公의 장례를 치렀다.

【許元公】이름은 成. 혹 戍.《左傳會箋》에는 "卒葬日月皆不具, 史略"이라 함.
＊無傳

㊝
秋七月辛丑盟, 吳·晉爭先.
吳人曰:「於周室, 我爲長.」
晉人曰:「於姬姓, 我爲伯.」
趙鞅呼司馬寅曰:「日旰矣, 大事未成, 二臣之罪也. 建鼓整列, 二臣死之, 長幼必可知也.」
對曰:「請姑視之.」
反, 曰:「肉食者無墨. 今吳王有墨, 國勝乎? 大子死乎? 且夷德輕, 不忍久, 請少待之.」
乃先晉人.
吳人將以公見晉侯, 子服景伯對使者曰:「王合諸侯, 則伯帥侯牧以見於王; 伯合諸侯, 則侯帥子·男以見於伯. 自王以下, 朝聘玉帛不同; 故敝邑之職貢於吳, 有豐於晉, 無不及焉, 以爲伯也. 今諸侯會, 而君將以寡君見晉君, 則晉成爲伯矣, 敝邑將改職貢, 魯賦於吳八百乘, 若爲子·男, 則將半邾以屬於吳, 而如邾以事晉. 且執事以伯召諸侯, 而以侯終之, 何利之有焉?」
吳人乃止.
旣而悔之, 將囚景伯.
景伯曰:「何也立後於魯矣, 將以二乘與六人從, 遲速唯命.」
遂囚以還.

及戶牖, 謂大宰曰:「魯將以十月上辛有事於上帝・先王, 季辛而畢, 何世有職焉, 自襄以來, 未之改也. 若不會, 祝宗將曰『吳實然』, 且謂魯不共, 而執其賤者七人, 何損焉?」

大宰嚭言於王曰:「無損於魯, 而祇爲名, 不如歸之.」

乃歸景伯.

吳申叔儀乞糧於公孫有山氏, 曰:「佩玉繠兮, 余無所繫之; 旨酒一盛兮, 余與褐之父睨之.」

對曰:「粱則無矣, 麤則有之. 若登首山以呼曰『庚癸乎!』, 則諾.」

王欲伐宋, 殺其丈夫而囚其婦人.

大宰嚭曰:「可勝也, 而弗能居也.」

乃歸.

가을 7월 신축날, 동맹을 맺기로 하자 오吳나라와 진晉나라가 서로 먼저 나서기를 다투었다.

오나라가 말하였다.

"주周 왕실의 항렬에 우리가 연장자이다."

진나라가 말하였다.

"희성姬姓 가운데에서 우리가 먼저 패자였었다."

조앙趙鞅은 사마司馬 인寅을 불러 이렇게 말하였다.

"해가 저물어 가는데도 큰일이 아직 이루어지지 않고 있는 것은 우리 두 신하의 죄요. 북을 세우고 군의 대열을 정비하고 우리 둘이 싸우다 죽는다면 장유長幼의 순서가 어떤지 틀림없이 알게 될 것이오."

사마 인이 대답하였다.

"청컨대 제가 잠깐 저편의 상황을 살펴보리다."

그리고 돌아와서 이렇게 말하였다.

"고기를 먹는 귀한 신분이란 얼굴이 검지 않은 법입니다. 지금 오왕의 안색이 검은 것을 보니 적에게 승리를 넘겨준 것일까요? 태자가 죽은 것일까요? 게다가 만이의 성격은 경솔하여 오래 참지 못할 것이니 청컨대 조금 기다려보시지요."

결국 진나라가 먼저 하게 되었다.

오나라가 장차 노 애공을 자신의 속국처럼 여기며 진 정공과 만나려 하자 자복경백子服景伯이 오나라 사자에게 말하였다.

"천왕께서 제후들을 모으면 패자가 후목侯牧들을 이끌고 천왕께 나가 뵙고, 패자가 제후들을 모으면 제후가 자신의 자남子男 작위를 이끌고 그 패자에게 뵙는 것입니다. 천왕 이하 그 조빙朝聘의 옥백玉帛이 같지 않습니다. 그 때문에 우리 노나라가 오나라에 드리는 공물이 진나라에 드리는 것보다 많아 그만하지 못한 것이 없는 것은 우리가 오나라를 패자로 여겼기 때문입니다. 그런데 지금 제후들이 모임을 갖고 있는 자리에서 귀국의 임금께서 우리 임금을 대동하고 진나라 임금을 뵙는다면 이는 진나라가 패자가 되는 것이니 그렇다면 우리는 바치는 공물을 바꾸어야겠습니다. 노나라는 오나라에게 8백 대의 전차를 공물로 바쳤는데 우리를 만약 자남의 작위처럼 여긴다면 우리는 주邾나라가 바치는 수량의 절반만을 오나라에 바치고 주나라와 같은 수량은 진나라에게 바쳐 진나라를 섬길 것입니다. 게다가 귀국 집사가 패자의 지위로써 제후들을 불러놓고 제후의 지위로써 일을 끝낸다면 귀국에게 무슨 이익이 있겠습니까?"

이 말에 오나라는 그렇게 할 것을 그만두었다.

이윽고 오나라는 이를 후회하고 장차 자복경백을 잡아 가두려 하였다. 그러자 자복경백이 말하였다.

"나(何)는 노나라에 후사를 정하고 왔으니 장차 수레 둘과 따라온 여섯 사람을 이끌고 그대들에게 잡히겠습니다. 언제 잡아가든 오직 그대들 명령대로 하겠습니다."

오나라는 드디어 그를 잡아 돌아갔다.

이들이 호유戶牖에 이르러 자복경백이 오나라 태재大宰 비嚭에게 말하였다.

"노나라는 10월 첫 신일辛日에 하늘과 선왕께 제사를 올리기 시작하여 마지막 신일에 마칩니다. 저는 대대로 그 제사를 맡아 양공襄公 이래로 바뀐 적이 없었습니다. 만약 그 제사에 참여하지 못하게 되면 축종祝宗은 장차 그 축문에 '오나라가 실로 참여하지 못하게 한 것'이라 고할 것입니다.

게다가 노나라가 귀국에게 공경스럽지 못하다 하여 우리 같은 지위 낮은 일곱 사람을 잡아간들 노나라에게 무슨 손실이 있겠습니까?"

태재 비가 오왕에게 말하였다.

"저 사람들을 잡아간다고 노나라에 아무런 손실도 주지 못하며 단지 오명만 남기게 될 것이니 돌려보내느니만 못합니다."

그리하여 경백을 돌려보냈다.

오나라 신숙의申叔儀가 노나라 공손유산씨公孫有山氏에게 식량을 꾸어 달라고 하면서 말하였다.

"귀한 자는 패옥을 주렁주렁 차고 있으나 나 같은 사람은 하나도 차지 못하고, 좋은 술은 철철 넘치건만 나와 거친 베옷 입은 우리 아버지는 그저 곁눈질할 뿐이라오."

유산씨가 대답하였다.

"좋은 양식은 없고 거친 것만 있습니다. 당신이 수산首山에 올라 '경계庚癸야!'라고 외치시면 가지고 가서 드릴 것을 허락하오."

오왕이 송나라를 쳐 군주를 죽이고 그 부인을 잡아 가두어 차지하고자 하였다.

그러자 태재 비가 말하였다.

"송나라를 쳐서 이길 수는 있으나 송나라에서 살 수는 없습니다."

그리하여 그냥 돌아갔다.

【辛丑】 7월 6일.
【吳·晉】 당시 오나라는 吳王 夫差로 재위 14년째였으며, 晉나라는 定公(午) 재위 30년째였음.
【爭先】 서로 먼저 歃血 의식을 하겠다고 다툼. 杜預 注에 "爭歃血先後"라 함. 盟主가 먼저 삽혈을 하게 되어 있었음.
【長】 吳나라 시조 泰伯은 古公亶父의 맏이이며 季歷(문왕의 아버지)은 막내이므로 吳나라가 어른이라는 주장.
【伯】 '霸'와 같음. 姬姓 중에 처음 패자가 된 것은 晉 文公(重耳)이었으며 襄公(驩)과 悼公(周), 平公(彪)을 거쳐 패자였으므로 자신이 그 패자의 지위를 이어야 한다는 주장.

【趙鞅】趙簡子. 晉나라 대부. 趙武(文子)의 손자. 이름은 志父. 范氏, 中行氏와 권력 투쟁 끝에 이겨 趙나라의 기초를 세운 인물. 이들 후손이 戰國時代 趙나라를 세움.

【司馬寅】晉나라 司馬이며 대부.《國語》吳語에는 '董褐'로 되어 있으며 이가 司馬 寅일 것으로 보임.

【肉食者】고기를 먹을 수 있는 신분. 大夫 이상을 뜻함. 莊公 10년에 "肉食者謀之"라 함.

【墨】얼굴이 검음. 영양이 모자라거나 근심이 있어 안색이 어두움.

【夷德】만이(오랑캐) 사람의 성격.

【國勝】杜預 注에 "國爲敵所勝"이라 함. 당시 吳나라는 越나라와 다투고 있었으며 그러한 사정을 짐작한 것. 혹 越나라에게 승리를 넘겨주어 그 때문에 오왕 부차가 근심에 싸여 검은 표정인 것인지 추측한 것.

【先晉】晉나라가 맹주가 됨. 그러나《國語》吳語에는 "吳公先揷"이라 하였고,《公羊傳》에는 "吳主會"라 하였으며,《史記》秦記와 晉世家, 趙世家 등에도 모두 "長吳"라 하여 吳나라가 맹주가 된 것으로 되어 있으며 다만 吳世家에만 "長晉定公"이라 하여 각기 다름.

【以公見晉侯】吳王 夫差가 魯 哀公을 속국의 임금처럼 여겨 晉 定公을 뵙고자 함.

【子服景伯】魯나라 대부. 仲孫何.《禮記》檀弓(上)의 鄭玄 注에 "子服伯子, 蓋仲孫蔑之玄孫子服景伯"이라 하였음. 孔穎達 疏에는《世本》을 인용하여 "獻子蔑生孝伯(它), 孝伯生惠伯(椒), 惠伯生昭伯(回), 昭伯生景伯"이라 함.

【伯帥侯牧】'伯'은 天王의 卿士. '帥'은 率과 같음. '侯伯'은 천왕의 지방 장관.

【子男】周代 다섯 등급의 작위 公侯伯子男의 子男.

【邾】哀公 7년 傳에 "邾賦六百乘"이라 하여 그 반인 3백 승만 바칠 것임을 말한 것.

【何】子服景伯의 이름.

【立後】자신 집안의 후계자를 정해 놓았으니 고국 노나라로 돌아가지 않아도 됨.

【戶牖】宋나라 지명. 지금의 河南 蘭考縣 동북.《一統志》에 "東昏故城, 在今河南蘭封縣東北二十里, 古戶牖鄉, 漢東昏縣"이라 함.

【大宰】吳나라 太宰 伯嚭. 伯州犁의 아들. 伯州犁가 晉나라 출신으로 楚나라에 망명하여 楚나라에 太宰가 되었으며 그 아들이 이번에는 吳나라로 망명하여 오나라 太宰가 됨. 뒤에 伍子胥와 함께 越나라 范蠡, 大夫 文種 등 넷은 吳越 抗爭의 중심인물이 됨. 伯嚭는 伍子胥와 심한 갈등을 빚었으며 부정적인 인물로 묘사되기도 함. 오나라 멸망을 재촉한 인물로 널리 알려짐.《吳越春秋》에는 '白喜'로 되어 있음.

【上辛】한 달에 辛日이 세 번 있는 가운데 첫 번째 신일.

【祝宗】종묘 사직의 제사를 담당한 관원. 그러나 孔穎達 疏에는 "祭禮終朝而畢, 無上辛盡於季辛之事, 景伯以吳信鬼, 蓋虛言以恐吳耳"라 하여 자복경백이 꾸며낸 이야기라 하였음.

【祗爲名】'祗'는 '只'와 같음. 단지 오명만 뒤집어쓰게 됨. 杜預 注에 "適爲惡名"이라 함.

【申叔儀】吳나라 대부.

【公孫有山氏】公孫有陘氏로도 불리며 魯나라 대부. 서로 알고 지내는 친구사이였음. 有山氏는 《姓考》에 "有山, 魯大夫采邑, 因氏"라 함. 뒤에 哀公은 越王 句踐의 힘을 빌려 三桓을 제거하고자 越나라에 갔다가 귀국하여 그의 집에서 생을 마침.《史記》魯世家에 "國人迎哀公復歸, 卒于有山氏"라 함.

【縈】실에 꿰어 주렁주렁 차고 다님.

【旨酒】좋은 술.

【盛】가득 담겨 넘침.

【褐】천한 신분이 입는 거친 베옷.

【睨】부러워 곁눈질로 훔쳐볼 뿐임.

【粱】잘 搗精하여 찧은 좋은 곡물.

【麤】'粗'와 같음. 조악함.

【首山】산 이름. 지금의 河南 襄城縣 남쪽에 首山이 있으나 여기서 말한 首山인지는 확실치 않음.

【庚癸】庚과 癸는 모두 十干의 하나. 庚은 西方, 癸는 北方을 상징함. 서방의 神은 곡물을 장악하고, 북방의 신은 물을 장악하므로 음식을 뜻함. 그러나 《越絶書》計倪內經에 財貨를 분류하여 甲乙은 上品, 庚은 下品, 癸는 가장 下品을 뜻하여 '아주 조악한 식량이라도 달라'는 뜻이 아닌가 함.

【伐宋】宋나라가 黃池의 회담에 참여하지 않았기 때문임.

㊋
冬, 吳及越平.

겨울, 오吳나라가 월越나라와 화해하였다.

【平】孔穎達 疏에 "終伍員所謂三年始弱也"라 함.

● 1830(哀13-9)

九月, 螽.

9월, 메뚜기 떼가 일어났다.

【螽】누리. 蝗蟲. 메뚜기의 일종. 杜預 注에 "書, 災也"라 함.
＊無傳

● 1831(哀13-10)

冬十有一月, 有星孛于東方.

겨울 11월, 패성孛星이 아침 동방에 나타났다.

【孛】彗星의 일종. 〈釋文〉에 "孛音佩, 一音勃"이라 하여 '패', 혹은 '발'로 읽음.
《公羊傳》에 "孛者何? 彗星也. 其言于東方何? 見於旦也"라 함. 한편 杜預 注에
"平旦衆星皆沒, 而孛乃見, 故不言所在之次"라 하였고,《左傳會箋》에는 "蓋長
星亘天之類也. 雖見於旦, 必有宿可言, 今曰東方, 則初昏見東方, 所加徧及東方
諸宿, 不可以宿名也"라 함.
＊無傳

※ **1832(哀13-11)**

盜殺陳夏區夫.

도적이 진陳나라 하구부夏區夫를 죽였다.

【盜】대부가 아님을 뜻함. 杜預 注에 "稱盜, 非大夫也"라 하였고, 宋 趙鵬飛의 《春秋經筌》에는 "《春秋》書盜者四: 殺君者一, 殺兄者一, 殺大夫者二"라 함.
【夏區夫】陳나라 대부.《公羊傳》에는 '夏彄夫'로 되어 있음.
＊無傳

※ **1833(哀13-12)**

十有二月, 螽.

12월, 메뚜기 떼가 일어났다.

【螽】메뚜기. 누리. 蝗蟲.
＊無傳

242. 哀公 14年(B.C.481) 庚申

周	敬王(姬匄) 39년	齊	簡公(壬) 4년	晉	定公(午) 31년	衛	出公(輒) 12년
蔡	成公(朔) 10년	鄭	聲公(勝) 20년			陳	閔公(越) 21년
杞	閔公(維) 6년	宋	景公(欒) 36년	秦	悼公 11년	楚	惠王(章) 8년
吳	吳王(夫差) 15년	越	越王(句踐) 16년				

※ 1834(哀14-1)

十有四年春, 西狩獲麟.

14년 봄, 서쪽 땅에서 사냥하여 인(麟)을 잡았다.

【獲麟】《公羊傳》과《穀梁傳》은 이곳에서 끝을 맺고 있음. 그리고《公羊傳》에는 "西狩獲麟, 孔子曰:「吾道窮矣.」"라 하였음. 杜預 注에 "麟者仁獸, 聖王之嘉瑞也. 時無明王, 出而遇獲. 仲尼傷周道之不興, 感嘉瑞之無應, 故因《魯春秋》而修中興之教, 絶筆於獲麟之一句, 所感而作, 固所以爲終也"라 함.《史記》儒林列傳에도 "西狩獲麟, 曰「吾道窮矣」. 故因《史記》作《春秋》, 以當王法, 其辭微而指博, 後世學者多錄焉"이라 함. 그러나 이해에 齊나라 陳恆이 임금을 시해한 사건이 일어나자 공자가 이를 토벌하도록 청하였으나 실행되지 않아 실망하여 絶筆한 것이라고도 함. 顧棟高의《大事表》春秋絶筆獲麟論에 "因是年請討陳恆之不行而絶筆也"라 하였고, 宋 家鉉翁의《春秋詳說》에도 "陳恆弑君, 孔子沐浴請討, 公不能用, 是歲春秋以獲麟絶筆"이라 하였으나 일부 논란이 있기도 함. 한편 '麟'은 何法盛의〈徵祥說〉에 "牡曰麒, 牝曰麟"이라 하였고,《說文》에는 '仁獸'

라 하였음.《爾雅》釋獸에는 '麐'이라 하였고 "人身, 牛尾, 一角"이라 함.《孔子家語》辨物篇에는 "叔孫氏之車士曰子鉏商, 採薪於大野, 獲麟焉, 折其前左足, 載以歸. 叔孫以爲不祥, 棄之於郭外, 使人告孔子曰:「有麐而角者, 何也?」孔子往觀之, 曰:「麟也, 胡爲來哉? 胡爲來哉?」反袂拭面, 涕泣沾衿. 叔孫聞之, 然後取之. 子貢問曰:「夫子何泣爾?」孔子曰:「麟之至爲明王也, 出非其時而見害, 吾是以傷焉.」"이라 함.

⑳

十四年春, 西狩於大野, 叔孫氏之車子鉏商獲麟, 以爲不祥, 以賜虞人.
仲尼觀之, 曰:「麟也.」
然後取之.

14년 봄, 서방西方의 대야大野에서 사냥하다가 숙손씨叔孫氏의 수레를 관리하는 자서상子鉏商이 인麟을 잡자 상서롭지 못한 것이라 여겨 이를 우인虞人에게 넘겨주었다.
중니仲尼가 이를 살펴보고 말하였다.
"인이다."
그런 다음 이를 거두었다.

【大野】鉅野로도 기록된 것도 있음. 지금의 山東 鉅野縣 동쪽 땅에 麒麟臺가 있음. 杜預 注에 "在高平鉅鹿縣東北大澤是也"라 함.
【叔孫氏】魯나라 三桓 중 叔孫氏 집안.
【子鉏商】혹 車子(수레를 관리하는 대부의 부하)와 서상을 분리하여 읽기도 하며(杜預), 服虔은 子는 姓, 鉏商은 이름으로 보기도 함(服虔). 王肅은《孔子家語》에서 服虔의 설을 따랐음. 한편 王引之의〈述聞〉에는 子鉏가 氏이며 商이 이름이라 하였음.
【以爲不祥】무엇인지 몰라 불길하다고 여김. 杜預 注에 "時所未嘗見, 故怪之"라 함.《孔子家語》辨物篇에는 "叔孫氏之車士曰子鉏商, 採薪於大野, 獲麟焉, 折其前左足, 載以歸"라 함.
【虞人】山林과 川澤을 관리하는 관원. 杜預 注에 "虞人, 掌山澤之官"이라 함.

【取之】《孔子家語》辨物篇에는 "孔子往觀之, 曰:「麟也, 胡爲來哉? 胡爲來哉?」 反袂拭面, 涕泣沾衿. 叔孫聞之, 然後取之. 子貢問曰:「夫子何泣爾?」孔子曰: 「麟之至爲明王也, 出非其時而見害, 吾是以傷焉.」"이라 하여 숙손씨가 이를 사냥물로 인정하여 거두어들인 것으로 되어 있음.

* **1835(哀14-2)**

小邾射以句繹來奔.

소주小邾의 대부 역射이 구역句繹 땅을 가지고 노나라로 달아나 왔다.

【射】小邾 나라의 대부. '射'은 '射音亦'이라 하여 '역'으로 읽음.
【句繹】지금의 山東 繹縣 동남 嶧山의 동남쪽. 한편 杜預 注에 "自此以下至十六年, 皆《魯史記》之文, 弟子欲存「孔子卒」, 故幷錄以續孔子所修之經"이라 함.

傳
小邾射以句繹來奔, 曰:「使季路要我, 吾無盟矣.」
使子路, 子路辭.
季康子使冉有謂之曰:「千乘之國, 不信其盟, 而信子之言, 子何辱焉?」
對曰:「魯有事于小邾, 不敢問故, 死其城下可也. 彼不臣, 而濟其言, 是義之也, 由弗能.」

소주小邾의 역射이 자신 소유의 구역句繹 땅을 가지고 우리 노나라로 도망와서 말하였다.
"계로季路로 하여금 나를 보증해 주도록 한다면 나는 노나라와 동맹을 맺을 필요도 없습니다."

자로子路로 하여금 그렇게 하도록 하였으나 자로는 사절하였다.

계강자季庚子가 염유冉有로 하여금 자로에게 이렇게 말하도록 하였다.

"우리는 천승의 나라임에도 우리와의 맹약은 불신한 채 그대의 말을 믿겠다는데 그대는 어찌 그런 일을 수치라 여기는가?"

그러자 자로는 대답하였다.

"노나라와 소주 사이에 일이 생겨 싸움이 벌어진다면 나는 감히 그 이유가 어찌되었던 묻지도 않은 채 그 나라 성 밑에서 죽을 것입니다. 저 사람은 신하답지 못한 자인데 그의 말을 성사시켜 준다는 것은 그를 의로운 사람으로 여기는 것이 됩니다. 저(由)는 그렇게 할 수 없습니다."

【季路】공자의 제자. 仲由. 자는 季路 또는 子路. 論語 顔淵篇에 "子路無宿諾"이라 하여 약속에 대한 믿음이 지극히 강한 인물이었음.
【要】약과 같음. "자로와 약속하여 그가 나를 인정해 주기만 한다면"의 뜻.
【季康子】季孫肥. 季孫斯의 서자. 魯나라 正卿.
【濟其言】그의 말을 성사시켜 줌. 杜預 注에 "濟, 成也"라 함.

※ 1836(哀14-3)

夏四月, 齊陳恒執其君, 寘于舒州.

여름 4월, 제齊나라 진항陳恒이 그 임금을 잡아 서주舒州에 가두었다.

【陳恒】齊나라 대부. 陳成子. 簡公을 유폐시켜 시살한 인물. '陳恆'으로도 표기하며 '恆'은 '恒'의 異體字. 그 선조 陳完(田完, 敬仲)은 陳나라 출신으로 齊나라에 옮겨와 성을 田氏로 바꾸어 그 후손이 세력을 키움. 뒤에 결국 姜氏 齊(姜太公의 후손)를 이어받아 田氏齊를 세웠으며 戰國時代를 맞이함. 한편 '恒'은 '常'과 뜻 및 韻이 같아 그 이름은 陳恒, 陳常, 田恒, 田常 등 여러 가지로 나타남. 《史記》 田敬仲完世家 참조.

【其君】齊 簡公(壬). 悼公(陽生)을 이어 B.C.484~481년까지 4년간 재위하고 平公(鰲)이 그 뒤를 이어 춘추시대를 마감함.
【寘】'置'와 같음. 幽閉시킴.
【舒州】《史記》魯世家에는 '徐州'로 되어 있으며 '徐州'와 같음. 江永은 지금의 河北 廊坊과 大城縣 사이라 함.

㊁
齊簡公之在魯也, 闞止有寵焉.
乃卽位, 使爲政.
陳成子憚之, 驟顧諸朝.
諸御鞅言於公曰:「陳·闞不可並也, 君其擇焉.」
弗聽.
子我夕, 陳逆殺人, 逢之, 遂執以入.
陳氏方睦, 使疾, 而遺之潘沐, 備酒肉焉, 饗守囚者, 醉而殺之, 而逃.
子我盟諸陳於陳宗.
初, 陳豹欲爲子我臣, 使公孫言己, 已有喪而止.
旣, 而言之, 曰:「有陳豹者, 長而上僂, 望視, 事君子必得志, 欲爲子臣. 吾憚其爲人, 故緩以告.」
子我曰:「何害? 是其在我也.」
使爲臣.
他日, 與之言政, 說, 遂有寵, 謂之曰:「我盡逐陳氏而立女, 若何?」
對曰:「我遠於陳氏矣, 且其違者不過數人, 何盡逐焉?」
遂告陳氏.
子行曰:「彼得君, 弗先, 必禍子.」
子行舍於公宮.
夏五月壬申, 成子兄弟四乘如公.
子我在幄, 出, 逆之, 遂入, 閉門.
侍人禦之, 子行殺侍人.

公與婦人飮酒于檀臺, 成子遷諸寢.
公執戈, 將擊之.
大史子餘曰:「非不利也, 將除害也.」
成子出舍于庫, 聞公猶怒, 將出, 曰:「何所無君?」
子行抽劍, 曰:「需, 事之賊也. 誰非陳宗? 所不殺子者, 有如陳宗!」
乃止.
子我歸, 屬徒, 攻闈與大門, 皆不勝, 乃出.
陳氏追之, 失道於弇中, 適豐丘.
豐丘人執之, 以告, 殺諸郭關.
成子將殺大陸子方, 陳逆請而免之.
以公命取車於道, 及耏, 衆知而東之.
出雍門, 陳豹與之車, 弗受, 曰:「逆爲余請, 豹與余車, 余有私焉. 事子我而有私於其讎, 何以見魯·衛之士?」
東郭賈奔衛.
庚辰, 陳恒執公于舒州.
公曰:「吾早從鞅之言, 不及此!」

제齊 간공簡公이 노나라에 있을 때 감지闞止가 그의 총애를 받았다.

간공이 돌아가 임금에 즉위하자 간공은 감지를 정치에 맡겼다.

그러자 진성자陳成子는 감지를 꺼려하여 조정에서 자주 감지를 돌아 보았다.

어느 날, 군주의 측근 앙鞅이 간공에게 말하였다.

"진성자와 감지는 함께 할 수 없습니다. 임금께서는 한 사람만 택하십시오."

간공은 그의 말을 듣지 않았다.

어느 날 자아子我가 저녁에 임금께 가는 길에 진역陳逆이 사람을 죽여 이와 마주쳤다. 감지는 곧 진역을 잡아 조정으로 들어갔다.

당시 진씨 집안은 한창 화목하여 진역이 병이 나도록 하여 그에게 머리를 감는 뜨물을 보내며 술과 고기까지 갖추어 보내면서 이로써 간수에게 대접한 다음 그가 술에 취하자 그를 죽이고 도망치도록 하였다.

자아는 두려워 진씨 일족과 진씨의 종가에서 맹약을 맺었다.

일찍이 진표陳豹가 자아의 가신이 되고자 공손公孫으로 하여금 자신을 잘 말해 줄 것을 부탁하였으나 얼마 뒤 집에 상이 나는 바람에 말하기를 그만두었다.

상을 마치자 공손은 감지에게 이렇게 말하였다.

"진표라는 자가 있어 키는 크나 등이 구부정하여 남을 쳐다보아야 하는 모습입니다. 그가 윗분을 섬긴다면 틀림없이 뜻을 펼 수가 있을 것인데 바로 그대의 가신이 되기를 원하고 있습니다. 그러나 나는 그의 사람됨을 싫어합니다. 그 때문에 이렇게 시간을 끌었다가 말씀드리는 것입니다."

감지가 답하였다.

"그게 무슨 해가 되겠소? 이는 나의 결정에 달린 것이지요."

이에 그를 가신으로 삼도록 하였다.

뒷날, 감지가 그와 정치에 대해 말을 나누다가 기꺼워하며 드디어 총애하게 되어 이렇게 말하였다.

"내 진씨 일족을 모두 축출하고 너를 그 가문의 후계자로 삼으면 어떻겠는가?"

진표가 대답하였다.

"저는 진씨 가문 먼 혈연이며 게다가 그들 중에 비뚤어진 자는 몇 사람에 불과한데 어찌 모두 축출할 수 있겠습니까?"

그리고는 이를 진씨에게 고하였다.

그러자 자행子行(陳逆)이 진항에게 말하였다.

"감지는 임금을 끼고 있으니 우리가 먼저 나서지 않으면 틀림없이 그대가 화를 입을 것입니다."

자행은 공궁公宮으로 가서 머물렀다.

여름 5월 임신날, 진성자(陳常) 형제들이 4대의 수레에 타고 공궁으로 갔다.

그때 감지가 정무를 보는 방에 있다가 나와 그들을 맞이하자 그들이 안으로 들어가자 곧바로 문을 닫아버렸다.

자아의 시인侍人이 이들을 막아서자 자행이 그 시인을 죽여버렸다.

그때 간공은 부인과 단대檀臺에서 술을 마시고 있었는데 진성자가 이들을 정전으로 옮기도록 하였다.

간공이 창을 들어 진성자를 치려하였다.

그러자 태사太史 자여子餘가 말하였다.

"임금께 불리하게 하려는 것이 아니라 장차 나라의 해를 없애려는 것입니다."

진성자가 나가 창고 안에 몸을 의지하고 있다가 임금이 노하였다는 말을 듣고 장차 국외로 도망하려 하면서 이렇게 말하였다.

"어느 나라에 간들 섬길 임금이 없겠는가?"

그러자 자행이 칼을 빼들고 말하였다.

"망설임이란 일의 적이오. 누군들 진씨 가문의 종가가 아니겠습니까? 내가 그대를 죽이지 않으면 우리 조종이 내게 벌을 줄 것이오!"

진성자는 망명하려는 생각을 그만두었다.

자아가 자기 집으로 돌아가 그의 무리들을 모아 공궁의 작은 문과 큰 문을 공격하였으나 모두 실패하자 도망치고 말았다.

진씨 사람들이 뒤쫓자 그는 그만 엄중弇中에서 길을 잃어 풍구豐丘로 빠져나갔다.

그러자 풍구 사람들이 그를 잡아 진씨에게 알리자 진씨들은 그를 곽관郭關에서 죽였다.

진성자는 대륙자방大陸子方을 죽이려 하였으나 진역이 청하여 죽음을 면해 주었다.

자방은 잡히기 전에 임금의 명령이라 하며 길에서 수레를 빼앗아 타고 달려 이邴에 이르자 군중들이 알고는 그에게 동쪽으로 가도록 하였다.

그가 죽음을 면하고 옹문雍門을 나서자 진표가 그에게 수레를 주었으나 받지 않으면서 이렇게 말하였다.

"진역이 나를 위하여 용서를 청하였는데, 이제 진표가 나에게 수레를 주게 되면 나는 진씨의 일족과 사사롭게 통한 것이 된다. 내가 자아를 섬겼는데 그의 원수들과 사사롭게 통한다면 내가 가려는 노魯나라나 위衛나라 사람들이 나를 어떻게 만나주겠는가?"

동곽가東郭賈(子方)는 위나라로 달아났다.

경진날, 진항이 간공을 잡아 서주舒州에 유폐하였다.
간공은 이렇게 후회하였다.
"내 일찍이 앙의 말을 따랐더라면 이런 지경에 이르지 않았을 텐데!"

【齊簡公】이름은 壬. 悼公(陽生)의 아들. 도공은 군주가 되기 전에 魯나라에 머물렀으며 壬 뒤에 簡公이 되어 B.C.484~481까지 4년간 재위함. 陽生과 魯나라 季康子의 누이동생 사이에 태어남. 8년 傳에 "齊悼公之來, 季康子以其妹妻之"라 함.
【闞止】자는 子我. 哀公 6년을 볼 것. 그는 簡公(壬)이 노나라에 있을 때부터 모셔 총애를 입음.
【陳成子】陳恒(田常). 齊나라 실권자. 簡公을 弑殺하고 뒤에 田氏齊를 일으킴.
【顧】杜預 注에 "心不安, 故數顧之"라 함.
【諸御】여러 御僕 중의 하나. 임금의 측근.
【鞅】齊나라 대부. 陳鞅《史記》齊世家 索隱에《世本》을 인용하여 "陳桓子無宇産子亹, 亹産子獻, 獻産鞅也"라 함.
【子我夕】子我는 闞止. '夕'은 杜預 注에 "夕, 暮見"이라 하여 저녁에 임금을 뵈러 가는 것.
【陳逆】자는 子行. 齊나라 陳氏(田氏)의 일족.
【潘沐】병이 들어 열이 나는 자에게 뜨물로 머리를 감으면 낫는다고 여겼음. 杜預 注에 "使詐病, 因內潘沐. 沐, 米汁, 可以沐頭"라 함.
【備酒肉】거짓으로 潘沐을 들여보내는 길에 간수를 죽이고자 酒肉을 보낸 것.
【盟】杜預 注에 "失陳逆, 懼其反爲患, 故盟之"라 함.
【陳宗】陳氏의 宗族 집 저택.
【陳豹】陳常의 族人.《春秋分記世譜》(2)에 "陳豹, 字子皮, 文子之孫"이라 함. 진표가 감지의 가신이 되고자 한 것은 진씨 집안의 첩자가 되기 위한 것이 아닌가 함.
【公孫】齊나라 대부. 賈逵는 "公孫, 齊大夫"라 함.
【僂】傴僂. 등이 구부정한 꼽추.
【遠於陳氏】진씨 집안과 혈연이 멀어 애정이 없음을 말함과 동시에 설령 나를 후계자로 세운다 해도 혈연이 멀어 어려울 것이라는 두 가지 뜻을 가지고 있음.
【禍子】子는 陳常을 가리킴.
【公宮】임금의 궁궐에 들어가 벼슬을 함. 杜預 注에 "隱於公宮"이라 함.
【壬申】5월 13일.

【四乘】杜預 注에 "成子之兄弟: 昭子莊, 簡子齒, 宣子夷, 穆子安, 廩丘子意玆, 芒子盈, 惠子得, 凡八人, 二人共一乘"이라 함.
【幄】杜預 注에 "幄, 帳也, 聽政之處"라 함.
【閉門】杜預 注에 "成子入, 反閉門, 不內子我"라 하여 闞止가 들어오지 못하도록 문을 닫아버림.
【檀臺】《山東通志》에 "在臨淄縣東一里"라 함.
【將擊之】簡公이 陳常을 치려 한 것에 대해 杜預 注에는 "疑其欲作亂"이라 함.
【子餘】태사 벼슬을 하던 간공의 신하. 그러나 그도 陳氏의 일당이었음.
【需】일을 결단하지 못하고 머뭇거림. 6년 傳에도 "需, 事之下也"라 함.
【陳宗】陳氏의 祖宗. 진씨 집안의 종실. 陳完이라 역대 宗主. 杜預 注에 "言子若欲出, 我必殺子, 明如陳宗"라 함.
【闈】闈門. 좁은 문. 곁문.
【弇中】지금의 臨淄 서남쪽 弇中峪.
【豐丘】陳氏의 채읍.《一統志》에 "益都臨朐界上有逢山, 亦逢伯之國"이라 함.
【郭關】齊나라 郭門. 杜預 注에 "郭門, 齊關名"이라 함.
【大陸子方】闞止(子我)의 가신. 東郭賈. 杜預 注에 "子方, 子我臣"이라 함.《通志》氏族略에 "大陸氏, 姜姓, 齊太公之後, 食邑陸鄕, 因號大陸氏"라 함. '大陸'은 '태륙'으로 읽어야 할 듯함.
【舒】'時'와 같은 곳임. 齊나라 도읍 臨淄의 서남쪽으로 魯나라와 경계 지역. 그가 남의 수레를 타고 국외로 망명하고자 서쪽으로 가자 진씨의 식읍 무리들이 그를 속여 다시 동쪽으로 가도록 하여 진씨에게 잡히도록 한 것임.
【雍門】齊나라 도성 臨淄의 성문.
【庚辰】5월 22일.
【不及此】杜預 注에 "悔不誅陳氏"라 함.

※ 1837(哀14-4)

庚戌, 叔還卒.

경술날, 노나라 숙선叔還이 죽었다.

【庚戌】4월 20일.
【叔還】杜預 注에 "還, 叔詣之曾孫"이라 하였으나 孔穎達 疏에는 "《世族譜》云: 「叔還, 叔弓曾孫也.」 又《世本》云:「叔弓生定伯閱, 閱生西巷敬叔, 叔生成子還.」 還爲叔弓曾孫, 杜云「叔詣曾孫」, 傳寫誤耳"라 함. '還'은 〈釋文〉에 '還音旋'이라 하여 '선'으로 읽음. 齊 景公의 喪에 조문과 함께 장례에 참석하기 위해 간 것임.
* 無傳

● 1838(哀14-5)

五月庚申朔, 日有食之.

5월 경신날 초하루, 일식이 있었다.

【庚申】5월 초하루.
【日有食之】천문학 계산으로 B.C.481년 4월 19일 皆旣日食이 있었음.
* 無傳

● 1839(哀14-6)

陳宗豎出奔楚.

진陳나라 종수宗豎가 초楚나라로 달아났다.

【宗豎】陳나라 대부.
* 無傳

※ **1840(哀14-7)**

宋向魋入于曹以叛.

송宋나라 상퇴向魋가 조曹 땅으로 들어가 반란을 일으켰다.

【向魋】司馬桓魋.《禮記》檀弓(上)에는 '桓司馬'로 되어 있음. 뒤에 宋나라 司馬가 되어 반란을 일으켰음.《論語》의 孔子의 제자 司馬牛는 그의 아우였음. '向'은 국명일 경우 '향'으로, 성씨일 경우 '상'으로 읽음.
【曹】지명. 宋나라 읍 이름. 哀公 8년 宋나라 멸하고 向魋의 采邑으로 삼음.

※ **1841(哀14-8)**

莒子狂卒.

거자莒子 경狂이 죽었다.

【莒子狂】莒나라 군주 이름.〈釋文〉에 "狂, 其廷反"이라 하여 '경'으로 읽음.
＊無傳

※ **1842(哀14-9)**

六月, 宋向魋自曹出奔衛.

6월, 송宋나라 상퇴向魋가 조曹에서 위衛나라로 달아났다.

【向魋】司馬桓魋.《禮記》檀弓(上)에는 '桓司馬'로 되어 있음. 뒤에 宋나라 司馬가 되어 반란을 일으켰음.《論語》의 孔子의 제자 司馬牛는 그의 아우였음. '向'은

국명일 경우 '향'으로, 성씨일 경우 '상'으로 읽음.
【曹】송나라 지명. 向魋가 반란의 근거지로 삼았던 곳.

※ **1843(哀14-10)**

宋向巢來奔.

송宋나라 상소向巢가 노나라로 도망쳐 왔다.

【向巢】宋나라 向戌의 曾孫이며 向魋의 형. 그러나《禮記》檀弓 疏에《世本》을 인용하여 "向戌生東鄒叔子超, 超生左師眇"라 하였으며 '眇'가 곧 '向巢'이며 따라서 손자가 됨.

㊃
宋桓魋之寵害於公, 公使夫人驟請享焉, 而將討之.
未及, 魋先謀公, 請以鞌易薄.
公曰:「不可. 薄, 宗邑也.」
乃益鞌七邑, 而請享公焉, 以日中爲期, 家備盡往.
公知之, 告皇野曰:「余長魋也, 今將禍余, 請卽救.」
司馬子仲曰:「有臣不順, 神之所惡也, 而況人乎? 敢不承命? 不得左師不可, 請以君命召之.」
左師每食, 擊鐘.
聞鐘聲, 公曰:「夫子將食.」
旣食, 又奏.
公曰:「可矣.」
以乘車往, 曰:「迹人來告曰:『逢澤有介麋焉』公曰:『雖魋未來, 得左師, 吾與之田, 若何?』君憚告子, 野曰:『嘗私焉.』君欲速, 故以乘車逆子.」

與之乘, 至, 公告之故, 拜, 不能起.
司馬曰:「君與之言.」
公曰:「所難子者, 上有天, 下有先君.」
對曰:「魋之不共, 宋之禍也, 敢不唯命是聽?」
司馬請瑞焉, 以命其徒攻桓氏.
其父兄故臣曰「不可」, 其新臣曰「從吾君之命」.
遂攻之.
子頎騁而告桓司馬.
司馬欲入, 子車止之, 曰:「不能事君, 而又伐國, 民不與也, 祇取死焉.」
向魋遂入于曹以叛.
六月, 使左師巢伐之, 欲質大夫以入焉.
不能, 亦入于曹, 取質.
魋曰:「不可. 既不能事君, 又得罪于民, 將若之何?」
乃舍之.
民遂叛之.
向魋奔衛.
向巢來奔, 宋公使止之, 曰:「寡人與子有言矣, 不可以絕向氏之祀.」
辭曰:「臣之罪大, 盡滅桓氏可也. 若以先臣之故, 而使有後, 君之惠也. 若臣, 則不可以入矣.」
司馬牛致其邑與珪焉, 而適齊.
向魋出於衛地, 公文氏攻之, 求夏后氏之璜焉.
與之他玉, 而奔齊.
陳成子使爲次卿, 司馬牛又致其邑焉.
而適吳,
吳人惡之, 而反.
趙簡子召之, 陳成子亦召之, 卒於魯郭門之外, 阬氏葬諸丘輿.

송宋나라 환퇴桓魋가 받은 총애가 임금 경공景公에게 해가 되자 경공은 어머니로 하여금 그를 급히 불러 향연을 베풀어 그 기회에 그를 쳐서 없애려 하였다.

아직 그를 초청하지 못하고 있을 때 환퇴가 먼저 경공을 해치고자 자신의 채읍 안읍安邑을 박薄과 바꾸어 줄 것을 요청하였다.

경공이 말하였다.

"안 되오. 박은 대대로 임금 종실의 읍이오."

그리고는 대신 안읍에 다른 일곱 고을을 더 붙여주자 환퇴는 고맙다는 구실로 임금을 향연에 초청하면서 날짜를 정해 정오를 그 시간으로 정하고 자신의 병사들을 모두 그곳에 배치시켜 놓았다.

임금이 이를 알고 황야皇野에게 말하였다.

"내가 환퇴를 키워주었는데 지금 그가 나를 해치려 하니 나를 구해주시오."

그러자 사마자중司馬子仲(皇野)이 말하였다.

"신하가 순종하지 않으면 신도 미워하거늘 하물며 사람으로서야 어떠하겠습니까? 그러니 감히 명을 받들지 않을 수 있겠습니까? 그러나 좌사左師를 우리 편으로 삼지 않고서는 불가하오니 청컨대 임금의 명령으로 그를 부르시지요."

좌사는 매번 식사 때마다 종을 쳤다.

마침 그 종소리를 듣자 임금이 말하였다.

"그는 곧 식사를 할 것이오."

이윽고 식사를 마치자 그가 다시 음악을 연주하였다.

임금이 말하였다.

"이제는 가도 좋소."

그리하여 황야가 임금의 수레를 타고 가서 좌사 상소向巢에게 말하였다.

"적인迹人이 와서 '봉택逢澤에 짝 잃은 큰 사슴이 있습니다'라고 하자 임금께서 '비록 아직 향퇴가 오지 않았지만 좌사를 참석시켜 그와 같이 사냥을 하면 어떻겠는가?'라고 하셨습니다. 임금께서는 그대에게 직접 말씀하시기를 꺼려하시기에 제가 '가서 사사롭게 말해보겠습니다'라고 하였습니다. 임금께서 어서 가시고자 하십니다. 그래서 제가 임금의 수레를 타고 그대를 맞이하러 온 것입니다."

그리하여 좌사와 함께 수레에 올라 임금에게 이르렀다. 임금은 그를 부른 까닭을 말하자 좌사는 절하며 엎드린 채 일어나지 못하였다.

사마 황야가 말하였다.

"임금께서는 상소에게 약속의 말씀을 하십시오."

임금이 말하였다.

"내 앞으로 그대를 곤란하게 한다면 위로는 하늘이 있고 아래로는 선대 군주들의 신이 있소."

그러자 좌사 상소가 대답하였다.

"환퇴가 공손하지 못한 것은 우리 송나라의 재앙입니다. 제가 감히 명대로 듣지 않겠습니까?"

이에 사마 황야가 부절을 청하여 그의 군사들에게 환퇴를 공격하도록 명하였다.

그러자 그의 집안 어른들과 고신故臣들은 '안 된다'고 하였고, 신신新臣들은 '주인의 명령을 따르겠노라'라 하였다.

결국 환퇴를 공격하였다.

그러자 자기子頎가 말을 몰아 환사마桓司馬(向魋)에게 달려가 그 사태를 알렸다.

사마환퇴가 반격하여 도성으로 쳐들어가고자 하자 자거子車가 저지하면서 말하였다.

"임금을 제대로 섬기지 못하면서 다시 도성을 친다면 백성들이 참여하지 않을 것이며 단지 죽음을 취할 따름입니다."

항퇴는 곧 조읍曹邑으로 들어가 반항하였다.

6월, 임금이 좌사 상소로 하여금 이를 치도록 하자 상소는 대부 하나를 인질로 잡아 상퇴가 있는 곳으로 들어가려 상퇴에게 합세하려 하였다.

일이 여의치 않자 그 역시 조읍으로 들어가 그곳 사람들이 인질로 삼았다.

그러자 상퇴가 말하였다.

"그래서는 안 됩니다. 이미 임금을 섬길 수 없게 된 이 마당에 다시 백성에게 죄를 짓는다면 장차 어찌 되겠습니까?"

이에 인질을 놓아주었다.

그러자 조읍 사람들이 드디어 그들에게 반기를 들게 되었다.

상퇴는 위衛나라로 달아났다.

상소도 노나라로 도망가자 송 경공은 그의 망명을 말리면서 이렇게 말을 전하도록 하였다.

"내 그대와 약속한 말이 있으니 상씨向氏 가문의 제사가 끊어지게 할 수가 없소."

상소는 이를 사절하며 말하였다.

"저의 죄가 크니 저의 환씨桓氏를 모두 진멸시키셔도 됩니다. 만약 우리 집안 선대의 공을 이유로 후계를 이어가도록 하신다면 임금의 은혜이기는 합니다. 그러나 저는 다시 도성으로 들어갈 수는 없습니다."

그러자 사마우司馬牛는 자신의 채읍과 규珪를 모두 나라에 내놓고 제齊나라로 갔다.

상퇴가 위나라 땅으로 달아나자 공문씨公文氏가 그를 공격하여 그가 가지고 있던 옛 하후씨夏后氏의 황옥璜玉을 요구하였다.

상퇴는 이를 대신 다른 옥을 주어 속이고 제나라로 달아났다.

이에 제나라 진성자陳成子가 그를 차경次卿으로 삼자 사마우는 다시 자신이 받았던 제나라 읍을 돌려주고 오吳나라로 가버렸다.

그런데 오나라 사람이 미워하자 다시 되돌아섰다.

그때 진나라 조간자趙簡子가 그를 부르고 제나라 진성자도 불렀으나 그는 노나라로 와서 곽문郭門 밖에서 죽었으며 갱씨阬氏가 그를 구여丘輿에다 장사지내 주었다.

【桓魋】 向魋. 司馬桓魋.《禮記》檀弓(上)에는 '桓司馬'로 되어 있음. 뒤에 宋나라 司馬가 되어 반란을 일으켰음.《論語》의 孔子의 제자 司馬牛는 그의 아우였음. '向'은 국명일 경우 '향'으로, 성씨일 경우 '상'으로 읽음.

【害於公】 杜預 注에 "恃寵驕盈"이라 하였으며 公은 宋 景公(欒)을 가리킴.

【夫人】 宋 景公의 어머니를 가리킴. 杜預 注에 "夫人, 景公母也. 數請享飮, 欲因請討之"라 하여 어머니로 하여금 向魋를 불러 잔치를 열도록 하고 그 기회에 向魋를 없애주도록 청할 작정이었음.

【驟】 杜預는 '자주'(數)의 뜻으로 보았으나 吳闓生의《左傳甄微》에는 "驟, 急也. 注訓數, 非"라 하여 급히 부른 것이라 보았음.

【窐】 지금의 河南 商丘縣 北亳의 서쪽. 向魋의 채읍.
【薄】 亳과 같음. 지금의 河南 商丘.《方輿紀要》에 "薄在今河南商丘縣西北, 山東 曹縣東南二十里, 亦稱北亳"이라 함. 杜預 注에 "薄, 公邑. 欲因易邑爲公享宴而作亂"이라 함.
【享公】 杜預 注에 "爲喜於受賜"라 함.
【日中】 正午를 뜻함.
【皇野】 司馬子仲. 皇瑗의 형제.
【左師】 宋나라 向戌의 孫子이며 向魋의 형 向巢.《禮記》檀弓 疏에《世本》을 인용하여 "向戌生東鄰叔子超, 超生左師眇"라 하였으며 '眇'가 곧 向巢임. 杜預 注에 "左師, 向魋兄向巢也"라 함.
【擊鐘】 식사 전과 후에 奏樂을 울림.
【迹人】 사냥터의 짐승을 조사하는 담당자.《周禮》夏官의 迹人에 짐승의 足跡을 조사하여 짐승이 있는 곳을 알아 임금에게 사냥을 시작하도록 하는 일을 맡은 자라 함.
【逢澤】 지금의 河南 商丘縣 남쪽. 正義에 "宋都之旁, 別有近地名逢澤"이라 함.
【介】《方言》에 "獸無耦曰介"라 하여 홀로 떠도는 짐승.《莊子》庚桑楚에는 "夫函車之獸介而離山, 則不免於罔罟之患"이라 함.
【君憚告子】 杜預 注에 "難以游戲煩大臣"이라 함.
【不能起】 자신의 아우 일에 대해 심각함을 느껴 감히 일어서지 못한 것.
【瑞】 杜預 注에 "瑞, 符節, 以發兵"이라 하였고,《說文》에는 "瑞, 以玉爲信也"라 함.
【故臣】 司馬 皇野의 오래된 신하. '新臣'은 새로 그의 가신이 된 젊은 사람들.
【子頎】 向魋의 아우.
【子車】 역시 向魋의 아우.
【曹】 지금의 山東 定陶縣. 哀公 8년 宋나라에게 망하여 宋邑이 됨.
【欲質大夫】 向巢는 向魋를 이길 수 없게 되자 임금의 노기를 두려워하여 나라의 대부를 인질로 삼아 도성으로 들어가고자 한 것임. 杜預 注에 "巢不能克魋, 恐公怒, 欲得國內大夫爲質還入國"이라 함.
【入于曹, 取質】 向巢는 대부를 인질로 잡지 못하자 向魋의 반란지 曹邑으로 들어가 그곳 사람들을 인질로 삼아 자신의 안전을 도모하고자 한 것. 결국 向魋와 한패가 된 것임. 杜預 注에 "不能得大夫, 故入曹劫曹人子弟而質之, 欲以自固"라 함.
【向魋奔衛】《韓詩外傳》(2)에는 그도 형 向巢와 함께 魯나라로 도망한 것으로 되어 있음.

【司馬牛】司馬耕. 向魋의 아우이며 공자 제자. 《史記》仲尼弟子列傳에「司馬耕, 字子牛, 牛多言而躁. 問仁於孔子. 孔子曰:『仁者其言也訒』」이라 하였음. 이름은 犁. 《論語》여러 곳에 공자에게 질문한 내용이 있으며 〈顔淵篇〉의 "司馬牛憂曰:「人皆有兄弟, 我獨亡.」子夏曰:「商聞之矣: 死生有命, 富貴在天. 君子敬而無失, 與人恭而有禮. 四海之內, 皆兄弟也. 君子何患乎無兄弟也?」"의 내용이 널리 알려져 있음. 그러나 혹 일부 학자는 이곳의 司馬牛와 《論語》의 司馬牛는 다른 인물일 것으로 의혹을 제기하기도 함.

【珪】采邑을 받을 때 그 징표로 함께 받는 珪玉.

【公文氏】衛나라 대부. 王符《潛夫論》志氏姓에 衛나라의 公族이라 함.

【夏后氏之璜】夏后氏(夏나라) 때부터 대대로 내려오던 황옥. 보물로 여겼음. 이를 向魋가 가지고 있었음. 梁玉繩의 《瞥記》에 "周分魯公以夏后氏之璜, 此有一無二之寶也"라 하였고, 呂氏春秋 必己篇에 "宋桓司馬有寶珠, 抵罪出亡, 王使人問珠所在"라 함.

【陳成子】陳恒, 陳常, 田恒, 田常. 齊나라 대부. 簡公을 유폐하여 弑殺하였던 인물.

【趙簡子】趙鞅. 晉나라 대부. 趙武(文子)의 손자. 이름은 志父. 范氏, 中行氏와 권력투쟁 끝에 이겨 趙나라의 기초를 세운 인물. 이들 후손이 戰國時代 趙나라를 세움.

【阮氏】魯나라 사람. 司馬牛의 장례를 치러준 인물. 구체적 이름은 알 수 없음.

【丘輿】지금의 費縣 서쪽 南城山에 司馬牛의 묘가 있다 함. 《彙纂》에 "丘輿在今山東費縣西"라 하였고, 《一統志》에는 "一作輿城, 在今山東費縣西, 有司馬牛墓, 在南城山"이라 함.

● 1844(哀14-11)

齊人弑其君壬于舒州.

제齊나라 사람이 그 군주 임壬을 서주舒州에서 죽였다.

【齊人】구체적으로 田恒(陳恒, 陳常, 田常, 陳成子, 田成子)을 가리킴.

【壬】齊 簡公의 이름. 陽生의 아들. B.C.484~481년까지 4년간 재위함. 陽生과

魯나라 季康子의 누이동생 사이에 태어남. 8년 傳에 "齊悼公之來, 季康子以其妹妻之"라 함.
【舒州】《史記》魯世家에는 '徐州'로 되어 있으며 '徐州'와 같음. 江永은 지금의 河北 廊坊과 大城縣 사이라 함.

㊁
甲午, 齊陳恒弑其君壬于舒州.
孔丘三日齊, 而請伐齊三.
公曰:「魯爲齊弱久矣, 子之伐之, 將若之何?」
對曰:「陳恒弑其君, 民之不與者半. 以魯之衆加齊之半, 可克也.」
公曰:「子告季孫.」
孔子辭, 退而告人曰:「吾以從大夫之後也, 故不敢不言.」

갑오날, 제齊나라 진항陳恒이 그 임금 임壬을 서주舒州에서 시살하였다.

공구孔丘는 사흘간 재계하고 제나라를 칠 것을 임금에게 세 차례나 요청하였다.

그러자 애공哀公이 말하였다.

"우리 노나라는 제나라 때문에 시달려 약해진 지가 오래되었소. 그대가 제나라를 치자는 것은 앞으로 어찌 하겠다는 것이오?"

공자가 대답하였다.

"진항이 그의 임금을 시해하였으나 제나라 백성으로 그를 따르지 않는 자가 반이나 되니, 우리 노나라의 백성을 제나라 백성의 반에다 더한다면 이길 수 있습니다."

애공이 말하였다.

"그대는 계손季孫에게 말하시오."

공자께서는 그만두겠다고 하고 물러나 사람에게 이렇게 말하였다.

"내 이 나라 대부의 끝자리나마 차지하고 있는 처지라 말을 하지 않을 수가 없었다."

【甲午】6월 5일.
【陳恒】陳常. 田常. 陳成字(田成子).
【壬】齊 簡公의 이름. 陽生의 아들. B.C.484~481년까지 4년간 재위함. 陽生과 魯나라 季康子의 누이동생 사이에 태어남. 8년 傳에 "齊悼公之來, 季康子以其妹妻之"라 함.
【舒州】《史記》魯世家에는 '徐州'로 되어 있으며 '徐州'와 같음. 江永은 지금의 河北 廊坊과 大城縣 사이라 함.
【齊】'齋'와 같음. 齋戒함.
【季孫】季孫肥. 季康子. 季孫斯의 庶子이며 魯나라 正卿이 되어 執政하고 있었음.
【不敢不言】《論語》憲問篇에도 본 장이 실려 있으며 "陳成子弒簡公. 孔子沐浴而朝, 告於哀公曰:「陳恆弒其君, 請討之.」公曰:「告夫三子!」孔子曰:「以吾從大夫之後, 不敢不告也. 君曰『告夫三子』者!」之三子告, 不可. 孔子曰:「以吾從大夫之後, 不敢不告也.」"라 함. 《晏子春秋》·《說苑》·《史記》 등에도 자세히 실려 있음.

✱ 1845(哀14-12)

秋, 晉趙鞅帥師伐衛.

가을, 진晉나라 조앙趙鞅이 군사를 이끌고 위衛나라를 쳤다.

【趙鞅】趙簡子. 晉나라 대부. 趙武(文子)의 손자. 이름은 志父. 范氏, 中行氏와 권력투쟁 끝에 이겨 趙나라의 기초를 세운 인물. 이들 후손이 戰國時代 趙나라를 세움.
＊無傳

1846(哀14-13)

八月辛丑, 仲孫何忌卒.

8월 신축날, 중손하기仲孫何忌가 죽었다.

【辛丑】 8월 13일.
【仲孫何忌】 孟懿子. 魯나라 대부. 孟僖子의 후계자. 시호는 懿子.

(傳)
初, 孟孺子洩將圍馬於成, 成宰公孫宿不受, 曰:「孟孫爲成之病, 不圍馬焉.」
孺子怒, 襲成, 從者不得入, 乃反.
成有司使, 孺子鞭之.
秋八月辛丑, 孟懿子卒, 成人奔喪, 弗內; 袒·免, 哭于衢, 聽共, 弗許; 懼, 不歸.

일찍이 맹유자孟孺子 설洩이 성읍成邑에서 말을 기르려 하였는데 성읍의 읍재 공손숙公孫宿이 이를 받아들이지 않으며 이렇게 말하였다.
"맹손孟孫께서는 성읍의 빈곤함을 걱정하시어 말 기르는 일을 하시지 않으셨습니다."
맹유자가 노하여 성읍을 습격하였지만 그를 따르던 사람들은 안으로 쳐들어가지 못하고 그냥 돌아왔다.
그 뒤 성읍의 유사有司가 심부름을 보냈더니 맹유자는 심부름 온 자에게 매질을 하였다.
가을 8월 신축날, 맹의자孟懿子가 세상을 떠나 성읍 사람들이 조문을 갔으나 집 안으로 들여보내주지 않아 할 수 없이 윗옷과 관을 벗은 채로 거리에서 곡하고 명하는 대로 듣겠다고 하였으나 허락을 얻지 못하였으며 두려워하여 돌아가지도 못하였다.

【孟孺子洩】魯나라 仲孫何忌의 아들 孟武伯. 杜預 注에 "洩, 孟懿子之子孟武伯也"라 함.
【孟孫】孟孺子 洩의 아버지 孟懿子, 仲孫何忌.
【御馬】杜預 注에 "御 畜養也"라 함.
【成】成邑. 孟氏 집안의 采邑.
【病】杜預 注에 "病爲民貧困"이라 함.
【鞭之】杜預 注에 "恨恚, 故鞭成有司之使人"이라 함.
【孟懿子】仲孫何忌. 魯나라 대부. 孟僖子의 후계자. 시호는 懿子.
【袒·免】'袒'은 윗옷을 벗어 어깨를 드러내는 것. '免'은 관을 벗는 것. 슬퍼하며 조문함을 뜻함.
【聽共】명대로 복종함. 시키는 대로 함. 杜預 注에 "請聽命共使"라 함.

● **1847(哀14-14)**

冬, 陳宗豎自楚復入于陳, 陳人殺之.

겨울, 진陳나라 종수宗豎가 초楚나라에서 진나라로 다시 들어오자 진나라가 그를 죽였다.

【宗豎】陳나라 대부.
＊無傳

● **1848(哀14-15)**

陳轅買出奔楚.

진陳나라 원매轅買가 초楚나라로 달아났다.

【轘買】진나라 대부이며 宗豎와 관련이 있었을 것으로 보임.
＊無傳

1849(哀14-16)

有星孛.

패성孛星이 나타났다.

【孛】彗星의 일종. 〈釋文〉에 "孛音佩, 一音勃"이라 하여 '패', 혹은 '발'로 읽음. 杜預 注에 "不言所在, 史失之"라 함. 한편《公羊傳》에 "孛者何? 彗星也. 其言于東方何? 見於旦也"라 함. 한편 杜預 注에 "平旦衆星皆沒, 而孛乃見, 故不言所在之次"라 하였고,《左傳會箋》에는 "蓋長星亘天之類也. 雖見於旦, 必有宿可言, 今曰東方, 則初昏見東方, 所加徧及東方諸宿, 不可以宿名也"라 함.
＊無傳

1850(哀14-17)

饑.

기황饑荒에 시달렸다.

【饑】凶年으로 인해 饑饉, 饑荒에 시달림.
＊無傳

243. 哀公 15年(B.C.480) 辛酉

周	敬王(姬匄) 40년	齊	平公(驁) 원년	晉	定公(午) 32년	衛	出公(輒) 13년
蔡	成公(朔) 11년	鄭	聲公(勝) 21년			陳	閔公(越) 22년
杞	閔公(維) 7년	宋	景公(欒) 37년	秦	悼公 12년	楚	惠王(章) 9년
吳	吳王(夫差) 16년	越	越王(句踐) 17년				

✽ 1851(哀15-1)

十有五年春王正月, 成叛.

15년 봄 주력 정월, 성읍成에서 반란이 일어났다.

【成】지금의 山東 寧陽縣.

㊙
十五年春, 成叛于齊.
武伯伐成, 不克, 遂城輸.

15년 봄, 성읍成邑이 노나라를 배반하고 제齊나라에 복종하였다.
무백武伯이 성읍을 쳤으나 승리하지 못하고 곧바로 수輸에 성을 쌓았다.

【武伯】孟孺子. 洩. 孟懿子(仲孫何忌)의 아들.
【輸】成邑 근처. 지금의 寧陽縣. 杜預 注에 "以偪成"이라 하였고, 江永의《春秋考實》에는 "輸, 蓋近成之地"라 하였으며,《山東考古錄》에는 "當在今山東寧陽縣境"이라 함.

● 1852(哀15-2)

夏五月, 齊高無㔻出奔北燕.

여름 5월, 제齊나라 고무비高無㔻가 북연北燕으로 달아났다.

【高無㔻】齊나라 대부. 高張의 아들. 高張은 昭公 29년을 볼 것. '㔻'는 反切로 '普悲反'. '비'로 읽음.
【北燕】지금의 北京 薊를 중심으로 발전했던 나라. 周初 武王이 아우 姬奭(召公)을 봉했던 곳. 春秋시대에는 제대로 등장하지 않았으나 戰國시대 七雄의 반열에 오름.
＊無傳

傳
夏, 楚子西·子期伐吳, 及桐汭, 陳侯使公孫貞子弔焉, 及良而卒, 將以尸入.
吳子使大宰嚭勞, 且辭曰:「以水潦之不時, 無乃廩然隕大夫之尸, 以重寡君之憂? 寡君敢辭.」
上介芋尹蓋對曰:「寡君聞楚爲不道, 荐伐吳國, 滅厥民人, 寡君使蓋備使, 弔君之下吏. 無祿, 使人逢天之慼, 大命隕隊, 絶世于良. 廢日共積, 一日遷次. 今君命逆使人曰『無以尸造于門』, 是我寡君之

命委于草莽也. 且臣聞之曰:『事死如事生, 禮也.』於是乎有朝聘而終,
以尸將事之禮, 又有朝聘而遭喪之禮. 若不以尸將命, 是遭喪而還也,
無乃不可乎! 以禮防民, 猶或踰之, 今大夫曰『死而棄之』, 是棄禮也,
其何以爲諸侯主? 先民有言曰:『無穢虐士.』備使奉尸將命, 苟我
寡君之命達于君所, 雖隕于深淵, 則天命也, 非君與涉人之過也.」
　吳人內之.

　여름, 초楚나라 자서子西와 자기子期가 오吳나라를 쳐서 동수桐水 강변에
이르자 진陳 민공閔公이 공손정자公孫貞子로 하여금 오나라를 위문토록 하였
으나 그는 양良이라는 곳에 이르러 그만 죽고 말아 장차 그 시신을 모신
채 오나라로 들어가려 하였다.
　그러자 오왕 부차가 태재大宰 비嚭로 하여금 그 일행을 위로하되 그들이
시신을 가지고 오나라로 들어오는 것을 사양하며 말하였다.
　"큰물이 불시에 불어날 수 있으니 이러다가는 넘치는 물에 귀국 대부의
시신을 잃게 되면 우리 임금의 걱정을 거듭하게 되는 것이 아닐까요? 우리
임금께서는 감히 사양합니다."
　그래서 상개上介 우윤芋尹 개蓋가 대답하였다.
　"우리 임금께서는 초나라가 무도한 짓을 하며 자주 오나라를 쳐서 그
백성을 죽인다는 말을 듣고 계십니다. 우리 임금께서 저(蓋)를 사신의
일원으로 삼아 귀국 임금의 아래 관리에게 위문의 말씀을 드리도록 하셨
습니다. 공손정자께서는 복이 없으셔서 사람들로 하여금 하늘이 내리는
슬픔을 당하게 하시어 대명大命을 잃으시고 양읍에서 세상을 떠나고 말았
습니다. 저희들은 하루를 소비하여 여행 용품으로 시체를 꾸려 예정보다
하루 늦었지만 일정대로 이렇게 이르러 왔습니다. 그런데 지금 귀국 임금
께서는 우리 사신들을 맞으시면서 '시신을 가지고 도성 문에 이르지 말라'
말씀하시니 이는 우리 임금의 명령을 풀숲에 버리는 것입니다. 게다가 제가
듣기로 '죽은 사람 모시기를 산 사람처럼 하는 것이 예'라 하였습니다. 이에
다른 나라에 조빙朝聘을 가던 자가 도중에 죽으면 그 시신을 모시고 그
일을 잘 받들어야 하는 예를 지키는 것입니다. 또 예방 중에 상대국의

국상國喪을 만났을 때의 예도 있는 것입니다. 만약 시신을 모시고 군주의 명령을 수행하지 않는다면 이는 상대의 상을 만났을 때 돌아가는 것과 같으니 이는 불가한 일이 아니겠습니까? 예로써 백성의 뜻밖의 일을 막는다 하더라도 오히려 혹 원칙을 넘어설 수 있는 것이거늘 지금 대부께서는 '죽은 자가 있으니 그만 두어라' 하시니 이는 예를 버리는 것입니다. 그렇게 하고서 어찌 제후들의 맹주가 되겠습니까? 옛사람이 말하되 '죽은 자를 욕되게 하지 말라' 하였습니다. 사신의 일원이 되어 정사의 시신을 모시고 사명을 수행하여 진실로 우리 임금께서 명하신 대로 귀국 임금이 계시는 곳에 이르게 해 준다면 비록 깊은 물속에 떨어진다 할지라도 이는 천명일 따름이지 귀국 임금이나 뱃사공의 잘못은 아닐 것입니다."

이에 오나라는 이들을 들여보내주었다.

【子西】宜申. 楚나라 대부이며 令尹. 楚 平王의 庶弟이며 子期(公子 結)의 형. 《史記》楚世家에는 "子西, 平王之庶弟也"라 하였으나 服虔은 "子西, 平王之長庶宜申"이라 함.
【子期】公子 結. 楚나라 공자. 子西(公子 申, 宜申)의 아우. 平의 아버지.
【桐汭】吳나라 땅을 흐르는 桐水.《一統志》에 "桐汭水在安徽廣德縣西二十五里之白石山, 西北流經建平高淳入丹陽湖, 分由蕪湖及當塗入江"이라 함.
【陳侯】당시 진나라 군주는 閔公(越, 周)로 재위 22년째였음.
【公孫貞子】《孟子》萬章(上)에 孔子가 司城貞子의 집에 머물렀다 하였으며 그는 陳侯(閔公, 周)의 신하였다 하였음. 이 司城貞子가 곧 公孫貞子임.
【弔】杜預 注에 "弔爲楚所伐"이라 함.
【良】吳나라 땅. 지금의 江蘇 邳縣으로 비정하고 있으나 江永의 〈考實〉에는 "疑近吳國都地, 未必是昭十三年之良城"이라 함.
【大宰嚭】吳나라 太宰 伯嚭. 伯州犂의 아들. 伯州犂가 晉나라 출신으로 楚나라에 망명하여 楚나라에 太宰가 되었으며 그 아들이 이번에는 吳나라로 망명하여 吳나라 太宰가 됨. 뒤에 伍子胥와 함께 越나라 范蠡, 大夫 文種 등 넷은 吳越抗爭의 중심인물이 됨. 伯嚭는 伍子胥와 심한 갈등을 빚었으며 부정적인 인물로 묘사되기도 함. 오나라 멸망을 재촉한 인물로 널리 알려짐.《吳越春秋》에는 '白喜'로 되어 있음.

【㴑然】'濫然'과 같음. 물이 범람하여 넘쳐흐르는 모습.
【上介】'介'는 함께 가는 隨行員. '上介'는 그들 중 우두머리인 副使.
【芋尹蓋】芋尹은 楚나라 관직명. 蓋는 그의 이름. 副使.
【荐】'잦다'(廌)의 뜻.
【逢天之慼】慼은 慽과 같음. 하늘이 내린 슬픔을 만남. 公孫貞子의 죽음을 당함.
【大命隕隊】'大命'은 사람의 목숨. '隕隊'는 '隕墜'와 같음. 죽음을 뜻함.
【廢日共積】하루를 소비하여 여행용 물품으로 貞子의 시체를 꾸림.
【一日遷次】예정보다 하루 늦게 머물 곳으로 순서대로 나아감.
【事死如事生】《禮記》祭義에 "文王之祭也, 事死者如事生, 思死者如不欲生"이라 하였고, 〈中庸〉에도 "事死如事生, 事亡如事存, 孝之至也"라 함.
【遭喪之禮】방문하고자 하는 나라에 상이 일어났을 경우의 禮.《禮記》聘禮에 "聘遭喪, 入竟則遂也, 不郊勞, 不筵几, 不禮賓, 主人畢歸禮, 不賄, 不禮玉, 不贈"이라 함.
【虐土】杜預 注에 "虐土, 死者"라 함. 그러나 于鬯의 〈校書〉에 "虐爲虛字形近之誤,《說文》:「魖, 耗鬼也.」故死者得有虛土之稱"이라 함.
【涉人】물을 건네주는 뱃사공. 沈欽韓의 〈補注〉에 "涉人猶津吏"라 함.

1853(哀15-3)

鄭伯伐宋.

정백鄭伯이 송宋나라를 쳤다.

【鄭伯】당시 鄭나라 군주는 聲公(勝)으로 재위 20년째였음.
＊無傳

1854(哀15-4)

秋八月, 大雩.

가을 8월, 기우제를 크게 지냈다.

【雩】기우제.
＊無傳

傳

秋, 齊陳瓘如楚, 過衛, 仲由見之, 曰:「天或者以陳氏爲斧斤, 旣斲喪公室, 而他人有之, 不可知也; 其使終饗之, 亦不可知也. 若善魯以待時, 不亦可乎! 何必惡焉?」
子玉曰:「然. 吾受命矣, 子使告我弟.」

가을, 제齊나라 진관陳瓘이 초楚나라로 가는 길에 위衛나라를 지날 때 중유仲由가 그를 만나 말하였다.

"하늘이 어쩌면 진씨陳氏에게 도끼를 쥐는 운수를 내린 것인지 모르겠습니다. 그 도끼는 이미 제나라 공실을 찍어 상하게 하였지만 이를 다른 사람이 차지할지도 알 수 없으며, 또한 진씨가 끝까지 차지하게 할지도 알 수가 없습니다. 그러니 노魯나라를 잘 대하면서 때를 기다리는 것이 좋지 않겠습니까? 그런데 어찌 노나라를 미워하십니까?"

그러자 자옥子玉(陳瓘)이 말하였다.

"그렇군요. 나는 지금 명령을 받고 가는 길이니 그대가 사람을 시켜 내 아우에게 말하도록 해주십시오."

【陳瓘】제나라 대부. 陳恒(陳成子)의 형. 자는 子玉.
【仲由】孔子 제자 子路. 杜預 注에 "仲由事孔子, 故爲魯言"이라 함.
【我弟】陳恒, 陳常. 田恒, 田常. 陳成子(田成子).

※ 1855(哀15-5)

晉趙鞅帥師伐衛.

진晉나라 조앙趙鞅이 군사를 이끌고 위衛나라를 쳤다.

【趙鞅】趙簡子. 晉나라 대부. 趙武(文子)의 손자. 이름은 志父. 范氏, 中行氏와 권력투쟁 끝에 이겨 趙나라의 기초를 세운 인물. 이들 후손이 戰國時代 趙나라를 세움.
＊無傳

※ 1856(哀15-6)

冬, 晉侯伐鄭.

겨울, 진후晉侯가 정鄭나라를 쳤다.

【晉侯】당시 晉나라 군주는 定公(午)으로 재위 31년째였음.
＊無傳

※ 1857(哀15-7)

及齊平.

노魯나라가 제齊나라와 화평을 맺기에 이르렀다.

【齊平】杜預 注에 "魯與齊平"이라 함.

㊀

冬, 及齊平.

子服景伯如齊, 子贛爲介, 見公孫成, 曰:「人皆臣人, 而有背人之心, 況齊人雖爲子役, 其有不貳乎? 子, 周公之孫也, 多饗大利, 猶思不義. 利不可得, 而喪宗國, 將焉用之?」

成曰:「善哉! 吾不早聞命.」

陳成子館客, 曰:「寡君使恒告曰:『寡人願事君如事衛君.』」

景伯揖子贛而進之, 對曰:「寡君之願也. 昔晉人伐衛, 齊爲衛故, 伐晉冠氏, 喪車五百. 因與衛地, 自濟以西, 禚·媚·杏以南, 書社五百. 吳人加敝邑以亂, 齊因其病, 取讙與闡, 寡君是以寒心. 若得視衛君之事君也, 則固所願也.」

成子病之, 乃歸成, 公孫宿以其兵甲入于嬴.

겨울, 노나라가 제齊나라와 화평을 맺기에 이르렀다.

자복경백子服景伯이 그 일 처리를 위해 제나라에 갔으며 자공子贛이 부사가 되어 공손성公孫成을 만나 이렇게 말하였다.

"사람들은 누구나 남의 신하가 되지만 때로는 주인의 마음을 거역하기도 하지요. 하물며 제나라 사람이 비록 지금 당장에야 그대를 위해 잘해 준다 해도 언젠가는 배신할 수도 있지 않겠습니까? 그대는 주공周公의 후손으로 큰 이익을 누리고 있지만 의롭지 못한 일을 생각하고 있습니다. 아무런 이익도 얻을 수 없건만 자신의 본국을 망치려 하고 있으니 장차 어디에 쓰이겠습니까?"

공손성이 말하였다.

"훌륭하오! 내 일찍이 그런 말을 듣지 못하였군요."

진성자陳成子가 우리 사신들의 숙소를 찾아와 이렇게 말하였다.

"우리 임금께서 나(陳恒)로 하여금 그대들에게 '과인은 노나라 임금을 위衛나라 임금처럼 가깝게 지내기를 원한다'라고 일러주도록 하셨습니다."

이에 자복경백이 자공에게 읍을 하고 나서도록 하자 자공이 대답하였다.

"그것은 바로 우리 임금이 바라던 바입니다. 지난날 진晉나라가 위나라를 치자 귀국은 위나라를 위해 관씨冠氏 땅을 치다가 전차 5백 대를 잃기도 하였지요. 그럼에도 위나라에게 제수濟水의 서쪽 작禚, 미媚, 행杏으로부터 그 남쪽 5백 호의 호적 문서를 나누어 주었습니다. 그런데 오吳나라가 우리에게 난폭한 짓을 행하자 귀국 제나라는 그 틈을 노려 우리의 환讙과 천闡을 차지하니 우리 임금께서는 그 때문에 제나라에 대해 마음이 떠난 것이었습니다. 만약 우리를 위나라 임금처럼만 여겨주신다면 이는 진실로 원하던 바입니다."

　진성자가 이를 걱정하여 성읍을 우리에게 돌려주자 공손숙은 자신의 병사들을 데리고 제나라 영嬴으로 들어갔다.

【子服景伯】魯나라 대부. 仲孫何.《禮記》檀弓(上)의 鄭玄 注에 "子服伯子, 蓋仲孫蔑之玄孫子服景伯"이라 하였음. 孔穎達의 疏에는《世本》을 인용하여 "獻子蔑生孝伯(它), 孝伯生惠伯(椒), 惠伯生昭伯(回), 昭伯生景伯"이라 함.
【子贛】子貢(B.C.520-?). 端木賜. 孔子 弟子. 姓은 端木, 이름은 賜, 字는 子貢. 衛나라 출신으로 孔子보다 31세 아래였음.
【介】介使. 副使. 수행원.
【公孫成】成邑을 다스리던 公孫宿. 杜預 注에 "公孫成, 成宰公孫宿也"라 함.
【不貳】'貳'는 두 가지 마음. 배신하려는 마음. 杜預 注에 "言子叛魯, 齊人亦將叛子"라 함.
【周公之孫】周公은 姬旦. 까만 옛날의 조상임을 말한 것.
【喪宗國】자신의 조국을 위험에 빠뜨림. 杜預 注에 "喪宗國謂以邑入齊, 使魯有危亡之禍"라 하여 公孫宿이 成邑을 齊나라에 바치고자 하는 것을 비판한 것임.
【陳成子】陳恒. 田恒. 당시 齊나라의 실권자. 簡公을 유폐하여 죽이고 뒤에 제나라를 차지함.
【館客】사신으로 온 魯나라 일행의 숙소를 찾아가 이들을 만남.《左傳會箋》에 "館客, 就館見客也"라 함.
【如事衛君】齊나라와 衛나라가 친밀한 것처럼 되기를 원하나 魯나라가 그동안 그렇게 하지 않았음을 말한 것. 杜預 注에 "言衛與齊同好而魯未肯"이라 함.
【晉人伐衛】定公 8년을 볼 것.
【齊爲衛故, 伐晉冠氏】定公 9년을 볼 것. 冠氏는 지명으로 지금의 河北 冠陶縣과 山東 冠縣 일대.《淸一統志》에 "冠氏故城址在今冠縣北"이라 함.

【書社】 '社'는 25家를 뜻하며 '書'는 戶籍.
【吳人加敝邑以亂】 애공 8년을 볼 것.
【嬴】 齊나라 읍. 지금의 山東 萊蕪縣 서북이며 泰安의 동남쪽.

※ 1858(哀15-8)

衛公孟彄出奔齊.

위衛나라 공맹구公孟彄가 제齊나라로 달아났다.

【公孟彄】 蒯聵의 일당. 元 李廉의 《春秋諸傳會通》에 "彄, 蒯聵之黨, 今歸于衛, 必從輒而叛蒯聵, 故十五年蒯聵入國, 彄復奔齊"라 함.
＊無傳

(傳)
衛孔圉取大子蒯聵之姊, 生悝.
孔氏之豎渾良夫長而美, 孔文子卒, 通於內.
大子在戚, 孔姬使之焉.
大子與之言曰:「苟使我入獲國, 服冕・乘軒, 三死無與.」
與之盟, 爲請於伯姬.
閏月, 良夫與大子入, 舍於孔氏之外圃.
昏, 二人蒙衣而乘, 寺人羅御, 如孔氏.
孔氏之老欒寧問之, 稱姻妾以告, 遂入, 適伯姬氏.
旣食, 孔伯姬杖戈而先, 大子與五人介, 輿豭從之.
迫孔悝於厠, 强盟之, 遂劫以登臺.
欒寧將飮酒, 炙未熟, 聞亂, 使告季子; 召獲駕乘車, 行爵食炙, 奉衛侯輒來奔.

季子將入, 遇子羔將出, 曰:「門已閉矣.」
季子曰:「吾姑至焉.」
子羔曰:「弗及, 不踐其難!」
季子曰:「食焉, 不辟其難.」
子羔遂出, 子路入.
及門, 公孫敢門焉, 曰:「無入爲也.」
季子曰:「是公孫也, 求利焉, 而逃其難. 由不然, 利其祿, 必救其患.」
有使者出, 乃入, 曰:「大子焉用孔悝? 雖殺之, 必或繼之.」
且曰:「大子無勇, 若燔臺, 半, 必舍孔叔.」
大子聞之, 懼, 下石乞‧盂黶敵子路, 以戈擊之, 斷纓.
子路,「君子死, 冠不免.」結纓而死.
孔子聞衛亂, 曰:「柴也其來, 由也死矣.」
孔悝立莊公.
莊公害故政, 欲盡去之, 先謂司徒瞞成曰:「寡人離病於外久矣, 子請亦嘗之.」
歸告褚師比, 欲與之伐公, 不果.

위衛나라 공어孔圉는 태자 괴외蒯聵의 누나를 아내로 맞아 공괴孔悝를 낳았다.
그런데 공씨 집의 심부름꾼 혼량부渾良夫는 키가 크고 얼굴이 잘생겨 공문자孔文子(孔圉)가 죽자 그의 아내와 밀통하게 되었다.
태자 괴외가 척戚에 있을 때 공희孔姬가 혼량부에게 심부름을 시켰다.
태자가 혼량부와 더불어 이렇게 말을 나누었다.
"만일 내가 나라 안으로 들어가 나라를 차지하도록 해 준다면 너에게 대부의 옷을 입고 대부의 수레를 타게 해 줄 것이며, 죽을죄를 짓더라도 세 번 용서해 주리라."
이렇게 맹약을 맺고 혼량부는 백희伯姬(孔姬)에게 태자를 도와 줄 것을 청하였다.
윤 12월, 혼량부는 태자와 함께 도읍으로 들어가 공씨 집 외포外圃에 머물렀다.

  날이 어두워지자 두 사람은 부인의 옷차림으로 얼굴을 가리고 수레를 타고, 공씨 집 시인寺人 나羅가 수레를 몰아 공씨 집으로 갔다.

  공씨 집의 나이든 가신 난녕欒寧이 상황을 묻자 인척의 첩이라 꾸며 드디어 들어가 백희가 있는 곳으로 갔다.

  식사를 마치자 공백희가 창을 지팡이 삼아 앞서고, 태자는 다섯 사람과 함께 무장을 하고 수퇘지를 싣고 그 뒤를 따랐다.

  공괴를 변소에서 협박하여 억지로 맹약을 맺어 드디어 그를 위협, 누대 위로 올라갔다.

  그때 난녕이 술상을 준비하고 있었으며 고기가 아직 익지 않았을 때 난이 일어났음을 듣고 계로季路에게 그 일을 알렸고, 획獲을 불러 수레를 준비하도록 한 다음 술잔을 돌리며 구운 고기를 먹고 있는 사이 위衛 출공出公 첩輒을 모시고 노나라로 도망을 왔다.

  계로가 도읍으로 들어가다가 자고子羔를 만났더니 그는 도망가고자 하면서 이렇게 말하는 것이었다.

"성문이 이미 닫혔소."

  계로가 말하였다.

"그래도 가보겠습니다."

  자고가 말하였다.

"이미 때가 늦었으니 구태여 곤란을 겪지 마시오!"

  계로가 말하였다.

"내 공씨의 녹을 먹어 온 사람이니 곤란을 피할 수 없습니다."

  자고는 그길로 떠나고 자로는 들어가려고 헤어졌다.

  성문에 이르렀더니 공손감公孫敢이 문을 지키면서 이렇게 말하였다.

"들어올 생각을 하지 마시오."

  계로가 말하였다.

"당신은 공손이시구려. 이익을 구하다가 난을 보면 달아나지만 나(由)는 그렇게 하지 않소. 공씨의 녹을 받아왔으니 꼭 그를 환란에서 구제해 낼 것입니다."

그때 마침 심부름꾼이 밖으로 나오게 되자 계로는 그 틈에 안으로 들어서서는 이렇게 말하였다.

"태자께서는 어찌 공괴를 이용하십니까? 비록 그를 죽이시더라도 반드시 다른 사람이 그 뒤를 이어 싸울 것입니다."

이어서 또 이렇게 말하였다.

"태자는 용기가 없으시니 누대에 불을 붙여 반쯤 타면 틀림없이 공숙孔叔을 놓아줄 것입니다."

태자는 이 말을 듣자 두려워 석걸石乞과 우염盂黶을 내려 보내어 자로와 맞서도록 하여 창으로 자로를 쳐서 그 갓끈이 끊어졌다.

자로는 "군자는 죽더라도 관을 벗지 않는 법"이라 하며 갓끈을 다시 매고 죽었다.

공자가 위나라에 난이 일어났다는 소식을 듣고 이렇게 말하였다.

"고시高柴는 피해 올 것이나 중유仲由는 죽을 것이다."

공괴는 장공莊公(蒯聵)을 세웠다.

장공은 이제까지 출공 첩의 신하들을 해롭다 여겨 모두 제거하고자 우선 사도司徒 만성瞞成에게 이렇게 일렀다.

"나는 나라 밖에서 고생한 지 오래되었소. 그대도 그런 고생을 맛보시기를 청하오."

만성은 돌아와 저사비褚師比에게 이를 일러주며 함께 장공을 치고자 하였으나 뜻을 이루지 못하였다.

【孔圉】孔文子. 哀公 11년을 볼 것.
【蒯聵】衛 靈公(元)의 太子. 南子의 淫行을 보고 이를 제거하려다가 실패하여 定公 14년 국외로 망명, 갖은 고생을 함. 出公(輒)의 아버지. 그 뒤 哀公 16년 孔悝가 그를 받아들여 王으로 세웠으나 불과 2년 만에 다시 晉나라에게 축출당함. 시호는 '莊'.
【姊】衛나라 태자 蒯聵의 누나. 孔姬, 孔伯姬로도 불림.
【悝】孔悝. 悝는 '苦回反'으로 '괴'로 읽음. 그러나 혹 '회'로 읽기도 함. 孔叔으로도 불리며 당시 衛나라 집정자.
【渾良夫】孔圉(文子) 집안의 家奴. 豎는 奴僕, 심부름하는 직책을 뜻함.

【戚】衛나라의 읍. 지금의 河南 濮陽縣 북쪽.
【孔姬】孔伯姬. 蒯聵의 누나이며 孔圉의 아내. 孔圉가 죽고 渾良夫와 사통하고 있었음.
【使之】杜預 注에 "使良夫詣大子所"라 하여 孔姬가 渾良夫를 태자 蒯聵가 있는 戚으로 심부름을 보냄.
【服冕·乘軒, 三死】杜預 注에 "冕, 大夫服; 軒, 大夫車. 三死, 死罪三"이라 함.
【無與】관여하지 않음. 용서해 줌.
【閏月】閏十二月.
【外圃】집 바깥에 있는 채소 농원.
【蒙衣】여인들이 바깥나들이 할 때 얼굴을 가리는 옷차림.《禮記》內則에 "女子出門, 必擁蔽其面"이라 함.
【寺人】집안 안살림을 맡은 사람.
【羅】寺人의 이름.
【欒寧】공씨 집안의 늙은 가신.
【姻妾】姻戚의 첩.《爾雅》釋親에 "壻之父爲姻, 婦之父爲婚"이라 함. 妾은 婢妾.
【介】武裝을 함. 賈逵는 "介, 被甲也"라 함.
【豭】수퇘지. 牡豬. 孔悝와 맹약을 맺을 때 사용하고자 희생을 준비한 것. 諸侯끼리의 맹약에는 소를 사용하나 이 경우에는 돼지를 사용한 것.
【季子】子路. 季路. 仲由. 孔子 제자.《史記》仲尼弟子列傳에 "子路爲衛大夫孔悝之邑宰"라 함.
【迫孔悝】杜預 注에 "孔氏專政, 故劫孔悝, 欲令逐輒"이라 함.
【獲】衛나라 대부 이름. 杜預는 앞의 '召獲' 두 글자를 인명으로 보았으나 '召'는 欒寧이 '부르다'의 動詞로 여김.
【輒】衛 出公의 이름. 靈公의 손자이며 蒯聵의 아들. B.C.492~480년까지 13년간 재위하고 아버지 蒯聵에게 축출 당하였다가 4년 뒤 다시 복권됨.
【子羔】衛나라 대부. 孔子 제자 高柴. 杜預 注에 "子羔, 衛大夫高柴, 孔子弟子, 將出奔"이라 함.
【不踐其難】《史記》衛世家에는 "不及, 莫踐其難"이라 함.
【公孫敢】당시의 문지기. 잠긴 문 안에서 季路에게 일러준 것임.《史記》衛世家에는 "公孫敢闔門曰"이라 함.
【公孫也】닫힌 문 밖에서 계로(仲由, 子路)가 그의 목소리를 듣고 누구인지 알아 이렇게 말한 것.

【有使者出】 마침 심부름하는 자가 밖으로 나와야 하기에 문이 열린 것이며 이때 자로가 밀고 들어간 것임. 杜預 注에 "因門開而入"이라 함.

【石乞·盂黶】 蒯聵가 무장을 시켜 데리고 갔던 다섯 사람 중의 두 사람. '盂黶'은 《史記》 仲尼弟子列傳에는 '壺黶'으로, 衛世家에는 '盂黶'으로 되어 있음.

【莊公】 衛 莊公. 蒯聵. 出公(輒)의 아버지이며 이어 B.C.479~478년까지 2년간 재위하였으며 그 뒤를 起, 다시 出公으로 이어져 춘추시대를 마감함.

【故政】 杜預 注에 "故政, 輒之臣"이라 하여 出公(輒)의 신하들을 모두 제거하고자 함.

【瞞成】 子還成. 衛나라 대부. 出公의 신하.

【褚師比】 衛나라 대부. 瞞成과 함께 莊公(蒯聵)을 제거하려 하였으나 실패함.

244. 哀公 16年(B.C.479) 壬戌

周	敬王(姬匄) 41년	齊	平公(驚) 2년	晉	定公(午) 33년	衛	莊公(蒯聵) 원년
蔡	成公(朔) 12년	鄭	聲公(勝) 22년			陳	閔公(越) 23년
杞	閔公(維) 8년	宋	景公(欒) 38년	秦	悼公 13년	楚	惠王(章) 10년
吳	吳王(夫差) 17년	越	越王(句踐) 18년				

✤ 1859(哀16-1)

十有六年春王正月己卯, 衛世子蒯聵自戚入于衛, 衛侯輒來奔.

16년 봄 주력 정월 기묘, 위衛나라 세자 괴외蒯聵가 척戚에서 위나라로 들어가자 위후衛侯 첩輒이 노나라로 도망쳐 왔다.

【己卯】정월 29일.
【蒯聵】衛 靈公(元)의 太子. 南子의 淫行을 보고 이를 제거하려다가 실패하여 定公 14년 국외로 망명, 갖은 고생을 함. 出公(輒)의 아버지. 그 뒤 哀公 16년 孔悝가 그를 받아들여 王으로 세웠으나 불과 2년 만에 다시 晉나라에게 축출당함. 시호는 '莊'.
【戚】衛나라의 읍. 지금의 河南 濮陽縣 북쪽.
【輒】衛 出公의 이름. 靈公의 손자이며 蒯聵의 아들. B.C.492~480년까지 13년간 재위하고 아버지 蒯聵에게 축출당하여 魯나라로 망명함. 4년 뒤 다시 복권됨.

1860(哀16-2)

二月, 衛子還成出奔宋.

2월, 위衛나라 자선성子還成이 송宋나라로 달아났다.

【子還成】衛나라 司徒를 역임했던 瞞成. 莊公(蒯聵)가 즉위하자 그에게 미움을 받아 褚師比와 함께 莊公을 제거하려 하였으나 실패함. 杜預 注에 "子還成, 卽瞞成"이라 함. '還'은 "還音旋"이라 하여 '선'으로 읽음.

⟨傳⟩

十六年春, 瞞成·褚師比出奔宋.

16년 봄에 위衛나라 만성瞞成과 저사비褚師比가 송宋나라로 달아났다.

【瞞成】子還成.
【褚師比】衛나라 대부. 瞞成과 함께 莊公(蒯聵)을 제거하려 하였으나 실패하자 함께 宋나라로 망명함.

⟨傳⟩

衛侯使鄢武子告于周曰:「蒯聵得罪于君父·君母, 逋竄于晉. 晉以王室之故, 不棄兄弟, 寘諸河上. 天誘其衷, 獲嗣守封焉, 使下臣肸敢告執事.」

王使單平公對, 曰:「肸以嘉命來告余一人, 往謂叔父, 余嘉乃成世, 復爾祿次. 敬之哉! 方天之休. 弗敬弗休, 悔其可追?」

위후衛侯 괴외蒯聵가 언무자鄢武子를 주周나라에 보내어 이렇게 알리도록 하였다.

12.〈哀公 16年〉 3681

"제(輒)가 부모님께 죄를 지어 진晉나라로 달아나 숨어 있을 때 진나라에서 왕실과 같은 동성이라 하여 형제의 우의를 버리지 않고 저를 황하黃河 가에 살도록 해 주었습니다. 그런데 하늘이 저의 마음을 이끌어 임금 자리를 이어받도록 해 주셨기에 신하 힐肸로 하여금 이를 감히 집사에게 고하여 알려 드리도록 합니다."

이에 주 천자 경왕敬王은 선평공單平公으로 하여금 이렇게 대답하도록 하였다.

"힐은 좋은 소식을 나 한 사람에게 일러주었다. 이에 선평공을 보내어 숙부叔父에게 '나는 그대가 임금 자리에 오른 것을 치하하며 그대의 녹차祿次를 복권시켜드리노라. 공경을 다 할지어다! 바야흐로 하늘이 영광을 내리리라. 공경을 다하지 않으면 그 영광도 없을 것이니 나중에 뉘우친들 아무 소용없으리라'라고 일러주노라."

【衛侯】새로 군주에 오른 莊公 蒯聵. 衛 靈公(元)의 太子. 南子의 淫行을 보고 이를 제거하려다가 실패하여 定公 14년 국외로 망명, 갖은 고생을 함. 出公(輒)의 아버지. 그 뒤 哀公 16년 孔悝가 그를 받아들여 王으로 세웠으나 불과 2년 만에 다시 晉나라에게 축출당함. 시호는 '莊'.
【鄢武子】衛나라 대부 鄢肸. 杜預 注에 "武子, 衛大夫肸也"라 함.
【周】당시 周나라 천자는 敬王(姬匄) 재위 41년째였음.
【逋竄】국외로 달아나 숨어 있음.
【兄弟】晉나라와 衛나라는 같은 姬姓이었음.
【河上】黃河 가. 蒯聵가 망명하여 살던 戚邑을 가리킴.
【單平公】周 王室의 卿士. 單武公의 아들. 杜預 注에 "平公, 周卿士也"라 함.
【祿次】俸祿과 秩次. 지난날의 爵位와 신분 등.
【叔父】周 天子가 제후국 군주를 부를 때 애초 封을 받을 때의 항렬을 감안하여 높이 부르는 칭호. 여기서는 蒯聵를 칭한 것.
【方天之休】하늘이 바야흐로 아름다운 영광을 내려줌.

※ 1861(哀16-3)

夏四月己丑, 孔丘卒.

여름 4월 기축날, 공구孔丘가 생을 마쳤다.

【己丑】 4월 11일.
【孔丘】 孔丘. 仲尼.《公羊傳》과《穀梁傳》에는 모두 孔子는 魯 襄公 21년(B.C.552. 己酉)에 태어난 것으로 되어 있으나《史記》孔子世家에는 22년으로 되어 있음. 이에 따라 공자는 73세(72세)를 살았으며 이때에 생을 마친 것임.
＊《春秋》에서의 經文은 이곳에서 끝을 맺고 있음.

⑲

夏四月己丑, 孔丘卒.
公誄之曰:「旻天不弔, 不憖遺一老, 俾屛余一人以在位, 煢煢余在疚. 嗚呼哀哉尼父! 無自律!」
子贛曰:「君其不沒於魯乎! 夫子之言曰:『禮失則昏, 名失則愆.』失志爲昏, 失所爲愆. 生不能用, 死而誄之, 非禮也; 稱一人, 非名也. 君兩失之.」

여름 4월 기축날, 공구孔丘가 세상을 떴다.
애공이 뇌문誄文을 내렸다.
'하늘은 나를 불쌍히 여기지 않고 있도다. 잠시 더 나라의 원로를 이 세상에 있게 하여 나 한 사람을 도와 임금 자리에 있도록 하지 않아 나는 외롭게도 병들어 있는 듯하도다. 아아, 슬프다, 이보尼父여! 나는 법으로 삼을 자가 없게 되었도다!'
그러자 자공子贛이 말하였다.
"임금께서는 이 노魯나라에서 생을 마치지 못할 것이다! 선생님의 말씀에 '예禮를 잃으면 혼미해 지고, 명名을 잃으면 허물을 짓게 된다'라고 하셨다.

뜻을 잃으면 혼미하게 되고, 그 적소를 잃으면 허물을 짓게 된다. 살아 계실 때 그를 등용하지 못하고 돌아가시자 뇌문을 지었으니 이는 예를 잃은 것이다. 그리고 자신을 여일인余一人이라 하였으니 이는 명을 잃은 것이다. 임금께서는 두 가지를 잃고 있다."

【誄】지금의 哀悼文. 孔穎達 疏에 《周禮》 大祝 鄭衆 注를 인용하여 "誄爲積累生時德行以賜之, 命主爲其辭"라 함. 한편 《論語》 述而篇 "子疾病, 子路請禱. 子曰:「有諸?」子路對曰:「有之; 誄曰:『禱爾于上下神祇』」子曰:「丘之禱久矣.」"의 '誄'는 '讄'로서 《說文解字》에 「讄, 禱也; 累功德以求福也. 《論語》云讄曰, 禱爾于上下神祇"라 하여 뜻이 다름.

【旻天不弔】《詩經》 小雅 節南山에 "尹氏大師, 維周之氐. 秉國之均, 司方是維. 天子是毗, 俾民不迷. 不弔昊天, 不宜空我師"라 함.

【不憖有一老】《詩經》 小雅 十月之交에 "皇父孔聖, 作都于向. 擇三有事, 亶侯多藏. 不憖遺一老, 俾守我王. 擇有車馬, 以居徂向"이라 함. '憖'은 '잠시, 잠깐'의 뜻.

【俾屛】杜預 注에 "俾, 使也; 屛, 蔽也"라 함. 나를 가려 보호하도록 함.

【煢煢余在疚】《詩經》 周頌 閔予小子에 "閔予小子, 遭家不造, 嬛嬛在疚. 於乎皇考, 永世克孝. 念玆皇祖, 陟降庭止. 維予小子, 夙夜敬止. 於乎皇王, 繼序思不忘"이라 하여 '煢煢'은 '嬛嬛'과 같음. 외롭고 불쌍한 모습.

【尼父】父는 甫와 같음. 남자의 美稱. 孔子를 '尼父'로 부른 것은 哀公이 처음이었다 함. 《禮記》 檀弓(上)에 "魯哀公誄孔丘曰:「天不遺耆老, 莫相予位焉, 嗚呼哀哉尼父.」"라 하였고, 《孔子家語》 終記解篇에도 "哀公誄曰:「昊天不弔, 不憖遺一老, 俾屛余一人以在位, 煢煢余在疚, 於乎哀哉! 尼父無自律.」"이라 하여 전재되어 있으며 《史記》 孔子世家에도 실려 있음.

【自律】杜預 注에 "律, 法也. 言喪尼父, 無以自爲法"이라 함.

【子贛】孔子 제자 子貢(B.C. 520~?) '贛'은 '貢'과 같음. 姓은 端木, 이름은 賜, 字는 子貢. 衛나라 출신으로 孔子보다 31세 아래였음.

【余一人】이는 천자만이 사용할 수 있는 자신 한 사람에 대한 지칭이며 제후는 쓸 수 없는 말임.

㊉

六月, 衛侯飮孔悝酒於平陽, 重酬之.
大夫皆有納焉.
醉而送之, 夜半而遣之.
載伯姬於平陽而行, 及西門, 使貳車反祏於西圃.
子伯季子初爲孔氏臣, 新登于公, 請追之, 遇載祏者, 殺而乘其車.
許公爲反祏, 遇之, 曰:「與不仁人爭明, 無不勝. 必使先射!」
射三發, 皆遠許爲.
許爲射之, 殪.
或以其車從, 得祏於橐中.
孔悝出奔宋.

6월, 위衛 장공莊公이 평양平陽에서 공괴孔悝에게 술을 대접하며 많은 선물을 주었다.

대부들도 모두 선물을 받았다.

장공은 공괴가 술에 취하자 집으로 돌려보면서 야반夜半에 그를 국외로 나가도록 하였다.

공괴는 평양에서 어머니 백희伯姬를 수레에 태우고 떠나 평양읍 성 서문西門에 이르러 부속 수레로 하여금 서포西圃로 돌아가 돌 상자에 보관된 조상의 신주를 모셔오도록 하였다.

자백계자子伯季子는 애당초 공씨 집안의 가신이었으나 새 임금에 의해 대부 자리에 오른 자로서 장공에게 공괴를 추격하겠다고 청하여 길에 나서서 신주를 싣고 가는 자를 만나자 그를 죽이고 그 수레를 타고 공괴를 뒤쫓았다.

허공위許公爲가 신주를 가지고 올 자를 맞이하러 되돌아가다가 자백을 만나자 이렇게 말하였다.

"어질지 못한 자와 강함을 다투면 이기지 못하는 경우란 없다. 내 저놈이 반드시 먼저 활을 쏘도록 유도하리라!"

자백이 세 번을 쏘았으나 그 화살은 모두 허위에게서 멀리 빗나갔다.

이번에는 허위가 쏘자 자백은 화살에 맞아 거꾸러졌다.

그런데 다른 자가 수레를 몰아 따라와서는 허위 일행의 주머니 속에서 신주를 찾아내었다.

공괴는 송宋나라로 달아났다.

【衛侯】衛 莊公 蒯聵.
【悝】孔悝. 悝는 '苦回反'으로 '괴'로 읽음. 그러나 혹 '회'로 읽기도 함. 孔叔으로도 불리며 당시 衛나라 집정자. 孔圉와 蒯聵 누나 伯姬(孔伯姬) 사이에 태어났으며 蒯聵의 협박에 의해 出公(輒)을 몰아내고 蒯聵를 임금(莊公)으로 세움.
【飲】《禮記》祭統에 "六月丁亥, 公假于大廟"라 하였고 鄭玄 注에 "公, 衛莊公 蒯聵也, 得孔悝之立己, 依禮褒之, 以靜國人自固也"라 함.
【平陽】읍 이름. 지금의 河南 滑縣. 《一統志》에 "平陽在韋城廢縣西二十里, 韋城廢縣在今滑縣東南五十里"라 함.
【伯姬】孔姬. 孔伯姬. 蒯聵의 누나이며 孔圉의 아내가 되어 孔悝를 낳음. 孔圉가 죽고 渾良夫와 사통하자 蒯聵가 이를 알고 渾良夫를 유혹하여 자신을 임금으로 세워줄 것을 伯姬에게 말하도록 하여 당시 집정자 孔悝를 협박, 결국 蒯聵는 자신의 아들 出公(輒)을 몰아내고 임금(장공)이 된 것임. 여기서는 孔悝가 국외로 떠나면서 어머니 백희를 함께 모시고 떠나려 한 것임. 杜預 注에 "載其母俱去"라 함.
【貳車】副車. 자신을 따르는 다른 수레.
【西圃】衛나라 도읍의 거리 이름.
【祏】石函. 사당에 안치하는 돌로 만든 상자. 그 안에 신주를 모심. 杜預 注에 "使副車還取廟主. 西圃, 孔氏廟所在. 祏, 藏主石函"이라 함.
【子伯季子】孔悝의 신하였으나 莊公이 즉위하자 임금의 신하로 승진한 인물. 《論語》憲問篇에 "公叔文子之臣大夫僎與文子同升諸公"이라 함.
【許公爲】許爲. 孔悝의 일행. 杜預 注에 "孔悝怪載祏者久不來, 使公爲反逆之"라 하여 神主를 가지러 간 자가 시간이 되어도 오지 않자 허위를 되돌려 보내어 맞이하도록 한 것.
【不仁人】杜預 注에는 "不仁人, 謂子伯季子"라 함.
【爭明】王念孫은 "爭明, 爭强"이라 함. 그러나 杜預는 '明'자를 아랫말에 이어 해석하였음.
【殪】楊伯峻의 注에 "一箭而中, 子伯季子死"라 함.

㊉

楚大子建之遇讒也,自城父奔宋;又辟華氏之亂於鄭.

鄭人甚善之,又適晉,與晉人謀襲鄭,乃求復焉.

鄭人復之如初.

晉人使諜於子木,請行而期焉.

子木暴虐於其私邑,邑人訴之.

鄭人省之,得晉諜焉,遂殺子木.

其子曰勝,在吳,子西欲召之.

葉公曰:「吾聞勝也詐而亂,無乃害乎?」

子西曰:「吾聞勝也信而勇,不為不利.舍諸邊竟,使衛藩焉.」

葉公曰:「周仁之謂信,率義之謂勇.吾聞勝也好復言,而求死士,殆有私乎!復言,非信也;期死,非勇也.子必悔之.」

弗從.

召之,使處吳竟,為白公.

請伐鄭,子西曰:「楚未節也.不然,吾不忘也.」

他日,又請,許之.

未起師,晉人伐鄭,楚救之,與之盟.

勝怒,曰:「鄭人在此,讎不遠矣.」

勝自厲劍,子期之子平見之,曰:「王孫何自厲也?」

曰:「勝以直聞,不告女,庸為直乎?將以殺爾父.」

平以告子西.

子西曰:「勝如卵,余翼而長之.楚國,第我死,令尹·司馬,非勝而誰?」

勝聞之,曰:「令尹之狂也!得死,乃非我.」

子西不悛.

勝謂石乞曰:「王與二卿士,皆五百人當之,則可矣.」

乞曰:「不可得也.」

曰:「市南有熊宜僚者,若得之,可以當五百人矣.」

乃從白公而見之.

與之言, 說.
告之故, 辭.
承之以劍, 不動.
勝曰:「不爲利諂・不爲威惕・不洩人言以求媚者, 去之.」
吳人伐慎, 白公敗之.
請以戰備獻, 許之, 遂作亂.
秋七月, 殺子西・子期于朝, 而劫惠王.
子西以袂掩面而死.
子期曰:「昔者吾以力事君, 不可以弗終.」
抶豫章以殺人而後死.
石乞曰:「焚庫・弒王. 不然, 不濟.」
白公曰:「不可. 弒王, 不祥; 焚庫, 無聚, 將何以守矣?」
乞曰:「有楚國而治其民, 以敬事神, 可以得祥, 且有聚矣, 何患?」
弗從.
葉公在蔡, 方城之外皆曰:「可以入矣.」
子高曰:「吾聞之:『以險徼幸者, 其求無饜.』偏重必離.」
聞其殺齊管脩也, 而後入.
白公欲以子閭爲王, 子閭不可, 遂劫以兵.
子閭曰:「王孫若安靖楚國, 匡正王室, 而後庇焉, 啓之願也, 敢不聽從? 若將專利以傾王室, 不顧楚國, 有死不能.」
遂殺之, 而以王如高府.
石乞尹門.
圉公陽穴宮, 負王以如昭夫人之宮.
葉公亦至, 及北門, 或遇之, 曰:「君胡不冑? 國人望君如望慈父母焉, 盜賊之矢若傷君, 是絕民望也, 若之何不冑?」
乃冑而進.
又遇一人曰:「君胡冑? 國人望君如望歲焉, 日日以幾, 若見君面, 是得艾也. 民知不死, 其亦夫有奮心, 猶將旌君以徇於國; 而又掩面以絕民望, 不亦甚乎!」

乃免冑而進.
遇箴尹固帥其屬, 將與白公.
子高曰:「微二子者, 楚不國矣. 棄德從賊, 其可保乎?」
乃從葉公.
使與國人以攻白公, 白公奔山而縊.
其徒微之.
生拘石乞而問白公之死焉.
對曰:「余知其死所, 而長者使余勿言.」
曰:「不言, 將烹!」
乞曰:「此事克則爲卿, 不克則烹, 固其所也, 何害?」
乃烹石乞.
王孫燕奔頯黃氏.
沈諸梁兼二事, 國寧, 乃使寧爲令尹, 使寬爲司馬, 而老於葉.

초楚나라 태자 건建이 참훼를 당하자 성보城父로부터 송宋나라로 달아났다가 다시 화씨華氏의 난을 피하여 정鄭나라로 갔다.
정나라에서는 그를 아주 잘 대해주었건만 그는 다시 진晉나라로 가서 진나라와 정나라를 습격할 것을 모의하고는 다시 정나라로 돌아가겠다고 하였다.
정나라는 그를 들어오게 하여 처음처럼 잘 대해주었다.
진나라가 자목子木(建)에게 첩자를 보내어 공모한 일의 실행과 그 기일을 정할 것을 청하였다.
그런데 자목이 자신의 사읍私邑에서 포학한 짓을 하자 고을 사람들이 이를 고발하였다.
정나라 관원이 이를 조사하다가 진나라와 내통한 사실을 알게 되어 드디어 자목을 죽여버렸다.
자목의 아들은 승勝이라 하였으며 당시 오吳나라에 있었는데 자서子西가 이를 불러들이려 하였다.
그러자 섭공葉公이 말하였다.

"제가 듣기로 승은 속임수에 능하며 난을 잘 짓는다 하더이다. 그를 불러 들이면 해가 되지 않을까요?"

자서가 말하였다.

"내 듣기에는 승은 믿음이 있고 용감하다 하오. 그는 나라에 불리한 짓을 하지 않을 것이오. 그를 변경에 두어 변방을 지키도록 할 작정이오."

섭공이 말하였다.

"어짊을 두루 처리하는 것을 일러 신信이라 하고, 정의를 따르는 것을 용勇이라 합니다. 내 듣기로 승은 한번 내뱉은 말은 지키기를 좋아하고, 사람을 찾아도 죽음을 무릅쓰는 자를 구한다 하오. 그러니 지나치게 사사로운 야심을 지니고 있는 것입니다! 약속을 지키기만 하는 것은 신이 아니며, 죽기만 기필하는 것은 용이 아닙니다. 그대는 틀림없이 후회할 것입니다."

자서는 그의 말을 따르지 않았다.

자서는 승을 불러들여 그를 오나라와의 국경에 처하도록 하고 그를 백공白公으로 삼았다.

백공 승이 정나라를 칠 것을 요청하자 자서가 말하였다.

"우리 초나라는 아직 절도가 없소. 그렇지 않다면 나도 정나라 칠 것을 잊지 않고 있소."

후일 다시 요청하자 그때는 허락을 하였다.

군사를 출동시키기 전, 마침 진나라가 정나라를 치자 초나라는 우선 정나라를 구원하고 정나라와 맹약을 맺었다.

백공 승은 노하여 이렇게 말하였다.

"정나라 사람과 같은 자가 여기 있구나. 원수는 먼 곳에 있지 않다."

백공 승이 스스로 칼을 갈고 있을 때 자기子期의 아들 평平이 이를 보고 물었다.

"왕손王孫께서는 어찌 손수 칼을 갈고 계십니까?"

승이 말하였다.

"나(勝)는 곧은 자로 소문난 사람인데 너에게 말하지 않고서야 어찌 곧다고 하겠는가? 장차 이 칼로 너의 아비를 죽이려는 것이다."

평이 그 말을 자서에게 전하였다.

그러자 자서가 말하였다.

"승은 새알과 같은 존재이다. 나는 내 날개로 감싸주어 그를 길러왔다. 우리 초나라에서 차례로 보아 내가 죽으면 영윤의 사마의 자리는 승이 아니면 누가 맡겠느냐?"

백공 승이 이를 듣고 이렇게 말하였다.

"영윤은 미쳤구나! 그가 스스로 죽음을 맞이한다면 내 할 일이 없게 될 것이다."

그러나 자서는 전혀 깨닫지 못하였다.

백공 승이 석걸石乞에게 말하였다.

"왕과 두 경卿은 우리의 5백 명 정도면 해볼 만하다."

석걸이 말하였다.

"5백 명의 용사는 얻을 수가 없습니다."

백공 승이 말하였다.

"시장 남쪽에 웅의료熊宜僚라는 자가 있다. 만약 그를 얻는다면 그 하나로 5백 명이 할 일을 해낼 수 있을 것이다."

그리하여 석걸은 백공 승을 따라가 웅의료를 만났다.

웅의료와 함께 이야기를 나누어보고는 기꺼워하였다.

그리고 그에게 찾아온 까닭을 말하자 웅의료는 거절하는 것이었다.

이에 칼로 위협하여 들어줄 것을 요구해 보았지만 전혀 움직이지 않는 것이었다.

백공 승은 이렇게 말하였다.

"이 자는 이익을 위해 아첨하지 않고, 위협 때문에 두려워하지 않으며, 남의 비밀을 누설하여 미쁨을 구할 자가 아니로구나."

그리고는 떠나버렸다.

오나라가 초나라 신愼 땅을 치자 백공 승이 그들을 패배시켰다.

그리고 승은 전리품을 바치겠노라 청하여 허락을 얻자 드디어 난을 일으켰다.

가을 7월, 그는 자서와 자기를 조정에서 죽이고 혜왕惠王을 협박하였다.

자서는 옷소매로 얼굴을 가리고 죽었다.

자기는 이렇게 말하였다.

"지난날 나는 힘으로 군주를 섬겼으니 마지막을 힘으로 마치지 않을 수 없다."

그리고는 녹나무를 뽑아 적을 죽인 뒤에야 죽었다.

석걸이 말하였다.

"창고를 불태우고 왕을 죽이십시오. 그렇게 하지 않으면 성공할 수 없습니다."

승이 말하였다.

"안 된다. 왕을 죽이는 것은 불길한 일이고, 창고를 불태우면 물자가 없어진다. 그래서야 장차 무엇으로써 우리가 지킬 수 있겠느냐?"

석걸이 말하였다.

"초나라를 차지하여 백성을 다스리되 공경스럽게 신을 섬기면 복을 받을 수 있을 것이며 게다가 물자도 얻게 될 것인데 무엇을 걱정하십니까?"

그러나 승은 이를 듣지 않았다.

당시 섭공은 채蔡에 있었는데 방성方城 밖의 사람들이 모두가 이렇게 말하였다.

"승을 치러 들어가야 합니다."

그러나 자고子高(葉公)는 이렇게 말하였다.

"내 듣기로 '위험한 짓을 하면서 요행을 얻는 자는 그 욕심이 끝이 없게 된다'라 하였으니 한쪽으로 기울면 반드시 흩어지게 마련이다."

그리하여 백공 승이 제齊나라 출신 관수管修를 죽였다는 말을 듣고서야 들어갔다.

백공 승이 자려子閭를 왕으로 삼고자 하였지만 자려가 사양하자 무기로 겁을 주었다.

그러자 자려가 말하였다.

"그대 왕손께서 이 초나라를 안정시키고 왕실의 질서를 바로잡은 다음 나를 비호해 주었으면 하는 것이 나의 소원입니다. 어찌 감히 그대 말을 따르지 않겠습니까? 그러나 장차 이익을 위해 왕실을 엎어뜨리며 초나라를 돌아보지 않는다면 죽는 일이 있다 할지라도 나는 할 수 없습니다."

백공은 곧 자려를 죽인 다음 왕을 데리고 별궁 고부高府로 갔다.

석걸이 고부의 궁문을 지키고 있었다.

그러자 왕의 내신 공양公陽이 궁에 구멍을 뚫고 들어가 국왕을 업고 나와 소부인昭夫人이 있는 궁으로 갔다.

그때 섭공도 도착하여 북문에 이르러 어떤 사람을 만나자 그가 말하였다.

"그대는 어찌 투구를 쓰지 않았습니까? 나라 사람들이 그대를 마치 자애로운 부모를 바라보듯 하고 있습니다. 도적의 화살이 만약 그대를 다치게 한다면 이는 백성의 소망을 끊어버리는 것이 됩니다. 이와 같거늘 어찌 투구를 쓰지 않습니까?"

이리하여 투구를 쓰고 나아갔다.

그런데 또 한 사람을 만나자 그는 이렇게 말하는 것이었다.

"그대는 어찌 투구를 쓰고 계십니까? 나라 사람들은 그대를 마치 수확을 기다리듯이 날마다 그대가 오기를 기다리고 있습니다. 그러니 그대의 얼굴을 본다면 마음에 안정을 얻을 것입니다. 그들은 이제는 죽지 않게 된다는 것을 알게 되면 사람마다 모두 분발하여 그대의 이름을 내걸고 나라 안을 다니면서 자랑할 것입니다. 그런데 그대는 투구로 얼굴을 가려 백성의 소망을 끊고 있으니 역시 심한 것 아닙니까!"

그리하여 투구를 벗고 나아갔다.

도중에 잠윤箴尹 고固가 자신의 병사들을 이끌고 장차 백공 승에게 복종하러 가는 것을 만났다.

섭공이 말하였다.

"자서와 자기 두 분이 없었더라면 초나라는 제대로 나라꼴이 되지 못하였을 것이오. 그런데 그러한 덕을 버리고 도적을 따르겠다고 하시니 어찌 그대 몸을 보존할 수 있겠소?"

그러자 그는 섭공을 따랐다.

섭공이 잠윤 고에게 나라 사람들과 함께 나서서 백공 승을 치도록 하자 백공은 산으로 달아나 목을 매어 죽었다.

그의 부하들이 백공 승의 시신을 감추었다.

석걸을 산 채로 사로잡아 백공의 시신이 있는 곳을 캐물었다.

그러자 석걸이 대답하였다.

"나는 그분이 죽은 곳을 알고 있으나 그 어른은 나에게 시신 있는 곳을 말하지 말라고 하셨소."

섭공이 말하였다.

"말하지 않으면 너를 삶아 죽이리라!"

석걸이 말하였다.

"이번 일이 성공하였더라면 나는 경이 되었겠지만 성공하지 못하였으니 삶겨 죽는 것이 진실로 마땅한 일이니 나에게 무엇이 손해날 일이겠소?"

이에 석걸을 삶아 죽였다.

왕손 연燕은 규황씨頵黃氏로 달아났다.

심제량이 영윤과 사마 두 관직을 겸하여 나라가 안정되자 영寧을 영윤으로 삼고 관寬을 사마로 삼은 다음 자신은 섭으로 가서 노년을 보내었다.

【大子建】太子建. 자는 子木. 楚 平王의 태자였으며 白公 勝의 아버지. 楚 平王이 왕위에 오르기 전 蔡에 있을 때 鄶陽 封人의 딸이 私奔하여 낳은 아들로 평왕의 태자에 오름. 그가 자라자 伍奢와 費無極을 스승으로 삼아주었으나 비무극이 秦나라 여자를 태자의 아내로 삼아주고자 하면서 그 여자를 평왕에게 주고 다른 여인을 얻어주도록 하자 이에 平王이 태자가 반발할 것을 두려워하여 변방 城父에 배치시켜 밀리함. 뒤에 비무극이 다시 태자를 죽이고자 음모를 꾸미는 과정에서 伍奢와 伍尙이 죽음을 당하고 伍員(伍子胥)이 국외로 망명하는 사건이 연결됨. 昭公 19년과 20년을 볼 것.

【城父】지금의 河南 襄城 부근. 그러나 江永은 "城父應作父城"이라 하였고, 王先謙의 《漢書》 注에는 "父城在寶豐縣東四十里"라 함. 지금은 父城保라 함.

【華氏之亂】宋 元公이 華氏 일족을 미워하자 華定, 華亥, 向寧 등이 먼저 나서서 일으킨 반란. 昭公 20년을 볼 것.

【子木】太子 建의 자.

【私邑】鄭나라에서 사사롭게 소유하고 있던 태자 建의 읍.

【勝】太子 建의 아들. 뒤에 영윤 子西에 의해 백 땅에 봉해져 白公 勝이라 불림. 白은 지금의 河南 息縣 동쪽. 伍子胥가 아버지(伍奢)의 죽음을 피해 도망 다닐 때 勝을 데리고 다녔으며 뒤에 함께 吳나라에 머물렀음.

【子西】宜申. 楚나라 대부이며 당시 令尹이었음. 楚 平王의 庶弟이며 子期(公子 結)의 형. 《史記》 楚世家에는 "子西, 平王之庶弟也"라 하였으나 服虔은 "子西, 平王之長庶宜申"이라 함.
【葉公】葉 고을의 지방 장관. 자는 子高, 이름은 沈諸梁. 흔히 葉公子高도 부름. 《論語》에 등장하는 인물임. 楚 莊王의 曾孫 沈尹戌의 아들.
【復言】이미 한번 내뱉어 약속한 말을 꼭 지켜냄.
【期死】죽기를 期必함. 杜預 注에 "期, 必也"라 함.
【白公】《史記》 楚世家에 "惠王二年, 子西召故平王太子之子勝於吳, 以爲巢大夫, 號曰白公"이라 함.
【伐鄭】白公 勝은 鄭나라가 자신의 아버지 太子 建을 죽인 일을 보복하고자 정나라를 칠 것을 요청한 것임.
【節】나라의 질서와 국력.
【鄭人在此】白公 勝은 아버지를 죽인 鄭나라를 원수로 여기고 있었던 터에 子西가 정나라를 구제하고 맹약까지 맺자 子西를 정나라 사람처럼 원수로 여긴 것.
【子期】楚나라 공자 結. 子西(公子 申, 宜申)의 아우이며 平의 아버지.
【平】子期의 아들이며 子西(令尹)의 조카.
【王孫】白公 勝은 平王의 손자이며 太子 建의 아들로 嫡孫이었음. 그 때문에 '王孫'이라 부른 것.
【非我】杜預 注에 "言我必殺之. 若得自死, 我乃不復成人"이라 함.
【悛】'깨닫다, 알아차리다, 눈치채다'의 뜻.《小爾雅》 廣言에 "悛, 覺也"라 함.
【石乞】楚나라 용사. 白公 勝의 무리.《淮南子》 道應訓에는 '石乙'로 되어 있음. 衛나라 蒯聵가 거느렸던 石乞과는 同名異人임.
【二卿士】子西와 子期.
【熊宜僚】楚나라 용사이며 義士. '市南宜僚', '市南子'로도 불림.《淮南子》 主術訓에 "市南宜僚弄丸, 而兩家之難無所關其辭"라 하였으며,《莊子》 山木, 徐無鬼, 則陽篇 등에도 그 이름이 보임.
【愼】楚나라 땅. 지금의 安徽 潁上 부근.
【惠王】春秋末부터 戰國初까지의 초나라 임금. 이름은 章. 昭王(壬, 任, 軫)의 뒤를 이어 B.C.488~432년까지 57년간 재위함. 이 당시는 재위 10년째였음.
【戰備】吳나라와의 전투에서 얻은 전리품. 이를 바친다는 구실로 궁중에 들어가 그 기회에 난을 일으키고자 한 것임. 杜預 注에 "與吳戰之所得鎧杖兵器皆備而獻之, 欲因以爲亂"이라 함.

【掩面而死】葉公의 충고를 듣지 않은 것을 부끄러워한 것임. 杜預 注에 "慙於 葉公"이라 함.
【豫章】樟木. 녹나무. 이를 뽑아 적들을 죽임.
【弗從】《淮南子》道應訓에 "白公勝得荊國, 不能以府庫分人. 七日, 石乙入, 曰: 「不義得之, 又不能布施, 患必至矣. 不能予人, 不若焚之, 毋令人害我.」 白公弗 聽也. 九日, 葉公入, 乃發大府之貨以予衆, 出高庫之兵以賦民, 因而攻之, 十有 九日而禽白公"이라 함.
【蔡】지금의 河南 上蔡縣. 원래 蔡나라 도읍이었으나 楚나라가 이들을 州來로 옮기게 한 다음 그 땅을 차지함. 杜預 注에 "蔡遷州來, 楚幷其地"라 함.
【方城】초나라 북쪽 국경 지대.
【偏重】편중됨. 한쪽으로 치우침. 욕심을 끝없이 부려 백공 승이 평상심을 잃게 되면 그 무리들이 떠나게 됨을 말함.
【管脩】齊나라 管仲(夷吾)의 후손. 楚나라로 이주하여 陰大夫에 올랐으며 한나라 때 陰識의 선조. 梁履繩의 〈補釋〉에《後漢書》陰識傳을 인용하여 "陰識, 其先出自管仲. 管仲七世孫脩自齊適楚, 爲陰大夫, 因而氏焉"이라 함.
【子閭】楚 平王의 아들. 이름은 啓. 白公 勝의 삼촌이 되는 셈임. 일찍이 다섯 번 이나 왕위를 사양하였었음. 哀公 6년을 볼 것. 杜預 注에 "子閭, 平王子啓, 五辭 王者"라 함.
【高府】楚나라 별궁이며 큰 창고.《淮南子》泰族訓에 "闔閭伐楚, 五戰入郢, 燒高 府之粟"이라 함.
【公陽】楚나라 대부. 公陽. 圉는 왕의 內臣. 임금을 가까이 모시던 신하.
【昭夫人】楚 惠王의 어머니로 越나라 公女였음. 杜預 注에 "昭夫人, 王母, 越女" 라 함. '昭'는 惠王의 아버지 昭王의 夫人임을 뜻함.
【歲】杜預 注에 "歲, 年穀也"라 함.
【以幾】'幾'는 '冀'와 같음. 同音互訓.
【艾】杜預 注에 "艾, 安也"라 함. 안정을 찾음. 안심함. 雙聲互訓.
【箴尹固】잠 땅을 다스리던 지방 장관. 箴尹 固는 柏擧에서 昭王이 패하였을 때 함께 배를 탔던 인물. 定公 4년에는 鍼尹 固로 되어 있으며 '鍼'은 '之林反' 으로 '짐/침'으로 읽음. 鍼尹은 箴尹으로도 부르며 固는 그의 이름. 鍼은 지명. 鍼邑의 대부.
【奔山而縊】《呂氏春秋》精諭篇에는 "此白公之所以死于法室"이라 하였고,《淮 南子》道應訓과《列子》說符篇에는 모두 '浴室'에서 죽은 것으로 되어 있음.

그 외에 《呂氏春秋》精諭篇에는 白公 勝이 죽기 전 孔子와 밀담을 나눈 내용이 실려 있음.

【微之】'微'는 그 시신을 은닉함을 뜻함.《史記》伍子胥列傳에 "而虜石乞, 而問白公尸處"라 함.

【王孫燕】白公 勝의 아우. 太子 建의 아들. 杜預 注에 "燕, 勝弟"라 함. 형 승이 난에 실패하자 겁을 먹고 도망한 것임.

【頯黃氏】吳나라 지명. 지금의 安徽 蕪湖 근처의 宣城縣이었다 함.

【二事】沈諸梁(葉公)이 초나라 令尹과 司馬 벼슬을 겸함.

【寧】앞서 令尹이었던 子西의 아들 子國. 杜預 注에 "寧, 子西之子子國也"라 함. 아버지를 이어 令尹으로 삼아줌.

【寬】앞서 司馬였던 子期의 아들. 아버지를 이어 이를 司馬로 삼아줌.

㊅

衛侯占夢, 嬖人求酒於大叔僖子, 不得, 與卜人比, 而告公曰:「君有大臣在西南隅, 弗去, 懼害.」

乃逐大叔遺.

遺奔晉.

위衛 장공莊公(蒯聵)은 꿈을 꾸면 점으로 이를 풀이하였다. 그의 총애하는 신하가 태숙희자大叔僖子에게 술을 요구하였다가 거절당하자 복인卜人과 짜고 장공에게 이렇게 말하였다.

"임금의 대신 중에 서남쪽에 사는 자를 없애지 않으면 해가 있을 것으로 걱정됩니다."

이에 태숙유大叔遺를 쫓아내었다.

태숙유는 진晉나라로 달아났다.

【衛侯】당시 衛나라 군주는 莊公(蒯聵)이었음.

【大叔僖子】衛나라 대부. 大叔遺. 공궁의 서남쪽에 살고 있었으며 莊公 嬖臣의 참훼를 입어 晉나라로 달아남.

【卜人】점을 풀이하는 자. 嬖人이 분풀이로 卜人에게 점괘를 들어 거짓 모함을 하도록 한 것.

㊉

衛侯謂渾良夫曰:「吾繼先君而不得其器, 若之何?」
良夫代執火者而言, 曰:「疾與亡君, 皆君之子也, 召之而擇材焉可也. 若不材, 器可得也.」
豎告大子.
大子使五人輿豭從己, 劫公而强盟之, 且請殺良夫.
公曰:「其盟免三死.」
曰:「請三之後有罪殺之.」
公曰:「諾哉!」

위衛 장공莊公(蒯聵)이 혼량부渾良夫에게 말하였다.
"나는 선대 임금의 지위를 이었지만 그들로부터 내려오던 기물은 얻지 못하고 있다. 어떻게 하면 되겠는가?"
혼량부는 자신이 대신 등불을 잡고 이렇게 말하였다.
"질疾이나 망명한 첩輒은 모두 임금의 아들이십니다. 그들을 불러 둘 중 재질이 있는 자를 택하여 후계로 삼으시면 됩니다. 만약 재질이 미치지 못한다면 그들이 가지고 온 기물은 차지하실 수 있습니다."
이를 심부름꾼이 듣고 태자 질에게 고하였다.
태자 질은 다섯 사람에게 수퇘지를 신고 자신을 따르도록 하여 아버지 장공을 협박하여 자신이 태자 지위를 이어갈 것에 대하여 억지로 맹약을 맺었으며 아울러 혼량부를 죽일 것을 청하였다.
장공이 말하였다.
"혼량부와는 내가 세 번 죽을죄를 면하게 해 주겠노라 맹약하였었다."
그러자 태자가 말하였다.

"그러면 세 번 죽을죄를 면해 준 다음에 그 다음에 죄가 있으면 죽일 것을 청합니다."

장공이 말하였다.

"허락한다!"

【器】杜預 注에 "國之寶器, 輒皆將去"라 함.
【渾良夫】孔圉(文子) 집안의 家奴. 심부름하는 낮은 직책이었으나 孔圉가 죽자 그 아내 孔伯姬(蒯聵의 누나)와 사통하며 蒯聵를 임금 莊公으로 옹립하는 데 큰 역할을 한 인물.
【代執火者】궁궐 밤에 촛불을 잡고 있는 자를 대신함. 즉 촛불을 잡고 있는 자를 나가도록 한 다음 자신이 촛불을 잡음. 密謀를 뜻함. 杜預 注에 "將密謀, 屛左右"라 함.
【大子】太子 疾을 가리킴. 蒯聵가 망명할 때 함께 데리고 다녔던 아들.
【亡君】망명한 임금인 出公(輒)을 가리킴. 蒯聵의 아들이며 아버지가 죄를 입어 국외로 달아나자 손자인 輒이 靈公(元)을 이어 임금이 되었었음. 뒤에 아버지 蒯聵와 渾良夫에 의해 축출당하여 魯나라로 망명해 있었음.
【君之子】出公 輒은 蒯聵(莊公)의 아들.
【不材】杜預 注에 "輒若不材, 可廢其身, 因得其器"라 함.
【豎】심부름하는 자. 태자 질의 신하.
【豭】수퇘지. 牡豬. 맹약을 위해 준비해 가는 희생물.
【免三死】蒯聵가 出公을 몰아내고 자신이 난을 일으켜 임금이 되고자 渾良夫를 불러 유혹할 때 "苟使我入獲國, 服冕·乘軒, 三死無與"라고 말한 것. 哀公 15년을 볼 것.

245. 哀公 17年(B.C.478) 癸亥

周	敬王(姬匄) 42년	齊	平公(驁) 3년	晉	定公(午) 34년	衛	莊公(蒯聵) 2년
蔡	成公(朔) 13년	鄭	聲公(勝) 23년			陳	閔公(越) 24년
杞	閔公(維) 9년	宋	景公(欒) 39년	秦	悼公 14년	楚	惠王(章) 11년
吳	吳王(夫差) 18년	越	越王(句踐) 19년				

傳
十七年春, 衛侯爲虎幄於藉圃, 成, 求令名者而與之始食焉.
大子請使良夫.
良夫乘衷甸兩牡, 紫衣狐裘.
至, 袒裘, 不釋劍而食.
大子使牽以退, 數之以三罪而殺之.

17년 봄, 위衛 장공莊公이 자포藉圃에 호랑이를 조각하여 꾸민 집을 지어 준공이 되자 이름 있는 이들을 찾아 초청하여 처음으로 음식을 하기로 하였다.
　태자 질疾이 혼량부渾良夫를 청하도록 하였다.
　혼량부는 두 필 수말이 끄는 수레를 타고 자줏빛 가죽옷을 입고 왔다.
　그는 도착하자 가죽옷을 벗고 칼을 풀어놓지 않은 채 음식을 들었다.
　태자는 사람을 시켜 그를 자리에서 끌어내어 세 가지 죄를 씌워 죽여 버렸다.

【衛侯】衛 莊公 蒯聵. 渾良夫의 도움을 받아 아들 出公(輒)을 축출하고 임금 자리에 올랐음. 재위 2년째였음.
【藉圃】도읍 근처에 있는 공실의 밭. 杜預 注에 "於藉田之圃新造幄幕, 皆以虎獸爲飾"이라 함. 〈四部叢刊本〉에는 '籍田'으로 되어 있음.
【渾良夫】孔圉(文子) 집안의 家奴. 심부름하는 낮은 직책이었으나 孔圉가 죽자 그 아내 孔伯姬(蒯聵의 누나)와 사통하며 蒯聵를 임금 莊公으로 옹립하는 데 큰 역할을 한 인물.
【大子疾】蒯聵가 망명할 때 함께 데리고 다녔던 아들. 渾良夫를 죽이고자 할 때 장공이 세 가지 죄목을 용서하기로 하였다 하여 그 기회를 기다린 것.
【衷甸】卿이 타는 수레. 杜預 注에 "衷甸, 一轅, 卿車"라 함.
【兩牡】두 마리 수말. 卿은 사용할 수 없는 公馬를 사용한 것으로 보임.
【紫衣】《論語》陽貨篇에 "惡紫之奪朱也"라 하여 보랏빛 옷은 임금 전용의 색깔이었을 것으로 보임.
【不釋劍】孔穎達 疏에 "劍是害物之器, 不得近至尊, 故近君則解劍. 良夫與君食而不釋劍, 亦不敬也"라 함.
【數之以三罪】'數'는 '죄를 따지다'의 뜻. '三罪'는 杜預 注에 "三罪, 紫衣, 袒裘, 帶劍"이라 함. 그러나 "세 가지 죄까지는 용서한다"라 하여 네 번째 죄를 지어야 처벌할 수 있다는 뜻으로 보면 사리에 맞지 않음.

㊀

三月, 越子伐吳, 吳子禦之笠澤, 夾水而陳.
越子爲左右句卒, 使夜或左或右, 鼓譟而進; 吳師分以禦之.
越子以三軍潛涉, 當吳中軍而鼓之.
吳師大亂, 遂敗之.

3월에, 월왕越王 구천句踐이 오吳나라를 치자 오왕吳王 부차夫差는 입택笠澤에서 방어하여 강물을 사이에 두고 대치하게 되었다.
월왕은 좌우로 작은 부대를 편성하여 밤에 때로는 왼쪽에서, 때로는 오른쪽에서 시끄럽게 북을 울리며 진격하자 오나라 군사도 그에 따라 좌우로 나뉘어 막아내어야 했다.

월왕은 삼군三軍을 이끌고 몰래 강을 건너 오나라 중군을 정면으로 마주하여 북을 울렸다.
오나라 군사는 크게 혼란에 빠져 결국 패하고 말았다.

【越子】越王 句踐. 子爵이었음. 재위 19년째였음.
【吳子】吳王 夫差. 역시 子爵. 재위 18년째였음.
【笠澤】太湖로 보았으나 지금의 蘇州 淞江(松江)일 것으로 여김.
【句卒】杜預 注에 "句卒, 句伍相著, 別爲左右屯"이라 함.

㊕
晉趙鞅使告于衛, 曰:「君之在晉也, 志父爲主. 請君若大子來, 以免志父. 不然, 寡君其曰志父之爲也.」
衛侯辭以難, 大子又使椓之.
夏六月, 趙鞅圍衛.
齊國觀·陳瓘救衛, 得晉人之致師者.
子玉使服而見之, 曰:「國子實執齊柄, 而命瓘曰:『無辟晉師!』豈敢廢命? 子又何辱?」
簡子曰:「我卜伐衛, 未卜與齊戰.」
乃還.

진晉나라 조앙趙鞅이 위衛나라에 사람을 보내어 이렇게 말하였다.
"귀국 임금께서 진나라에 계셨을 때 제(志父)가 돌보는 일을 주관하였었습니다. 청컨대 임금 또는 태자께서는 우리나라에 오셔서 제가 당할 벌을 면하게 해주시기 바랍니다. 그렇게 하지 않으면 우리 임금께서 '위나라 임금이 찾아오지 않는 것은 그대가 시킨 것'이라 하실 것입니다."
위 장공 괴외가 어려운 사정이 있음을 핑계로 거절하자 태자는 사람으로 하여금 사신에게 아버지 모함하도록 하였다.
여름 6월, 조앙이 위나라의 도읍을 포위하였다.

그러자 제齊나라 국관國觀과 진관陳瓘이 위나라를 구원하러 나서서 덤벼드는 자를 잡았다.

그러자 자옥子玉(陳瓘)은 그로 하여금 포로의 옷을 벗도록 하며 이렇게 말하였다.

"국자國子는 실제 우리 제나라 정치를 맡고 계신 분인데 그분이 나(瓘)에게 '진나라 군사를 피하지 말라!'라 명하셨다. 내 어찌 그 명령을 어기겠는가? 그런데 그대는 어찌 욕을 당하려 하는가?"

그때 조간자趙簡子가 말하였다.

"나는 위나라 치는 일을 점쳤지만 제나라 군사와 싸울 일은 점치지 않았다."

그리고는 돌아갔다.

【趙鞅】趙簡子. 晉나라 대부. 趙武(文子)의 손자. 이름은 志父. 范氏, 中行氏와 권력투쟁 끝에 이겨 趙나라의 기초를 세운 인물. 이들 후손이 戰國時代 趙나라를 세움.
【衛侯】衛 莊公 蒯聵. 그는 晉나라에 망명하였을 때 趙鞅이 戚 땅에 머물도록 배려하였었음.
【志父之爲】杜預 注에 "恐晉君謂志父敎使不來"라 함.
【大子】蒯聵(莊公)의 태자 疾.
【椓】'諑'의 통용자.《方言》에 "諑, 愬也. 楚以南謂之諑"이라 하였으며 그 注에 "諑·譖, 亦通語也"라 함. 太子 疾이 晉나라에서 온 사신에게 아버지 蒯聵를 中傷하고 譖譭함.
【國觀】齊나라 대부. 國夏의 손자이며 國書의 아들. 시호는 貞孟.《世本》에 "國夏生書, 書生觀"이라 함.
【陳瓘】齊나라 대부. 자는 子玉.
【救衛】齊나라가 衛나라 구제에 나선 것은 衛 莊公(蒯聵)의 부인이 齊나라 출신이었기 때문임.
【致師者】齊나라 군사에게 덤벼드는 자.
【使服】포로의 옷을 벗고 평상복을 입도록 함. 杜預 注에 "釋囚服, 服其本服"이라 함.

【國子】 齊나라는 陳氏(田氏), 國氏, 高氏 등 세 가문이 실권을 잡고 있었음.
【何辱】 그를 풀어 보내주어 趙鞅이 사정을 알도록 하기 위한 것임.
【未卜與齊戰】 간자(趙鞅)가 살아 돌아온 포로의 말을 듣고 제나라와 싸울 수 없음을 말한 것. 杜預 注에 "畏子玉"이라 함.

⑰

楚白公之亂, 陳人恃其聚而侵楚.

楚既寧, 將取陳麥.

楚子問帥於大師子穀與葉公諸梁.

子穀曰:「右領差車與左史老皆相令尹·司馬以伐陳, 其可使也.」

子高曰:「率賤, 民慢之, 懼不用命焉.」

子穀曰:「觀丁父, 鄀俘也, 武王以爲軍率, 是以克州·蓼, 服隨·唐, 大啓羣蠻. 彭仲爽, 申俘也, 文王以爲令尹, 實縣申·息, 朝陳·蔡, 封畛於汝. 唯其任也, 何賤之有?」

子高曰:「天命不諂. 令尹有憾於陳, 天若亡之, 其必令尹之子是與, 君盍舍焉? 臣懼右領與左史有二俘之賤而無其令德也.」

王卜之, 武城尹吉.

使帥師取陳麥.

陳人御之, 敗, 遂圍陳.

秋七月己卯, 楚公孫朝帥師滅陳.

王與葉公枚卜子良以爲令尹.

沈尹朱曰:「吉. 過於其志.」

葉公曰:「王子而相國, 過將何爲!」

他日, 改卜子國而使爲令尹.

초楚나라 백공白公의 난 때 진陳나라는 비축한 식량을 믿고 초나라를 침략하였다.

초나라는 나라 사정이 안정되자 진나라 보리를 탈취해버렸다.

초왕이 태사太師 자곡子穀과 섭공葉公 제량諸梁에게 장수로 삼을 만한 자에 대하여 물었다.

그러자 자곡이 말하였다.

"우령右領 차거差車와 좌사左史 노老는 모두 전에 영윤과 사마를 도와 진나라를 친 일이 있습니다. 그들을 장수로 삼을 만합니다."

섭공 자고가 말하였다.

"통솔하는 자가 신분이 낮으면 사람들이 무시하니 명령을 잘 듣지 않을까 걱정입니다."

그러자 자곡이 말하였다.

"관정보觀丁父는 약鄀 사람으로 포로가 되었으나 무왕武王께서 그를 군솔軍率로 삼아 주州, 요蓼 두 나라를 이겼고, 수隨, 당唐 두 나라를 복종시켜 여러 만이蠻夷를 열어 국토를 넓힐 수 있었습니다. 그리고 팽중상彭仲爽은 신申 사람으로 포로였으나 문왕文王께서 그를 영윤令尹으로 삼아 실로 신申, 식息 두 나라를 현縣으로 삼았고, 진陳, 채蔡 두 나라가 우리를 섬기게 되어 우리는 영토를 여수汝水 가까지 넓힐 수 있었던 것입니다. 다만 맡기만 하면 될 뿐, 신분의 천함이 무슨 장애가 되겠습니까?"

섭공 자고가 말하였다.

"천명은 의심할 수 없습니다. 죽은 영윤은 진나라에 유감을 품고 있을 것이니 하늘이 만약 진나라를 망하게 할 양이면 틀림없이 영윤의 아들 편을 들어줄 것입니다. 그런데 임금께서는 어찌 두 사람을 버리시겠습니까? 저는 우령과 좌사가 전의 두 포로와 같이 지위가 낮으면서도 그들과 같은 덕을 지니지 못한 것이 걱정입니다."

왕이 점을 치자 무성武城의 지방 장관이 길하다는 것이었다.

그리하여 그로 하여금 군사를 이끌고 진나라의 보리를 거두어 오도록 하였다.

진나라 사람이 방어에 나섰으나 패하여 드디어 진나라를 포위하게 된 것이다.

가을 7월 기묘날, 초나라 공손조公孫朝가 군사를 이끌고 가서 진나라를 멸망시켰다.

초왕은 섭공과 함께 점괘를 어떤 경우라도 따르기로 하고 점을 쳐서 동생 자량子良을 영윤으로 삼고자 하였다.

심윤沈尹 주朱가 말하였다.

"길합니다. 뜻을 두고 있던 것보다도 더 좋습니다."

그러자 섭공이 말하였다.

"왕자로서 상국相國이 되는 것이니 그보다 더한 것이라면 장차 무엇이 되겠습니까!"

후일, 다시 자국子國을 두고 점을 쳐서 그를 영윤으로 삼았다.

【白公之亂】太子 建의 아들 白公 勝이 惠王을 몰아내고자 일으켰던 난. 葉公 沈諸梁에 의해 평정됨. 앞 장 참조.
【聚】杜預 注에 "聚, 積聚也"라 하여 식량을 충분히 비축함.
【楚子】楚 惠王(章). 재위 11년째였음.
【大師子穀】楚 惠王의 太師로 있던 자.
【諸梁】葉公 沈諸梁. 葉公子高. 白公의 난을 진압하고 令尹과 司馬를 겸하다가 이를 물려주고 葉 땅에서 노년을 보내고 있었음.
【右領差車】楚나라 右軍의 領將.
【左史老】楚나라 左史 벼슬을 하던 인물. 이름은 老.
【令尹·司馬】이전 子西가 令尹이었으며 子期가 司馬였음. 杜預 注에 "言此二人 皆相輔相子西·子期伐陳, 今復可使"라 함.
【率賤】杜預 注에 "右領·左史皆楚賤職"이라 함.
【觀丁父】鄀나라 출신으로 楚나라에 포로가 되었으나 軍率이 된 인물.
【鄀】秦나라와 楚나라 사이에 있었던 작은 제후국으로 지금의 河南 內鄕縣 서남쪽.
【武王】楚 武王. 이름은 熊通. 춘추 초기 楚나라 임금. B.C.690년까지 51년간 재위함.
【軍率】군사를 통솔하는 武將.
【州】나라 이름. 지금의 湖北 監理縣에 있었음.
【蓼】나라 이름. 지금의 湖北 唐縣에 있었음.
【隨】나라 이름. 지금의 湖北 隨縣에 있었음.

【唐】 초나라 근처에 있던 작은 나라. 구체적 위치는 알 수 없음.
【彭仲爽】 申나라 출신의 포로. 뒤에 令尹에 오름. 顧棟高의 〈大事表〉(10)에 "彭仲爽爲令尹, 當在鬪祁之後, 子元之前. 楚令尹見傳者二十有八人, 唯仲爽申俘, 餘皆王族也"라 함.
【申】 고대 작은 나라 이름. 지금의 河南 南陽에 있었음.
【文王】 楚 文王. 이름은 熊貲. 武王(熊通)을 이어 B.C.689~677년까지 13년간 재위함.
【息】 지금의 河南 息縣에 있었던 작은 나라. 杜預 注에 "楚文王滅申·息以爲縣"이라 함.
【汝水】 지금의 河南 郟縣과 葉縣의 사이를 흐르는 큰 물.
【諂】 杜預 注에 "諂, 疑也"라 하였으며 昭公 27년 '天命不慆'의 '慆'와 같음.
【令尹有憾於陳】 杜預 注에 "十五年子西伐吳, 陳使貞子弔吳, 以此爲憾"이라 함.
【令尹之子】 公孫朝를 가리킴. 武城의 尹이 되어 있었음.
【君盍舍焉】 杜預 注에 "舍右領與左史"라 하였으나 이에 대해서는 논란이 있음.
【武城尹】 杜預 注에 "武城尹, 子西子公孫朝"라 함.
【己卯】 7월 8일.
【公孫朝】 앞서 令尹이었던 子西의 아들이며 당시 武城의 尹이 되어 있었음.
【滅陳】 陳나라는 이때에 완전히 망하여 더 이상 나라를 이어가지 못함. 당시 陳나라는 閔公(越, 周) 23년째였음. 杜預 注에 "終鄭裨竈言五及鶉火陳卒亡"이라 함.
【枚卜】 杜預 注에 "枚卜, 不斥言所卜以令龜"라 하여 점괘가 어떻게 나오더라도 이를 반드시 따르기로 하고 치는 점.
【子良】 惠王의 아우.
【沈尹朱】 沈 고을 지방 방관. 자는 朱(子朱). 뒤에 太宰에 오름. 梁履繩의 〈補釋〉에 汪繩祖의 말을 인용하여 "《淮南》人間訓云:「太宰子朱侍飯於令尹子國」, 此沈尹朱卽子朱, 後復爲太宰之官"이라 함.
【過將何爲】 영윤을 거쳐 뒤에는 왕이 된다는 뜻. 杜預 注에 "過相, 將爲王也"라 함.
【子國】 寧. 앞서 令尹이었던 子西의 아들. 杜預 注에 "寧, 子西之子子國也"라 함. 먼저 子良이 令尹이 되었다가 그 뒤를 이어 令尹에 오른 자로 지난해 葉公이 "使寧爲令尹"의 사건 과정을 설명한 것임.

㊀

衛侯夢于北宮，見人登昆吾之觀，被髮北面而譟曰：「登此昆吾之墟，緜緜生之瓜．余爲渾良夫，叫天無辜．」

公親筮之，胥彌赦占之，曰：「不害．」

與之邑，寘之而逃，奔宋．

衛侯貞卜，其繇曰：「如魚竀尾，衡流而方羊．裔焉大國，滅之，將亡．闔門塞竇，乃自後踰．」

冬十月，晉復伐衛，入其郛，將入城．

簡子曰：「止！叔向有言曰：『怙亂滅國者無後．』」

衛人出莊公而與晉平．

晉立襄公之孫般師而還．

十一月，衛侯自鄄入，般師出．

初，公登城以望，見戎州．

問之，以告．

公曰：「我，姬姓也，何戎之有焉？」

翦之．

公使匠久．

公欲逐石圃，未及而難作．

辛巳，石圃因匠氏攻公．

公闔門而請，弗許．

踰于北方而隊，折股．

戎州人攻之，大子疾・公子青踰從公，戎州人殺之．

公入于戎州己氏．

初，公自城上見己氏之妻髮美，使髡之，以爲呂姜髢．

既入焉，而示之璧，曰：「活我，吾與女璧．」

己氏曰：「殺女，璧其焉往？」

遂殺之，而取其璧．

衛人復公孫般師而立之．

十二月，齊人伐衛，衛人請平，立公子起，執般師以歸，舍諸潞．

위衛 장공莊公 괴외蒯聵의 꿈에 북궁北宮에서 어떤 사람이 나타나 곤오昆吾의 누대에 올라 머리를 풀어헤치고 북쪽을 향해 이렇게 큰 소리로 외치는 것이었다.

"이 곤오의 누대 터에 오르니 참외가 주렁주렁 매달려 있구나. 나는 혼량부渾良夫이다. 나는 하늘에 죄가 없음을 외치고 있노라."

장공이 직접 점을 치자 서미사胥彌赦가 풀이하여 말하였다.

"해로운 것이 아닙니다."

장공이 서미사에게 고을을 주었으나 그는 이를 버리고 송宋나라로 달아났다.

위 장공이 다시 점을 쳤더니 그 해설이 이러하였다.

"물고기 고생스러워 그 꼬리 붉어져서 옆으로 흘러 방황하는 것과 같구나. 큰 나라가 무너뜨려 장차 망하고 말리라. 문을 닫고 구멍을 틀어막고 뒤로부터 뛰어넘어 달아나게 되리라."

겨울 10월, 진晉나라가 다시 위나라를 쳐서 도읍의 외성으로 쳐들어와서 장차 내성으로 들어가려 하였다.

그때 조간자趙簡子가 말하였다.

"멈추어라! 숙향叔向이 한 말이 있으니 '남의 혼란을 틈을 타서 그 나라를 멸망시키는 자는 그 후손이 없게 된다'라 하였다."

위나라 사람이 장공을 쫓아내고 진나라와 화평을 맺었다.

진나라는 양공襄公의 손자 반사般師를 임금으로 세우고 돌아갔다.

11월, 위후 장공이 견鄄으로부터 도읍으로 들어가자 반사는 달아났다.

일찍이 장공이 성에 올라 사방을 바라보다가 융주戎州를 보았다.

이를 측근에게 물었더니 그는 융족 마을이라 일러 주었다.

장공이 말하였다.

"우리는 왕실과 같은 희성姬姓인데 어찌 이 내 나라 안에 융족이 있는가?"

그리고는 그 마을을 파괴해버렸다.

장공은 공인工人들을 오랫동안 쉴 수 없게 부렸다.

장공은 석포石圃를 몰아내려고 하였으나 아직 뜻을 이루지 못하고 있던 중에 난이 일어났다.

신사날, 석포는 공인들을 근거로 장공을 공격하였다.

장공이 궁궐 문을 닫고 화해를 청하였으나 석포는 허락하지 않았다.

장공은 북쪽 담을 넘다가 떨어져 다리가 부러지고 말았다.

그때 융주 사람들이 공격해 오자 태자 질疾과 공자 청靑이 담을 넘어 장공을 따랐으나 융주 사람이 그들을 죽였다.

장공은 융주의 기씨己氏 집으로 들어갔다.

당초, 장공이 성 위에서 기씨 아내의 머리가 아름다운 것을 보고 사람을 시켜 그녀의 머리카락을 잘라 부인 여강呂姜의 가발로 삼게 한 적이 있었다.

장공이 기씨 집으로 들어가 구슬을 보여주며 이렇게 말하였다.

"나를 살려주면 내 너에게 이 구슬을 주겠노라."

그러자 기씨가 말하였다.

"내가 너를 죽이면 그 구슬은 어디로 가겠는가?"

그리고는 곧 장공을 죽이고 그 구슬을 차지하였다.

위나라 사람들은 공손 반사를 다시 불러들여 임금으로 세웠다.

12월, 제齊나라 사람이 위나라를 치자 위나라는 화해를 청하였고 제나라는 공자 기起를 임금으로 세우고 반사를 잡아 데리고 돌아가서 노潞에서 살도록 하였다.

【衛侯】衛 莊公 蒯聵. 渾良夫의 도움으로 아들 出公(輒)을 몰아내고 임금 자리를 차지함. 당시 재위 2년째였음.

【北宮】衛侯 莊公의 別宮.

【昆吾之觀】지금의 河南 濮陽縣 서남쪽에 세웠던 樓觀. 그곳은 夏나라 때 昆吾氏의 집단 주거지였으며 顓頊氏가 도읍으로 하였음.《彙纂》에 "今河北 濮陽縣西南有濮陽城, 古顓頊之墟, 曰帝丘. 夏時爲昆吾氏所居"라 함.

【緜緜生之瓜】자신의 공이 계속 이어지고 있음을 비유함.《詩經》大雅 緜에 "綿綿瓜瓞. 民之初生, 自土沮漆. 古公亶父, 陶復陶穴, 未有家室. 古公亶父, 來朝走馬. 率西水滸, 至于岐下. 爰及姜女, 聿來胥宇"라 함.

【渾良夫】孔圉(文子) 집안의 家奴. 심부름하는 낮은 직책이었으나 孔圉가 죽자 그 아내 孔伯姬(蒯聵의 누나)와 사통하며 蒯聵를 임금 莊公으로 옹립하는 데 큰 역할을 한 인물. 뒤에 太子 疾에 의해 죽음을 당함.

【無辜】杜預 注에 "本盟當免三死, 而幷數一時之事爲三罪殺之, 故自謂無辜"라 함.
【筮】蓍草로써 치는 점.
【胥彌赦】衛나라 占卜官. 筮史. 史官.
【奔宋】杜預 注에 "言衛侯無道, 卜人不敢以實對, 懼難而逃也"라 함.
【貞卜】'貞'은 점을 쳐서 묻는 것. '卜'은 거북 껍질로 치는 점.
【繇】점괘의 풀이말을 뜻함.
【如魚窺尾】'窺'은 탱으로 읽으며 '꼬리가 붉어지다'의 뜻.《詩經》周南 汝墳에 "魴魚赬尾, 王室如燬. 雖則如燬, 父母孔邇"라 하였으며 '窺'은 '赬'과 같음. 〈毛傳〉에 "魚勞則尾赤"이라 하여 물고기는 피로하면 꼬리가 붉어진다 함. 여기서는 衛侯 蒯聵가 暴虐함을 비유한 것.
【衡流】'衡'은 '橫'과 같음. 가로 흐름.
【方羊】'仿佯', '彷徉'과 같으며 의지할 곳이 없어 헤매거나 마구 흐르는 모습을 뜻하는 疊韻連綿語.
【裔焉大國】杜預는 "衡流以方羊裔焉"을 하나의 구절로 하였으나 뜻이 통하지 않으며 孔穎達 疏에는 "卜繇之詞, 文句相韻, 以'裔焉'二字, 宜向下讀"이라 하여 '大國裔焉'이어야 한다고 하였으나 실제 그렇게 해도 韻이 맞지 않음. 여기서는 "이웃 나라는 큰 나라로 계속 이어오고 있다"는 뜻으로 보임. 즉 이웃 큰 나라 (晉)가 위협이 되며 결국 그 이웃 나라에 의해 망할 것임을 뜻함.
【復伐衛】杜預 注에 "春伐未得志故"라 함.
【簡子】趙簡子. 晉나라 대부 趙鞅. 당시 晉나라 집정관이었음.
【叔向】晉나라 어진 대부. 羊舌肸, 자는 叔肸. 혹 叔譽라고도 부름.
【襄公】衛 獻公(衎)의 아들이며 이름은 惡. B.C.543~535년까지 9년간 재위하고 靈公(元)에게 이어짐. 般師의 할아버지.
【般師】衛 襄公의 손자. 靈公(元)의 아들. 晉나라에 의해 임금 자리에 올랐으나 莊公(蒯聵)이 다시 입성하자 즉시 도망하였으며 뒤에 다시 불러들여 임금으로 세웠으나 齊나라가 그를 잡아 데리고 감.
【鄄】衛나라 땅. 지금의 山東 濮縣. 당시 衛나라 도읍은 帝丘였으며 그곳으로부터 멀지 않은 곳이었음.
【戎州】戎族 마을.《彙纂》에 "山東曹縣有楚丘故城, 漢置己氏縣, 以戎州己氏而名也"라 함. 州는 큰 고을이 아닌 州黨의 州 정도였을 것으로 봄.
【翦之】'翦'은 '剪, 殘, 滅'과 같음. '파괴하다'의 뜻.
【匠】工人들. 蒯聵가 토목 공사 등을 심하게 벌였음을 뜻함.

【石圃】衛나라 卿. 石惡의 조카. 그 집안은 石稷, 石買, 石惡(悼子)으로 이어지며 선조 石碏이 衛나라에 큰 공을 세워 대대로 경 벼슬을 하고 있었음. 石圃는 당시 괴외에게 불만을 품고 있었음.
【大子疾】蒯聵를 따라 망명하였던 아들로 蒯聵가 임금(莊公)이 되자 태자에 봉해짐.
【公子靑】莊公(蒯聵)의 아들이며 太子 疾의 아우.
【己氏】己는 戎族의 한 성씨.
【呂姜】莊公(蒯聵)의 부인. 齊나라 출신.
【髢】假髮.
【公子起】衛 靈公(元)의 아들. 齊나라에 의해 임금 자리에 올랐으며 襄公의 손자 般師는 齊나라가 데리고 감. 起는 B.C.477년 1년간 재위하고 出公(輒)이 다시 복위함.
【十二月】'十' 앞에 '冬'자가 있는 판본도 있음.
【潞】齊나라 도읍의 교외 땅.

⟨傳⟩
公會齊侯盟于蒙, 孟武伯相.
齊侯稽首, 公拜.
齊人怒.
武伯曰:「非天子, 寡君無所稽首.」
武伯問於高柴曰:「諸侯盟, 誰執牛耳?」
季羔曰:「鄫衍之役, 吳公子姑曹; 發陽之役, 衛石魋.」
武伯曰:「然則彘也.」

애공이 제齊 평공平公과 만나 몽蒙에서 맹약을 맺을 때에 맹무백孟武伯이 따라가 도왔다.
그때 제 평공은 계수稽首의 예로써 인사를 하였으나 애공은 배拜만 하였다.

제나라 사람이 노하였다.

그러자 맹무백이 말하였다.

"천자가 아니고서는 우리 군주께서는 계수의 예를 하지 않습니다."

맹무백이 고시高柴에게 물었다.

"제후의 맹약에서 누가 소의 귀를 잡는 것이오?"

고시(季羔)가 말하였다.

"증연鄫衍에서의 모임에서는 오吳나라 공자 고조姑曺가 잡았고, 발양發陽의 모임에서는 위나라의 석퇴石魋가 잡았습니다."

그러자 맹무백은 말하였다.

"그렇다면 이번에는 내(彘)가 해야 되는군요."

【齊侯】당시 齊나라 군주는 平公(鰲)으로 재위 3년째였음.

【蒙】魯나라 땅. 지금의 山東 蒙陰縣 남쪽 땅.

【孟武伯】孟孺子 洩. 魯나라 孟孫(仲孫何忌)의 아들. 이름은 彘. 杜預 注에 "洩, 孟懿子之子孟武伯也"라 함.

【稽首】叩頭의 예. 고대 拜, 稽首, 稽顙의 세 가지 인사법이 있었음. 《荀子》 大略篇에 "平衡曰拜, 下衡曰稽首, 至地曰稽顙"이라 하였고, 賈誼 《新書》 容經篇에는 "拜以磬折之容, 吉事上左, 凶事上右"라 함.

【高柴】子羔. 季羔. 衛나라 대부. 孔子 제자. 杜預 注에 "子羔, 衛大夫高柴, 孔子弟子"라 함.

【執牛耳】盟約을 맺는 의식에서 歃血 때 희생 소의 귀를 잡아 도와주는 일. 盟主를 위해 그 아래 복종하는 나라에서 이를 행함.

【鄫衍之役】哀公 7년을 볼 것. 吳나라와 맺은 맹약으로 구체적 내용은 실려 있지 않음.

【姑曺】鄫衍之盟 때 귀를 잡는 일을 하였던 吳나라 공자.

【發陽之役】發陽은 鄖과 같음. 哀公 12년 魯, 宋, 衛가 맺은 동맹.

【石魋】石昭子. 衛나라 대부. 石曼姑(懿子)의 아들.

【彘】孟武伯의 이름.

㊉

宋皇瑗之子麇有友曰田丙, 而奪其兄鄭般邑以與之.
鄭般慍而行, 告桓司馬之臣子儀克.
子儀克適宋, 告夫人曰:「麇將納桓氏.」
公問諸子仲.
初, 子仲將以杞姒之子非我爲子.
麇曰:「必立伯也, 是良材.」
子仲怒, 弗從, 故對曰:「右師則老矣, 不識麇也.」
公執之.
皇瑗奔晉, 召之.

송宋나라 황원皇瑗의 아들 균麇의 친구로 전병田丙이라는 자가 있었다. 황원은 자신의 형 참반鄭般의 읍을 빼앗아 전병에게 주었다.

그러자 참반은 화를 내며 도읍을 나가 환사마桓司馬(桓魋)의 신하 자의극子儀克에게 그 사정을 말하였다.

자의극은 송나라로 가서 임금 부인에게 말하였다.

"균이 장차 환퇴桓魋를 들어오도록 하려 합니다."

임금은 이 일을 자중子仲에게 물었다.

일찍이 자중이 기사杞姒라는 아내가 낳은 비아非我를 적자로 삼으려 하자 균이 말하였다.

"반드시 큰아들을 사자嗣子로 삼으십시오. 그는 좋은 인재입니다."

그러나 자중은 노하면서 그의 말을 따르지 않았으며 그 때문에 이렇게 대답하였다.

"우사右師는 늙었습니다. 그러나 그의 아들 균에 대해서는 알 수 없습니다."

임금은 균을 잡아들였다.

황원은 진晉나라로 달아났으나 임금이 그를 불러들였다.

【皇瑗】宋나라 대부이며 右師. 皇麇의 아버지. 皇野의 형.
【麇】皇麇. 皇瑗의 아들.

【田丙】皇麋의 친구.
【鄭般】皇般. 皇麋의 형이며 皇瑗의 아들. 鄭 땅에 봉해져 鄭般이라 부른 것. 鄭은 宋나라 지명.
【桓司馬】桓魋. 向魋. 哀公 14년에 衛나라로 도망갔음.
【子儀克】桓司馬(向魋)의 신하. 杜預 注에 "克在下邑, 不與魋之亂, 故在"라 함.
【公】당시 宋나라 군주는 景公(欒)으로 재위 39년째였음.
【子仲】皇野. 皇瑗의 형이며 皇麋과 皇般의 삼촌.
【杞姒】子仲(皇野)의 처. 杜預 注에 "杞姒, 子仲妻"라 함.
【非我】皇野와 杞姒 사이에 난 아들 이름.
【右師】皇瑗을 가리킴. 그의 직책이 右師였음.
【不識麋】杜預 注에 "言右師老, 不能爲亂, 麋則不可知"라 함.
【召之】이는 다음해 첫머리 "宋殺皇瑗"과 연결됨.

246. 哀公 18年(B.C.477) 甲子

周	敬王(姬匄) 43년	齊	平公(驁) 4년	晉	定公(午) 35년	衛	衛君(起) 원년
蔡	成公(朔) 14년	鄭	聲公(勝) 24년				
杞	閔公(維) 10년	宋	景公(欒) 40년	秦	悼公 15년	楚	惠王(章) 12년
吳	吳王(夫差) 19년	越	越王(句踐) 20년				

㊙

十八年春, 宋殺皇瑗.
公聞其情, 復皇氏之族, 使皇緩爲右師.

18년 봄, 송宋나라가 황원皇瑗을 죽였다.
그러자 송나라 임금이 그 사정을 듣고 황씨 일족을 복권시키고 황완皇緩을 우사右師로 삼도록 하였다.

【皇瑗】宋나라 대부이며 右師. 皇麇의 아버지. 皇野의 형.
【公】당시 宋나라 군주는 景公(欒)으로 재위 39년째였음.
【皇緩】皇瑗의 조카. 皇野(子仲)의 아들. 杜預 注에 "緩, 瑗從子"라 하였으나 孔穎達 疏에는 "《世族譜》: 瑗, 皇父充石八世孫; 緩, 充石十世孫, 則爲從孫, 非從子, 二者必有一誤"라 함.

㊉

巴人伐楚, 圍鄾.
初, 右司馬子國之卜也, 觀瞻曰:「如志.」
故命之.
及巴師至, 將卜帥.
王曰:「寧如志, 何卜焉?」
使帥師而行.
請承, 王曰:「寢尹·工尹勤先君者也.」
三月, 楚公孫寧·吳由于·薳固敗巴師于鄾, 故封子國於析.
君子曰:「惠王知志.〈夏書〉曰『官占唯能蔽志, 昆命于元龜』, 其是之謂乎! 志曰『聖人不煩卜筮』, 惠王其有焉.」

파巴나라 사람이 초楚나라를 쳐서 우읍鄾邑을 포위하였다.
당초, 우사마右司馬 자국子國을 두고 점을 쳤을 때 관첨觀瞻이 이렇게 풀이하였었다.
"뜻에 맞습니다."
그 때문에 그를 우사마에 임명하였던 것이다.
파나라 군주가 쳐들어옴에 이르자 군사를 이끌 사람을 점치려 하였다.
그러자 초왕이 말하였다.
"영寧이 뜻대로 맞는 사람이라고 하였으면서 어찌 점을 칠 필요가 있겠는가?"
그리하여 그로 하여금 군사를 이끌고 출행하도록 하였다.
영이 보좌할 사람을 청하자 왕이 말하였다.
"침윤寢尹과 공윤工尹은 선군 때부터 힘써 온 자들이다."
3월, 초나라 공손公孫 영寧과 오유우吳由于와 위고薳固가 파나라 군사를 우읍에서 무찔렀으며 그 때문에 자국을 석析 땅의 봉하였던 것이다.
군자는 이렇게 말하였다.
"초 혜왕은 사람의 뜻을 잘 알았다.〈하서夏書〉에 '관직에 적당한 자를 점칠 때에는 미리 잘 생각하여 정하고, 그리고 나서 거북에게 묻는 것이다'

라고 하였으니 이를 두고 한 말이리라! 〈志志〉에는 '성인은 번거롭게 복서 卜筮에 매달리지 않는다'라 하였으니 혜왕이야말로 그런 분이었다."

【巴】지금의 重慶 지방에 있던 나라.
【鄾】楚나라 읍. 지금의 湖北 襄陽縣 동북쪽.
【子國】寧. 앞서 슈尹이었던 子西의 아들. 영윤이 되기 전 먼저 右司馬를 역임 하였음. 杜預 注에 "子國未爲令尹時, 卜爲右司馬, 得吉兆, 如其志"라 함. 그 뒤 子良을 이어 슈尹에 오름.
【觀瞻】楚나라 開卜大夫. 점술가. 觀從의 후손. 杜預 注에 "觀瞻, 楚開卜大夫, 觀從之後"라 함.
【故命之】杜預 注에 "命以爲右司馬"라 함.
【寧】右司馬 子國의 이름.
【寢尹】왕의 寢室 안전을 지키는 우두머리. 吳由于.
【工尹】百工을 다스리는 우두머리. 蓮固.
【吳由于】당시 寢尹이었던 자의 이름. 子國(寧)의 보좌가 됨.
【蓮固】당시 工尹이었던 자. 역시 子國의 보좌가 되어 巴軍을 무찌름. '蓮'는 '위'로 읽음. 그러나《史記》楚世家와 伍子胥列傳에는 '屈固'로 되어 있음.
【析】지금의 河南 內鄕縣과 淅川縣 사이.
【惠王】春秋末부터 戰國初까지의 초나라 임금. 이름은 章. 昭王(壬, 任, 軫)의 뒤를 이어 B.C.488~432년까지 57년간 재위함. 이 당시는 재위 12년째였음.
【夏書】《尙書》夏書 大禹謨에 "禹曰:「枚卜功臣, 惟吉之從.」帝曰:「禹, 官占. 惟先 蔽志, 昆命于元龜. 朕志先定, 詢謀僉同, 鬼神其依, 龜筮協從. 卜不習吉.」禹拜 稽首固辭. 帝曰:「毋, 惟汝諧.」"라 함. 杜預 注에는 "逸書也, 官占, 卜筮之官. 蔽, 斷也. 昆, 後也. 言當先斷意後用龜也"라 함.
【卜筮】'卜'은 거북등으로 치는 점. '筮'는 蓍草로 치는 점.
【志】옛날의 기록. 구체적으로는 알 수 없음.

㊀

夏, 衛石圃逐其君起, 起奔齊.
衛侯輒自齊復歸, 逐石圃, 而復石魋與大叔遺.

여름, 위衛나라 석포石圃가 그의 군주 기起를 쫓아내자 기는 제齊나라로 달아났다.

그리고 위 출공 첩輒이 제나라로부터 돌아와 석포를 몰아내고 석퇴石魋와 태숙유大叔遺를 원래 자리로 복귀시켰다.

【石圃】衛나라 卿. 石惡의 조카. 그 집안은 石稷, 石買, 石惡(悼子)으로 이어지며 선조 石碏이 衛나라에 큰 공을 세워 대대로 경 벼슬을 하고 있었음.
【起】公子 起. 衛 靈公(元)의 아들. 齊나라에 의해 임금 자리에 올랐으며 襄公의 손자 般師는 齊나라가 데리고 감. 起는 B.C.477년 1년간 재위하고 出公(輒)이 다시 복위함.
【衛侯】衛 出公(輒). 衛 靈公(元)의 손자이며 蒯聵의 아들. 아버지 莊公(蒯聵)과 渾良夫에 의해 축출당했던 임금으로 그 이전 B.C.492~481년까지 12년간 재위하고 축출당하여 齊나라에 망명해 있다가 이때 귀국하여 복위함.
【石魋】石昭子. 衛나라 대부. 石曼姑(懿子)의 아들. 蒯聵에 의해 축출당하였었음.
【大叔遺】大叔信子. 衛나라 대부. 公宮의 서남쪽에 살고 있었으며 莊公 嬖臣의 참훼를 입어 晉나라로 달아났었음. 杜預 注에 "皆蒯聵所逐"이라 함.

247. 哀公 19年(B.C.476) 乙丑

周	敬王(姬匄) 44년	齊	平公(驁) 5년	晉	定公(午) 36년	衛	出公(輒) 後元年
蔡	成公(朔) 15년	鄭	聲公(勝) 25년				
杞	閔公(維) 11년	宋	景公(欒) 41년	秦	厲共公 원년	楚	惠王(章) 13년
吳	吳王(夫差) 20년	越	越王(句踐) 21년				

⑲

十九年春, 越人侵楚, 以誤吳也.
夏, 楚公子慶·公孫寬追越師, 至冥, 不及, 乃還.

19년 봄, 월越나라가 초楚나라를 쳐들어가 오吳나라로 하여금 상황을 오판하게 하였다.

여름, 초楚나라 공자 경慶과 공손관公孫寬이 월나라 군사를 뒤쫓아 명冥에 이르렀으나 월나라 군사를 잡지 못한 채 돌아왔다.

【誤吳】吳나라가 방비를 소홀히 하여 상황을 오판하도록 함. 杜預 注에 "誤吳 使不爲備"라 함. 이해 《史記》 吳世家에 "句踐復伐吳"라 함.
【公子慶】楚나라 공자.
【公孫寬】楚나라 대부.
【冥】越나라 땅. 지금의 安徽 廣德縣 苦嶺關에서 浙江 長興縣 泗安鎭 사이라 함.

㊉

秋, 楚沈諸梁伐東夷, 三夷男女及楚師盟于敖.

가을, 초楚나라 심제량沈諸梁이 동이東夷를 치자 세 이족의 남녀가 초나라 군사에게 이르러 오敖에서 동맹을 맺었다.

【沈諸梁】葉公. 白公의 亂을 평정한 인물.
【東夷】당시 중국 동해안 가에 살던 민족들을 모두 東夷라 불렀음.
【三夷】越나라를 따르던 東方 夷族으로 지금의 浙江 동부 해안의 寧波, 溫州, 台州 지역 세 夷族을 가리킴.
【男女】여자가 맹약에 참가한 것은 蠻夷의 풍속임을 설명한 것임.
【敖】지금의 浙江 어느 곳. 구체적으로는 알 수 없음.

㊉

冬, 叔靑如京師, 敬王崩故也.

겨울, 노나라 숙청叔靑이 경사京師에 간 것은 경왕敬王이 돌아가셨기 때문이었다.

【叔靑】杜預 注에 "叔靑, 叔還子"라 함. 魯나라 叔還의 아들. 定公 11년을 볼 것. 杜氏의 《世族譜》에 叔靑을 僖仲이라 하였으며 혹 僖伯이라고도 함.
【京師】주나라 천자가 있는 서울. 지금의 河南 洛陽.
【敬王】春秋 말 周나라 天王. 이름은 姬匄. 景王(姬貴)을 이어 B.C.519~476년까지 44년간 재위하고 이해에 생을 마쳤으며 戰國時代 元王(姬仁)에게 이어짐.

248. 哀公 20年(B.C.475) 丙寅

周	元王(姬仁) 원년	齊	平公(驚) 6년	晉	定公(午) 37년	衛	出公(輒) 2년
蔡	成公(朔) 16년	鄭	聲公(勝) 26년				
杞	閔公(維) 12년	宋	景公(欒) 42년	秦	厲共公 2년	楚	惠王(章) 14년
吳	吳王(夫差) 21년	越	越王(句踐) 22년				

⑲
二十年春, 齊人來徵會.
夏, 會于廩丘, 爲鄭故, 謀伐晉. 鄭人辭諸侯.
秋, 師還.

20년 봄, 제齊나라 사람이 와서 모임 갖기를 요청하였다.
　여름, 늠구廩丘에서 모임을 가져 정鄭나라를 위하여 진晉나라를 칠 것을 상의하였으나 정나라가 제후들에게 이를 사양하였다.
　가을, 군사들이 귀환하였다.

【廩丘】齊나라 땅. 지금의 山東 范縣 동남쪽 땅.
【爲鄭】杜預 注에 "十五年晉伐鄭"이라 함.
【伐晉】이때 진나라는 四卿의 분열이 시작되었고 패자의 지위를 잃고 있었음.
　제나라는 陳恒이 득세하여 이 기회에 제나라가 霸者가 되고자 하였음.

㊉

吳公子慶忌驟諫吳子, 曰:「不改, 必亡.」
弗聽.
出居于艾, 遂適楚.
聞越將伐吳, 冬, 請歸平越, 遂歸.
欲除不忠者以說于越.
吳人殺之.

오吳나라 공자 경기慶忌가 오왕 부차夫差에게 자주 간언하였다.
"나라를 개혁하지 않으면 틀림없이 무너지고 말 것입니다."
부차는 듣지 않았다.
경기는 도읍에서 나가 애艾에서 머물다가 드디어 초楚나라로 가버렸다.
그는 월越나라가 장차 오나라를 칠 것이라는 소문을 듣고 겨울에 초나라에 청하기를 귀국하여 월나라와 화해를 이루겠노라 하여 드디어 오나라로 돌아왔다.
그는 불충한 자들을 없애, 월나라와 화해할 구실로 삼으려 하였다.
그러나 오나라 사람이 그를 죽이고 말았다.

【慶忌】吳王 僚의 아들이며 夫差와는 알력이 있었음.
【吳子】당시 吳나라 군주는 마지막 왕 夫差로 재위 21년째였음.
【艾】吳나라 읍. 지금의 江西 修水縣 서쪽.《方輿紀要》에 "艾城在今江西寧州 西百里之龍崗坪, 今修水縣西"라 함.
【不忠者】太宰 伯嚭 등을 가리킴. 越王 句踐의 뇌물을 먹고 吳王의 판단을 흐리게 하는 등 비리를 저지름.

㊉

十一月, 越圍吳, 趙孟降於喪食.
楚隆曰:「三年之喪, 親暱之極也, 主又降之, 無乃有故乎?」
趙孟曰:「黃池之役, 先主與吳王有質, 曰:『好惡同之.』今越圍吳,嗣子不廢舊業而敵之, 非晉之所能及也, 吾是以爲降.」

楚隆曰:「若使吳王知之, 若何?」

趙孟曰:「可乎?」

隆曰:「請嘗之.」

乃往, 先造于越軍, 曰:「吳犯間上國多矣, 聞君親討焉, 諸夏之人莫不欣喜, 唯恐君志之不從, 請入視之.」

許之.

告于吳王曰:「寡君之老無恤使陪臣隆, 敢展謝其不共. 黃池之役, 君之先臣志父得承齊盟, 曰:『好惡同之』. 今君在難, 無恤不敢憚勞, 非晉國之所能及也, 使陪臣敢展布之.」

王拜稽首曰:「寡君不佞, 不能事越, 以爲大夫憂, 拜命之辱.」

與之一簞珠, 使問趙孟, 曰:「句踐將生憂寡人, 寡人死之不得矣.」

王曰:「溺人必笑, 吾將有問也. 史黯何以得爲君子?」

對曰:「黯也進不見惡, 退無謗言.」

王曰:「宜哉!」

11월, 월越나라가 오吳나라를 포위하였을 때 진晉나라 조맹趙孟은 조앙趙鞅의 상에 상중에 먹는 음식보다 더욱 줄여 먹는 것이었다.

가신 초륭楚隆이 말하였다.

"3년상은 돌아가신 분에게 친밀함을 지극히 보이는 것입니다. 주인께서는 음식을 더욱 간소하게 줄여서 들고 있으니 무슨 까닭이 있어서입니까?"

조맹이 말하였다.

"황지黃池의 모임에서 돌아가신 아버지와 오왕吳王이 서로 동맹을 맺을 때 '좋은 일이나 나쁜 일이나 함께 한다'라 하였네. 지금 월나라가 오나라를 포위하고 있으니 이 아들 된 자는 아버지가 맺은 맹약을 버리지 않고 월나라를 적으로 여겨야 함에도 우리 진나라로서는 어찌 할 수가 없게 되었네. 나는 이 때문에 먹는 것을 한층 더 줄인 것일세."

초륭이 말하였다.

"그렇다면 오왕에게 그러한 뜻을 알도록 해 주면 어떻겠습니까?"

조맹이 말하였다.

"그렇게 할 수 있을까?"

초륭이 말하였다.

"청컨대 시험 삼아 해보겠습니다."

이에 그는 오나라로 가는 길에 먼저 월나라 군사를 찾아가 이렇게 말하였다.

"오나라는 그동안 중원의 나라들을 범하는 일이 많아서 군주께서 친히 그들을 친다는 말을 듣고 중원 여러 나라들은 기꺼워하지 않는 이가 없으며 오직 귀국 임금 뜻대로 되지 않을까 걱정하고 있습니다. 청컨대 제가 오나라로 들어가 그들 사정을 알아보겠습니다."

월나라가 허락하였다.

오나라로 들어간 초륭은 오왕吳王 부차夫差에게 말하였다.

"우리 임금의 늙은 신하 무휼無恤께서 가신 저(隆)에게 감히 그대를 공경히 모시지 못하고 있음을 펴서 사죄토록 하였습니다. 황지에서 모임에서 군주의 선신先臣 간자(志父)는 맹약이 이루어짐을 승낙하여 '좋은 일, 나쁜 일을 함께 한다'라고 하였었습니다. 그런데 지금 임금께서 어려움에 처하셨음에도 양자(無恤)께서 감히 노고를 꺼리지 않건만 진나라로서는 더 이상 어쩔 수 없기에 저로 하여금 감히 이 사실을 펴서 알려드리도록 한 것입니다."

오왕은 계수稽首하며 이렇게 말하였다.

"내가 똑똑하지 못하여 월나라를 제대로 모시지 못하여 대부로 하여금 근심하도록 하였군요. 전해 준 명령을 감사히 받아들입니다."

그리고 그에게 한 바구니의 옥을 주어 조맹에게 전해 주도록 하면서 이렇게 말하였다.

"구천句踐이 나를 장차 살려둔 채로 고생을 시키겠다고 하니 나는 죽으려 해도 마음대로 죽을 수가 없소이다."

오왕은 다시 이렇게 말하였다.

"물에 빠져 죽는 자는 반드시 웃는 얼굴을 한다고 하니 내 장차 물어 볼 것이 있소. 그대 나라의 사암史黯은 어찌하여 군자라는 칭호를 얻게 되었소?"

초륭이 대답하였다.

"사암은 나가서는 남에게 미움을 받지 않고, 물러서는 남을 비방하는 말이 없었습니다."

오왕이 말하였다.

"그러니 마땅히 그럴 수밖에!"

【趙孟】趙襄子. 趙鞅의 아들. 이름은 無恤(毋恤). 시호는 襄子. 趙鞅(簡子)은 적자 伯魯를 폐하고 첩의 아들 無恤을 후계자로 삼았음. 杜預 注에 "趙孟, 襄子無恤, 時有父簡子之喪"이라 함.

【趙鞅】趙簡子. 晉나라 대부. 趙武(文子)의 손자. 이름은 志父. 范氏, 中行氏와 권력 투쟁 끝에 이겨 趙나라의 기초를 세운 인물. 이들 후손이 戰國時代 趙나라를 세움.

【喪食】상중에는 돌아가신 분을 생각하여 음식을 줄여서 먹음. 여기서는 그러한 상례보다 한 단계 더 줄여서 먹고 있음을 뜻함. 楊伯峻 注에 "古禮, 食品必須 減殺, 今因吳被圍, 有滅亡之勢, 而己不能救助, 又降等于喪父之食"이라 함.

【楚隆】趙襄子의 가신.

【黃池之役】黃池에서 趙簡子(趙鞅)가 吳나라와 맺은 맹약. 哀公 13년을 참조할 것.

【質】盟約의 말.

【敵之】杜預 注에 "欲敵越救吳"라 함.

【造】찾아감. 그가 吳나라 도읍 姑蘇(蘇州)로 들어가려면 당연히 포위하고 있는 월나라 군사를 거쳐야 하며 오나라 도읍으로 들어가기 위한 구실이기도 함.

【上國】당시 남쪽 吳나라나 越나라는 中原의 여러 나라들을 上國이라 불렀으며 그 아래의 '諸夏'도 같은 뜻임.

【展】펴서 陳述함.

【簞】작은 바구니. 杜預 注에 "簞, 小笥"라 함.

【問】杜預 注에 "問, 遺也"라 함.

【溺人必笑】당시의 속담.《呂氏春秋》大樂篇에 "溺者非不笑也"라 하였고 高誘 注에 "溺人必笑, 雖笑不歡"이라 함. 이 말은 자신이 물에 빠져 죽게 된 형편에 쓸데 없는 것을 묻는다는 뜻으로 자신의 질문을 하찮은 것이라 겸양을 나타낸 것.

【史黯】蔡墨. 晉나라 대부. 蔡史墨, 史墨 史黯, 史默 등으로 불리며 故事와 常識에 밝았던 인물. 姓은 蔡, 太史를 지냈으며 黯은 字로 여겨짐. 昭公 32년을 볼 것.

249. 哀公 21年(B.C.474) 丁卯

周	元王(姬仁) 2년	齊	平公(驁) 7년	晉	出公(鑿) 원년	衛	出公(輒聵) 3년
蔡	成公(朔) 17년	鄭	聲公(勝) 27년				
杞	閔公(維) 13년	宋	景公(欒) 43년	秦	厲共公 3년	楚	惠王(章) 15년
吳	吳王(夫差) 22년	越	越王(句踐) 23년				

㊀
二十一年夏五月, 越人始來.

21년 여름 5월, 월越나라 사람이 처음으로 우리 노나라에 왔다.

【始來】 杜預 注에 "越旣勝吳, 欲霸中國, 始遣使適魯"라 함.

㊀
秋八月, 公及齊侯·邾子盟于顧.
齊人責稽首, 因歌之曰: 『魯人之皋, 數年不覺, 使我高蹈. 唯其儒書, 以爲二國憂.』
是行也, 公先至于陽穀.
齊閭丘息曰: 「君辱擧玉趾, 以在寡君之軍, 羣臣將傳遽以告寡君.

比其復也, 君無乃勤? 爲僕人之未次, 請除館於舟道.」
辭曰:「敢勤僕人?」

가을 8월, 애공이 제齊 평공平公, 주邾나라 임금과 고顧에서 동맹을 맺었다.

그때 제나라 사람이 전에 있었던 계수稽首의 문제를 책하며 이렇게 노래를 불렀다.

"노나라 사람 잘못이 있었건만,
몇 년이 지나도록 깨닫지 못한 채,
우리로 하여금 노하여 펄펄 뛰게 하였지.
노나라는 유가儒家의 글만 존중하여
두 나라의 우환만 일으켰다네."

이번 행차에 우리의 애공이 먼저 양곡陽穀으로 갔다.

그러자 제나라 여구식閻丘息이 말하였다.

"군주께서는 욕되게 귀한 발걸음을 옮겨 우리 군주님의 군사를 위문하고 계십니다. 우리 신하들은 장차 급히 우리 군주께 전령을 보내겠습니다. 그 전령이 돌아올 때까지는 어찌 군주께서는 불편이 없겠습니까? 군주를 모실 사람들이 아직 머무르실 곳을 마련하지 못하였으니 청컨대 주도舟道에 관사를 청소해 놓도록 하겠습니다."

이에 우리 노나라는 사양하여 말하였다.

"우리가 어찌 제나라의 일꾼을 힘들게 할 수 있겠습니까?"

【齊侯】당시 제나라 군주는 平公(驁)로 재위 7년째였음.
【顧】齊나라 땅. 지금의 山東 范縣 동남쪽.《山東通志》에 "在今范縣東南五十里, 有顧城"이라 함.
【邾】周 武王이 祝融 八姓의 하나였던 邾俠(曹俠)을 封하여 부용국으로 삼았으며 지금의 山東 鄒縣. 이 때문에 戰國시대에 이름을 '鄒'로 바꾸었음. 曹姓이며 子爵 작위를 받았으나 魯나라에 예속되어 있었음.

【稽首】哀公 17년 "公會齊侯盟于蒙, 孟武伯相. 齊侯稽首, 公拜. 齊人怒"라 한 사건을 가리킴.
【皐】王引之〈述聞〉에 "皐, 當讀爲咎, 言魯人不答稽首之咎"라 하여 그때 지은 허물(咎)을 뜻함. 그러나 章炳麟은 '浩'로 보아야 하며《晏子春秋》外篇(下)의 "彼浩裾自順"의 '浩裾'와《孔子家語》三恕篇의 "浩倨者則不親" 王肅 注의 "浩倨, 幹略不恭之貌"의 '浩倨'와 같은 예로서 '거만하다'의 뜻으로 보았음.
【高踊】기쁘거나 노하였을 때 '펄펄 뛰는 모습'.《呂氏春秋》知化篇 高誘 注에 "高踊, 瞋怒貌"라 함.
【唯其儒書】儒家의 글에 있는 禮法만을 존중한다는 말.
【陽穀】지금의 山東 陽谷縣 동북. 노나라 애공이 먼저 양곡으로 간 것은 제나라의 환심을 사기 위해서였음.
【閻丘息】齊나라 대부. 閻丘明의 후손.
【玉趾】임금이나 귀한 자의 발걸음을 높여 부르는 말.
【在】《左傳會箋》에 "在, 存也. 爲存問之. 齊侯以師出, 故云寡君之軍"이라 함.
【次】杜預 注에 "次, 舍也"라 함.
【舟道】齊나라 땅. 지금의 山東 東阿縣.
【除】館舍를 청소함. 杜預 注에 "不敢勤齊僕爲魯除館"이라 함.

250. 哀公 22年(B.C.473) 戊辰

周	元王(姬仁) 3년	齊	平公(驁) 8년	晉	出公(鑿) 2년	衛	出公(剻輒) 4년
蔡	成公(朔) 18년	鄭	聲公(勝) 28년				
杞	閔公(維) 14년	宋	景公(欒) 44년	秦	厲共公 4년	楚	惠王(章) 16년
吳	吳王(夫差) 23년	越	越王(句踐) 24년				

㊙

二十二年夏四月, 邾隱公自齊奔越, 曰:「吳爲無道, 執父立子.」
越人歸之, 大子革奔越.

22년 여름 4월, 주邾 은공隱公이 제齊나라로부터 월越나라로 가서 말하였다.
"오吳나라가 무도하여 나를 잡아 가두었고 자식을 군주로 세웠습니다."
월나라가 그를 돌려보내자 태자 혁革이 월나라로 달아났다.

【邾隱公】哀公 8년에 吳나라에 잡혔다가 哀公 10년에는 齊나라로 달아났음.
邾나라는 周 武王이 祝融 八姓의 하나였던 邾俠(曹俠)을 封하여 부용국으로
삼았으며 지금의 山東 鄒縣. 이 때문에 戰國시대에 이름을 '鄒'로 바꾸었음.
曹姓이며 子爵 작위를 받았으나 魯나라에 예속되어 있었음.
【革】邾 隱公의 태자. 吳나라에 의해 일시 군주 자리에 있었으나 越나라가 개입
하자 도리어 越나라로 도망함.

㊋

冬十一月丁卯, 越滅吳, 請使吳王居甬東.
辭曰:「孤老矣, 焉能事君?」
乃縊.
越人以歸.

겨울 11월 정묘날, 월越나라가 오吳나라를 멸망시키고 오왕 부차夫差로 하여금 용동甬東에 머물도록 청하였다.
그러자 오왕은 사절하여 말하였다.
"내 이미 늙었는데 어떻게 월왕을 섬길 수 있겠소?"
그리고 목을 매어 죽었다.
월나라 사람이 오왕의 시신을 가지고 돌아왔다.

【丁卯】 11월 27일.
【越滅吳】 이때 吳나라는 완전히 망한 것임. 《左傳會箋》에 "二十年, 越圍吳; 二十二年滅吳, 蓋首尾三年也. 〈越語〉(下)曰「居軍三年, 吳師自潰」, 〈越世家〉亦曰「留圍之三年」, 與《左傳》合"이라 함.
【甬東】 지금의 浙江 定海縣 동쪽 翁山. 혹 寧波 앞바다의 舟山列島라고도 함. 《一統志》에 "今浙江定海縣東三十里有翁山, 一名翁洲, 卽《春秋》之甬東"이라 함.

251. 哀公 23年(B.C.472) 己巳

周	元王(姬仁) 4년	齊	平公(驁) 9년	晉	出公(鑿) 3년	衛	出公(輒) 5년
蔡	成公(朔) 19년	鄭	聲公(勝) 29년				
杞	閔公(維) 15년	宋	景公(欒) 45년	秦	厲共公 5년	楚	惠王(章) 17년
		越	越王(句踐) 25년				

傳

二十三年春, 宋景曹卒.

季康子使冉有弔, 且送葬, 曰:「敝邑有社稷之事, 使肥與有職競焉, 是以不得助執紼, 使求從輿人, 曰:『以肥之得備彌甥也, 有不腆先人之產馬, 使求薦諸夫人之宰, 其可以稱旌繁乎!』」

23년 봄, 송宋 원공元公의 부인 경조景曹가 세상을 떠났다.

계강자季康子는 가신인 염유冉有로 하여금 가서 조문하고 장례에 참석하여 이렇게 말을 전하도록 하였다.

"우리나라에 사직에 관한 일이 있어 저(肥)에게 그 일을 처리하도록 하여 바쁩니다. 이 까닭으로 상여의 끈을 잡지는 일을 돕지 못하게 되었습니다. 염구冉求로 하여금 가서 상여 메는 사람에 함께 하도록 하면서 대신 이렇게 말씀 전합니다. '저는 그대 귀국 송나라 외손으로서 선대부터 지녔던 하찮은 목장에서 난 말이 있어 염구를 시켜 부인의 장례식을 주관하는 분에게 드리도록 하오나 그 말이 임금 타시기에 제대로 맞게 장식이나 되었는지요!'"

【景曹】宋나라 元公(佐)의 부인이며 景公(欒)의 어머니. 景은 시호, 曹는 姓氏. 小邾 출신. 季桓子의 外祖母이기도 함.
【季康子】季孫肥. 季孫斯의 서자. 시호는 康子. 魯나라 正卿.
【冉有】孔子 제자 冉求.
【職競】그 직책을 수행하느라 바쁨.
【執紼】葬地에서 下棺할 때 그 끈을 잡는 일. 葬禮를 도움.
【輿人】喪輿를 메고 가는 사람들.
【彌甥】杜預 注에 "彌, 遠也"라 하였으며 甥은 甥姪. 景曹는 季桓子의 外祖母이며 季桓子는 景公의 외삼촌임. 그 때문에 季康子가 자신을 彌甥이라 칭한 것.
【不腆】자신이 차린 음식이나 선물, 예물 따위를 낮추어 부르는 말. '腆'은 '풍성하다'의 뜻.
【稱旌繁】'稱'은 '부합하다'의 뜻. '旌繁'은 '繁纓'과 같으며 賈誼《新書》審微篇에 "繁纓者, 君之駕飾也"라 하여 잘 꾸며 임금이 탈 수 있도록 한 것을 말함.

㊉
夏六月, 晉荀瑤伐齊, 高無㔻帥師御之.
知伯視齊師, 馬駭, 遂驅之, 曰:「齊人知余旗, 其謂余畏而反也.」
及壘而還.
將戰, 長武子請卜.
知伯曰:「君告於天子, 而卜之以守龜於宗祧, 吉矣, 吾又何卜焉? 且齊人取我英丘, 君命瑤, 非敢燿武也, 治英丘也. 以辭伐罪足矣, 何必卜?」
壬辰, 戰于犁丘, 齊師敗績.
知伯親禽顏庚.

여름 6월, 진晉나라 순요荀瑤가 제齊나라를 치자 고무비高無㔻가 군사를 이끌고 방어하였다.
지백知伯(荀瑤)이 제나라 군사를 살펴보러 나섰을 때 말이 놀라 머뭇거렸지만 그는 끝내 말을 몰며 이렇게 말하였다.

"제나라 사람들이 나의 깃발을 알고 있으니 내가 돌아서면 자신들이 두려워 돌아간 것이라 말할 것이다."

그리고는 적군의 보루堡壘 앞까지 갔다가 돌아왔다.

장차 전투가 벌어지려 할 때 장무자長武子가 점을 쳐보기를 청하였다.

그러자 지백이 말하였다.

"임금께서 천자天子에게 제나라 칠 것을 고하면서 종묘에서 나라의 거북등으로 점을 쳤을 때 길하다고 하였소. 그런데 내가 다시 무슨 점을 치겠소? 게다가 제나라가 우리 영구英丘 땅을 빼앗자 임금께서 나(瑤)에게 명령을 내리셨소. 내 감히 나의 무공을 빛내고자 함이 아니라 영구를 되찾겠다는 것이오. 구실을 찾아 죄를 지은 저 제나라를 토벌하면 그것으로 족하오. 하필 점을 쳐야 하겠소?"

임진날, 이구梨丘에서 싸워 제나라 군사가 크게 패하였다.

지백은 직접 안경顔庚을 사로잡았다.

【荀瑤】晉나라 대부. 知躒의 손자. 晉六卿의 하나. 知伯, 智伯으로도 불리며 시호는 襄子. 杜預 注에 "荀瑤. 荀躒之孫, 知伯襄子"라 함.

【高無丕】齊나라 대부. 高張의 아들. 高張은 昭公 29년을 볼 것. '丕'는 反切로 '普悲反.' '비'로 읽음.

【長武子】晉나라 대부. 張武子로도 표기하며 《呂氏春秋》 當染篇에 "智伯瑤染于 智國·張武"라 하였고, 《淮南子》 人間訓에 "張武教智伯奪韓魏之地而擒於晉陽" 이라 함.

【宗祧】조상의 신위를 모신 종묘. 大事가 있을 때 그곳에서 점을 침.

【英丘】晉나라 땅. 구체적으로는 알 수 없음.

【燿武】'耀武'와 같음. 자신의 武功을 빛냄. 자랑함.

【犁丘】英丘 근처의 땅. 《山東考古錄》에 "現析入濟陽縣"이라 하였고, 江永은 지금의 山東 臨邑縣이라 함.

【顔庚】齊나라 대부. 顔涿聚. 《呂氏春秋》 尊師篇에 "顔涿聚, 梁父之大盜也. 學於孔子"라 하였고, 《韓非子》 十過篇에는 "田成子所以遂有齊國者, 顔涿聚之力也"라 하였음. 《後漢書》 左原傳에는 "昔顔涿聚梁甫之巨盜, 卒爲齊之忠臣"이라 함.

㊉

秋八月, 叔青如越, 始使越也. 越諸鞅來聘, 報叔青也.

가을 8월, 숙청叔青이 월越나라에 갔으며 이는 노나라로서는 처음으로 월나라에 사신을 보낸 것이었다.
월나라의 제앙諸鞅이 내빙來聘한 것은 숙청이 예방하였던 일에 대한 답방이었다.

【叔青】杜預 注에 "叔青, 叔還子"라 함. 魯나라 叔還의 아들. 定公 11년을 볼 것. 杜氏의 《世族譜》에 叔青을 僖仲이라 하였으며 혹 僖伯이라고도 함.
【諸鞅】越나라 대부. 사신으로서 魯나라에 답방하여 옴.

252. 哀公 24年(B.C.471) 庚午

周	元王(姬仁) 5년	齊	平公(驁) 10년	晉	出公(鑿) 4년	衛	出公(輒) 6년
蔡	聲侯(産) 원년	鄭	聲公(勝) 30년				
杞	閔公(維) 16년	宋	景公(欒) 46년	秦	厲共公 6년	楚	惠王(章) 18년
		越	越王(句踐) 26년				

傳

二十四年夏四月, 晉侯將伐齊, 使來乞師, 曰:「昔臧文仲以楚師伐齊, 取穀; 宣叔以晉師伐齊, 取汶陽. 寡君欲徼福於周公, 願乞靈於臧氏.」

臧石帥師會之, 取廩丘.

軍吏令繕, 將進.

萊章曰:「君卑·政暴, 往歲克敵, 今又勝都, 天奉多矣, 又焉能進? 是躛言也. 役將班矣.」

晉師乃還.

餼臧石牛, 大史謝之, 曰:「以寡君之在行, 牢禮不度, 敢展謝之.」

24년 여름 4월, 진晉 정공定公이 제齊나라를 치겠노라 하면서 우리에게 사신을 보내어 군사를 요청하였다.

"옛날 장문중臧文仲이 초楚나라 군사로써 제나라를 쳐서 곡穀을 빼앗았고, 장선숙臧宣叔은 진나라 군사로써 제나라를 쳐서 문양汶陽을 빼앗았습니다.

우리 임금께서는 주공周公에게 복을 받고자 하여 장씨臧氏 혼령의 도움 받기를 원합니다."

이에 장석臧石이 군사를 이끌고 가서 그들과 만나 늠구廩丘를 빼앗았다. 군리軍吏가 군비를 수선하도록 명을 내리면서 장차 진격할 것이라 하였다. 그러자 내장萊章이 말하였다.

"군주의 권위가 낮아지고 정치가 혼란해졌어도 지난해에는 싸워서 이겼고, 이제 또 늠구를 빼앗는 싸움에서 이겼다. 이로 보면 진나라는 하늘로부터 받는 복이 많은데 또다시 진격해 올 수 있겠는가? 이는 믿을 수 없는 말이다. 진나라 군사는 장차 돌아가려 그렇게 하는 것이다."

진나라 군사는 과연 곧 돌아갔다.

그들은 장석에게 생 쇠고기를 보내주면서 태사太史가 이렇게 사과하였다. "우리 임금께서 군중에 계셔서 드리는 음식을 법도에 맞추지 못하였으니 감히 이를 사죄드립니다."

【晉侯】 당시 晉나라 군주는 定公(午)이었음.
【臧文仲】 臧孫辰. 魯나라 대부. 臧孫達의 아들. 성은 臧孫, 이름은 辰. 仲은 字. 시호 文이었음. 魯나라에서 賢大夫로 알려진 인물. 《論語》에 여러 차례 등장함.
【穀】 齊나라 읍. 지금의 山東 東阿縣 동쪽. 魯나라 臧文仲이 齊나라로부터 穀邑을 빼앗은 것은 僖公 26년을 볼 것.
【宣叔】 臧宣叔. 臧孫許. 臧文仲의 아들. 武仲紇의 아버지. 宣公 18년 傳을 볼 것.
【汶陽】 지금의 山東 寧陽縣 동쪽. 臧宣叔이 汶陽을 차지한 것은 成公 2년을 볼 것.
【周公】 魯나라 시조 周公 姬旦. 여기서는 魯나라를 대신하여 일컬은 것.
【臧石】 魯나라 대부. 臧賓如의 아들. 臧文仲과 臧宣叔의 후손.
【廩丘】 齊나라 땅. 지금의 山東 范縣 동남쪽 땅.
【軍吏】 晉나라의 군리. 杜預 注에 "軍吏, 晉軍吏也"라 함.
【繕】 杜預 注에 "繕治戰備"라 함.
【萊章】 齊나라 대부.
【往歲克敵】 지난해 顔庚(顔涿聚)을 사로잡은 일을 말함.
【勝都】 '都'는 廩丘에서의 승리함을 말함.
【虛言】 '虛'는 '위'로 읽으며 '僞'와 같음. 믿을 수 없는 말.
【班】 班師. 군사를 되돌림. 퇴각함. 물러남.

【飱】生肉. 익히지 않은 육류 고기. 杜預 注에 "生曰飱"라 함.
【大史】晉나라 태사.

㊙

邾子又無道, 越人執之以歸, 而立公子何.
何亦無道.

주邾 은공隱公이 또 무도한 짓을 하자 월越나라가 그를 잡아 데리고 돌아가고, 공자 하何를 군주로 세웠다.
그런데 하 역시 무도한 짓을 하였다.

【邾子】邾 隱公. 8년 傳에 "邾子又無道"라 하여 太子 革을 세웠으며 22년에 그를 귀국시키자 태자 革이 越나라로 달아나기도 하였음.
【孔子何】邾 隱公의 아들. 太子 革의 아우.

㊙

公子荊之母嬖, 將以爲夫人, 使宗人釁夏獻其禮.
對曰:「無之.」
公怒曰:「女爲宗司, 立夫人, 國之大禮也, 何故無之?」
對曰:「周公及武公娶於薛, 孝‧惠娶於商, 自桓以下娶於齊, 此禮也則有. 若以妾爲夫人, 則固無其禮也.」
公卒立之, 而以荊爲大子, 國人始惡之.

공자 형荊의 어머니가 총애를 받아 애공이 그를 정부인으로 삼고자 종인宗人 흔하釁夏로 하여금 책봉의 예를 올리도록 하였다.
그러자 흔하가 대답하였다.
"그런 예법은 없습니다."

애공이 노하여 말하였다.

"너는 종사宗司로서 부인을 세우는 일은 나라의 큰 예이거늘 어찌하여 그런 예가 없다고 하느냐?"

흔하가 대답하였다.

"주공周公과 무공武公은 설薛나라에서 부인을 맞이하였고, 효공孝公과 혜공惠公은 상商나라에서 부인을 맞이하였으며, 환공桓公 이후로는 제齊나라에서 부인을 맞이하였으니 이러한 예는 그런 경우에는 있었습니다. 그러나 만약 첩을 정부인으로 삼는 경우라면 그러한 예는 진실로 없었습니다."

그러나 애공이 끝내 그녀를 부인으로 세우고 형을 태자로 삼자 나라 사람들은 그때부터 애공을 미워하게 되었다.

【公子荊】魯 哀公의 庶子.
【宗人】종족의 일을 맡아보는 직책. 아래의 '宗司'도 같음.
【釁夏】'釁'은 의식에서 鐘鼎에 피를 바르는 일을 하는 업무로서 '釁'이 성씨가 된 것이며 '夏'는 그의 이름. 梁履繩의 〈補釋〉에 "據〈雜記〉, 釁廟·釁器皆宗人職之, 故釁夏卽以事爲氏"라 함.
【周公】魯나라의 시조 周公 姬旦. 그는 부인을 薛나라에서 정식으로 맞아들였음.
【武公】魯나라 선대 군주. 이름은 敖. 杜預 注에 "武公敖也"라 함.
【孝惠】魯 孝公과 魯 惠公. 孝公은 이름이 稱이었으며, 惠公은 隱公의 아버지로 이름은 弗皇.
【商】宋나라를 대신 일컫는 말. 周 武王(姬發)이 商(殷)의 주를 멸하고 微子 啓를 찾아 殷나라 제사를 잇도록 하였으며 나라 이름을 宋이라 함.
【桓】魯 桓公. 惠公의 嫡子. 이름은 軌(《史記》 魯世家에는 '允'으로 되어 있음). 隱公의 아우. 그는 처음으로 齊나라에서 아내를 취하였으며 부인 이름은 文姜이었음.

㊁

閏月, 公如越, 得大子適郢, 將妻公而多與之地.

公孫有山使告于季孫.

季孫懼, 使因大宰嚭而納賂焉, 乃止.

윤달, 애공이 월越나라에 가서 월나라 태자 적영適郢과 가깝게 되자 태자는 애공에게 자신의 딸을 아내로 주고 많은 땅도 주려 하였다.
　이에 공손유산公孫有山이 본국으로 사람을 보내어 그 사실을 계손季孫에게 알렸다.
　계손은 두려워하며 사람을 통해 태재 비嚭에게 뇌물을 주어 이 일이 중지되었다.

【閏月】애공 24년에는 10월에 윤달을 두었음.
【適郢】越王 句踐의 태자.
【得】서로 친밀하게 됨. 杜預 注에 "得, 相親說也"라 함.
【公孫有山】魯나라 대부. 哀公을 수행하여 越나라에 갔었음.
【季孫】季孫肥. 季康子. 季孫斯의 庶子이며 魯나라 正卿이 되어 執政하고 있었음. 季孫氏는 哀公과 軋轢이 있어 그 일로 楚나라 힘을 빌려 자신을 칠 것을 두려워한 것임. 杜預 注에 "季孫恐公因越討己, 故懼"라 함.
【大宰嚭】吳나라 太宰 伯嚭. 伯州犂의 아들. 伯州犂가 晉나라 출신으로 楚나라에 망명하여 楚나라에 太宰가 되었으며 그 아들이 이번에는 吳나라로 망명하여 오나라 太宰가 됨. 뒤에 伍子胥와 함께 越나라 范蠡, 大夫 文種 등 넷은 吳越 抗爭의 중심인물이 됨. 伯嚭는 伍子胥와 심한 갈등을 빚었으며 부정적인 인물로 묘사되기도 함. 오나라 멸망을 재촉한 인물로 널리 알려짐. 《吳越春秋》에는 '白喜'로 되어 있음.

253. 哀公 25年(B.C.470) 辛未

周	元王(姬仁) 6년	齊	平公(驁) 11년	晉	出公(鑿) 5년	衛	出公(輒職) 7년
蔡	聲侯(産) 2년	鄭	聲公(勝) 31년				
杞	哀公(閼路) 원년	宋	景公(欒) 47년	秦	厲共公 7년	楚	惠王(章) 19년
		越	越王(句踐) 27년				

傳

二十五年夏五月庚辰, 衛侯出奔宋.

衛侯爲靈臺于藉圃, 與諸大夫飮酒焉, 褚師聲子韤而登席, 公怒.

辭曰:「臣有疾, 異於人; 若見之, 君將殻之, 是以不敢.」

公愈怒.

大夫辭之, 不可.

褚師出.

公戟其手, 曰:「必斷而足!」

聞之.

褚師與司寇亥乘, 曰:「今日幸而後亡.」

公之入也, 奪南氏邑, 而奪司寇亥政.

公使侍人納公文懿子之車于池.

初, 衛人翦夏丁氏, 以其帑賜彭封彌子.

彌子飮公酒, 納夏戊之女, 嬖, 以爲夫人.

其弟期, 大叔疾之從孫甥也, 少畜於公, 以爲司徒.
夫人寵衰, 期得罪.
公使三匠久.
公使優狡盟拳彌, 而甚近信之.
故褚師比·公孫彌牟·公文要·司寇亥·司徒期因三匠與拳彌以作亂, 皆執利兵, 無者執斤.
使拳彌入于公宮, 而自大子疾之宮譟以攻公.
鄄子士請禦之, 彌援其手, 曰:「子則勇矣, 將若君何? 不見先君乎? 君何所不逞欲? 且君嘗在外矣, 豈必不反? 當今不可, 眾怒難犯. 休而易間也.」
乃出.
將適蒲, 彌曰:「晉無信, 不可.」
將適鄄, 彌曰:「齊·晉爭我, 不可.」
將適泠, 彌曰:「魯不足與. 請適城鉏, 以鉤越. 越有君.」
乃適城鉏.
彌曰:「衛盜不可知也, 請速, 自我始.」
乃載寶以歸.
公爲支離之卒, 因祝史揮以侵衛.
衛人病之.
懿子知之, 見子之, 請逐揮.
文子曰:「無罪.」
懿子曰:「彼好專利而妄, 夫見君之入也, 將先道焉. 若逐之, 必出於南門, 而適君所. 夫越新得諸侯, 將必請師焉.」
揮在朝, 使吏遣諸其室.
揮出, 信, 弗內.
五日, 乃館諸外里, 遂有寵, 使如越請師.

25년 여름 5월 경진날, 위衛 출공出公이 송宋나라로 달아났다.
　그전에 출공은 자포藉圃에 영대靈臺를 지어 여러 대부들과 그곳에서 술을 마셨는데 그때 저사성자褚師聲子(褚師比)가 가죽 버선을 신은 채 자리로 올라오자 출공이 노하였다.

그러자 저사비는 이렇게 이유를 대었다.

"저는 발에는 병이 있어 남과 다릅니다. 만약 보신다면 구토를 일으키실 것입니다. 이 까닭으로 가죽 버선을 감히 벗지 못하고 있는 것입니다."

출공은 더욱 노하였다.

대부들이 대신 변명해주었으나 안 된다고 하였다.

저사비는 그 자리에서 나갈 수밖에 없었다.

출공은 그 손을 창을 잡은 모습을 하면서 말하였다.

"내 반드시 너의 발을 잘라버리라!"

이 말이 밖으로 저사비에게 들렸다.

저사비는 사구해司寇亥와 함께 수레를 타고 가면서 이렇게 말하였다.

"오늘은 다행스럽게 죽기 전에 도망쳐 나왔구나."

출공은 복위되어 귀국하자 남씨南氏의 읍을 빼앗고, 사구해의 권한도 빼앗아버렸다.

출공은 시인侍人으로 하여금 공문의자公文懿子의 수레를 연못에 처박도록 하였다.

이에 앞서 위나라 사람 하정씨夏丁氏의 집안을 없애고 그 집안 소유물을 팽봉미자彭封彌子(彌子瑕)에게 준 적이 있었다. 이에 팽봉미자는 임금에게 술을 대접하고 하무夏戊의 딸을 바쳤는데 그녀는 출공의 사랑을 받아 부인夫人이 되었다.

그녀의 동생 기期는 태숙질大叔疾의 종손從孫 생질甥姪로 어려서부터 공궁公宮에서 자랐으며 뒤에 사도司徒가 되었다.

그런데 부인이 출공의 사랑을 잃게 되자 기도 죄를 얻게 되었다.

출공은 세 장인匠人을 오랫동안 부려먹기만 하였다.

또 출공은 우교優狡로 하여금 권미拳彌와 맹약을 맺도록 하고는 그를 신임하기도 하였다.

그 때문에 유사비, 공손미모, 공문요, 사구해, 사도 기는 세 장인들, 권미를 끌어들여 반란을 일으켜 모두가 날카로운 무기를 들었고 무기가 없는 자는 도끼를 들고 나섰다.

그리하여 권미에게 공궁으로 들어가 있도록 하고 다른 이들은 태자 질疾의 궁궐로부터 시끄럽게 소리를 내어 출공을 공격해 들어갔다.

이에 견자사鄄子士가 막겠다고 청하자 권미가 그의 손을 잡고 말하였다.

"그대는 용맹한 분입니다. 장차 임금을 어찌 하시렵니까? 선군 괴외蒯聵의 예를 보지 않았습니까? 임금께서는 어디를 가신들 하고 싶으신 대로 하지 못하겠습니까? 게다가 임금은 일찍이 국외에 나가 계시기도 하였는데 이번이라고 어찌 반드시 돌아오시지 못한다고 할 수 있겠습니까? 지금 당장은 어찌 할 수가 없습니다. 여러 사람들의 노여움은 당해내기가 어려우니 안정되면 쉽게 그들을 이간시킬 수 있을 것입니다."

그리하여 출공은 떠나게 되었다.

출공이 장차 포읍蒲邑으로 가려 하자 권미가 말하였다.

"진晉나라는 믿음이 없으니 그곳으로 가서는 안 됩니다."

견읍鄄邑으로 가려 하자 다시 권미가 말하였다.

"제齊나라와 진나라는 서로 우리를 두고 다투고 있으니 그곳도 안 됩니다."

그래서 이번에는 영泠으로 가려 하자 권미가 또 말하였다.

"노魯나라는 편들어 줄 능력이 모자랍니다. 청컨대 성서城鉏로 가셔서 월越나라를 끌어들이십시오. 월나라에는 어진 도와줄 군주가 있습니다."

이에 성서로 가기로 하였다.

권미가 다시 말하였다.

"우리 위나라 도적들이 무슨 짓을 할지 알 수 없으니 청컨대 서두르십시오. 제가 먼저 출발하겠습니다."

그리하여 수레에 보물을 싣고는 위나라로 돌아가버렸다.

출공은 지리支離의 진법을 사용하여 축사祝史 휘揮로 하여금 위나라를 침범하도록 하였다.

위나라 사람들은 이로써 고통을 당하게 되었다.

공문의자가 이를 알아차리고, 자지子之(公孫彌牟)를 만나서 휘를 몰아낼 것을 청하였다.

그러자 문자文子(公孫彌牟)가 말하였다.

"그는 죄가 없소."

공문의자가 말하였다.

"그는 오직 이익만을 좋아하며 마구 행동합니다. 그는 임금이 다시 들어오는 것을 보면 앞장서서 인도하여 끌어들일 것입니다. 만약 그를 축출하면 그는 틀림없이 남문南門으로 나가 임금 있는 곳으로 갈 것입니다. 무릇 월나라가 새로 제후들의 지지를 얻고 있으니 장차 틀림없이 월나라로 가서 군사를 요청할 것입니다."

휘가 조정에 있어 관리로 하여금 그의 가족을 몰아내도록 하였다.

휘는 조정에서 나와 이틀이 되도록 집으로 들어갈 수가 없었다.

닷새가 지나 외리外里에서 묵다가 드디어 출공에게 총애를 받아 월나라에 사신으로 가서 군사를 요청하게 되었다.

【庚辰】 5월 25일.

【衛侯】 出公(輒)을 가리킴. 한때 蒯聵에게 나라를 잃었다가 복위하였으나 다시 宋나라로 달아남.

【藉圃】 도읍 근처에 있는 공실의 밭. 杜預 注에 "於藉田之圃新造幄幕, 皆以虎獸爲飾"이라 함. 哀公 17년을 볼 것.

【靈臺】 周 文王이 백성의 도움으로 宮臺를 짓고 靈臺라 하였음. 出公이 이를 흉내 내어 지은 것으로 놀이를 위한 것임.

【褚師聲子】 褚師比. 衛나라 대부. 瞞成과 함께 莊公(蒯聵)을 제거하려 하였으나 실패함. 哀公 15년을 볼 것. 시호는 聲子.

【韈】 反切로「亡伐反」'말'로 읽음. '襪'과 같음. 가죽으로 만든 버선. 양말. 杜預 注에 "古者, 見君解韈"이라 하여 당시 예절에 임금 앞에서는 이러한 버선을 벗도록 되어 있었음.

【㱿】 反切로「許角反」'학'으로 읽으며 杜預 注에 "㱿, 嘔吐也"라 함.

【戟其手】 화가 풀리지 않을 때 취하는 몸짓. 楊伯峻 注에 "以左手叉腰右手橫指如戟形, 今人怒罵時猶有作此狀者"라 함.

【司寇亥】 司寇는 원래 刑獄을 담당하는 관직 이름이었으나 이것이 성씨가 된 것임. 亥는 이름. 《禮記》 檀弓(上) 孔穎達 疏에 《世本》을 인용하여 "靈公生昭子郢, 郢生文子木及惠叔蘭, 蘭生虎, 爲司寇氏"라 함.

【後亡】杜預 注에 "恐死, 以得亡爲幸"이라 함.

【南氏】公孫彌牟. 子南彌牟. 將軍文子. 자는 子之.《戰國策》衛策에는 '南文子'로 불렀으며《通志》氏族略에는 "子南氏, 衛靈公之子公子郢之後, 蓋郢字子南也"라 함.

【公文懿子】公文要. 衛나라 대부. 杜預 注에 "懿子, 公文要. 公有忿, 使人投其車于池水中"이라 함.

【夏丁氏】夏丁은 夏戊를 가리킴. 夏戊는 大叔疾의 외삼촌. 자는 丁. 杜預 注에 "夏戊, 悼子之舅"라 하였고,《左傳會箋》에는 "懿子娶憖女, 生悼子及一女. 女適夏氏, 生戊, 故戊是懿子之外孫. 二十五年彌子飲公酒, 納夏戊之女, 嬖, 以爲夫人; 其弟期, 大叔疾之從孫舅也. 前後相照, 而夏戊爲悼子姊妹之子審矣"라 함. 哀公 11년 傳에 "悼子亡, 衛人翦夏戊"라 함.

【彭封彌子】彌子瑕. 衛 靈公의 嬖臣으로 '愛憎之變', '史魚屍諫' 등의 고사를 남긴 인물.

【期】夏戊의 아들이며 大叔疾의 從孫甥(從外孫). 杜預 注에 "期, 夏戊之子. 姊妹之孫爲從孫甥, 與孫同列"이라 함. 누나가 총애를 입자 司徒에 올랐으나 누나가 사랑을 잃고 大叔疾이 宋나라로 도망하자 그도 죄를 입어 축출당함.

【大叔疾】世叔齊. 衛나라 대부. 이름은 齊, 혹은 疾. 시호는 悼子. 宋나라로 도망하여 向魋에게 의지하였으며 그의 총애를 받음.

【三匠】세 직책의 공인들. 장인들. 궁궐을 꾸미기 위해 이들을 오랫동안 심하게 부려먹어 이들이 불만을 품게 되었음을 말함.

【優狡】'優'는 광대 배우. 이름은 狡.

【拳彌】衛나라 대부. 대부와 광대를 맹약을 맺도록 한 것은 대부에게 치욕을 주기 위한 것이었음. 杜預 注에 "拳彌, 衛大夫. 使俳優盟之, 欲恥辱也"라 함.

【褚師比·公孫彌牟·公文要·司寇亥·司徒期·三匠·拳彌】褚師比는 褚師聲子. 杜預 注에 "驪登席者"라 하였고, 公孫彌牟는 南文子. 杜預 注에 "喪邑者"라 하였으며, 公文要는 公文懿子. 杜預 注에 "失車者"라 함. 司寇亥는 "被奪官者"이며 司徒期는 하무의 딸 남동생으로 "得罪者", 三匠은 "使久者", 拳彌는 "與優狡盟者"로서 모두가 出公에 대하여 지극히 원한을 가진 자들이었음.

【太子疾之宮】莊公의 太子 疾이 살았던 궁전. 질은 哀公 17년에 이미 죽어 없었으나 그 저택은 그대로 남아 있었음. 이들이 그 저택으로부터 출발한 것임.

【鄟子士】衛나라 대부.

【先君】出公(輒)의 아버지 蒯聵(莊公)를 가리킴. 蒯聵는 衛 靈公(元)의 太子이며 出公(輒)의 아버지. 南子의 淫行을 보고 이를 제거하려다가 실패하여 定公 14년 국외로 망명, 갖은 고생을 함. 그 사이 靈公이 죽고 아들 輒이 임금에 올라 아들에게 원한을 갖게 됨. 그 뒤 哀公 16년 孔悝가 그를 받아들여 王으로 세웠으나 불과 2년 만에 다시 晉나라에게 축출당함. 시호는 '莊'. 杜預 注에 "先君, 蒯聵也. 亂不速奔, 故爲戎州所殺, 欲令早去"라 함.
【逞】하고 싶은 대로 함. 마음껏 快意를 누림.
【休】지금의 난이 안정됨.
【間】離間됨. 지금은 모두가 같은 처지여서 뭉쳐 있지만 난이 안정되고 나면 저들은 서로 흩어져 사이가 멀어지게 됨.
【蒲】지금의 河北 長垣縣. 衛나라 읍으로 晉나라와 가까웠음.
【鄄】지금의 山東 濮縣. 齊나라와 가까운 곳이었음.
【泠】魯나라에 가까운 衛나라의 읍.《續山東考古錄》에 "以鄆城西南有泠莊河, 地近魯, 疑在此"라 함.
【城鉏】宋나라에 가까운 衛나라 읍. 지금의 河南 滑縣 동쪽. 哀公 11년을 볼 것. 出公이 도망하여 머물던 곳.
【載寶以歸】拳彌가 出公을 속이고 보물을 싣도록 하여 이를 자신이 가지고 위나라로 들어간 것임. 杜預 注에 "欺衛君. 言君以寶自隨, 將致衛盜, 請速行, 己爲先發, 而因載寶歸衛也"라 함.
【支離】전투 陳法. 소수의 병력으로 이리저리 흩어져 전투를 벌이는 작전. 게릴라전과 같음. 杜預 注에 "支離, 陳名"이라 하였고,《左傳會箋》에는 "支離, 分散也, 蓋分爲數隊以誤敵"이라 함.
【祝史揮】衛나라 祝史. 이름은 揮.
【子之】公孫彌牟. 南文子. 杜預 注에 "子之, 公孫彌牟文子也"라 함.
【先道】先導와 같음. 杜預 注에 "若見君有入勢, 必道助之"라 함.
【越新得諸侯】당시 中原에는 패자가 쇠약하여 越王 句踐이 패자가 되고자 하여 제후들의 지지를 얻게 될 상황이었음.
【信】이틀을 밖에서 자는 것. 杜預 注에 "再宿曰信"이라 함. 원래 군사의 주둔을 뜻하며 莊公 3년 傳에 "凡師, 一宿爲舍, 再宿爲信, 過信爲次"라 함.
【外里】지명. 杜預 注에 "外里, 公所在"라 하여 출공이 있던 城鉏에 가까운 곳이거나 그 읍 밖의 마을 이름.

傳

六月, 公至自越, 季康子·孟武伯逆於五梧.
郭重僕, 見二子, 曰:「惡言多矣, 君請盡之.」
公宴於五梧, 武伯爲祝, 惡郭重, 曰:「何肥也?」
季孫曰:「請飮彘也! 以魯國之密邇仇讎, 臣是以不獲從君, 克免於大行, 又謂重也肥?」
公曰:「是食言多矣, 能無肥乎?」
飮酒不樂, 公與大夫始有惡.

6월, 애공이 월越나라로부터 돌아오자 계강자季康子와 맹무백孟武伯이 오오五梧로 나가 애공을 맞이하였다.

곽중郭重이 애공의 수레를 조종하였는데 먼저 두 사람을 만나고 나서 애공에게 이렇게 말하였다.

"임금에 대한 악언을 많이 하고 있습니다. 임금께서는 하실 말씀을 다 하십시오."

애공이 오오에서 주연을 베풀자 맹무백이 축수를 하면서 곽중을 미워하며 이렇게 말하였다.

"어찌 그리 살이 쪘소?"

그러자 계손씨(季康子)가 말하였다.

"체彘(孟武伯)에게 벌주를 내리십시오! 우리 노나라가 적국과 아주 가까이 있어 저희들은 이 때문에 임금을 따라갈 기회를 얻지 못하였으나 힘든 여행을 마치고 온 곽중에게 살이 쪘다고 말할 수 있습니까?"

애공이 말을 받았다.

"그거야 여러 사람들의 식언食言을 많이 얻어먹었으니 살이 찌지 않을 수가 있겠소?"

이에 술자리가 분위기는 즐겁지 못하였고, 애공과 대부들 사이에 나쁜 감정이 생기게 되었다.

【自越】哀公이 지난해 윤 10월 越나라에 갔다가 9개월 만에 귀국한 것.
【季康子】季孫肥. 季孫斯의 서자. 시호는 康子. 魯나라 正卿.
【孟武伯】孟孺子 洩. 魯나라 孟孫(仲孫何忌)의 아들. 이름은 彘. 杜預 注에 "洩, 孟懿子之子孟武伯也"라 함.
【五梧】魯나라 남쪽 변방. 지금의 山東 費縣 서남쪽.
【郭重】哀公을 모시고 수행하며 수레를 몰았던 마부.
【何肥】멀리 越나라를 다녀오면서 호강하였을 것이라고 비꼰 것.
【密邇仇敵】당시 魯나라는 이웃 齊나라와 사이가 좋지 않았음을 가리킴.
【大行】길고 먼 여행. 杜預 注에 "言重隨君遠行劬勞, 不宜稱肥"라 함.
【食言】한 말에 대해서 책임지지 않음. 즉 거짓말. 여기에서는 이들이 자신과의 약속을 제대로 지키지 않은 것에 대한 불만을 '指桑罵槐'의 방법으로 비꼬아 말한 것임.

254. 哀公 26年(B.C.469) 壬申

周	元王(姬仁) 7년	齊	平公(驁) 12년	晉	出公(鑿) 6년	衛	悼公(黔) 원년
蔡	聲侯(産) 3년	鄭	聲公(勝) 32년				
杞	哀公(闕路) 2년	宋	景公(欒) 48년	秦	厲共公 8년	楚	惠王(章) 20년
		越	越王(句踐) 28년				

⟨傳⟩
二十六年夏五月, 叔孫舒帥師會越皋如·舌庸·宋樂茷納衛侯, 文子欲納之.

懿子曰:「君愎而虐, 少待之, 必毒於民, 乃睦於子矣.」

師侵外州, 大獲.

出禦之, 大敗.

掘褚師定子之墓, 焚之于平莊之上.

文子使王孫齊私於皋如, 曰:「子將大滅衛乎? 抑納君而已乎?」

皋如曰:「寡君之命無他, 納衛君而已.」

文子致衆而問焉, 曰:「君以蠻夷伐國, 國幾亡矣, 請納之.」

衆曰:「勿納.」

曰:「彌牟亡而有益, 請自北門出.」

衆曰:「勿出.」

重賂越人, 申開·守陴而納公, 公不敢入.

師還.
立悼公, 南氏相之.
以城鉏與越人.
公曰:「期則爲此.」
令苟有怨於夫人者報之.
司徒期聘於越, 公攻而奪之幣.
期告王, 王命取之, 期以衆取之.
公怒, 殺期之甥之爲大子者, 遂卒于越.

26년 여름 5월, 숙손서叔孫舒가 군사를 이끌고, 월越나라 고여皐如와 후용后庸, 그리고 송宋나라 악패樂茷 등과 만나 위衛 출공出公을 위나라로 들여보내기로 하자 문자文子가 이를 받아들이려 하였다.
 그러자 의자懿子가 말하였다.
 "임금은 괴팍하고 포학합니다. 조금 기다려봅시다. 틀림없이 백성에게 해독을 끼칠 것이니 그때는 백성이 그대를 따르게 될 것입니다."
 월나라 군사들이 도읍 주변의 여러 주州로 쳐들어가서 큰 성과를 거두었다.
 위나라 사람들이 나서서 방어하였지만 크게 패하였다.
 출공은 저사비褚師比의 아버지 저사성자褚師定子의 묘를 파헤쳐 그 시신을 평장平莊 언덕에서 불에 태웠다.
 문자가 왕손제王孫齊를 사사롭게 고여에게 보내어 이렇게 물었다.
 "그대는 장차 우리 위나라를 아주 무너뜨리려는 것입니까? 아니면 그저 임금만 들여보내려는 것입니까?"
 고여가 말하였다.
 "우리 임금의 명령은 다른 것은 없고, 위나라 임금을 들여보내라는 것일 뿐이오."
 문자는 여러 사람들을 모아놓고 의견을 물었다.
 "임금이 만이蠻夷의 힘을 빌려 우리를 쳐서 나라가 거의 망할 지역이오. 청컨대 임금을 받아들이기로 합시다."

무리들이 말하였다.

"받아들이지 맙시다."

문자가 말하였다.

"나(彌牟)는 그가 망명하여 나라에 이익이 된다면 나는 북문北門을 통해 내가 나가겠소."

무리들이 말하였다.

"나가지 마십시오."

그리하여 그는 월나라에 많은 뇌물을 주고 겹겹이 닫혔던 성문을 열고 성벽 위에서 수비하면서 출공을 받아들이기로 하였으나 출공은 감히 들어오지 못하였다.

월나라 군사들은 돌아갔다.

위나라는 도공悼公을 임금으로 세우고 남씨南氏(文子)가 보필하기로 하였다.

그리고 성서城鉏를 월나라에 넘겨주었다.

그러자 출공이 말하였다.

"기期가 이런 짓을 한 것이리라."

그리하여 부인에게 원한을 가진 자로 하여금 부인에게 보복을 하도록 하였다.

사도 기가 도공의 사신이 되어 월나라에 가자 출공은 그를 공격하여 가지고 가던 예물을 모두 빼앗았다.

사도 기가 월왕에게 이를 고하자 월왕은 다시 빼앗아 오라고 명하여 기는 많은 사람을 이끌고 가서 되돌려 찾았다.

출공은 노하여 기의 생질이며 자신이 태자로 삼았던 아들을 죽이고 결국 자신은 월나라에서 생을 마쳤다.

【叔孫舒】魯나라 대부. 叔孫武叔의 아들 叔孫文子.
【皐如】越나라 대부.
【舌庸】역시 越나라 대부. 원전에는 '后庸'으로 되어 있으나 〈唐石經〉, 〈宋本〉, 〈金澤文庫本〉, 《國語》吳語 등에 의해 수정함. 《吳越春秋》에는 '曳(洩)庸'으로 되어 있음.

【樂茷】宋나라 대부.
【衛侯】衛 出公(輒). 蒯聵(莊公)의 아들로 다시 복위하였으나 南文子 등에 의해 다시 축출당하여 城鉏에 있었음.
【文子】衛나라 대부. 南氏. 公孫彌牟. 子南彌牟. 將軍文子. 자는 子之.《戰國策》衛策에는 '南文子'로 불렸으며《通志》氏族略에는 "子南氏, 衛靈公之子公子郢之後, 蓋郢字子南也"라 함.
【懿子】역시 衛나라 대부. 公文懿子. 公文要. 衛나라 대부. 杜預 注에 "懿子, 公文要. 公有忿, 使人投其車于池水中"이라 함.
【師】祝史 揮가 越나라에 가서 얻어낸 지원군.
【外州】衛나라 읍. 지금의 山東 范縣과 鄆城縣 사이. 그러나 楊伯峻은 地名으로 보지 않았음.
【褚師定子】褚師比(褚師聲子)의 아버지. 褚師子申이 아닌가 함. 杜預 注에 "定子, 褚師比之父也"라 함.
【平莊】언덕 이름. 杜預 注에 "平莊, 陵名也"라 함.
【王孫齊】衛나라 대부. 王孫賈의 아들. 시호는 昭子. 杜預 注에 "齊, 衛大夫王孫賈之子昭子也"라 함. 定公 8년을 볼 것.
【北門出】越나라 군사와 出公을 피해 북쪽 문을 통해 달아나겠다는 뜻. 당시 出公과 월나라 군사들은 남쪽에 버티고 있었음.
【申開】'겹겹이 닫힌 성문을 열다'의 뜻. '申'은 '重'의 뜻.
【守陴】'陴'는 성벽의 위. 문은 열었지만 성 위에서 엄중히 수비함을 뜻함.
【悼公】莊公(蒯聵)의 庶弟이며 出公(輒)의 季父. 靈公(元)의 아들. 衛나라 군주에 오름. 이름은 黔.《史記》索隱에는《世本》을 인용하여 '虔'이라 하였고, 杜預 注에는 '黜'이라 함.《史記》衛世家에 "出公季父黔攻出公子而自立, 是爲悼公"이라 함.
【南氏】南文子. 公孫彌牟.
【城鉏】宋나라에 가까운 衛나라 읍. 지금의 河南 滑縣 동쪽. 哀公 11년을 볼 것. 출공이 도망하여 머물던 곳.
【期】夏戊의 아들이며 大叔疾의 從孫甥(從外孫). 杜預 注에 "期, 夏戊之子. 姊妹之孫爲從孫甥, 與孫同列"이라 함. 누나가 총애를 입자 司徒에 올랐으나 누나가 사랑을 잃고 大叔疾이 宋나라로 도망하자 그도 죄를 입어 축출당함.
【怨於夫人者】夫人은 期의 누나. 그에게 원한을 가졌던 궁녀들로 하여금 부인을 괴롭히도록 함. 杜預 注에 "夫人, 期姊也. 怒期而不得加戮, 故敕宮女令苦困期姊"라 함.

【王】越王 句踐.
【大子】出公과 期의 누나 사이에 난 아들로 태자에 책봉되었던 자. 사도 기의 조카.
【遂卒于越】杜預 注에 "終言之也"라 함. 그러나 出公이 그 즉시 越나라에서 죽은 것은 아닐 것으로 보임.

⊙(傳)

宋景公無子, 取公孫周之子得與啓畜諸公宮, 未有立焉.

於是皇瑗爲右師, 皇非我爲大司馬, 皇懷爲司徒, 靈不緩爲左師, 樂茷爲司城, 樂朱鉏爲大司寇, 六卿三族降聽政, 因大尹以達.

大尹常不告, 而以其欲稱君命以令.

國人惡之.

司城欲去大尹, 左師曰:「縱之, 使盈其罪. 重而無基, 能無敝乎?」

冬十月, 公游于空澤, 辛巳, 卒于連中.

大尹興空澤之士千甲, 奉公自空桐入如沃宮, 使召六子, 曰:「聞下有師, 君請六子畫.」

六子至, 以甲劫之曰:「君有疾病, 請二三子盟.」

乃盟于少寢之庭, 曰:「無爲公室不利!」

大尹立啓, 奉喪殯于大宮, 三日而後國人知之.

司城茷使宣言于國曰:「大尹惑蠱其君, 而專其利, 今君無疾而死, 死又匿之, 是無他矣, 大尹之罪也.」

得夢啓北首而寢於盧門之外, 己爲烏而集於其上, 咮加於南門, 尾加於桐門.

曰:「余夢美, 必立!」

大尹謀曰:「我不在盟, 無乃逐我? 復盟之乎!」

使祝爲載書.

六子在唐盂, 將盟之.

祝襄以載書告皇非我.

皇非我因子潞·門尹得·左師謀曰:「民與我, 逐之乎!」

皆歸授甲, 使徇于國曰:「大尹惑蠱其君, 以陵虐公室; 與我者, 救君者也.」
衆曰:「與之!」
大尹徇曰:「戴氏·皇氏將不利公室, 與我者, 無憂不富.」
衆曰:「無別!」
戴氏·皇氏欲伐公, 樂得曰:「不可. 彼以陵公有罪; 我伐公, 則甚焉.」
使國人施于大尹, 大尹奉啓以奔楚, 乃立得.
司城爲上卿, 盟曰:「三族共政, 無相害也!」

송宋 경공景公에게는 아들이 없어서 공손주公孫周의 아들 득得과 계啓를 데려다가 공궁公宮에서 길렀으나 아직 태자로는 삼지 않고 있었다.

당시 황원皇瑗이 우사右師, 황비아皇非我가 대사마大司馬, 황회皇懷가 사도司徒, 영불완靈不緩이 좌사左師, 악패樂茷가 사성司城, 악주서樂朱鉏가 대사구大司寇로서 이들 삼족三族의 육경六卿이 공경을 다해 정치를 하면서 대윤大尹을 통해 임금에게 상황을 보고하게 되어 있었다.

그런데 대윤은 늘 보고는 제대로 하지 않은 채 자신의 욕구대로 임금의 명령이라 칭하며 명령을 내리곤 하였다.

이리하여 나라 사람들이 그를 미워하였다.

사성 악패가 대윤을 제거하려 하자 좌사 영불완이 말하였다.

"그대로 두어 그로 하여금 죄가 넘치게 하시오. 중요한 자리에 있으면서 기반이 없으니 쓰러지지 않을 수 있겠소?"

겨울 10월, 경공이 공택空澤에서 유람을 하던 중, 신사날에 연중連中에서 세상을 떠나고 말았다.

그러자 대윤은 공택의 무장병 천 명을 동원하여 경공의 시신을 모시고 공동空桐으로부터 옥궁沃宮이라는 궁궐로 들어가 이렇게 육경을 불러 오도록 하였다.

"시골에서 군사들의 소란이 있다는 말을 들으시고 그대 육경을 청하여 상의하시려 합니다."

육경이 이르자 장병들로 위협하면서 말하였다.

"임금께서 병환이 있으시니 청컨대 여러분은 맹약을 해 주시오."

이에 소침少寢 뜰에서 맹약을 맺으며 말하였다.

"공실을 불리하게 하지 말라!"

대윤은 계啓를 임금으로 세우고 태궁大宮에 빈소를 마련하여 경공이 죽은 지 사흘 뒤에야 나라 사람들은 이 사실을 알게 되었다.

사성 악패가 사람을 시켜 나라에 널리 말하도록 하였다.

"대윤은 임금을 속여 미혹하게 하여 자신의 이익에만 전념하고 있다. 지금 임금은 아무런 병도 없이 돌아가셨고, 게다가 임금의 죽음 또한 숨겼다. 이는 다른 이유에서가 아니라 대윤이 죄를 저질렀기 때문이다."

득의 꿈에 계가 머리를 북쪽으로 하여 노문盧門 밖에서 잠을 자고 있고, 자신은 까마귀가 되어 그 위에 앉아 있는데 그 입은 남문에 얹혀 있고 꼬리는 동문桐門에 얹혀 있는 것이었다.

꿈에서 깨어난 득은 이렇게 말하였다.

"나의 꿈은 훌륭한 것이다. 틀림없이 내가 임금이 되리라!"

대윤은 측근들과 모책을 세우면서 이렇게 말하였다.

"나는 맹약에 참가하지 않았으니 육경들이 나를 몰아내지나 않을까? 다시 동맹을 맺어야겠다!"

이리하여 축관祝官으로 하여금 맹약의 문장을 짓도록 하였다.

육경는 당우唐盂에 살고 있어 그곳에서 맹약을 맺으려 하였다.

축관 양襄이 지은 문서를 가지고 황비아에게 가서 알렸다.

그러자 황비아는 자로子潞(樂茷)와 문윤門尹 득得과 좌사 영불완 등과 모책을 짜며 말하였다.

"백성이 우리 편을 들고 있으니 그들을 몰아냅시다!"

그리하여 모두 각기 집으로 돌아가 사람들에게 무기를 주고 나라 안을 돌며 이렇게 알리도록 하였다.

"대윤은 군주를 속여 현혹케 하여 공실을 능멸하며 못된 짓을 하고 있다. 우리 뜻에 찬동하는 자는 임금을 구하려는 자들이다."

무리들이 말하였다.

"찬동합니다!"

대윤도 돌아다니며 이렇게 말하였다.

"대씨戴氏와 황씨들은 장차 공실을 불리하게 할 것이다. 나에게 찬동하는 자는 부자가 되지 않을 것을 걱정하지 말라."

그러자 무리들이 말하였다.

"말하는 게 군주와 다름없군!"

대씨와 황씨가 임금을 공격하려 하자 악득樂得이 말하였다.

"안 됩니다. 대윤은 임금을 능멸한 것으로 죄가 되고 있는데 우리가 임금을 친다면 그 죄는 그보다 더한 것이 됩니다."

이리하여 나라 사람들로 하여금 대윤에게 벌을 가하도록 하자 대윤은 계를 모시고 초楚나라로 달아났으며 이에 득을 임금으로 세우게 되었다.

사성 악패가 상경上卿이 되고 육경들이 맹약하였다.

"삼족이 함께 정치를 하되 서로 해를 끼침이 없으리라!"

【宋景公】당시 宋나라 군주. 이름은 欒. 元公(左)을 이어 임금 자리에 올라 B.C.516~469년까지 48년간 재위하고 昭公(得)에게 이어짐.

【公孫周】子高. 元公(左)의 손자이며 景公(欒)의 조카. 경공이 아들이 없어 조카의 아들을 기름. 杜預 注에 "周, 元公孫子高也"라 함.

【得】'特'으로도 표기함. 公孫 周의 아들이며 景公의 孫子뻘이 됨. 뒤에 宋 昭公이 됨.《史記》宋世家에는 "公子特"이라 하였고 索隱에 "特, 一作得"이라 함.

【啓】昭公(得)의 아우.

【皇瑗】宋나라 대부이며 右師. 皇麋의 아버지. 皇野의 형.

【皇非我】皇懷와 從昆弟 사이의 皇氏 일족. 大司馬에 오름. 大司馬는 군사책임자.

【皇懷】皇非我의 堂弟. 司徒에 오름. 司徒는 文敎 禮樂을 담당한 최고 관직.

【靈不緩】子靈圍龜의 후손. 左師에 오름. 左師는 二軍 중 左君의 최고 책임자.

【樂茷】樂溷의 아들. 자는 子潞. 司城에 오름. 司城은 다른 나라의 司空과 같으며 土木 營建에 관한 일을 관장하는 최고 책임자.

【樂朱鉏】樂輗의 아들. 大司寇에 오름. 大司寇는 刑獄과 司法에 관한 일의 최고 책임자. 오늘날의 大法官과 같음.

【六卿三族】'六卿'은 앞에 든 여섯 명의 大夫들. '三族'은 皇氏, 靈氏, 樂氏를 가리킴.

【大尹】宰相. 太宰, 上國과 같은 직책으로 보임. 임금에게 행정을 보고하는 업무를 맡은 자. 구체적 사례는 찾을 수 없음.

【重而無基, 能無敝乎】'敝'는 '敗, 弊'와 같음. 杜預 注에 "言勢重而無德以爲基, 必敗也"라 함.

【空澤】宋나라 읍. 지금의 河南 虞城縣 남쪽 汴水가 경유하는 곳. 《一統志》에 "空澤, 卽空桐澤, 在河南虞城縣南, 上有空桐亭"이라 함.

【辛巳】10월 4일. 이날 宋 景公이 죽음. 《藝文類聚》에 《古文瑣語》를 인용하여 "初, 邢史子臣謂宋景公曰:「從今以往五祀, 臣死. 自臣死後五祀, 五月丁亥, 吳亡. 以後五祀, 八月辛巳, 君薨」邢史子臣至死日, 朝見景公, 夕而死. 後吳亡. 景公懼, 思邢史子臣之言, 將死日, 乃逃于瓜圃, 遂死焉. 求得. 已蟲矣"라 함.

【連中】館所 이름. 沈欽韓의 〈補注〉에 《名勝志》를 인용하여 "連中館在空澤後, 遺址高二丈"이라 함.

【空桐·沃宮】空澤 부근의 궁궐 이름. 杜預 注에 "奉公尸也. 梁國虞縣東南有地 名空桐. 沃宮, 宋都內宮名"이라 하였고, 章炳麟의 《左傳讀》(8)에는 "〈殷本紀〉, 太史公曰: 殷後有空桐氏. 此卽宋裔, 以地爲氏者, 語本《世本》, 正可以證《左》"라 함.

【畫】계책을 세움. 杜預 注에 "畫, 計策"이라 하였고 〈釋文〉에 "畫音獲"이라 하여 '획'으로 읽으며 '劃'과 같음. 이는 大尹이 거짓으로 말한 것임.

【少寢】小寢과 같음. 《禮記》玉藻篇에 의하면 임금이 공무를 마치고 退朝하여 편히 쉬는 방을 뜻함.

【大宮】太宮. 宋나라의 祖廟. 太廟.

【今君無疾而死】'今'은 원전에는 '令'으로 되어 있으나 〈石經本〉, 〈宋本〉, 〈足利本〉, 〈金澤文庫本〉 등에 의해 수정함.

【大尹之罪】大尹이 시살한 것으로 추측한 것. 杜預 注에 "言大尹所弑"라 함.

【盧門】宋나라 東城의 南門. '北首'는 머리를 북쪽을 향하고 있음을 말하며 이는 죽음을 상징함. 아울러 노문 밖이라 한 것은 나라를 잃게 됨을 뜻함.

【烏】원전에는 '鳥'로 되어 있으나 〈宋本〉, 〈淳熙本〉, 〈岳本〉, 〈足利本〉, 〈金澤文庫本〉 등에 의해 수정함.

【咮】까마귀의 부리. 喙, 嘴.

【桐門】도읍 성의 北門.

【唐盂】宋나라 도읍 안에 있는 마을 이름. 지금의 河南 商丘市.

【祝】이름은 襄. 祝은 祝館. 제사나 기도, 맹약 등을 담당하는 관원.

【載書】 맹약의 문서, 문장.
【唐盂】 宋나라 도읍 안에 있는 마을 이름. 지금의 河南 商丘市.
【子潞】 樂茷.
【門尹得】 門尹은 성의 문을 관리하는 책임자. 得은 그의 이름으로 樂得. 樂豫의 7세손. 樂豫는 文公 7년을 볼 것.
【戴氏】 樂氏 집안을 가리킴.
【無別】 말하는 것이 마치 자신이 임금인 것처럼 함.
【欲伐公】 여기서의 公은 大尹에 의해 임금 자리에 오른 公孫 周의 아들 啓를 가리킴.
【立得】 公孫 周의 아들 得(特)이 임금이 됨. 이가 宋 昭公임.《史記》宋世家에 "宋公子特攻殺太子而自立, 是爲昭公"이라 하였으나〈索隱〉에는 "特, 一作得. 按《左傳》, 與此全乖, 未知太史公據何而爲此說"이라 하여 내용이 어긋남. 한편《韓詩外傳》(6)과 賈誼《新書》先醒篇에는 이 宋 昭公도 나중에 축출당하여 국외로 도망하면서 "吾外內不聞吾過, 是以至此"라 깨닫고 다시 改悛하여 復位되었다는 내용이 실려 있음.
【三族】 皇氏, 靈氏, 樂氏 세 가문을 뜻함.

㊂
衛出公自城鉏使以弓問子贛, 且曰:「吾其入乎?」
子贛稽首受弓, 對曰:「臣不識也.」
私於使者曰:「昔成公孫於陳, 甯武子·孫莊子爲宛濮之盟而君入. 獻公孫於齊, 子鮮·子展爲夷儀之盟而君入. 今君再在孫矣, 內不聞獻之親, 外不聞成之卿, 則賜不識所由入也.《詩》曰:『無競惟人, 四方其順之.』若得其人, 四方以爲主, 而國於何有?」

위衛 출공出公이 성서城鉏로 나가 있을 때 사람을 시켜 활을 자공子贛에게 보내면서 이렇게 물어보도록 하였다.
"내가 도읍 안으로 들어갈 수 있겠는가?"
자공은 머리를 조아리고 그 활을 받으면서 이렇게 대답하였다.

"저로서는 알지 못합니다."

그리고 사신에게 사사롭게 말하였다.

"옛날, 성공成公께서 진陳나라로 나가셨을 때에는 영무자甯武子와 손장자孫莊子가 완복宛濮에서 맹약을 맺어 임금이 들어올 수 있었습니다. 그리고 헌공獻公께서 제齊나라로 나가셨을 때에는 자선子鮮과 자전子展이 이의夷儀에서 맹약을 맺어 임금이 들어올 수 있었습니다. 그러나 지금 군주는 두 번이나 나가 계시게 되었지만 안으로는 책략을 바치는 친척이 있다는 소문을 듣지 못하고, 밖으로는 일을 성사시켜 줄 경卿이 있다는 말을 듣지 못하고 있으니 나(賜)는 그분이 들어올 수 있을지 알 수가 없소이다. 《시》에 '사람의 힘보다 더 강한 것은 없으니 사방이 모두 그분에게 순종하네'라 하였소이다. 만일 사람을 얻으면 사방 모든 이들이 그를 주인으로 받들어 모실 것인데 나라 하나 다스림에 무슨 어려움이 있겠소?"

【城鉏】 宋나라에 가까운 衛나라 읍. 지금의 河南 滑縣 동쪽. 哀公 11년을 볼 것. 出公이 도망하여 머물던 곳.
【子贛】 子貢과 같음. 公子 弟子. 이름은 端木賜.
【成公孫於陳】 衛 成公(鄭). B.C.634~600년까지 35년간 재위함. 그는 楚나라로 달아났다가 다시 陳나라로 가자 甯武子와 孫莊子가 宛濮에서 위나라 사람들과 맹약을 맺고 成公을 귀국하도록 주선함. 僖公 28년을 볼 것. '孫'은 '遜'과 같으며 임금이 국외로 망명하거나 축출당함을 뜻함.
【甯武子】 이름은 甯兪. 衛나라 대부. 僖公 28년을 볼 것.
【孫莊子】 衛 成公의 경.
【宛濮】 衛나라 지명. 지금의 河北 長垣縣 서남쪽 宛亭.
【獻公】 衛 獻公(衎). B.C.547~544년까지 4년간 재위함. 그가 齊나라로 달아났을 때 子鮮과 子展이 이의에서 맹약을 맺고 귀국시킴. 襄公 14년을 볼 것.
【獻公孫於齊】 원전에는 "孫於衛齊"로 되어 있으나 〈石經本〉, 〈宋本〉, 〈足利本〉, 〈金澤文庫本〉 등에 의해 '衛'자를 제거함.
【子鮮】 獻公의 아우. 定公의 아들. 이름은 鱄, 鮮은 字. 獻公의 망명을 따라 나서서 보필했던 인물.

【子展】獻公을 따라 수행하였던 獻公의 외척으로 甯喜와 모책을 세워 獻公을 귀국할 수 있도록 함.
【夷儀】원래는 邢나라 땅. 당시는 衛나라 땅이었음. 지금의 山東 連城縣 부근. 《公羊傳》에는 '陳儀로 되어 있음. 이때의 회맹은 襄公 26년을 볼 것.
【今君再在孫】哀公 15년 出公(輒)이 魯나라로 도망하였다가 지금 다시 宋나라로 달아남. 杜預 注에 "謂十五年孫魯, 今又孫宋"이라 함.
【詩】《詩經》周頌 烈文篇에 "無競維人, 四方其訓之. 不顯維德, 百辟其刑之. 於乎前王不忘"이라 하였고, 大雅 抑篇에도 "無競維人, 四方其訓之. 有覺德行, 四國順之. 訏謨定命, 遠猶辰告. 敬慎威儀, 維民之則. 其在于今, 興迷亂于政. 顚覆厥德, 荒湛于酒. 女雖湛樂從, 弗念厥紹. 罔敷求先王, 克共明刑"이라 하여 같은 구절이 실려 있음.

255. 哀公 27年(B.C.468) 癸酉

周	貞定王(姬介) 원년	齊	平公(驁) 13년	晉	出公(鑿) 7년	衛	悼公(黚) 2년
蔡	聲侯(産) 4년	鄭	聲公(勝) 33년				
杞	哀公(閼路) 3년	宋	昭公(得) 원년	秦	厲共公 9년	楚	惠王(章) 21년
		越	越王(句踐) 29년				

傳

二十七年春, 越子使舌庸來聘, 且言邾田, 封于駘上.
二月, 盟于平陽, 三子皆從.
康子病之, 言及子贛, 曰:「若在此, 吾不及此夫!」
武伯曰:「然. 何不召?」
曰:「固將召之.」
文子曰:「他日請念.」

27년 봄, 월왕越王 구천句踐이 설용舌庸을 노나라에 예방토록 하면서 아울러 주전邾田의 문제를 거론하며 태상駘上을 국경으로 정하도록 하였다.
2월, 평양平陽에서 동맹을 맺어 계강자季康子, 숙손문자叔孫文子, 맹무백孟武伯 등 세 사람이 따라나섰다.
그러나 계강자는 이를 치욕으로 느껴 자공子贛을 거론하며 말하였다.

"만약 자공이 여기에 있다면 내 이런 지경에 이르지는 않았을 텐데!"
그러자 맹무백이 말하였다.
"그렇군요. 어째서 그를 부르지 않았습니까?"
계강자가 말하였다.
"실은 장차 부를 참이었소."
그러자 숙손문자가 말하였다.
"앞으로도 지금 그를 생각하는 마음 그대로 그를 대하십시오."

【越子】越王 句踐.
【舌庸】역시 越나라 대부. 원전에는 '后庸'으로 되어 있으나 〈唐石經〉, 〈宋本〉, 〈金澤文庫本〉, 《國語》吳語 등에 의해 수정함. 《吳越春秋》에는 '曳(洩)庸'으로 되어 있음. 앞의 26년 傳을 볼 것.
【邾田】魯나라가 일찍이 邾나라 토지를 빼앗은 적이 있어 越王이 霸者의 지위로써 이를 調整하여 駘上을 두 나라 경계로 삼을 것을 제안한 것임.
【駘上】邾나라 땅. 狐駘. 지금의 山東 滕縣 동남쪽. 襄公 4년을 볼 것.
【平陽】西平陽. 지금의 山東 鄒縣 서쪽.
【三子】三桓. 季康子, 叔孫文子, 孟武伯.
【康子】季康子. 季孫肥. 季孫斯의 서자. 시호는 康子. 魯나라 正卿.
【病之】杜預 注에 "恥從蠻夷盟"이라 함.
【子贛】子貢과 같음. 公子 弟子. 이름은 端木賜. 子貢이 哀公 15년 吳王 夫差는 蠻夷이니 맹약을 거부할 것을 청한 적이 있음.
【武伯】孟武伯. 孟孺子 洩. 魯나라 孟孫(仲孫何忌)의 아들. 이름은 彘. 杜預 注에 "洩, 孟懿子之子孟武伯也"라 함.
【文子】叔孫文子. 叔孫舒. 魯나라 대부. 叔孫武叔의 아들.
【他日請念】杜預 注에 "言季孫不能用子贛, 臨難而思之"라 함.

㊝
夏四月己亥, 季康子卒.
公弔焉, 降禮.

여름 4월 기해날, 계강자季康子가 세상을 떠났다.
군주 애공이 조문을 가서 그의 신분보다 한 계급 낮은 예로써 하였다.

【己亥】 4월 25일.
【季康子】 季孫肥. 季孫斯의 서자. 시호는 康子. 魯나라 正卿.
【降禮】 季康子를 대부의 신분에 맞추어 조문한 것이 아니라 그보다 낮은 등급의 예로써 함. 杜預 注에 "禮不備也, 言公之多妄"이라 하였고, '妄'은 '忘, 忙'의 뜻임. 그러나 25년 傳에 "飮酒不樂, 公與大夫始有惡"이라 하여 哀公은 季康子에게 좋지 않은 감정을 가지고 있어 일부러 그렇게 한 것이라 보기도 함.

㊁
晉荀瑤帥師伐鄭, 次于桐丘.
鄭駟弘請救于齊.
齊師將興, 陳成子屬孤子三日朝.
設乘車兩馬, 繫五邑焉.
召顏涿聚之子晉, 曰: 「隰之役, 而父死焉. 以國之多難, 未女卹也. 今君命女以是邑也, 服車而朝, 毋廢前勞!」
乃救鄭.
及留舒, 違穀七里, 穀人不知.
及濮, 雨, 不涉.
子思曰: 「大國在敝邑之宇下, 是以告急. 今師不行, 恐無及也.」
成子衣製·杖戈, 立於阪上, 馬不出者, 助之鞭之.
知伯聞之, 乃還, 曰: 「我卜伐鄭, 不卜敵齊.」
使謂成子曰: 「大夫陳子, 陳之自出. 陳之不祀, 鄭之罪也, 故寡君使瑤察陳衷焉, 謂『大夫其卹陳乎!』若利本之顚, 瑤何有焉?」
成子怒曰: 「多陵人者皆不在, 知伯其能久乎!」
中行文子告成子曰: 「有自晉師告寅者, 將爲輕車千乘以厭齊師之門, 則可盡也.」

성자가 말하였다.

"우리 임금께서 나 항恒에게 '적은 군대라도 피하지 말고 많은 군대라도 두려워하지 말라'고 명령하셨소. 비록 군대가 천 승千乘을 넘는다 해도 감히 피할 수 있겠소? 장차 그대의 말을 우리 임금께 고하리다."

문자가 말하였다.

"나는 이제야 내가 망할 까닭을 알았소. 군자의 일 꾀함이란 시작과 중간과 끝을 모두 살핀 뒤에 들어가는 것이오. 그런데 지금 우리는 세 가지를 모르고 들어갔으니 또한 어렵지 않겠소!"

진晉나라 순요荀瑤가 군사를 이끌고 정鄭나라를 쳐서 동구桐丘에 주둔하였다.

그러자 정나라 사홍駟弘이 제齊나라에 구원을 요청하였다.

제나라가 장차 군사를 출동하려 하면서 진성자陳成子는 나라를 위해 싸우다 죽은 집안의 고아들을 모아 사흘에 걸쳐 조정에 불러 대접해 주었다.

그 자리에 승거乘車와 말 두 필을 준비하고, 다섯 상자의 문서 자루를 묶어놓고 안탁취顏涿聚의 아들 진晉을 불렀다.

"습隰에서의 전투에서 너의 아버지가 죽었음에도 나라에 곤란한 일이 많아 이제까지 너를 돌보지 못하였다. 지금 임금께서 너에게 이 보따리를 주도록 명하셨다. 이 수레에 말을 매어 타고 조정으로 가서 인사드리고 아버지의 공로가 헛되지 않게 하라!"

이리하여 제나라 군사들이 유서留舒에 이르렀는데 그곳은 곡榖으로부터 7리 거리였으나 곡 사람들은 이를 알지 못하였다. 다시 복수濮水 가에 이르자 비가 내려 그 물을 건너지 못하였다.

그러자 자사子思(駟弘)이 말하였다.

"대국 진나라가 우리나라 도성의 바로 밑으로 침입하고 있습니다. 그래서 급한 사정을 귀국에게 알려 구원을 요청한 것입니다. 지금 군사를 출동시키지 않으면 아마 우리를 구원해 낼 수 없을 것입니다."

진성자는 우의를 입고 창을 짚고, 언덕에 서서 뒤에 처져 나아가지 못하는 말은 건너도록 채찍질을 하여 도왔다.

지백知伯은 이를 듣고 돌아서면서 이렇게 말하였다.

"나는 정나라를 치는 일에 대해서는 점을 쳤지만 제나라와 대적하는 문제에 대해서는 점을 치지 않았다."

그리고 진성자에게 사람을 보내어 이렇게 말을 전하도록 하였다.

"대부 진씨陳氏는 원래 진陳나라에서 태어났습니다. 진나라의 제사가 끊어지게 한 것은 정나라의 죄입니다. 그 때문에 우리 임금께서 저(瑤)로 하여금 진나라 출신의 그대 마음을 살피도록 하면서 '대부가 조상의 나라 진나라를 불쌍히 여기고 있으리라'라고 하신 것입니다. 만약 뿌리인 조국이 엎어져도 이롭다고 여기신다면 제(瑤)가 무슨 할 말이 있겠습니까?"

진성자는 노하여 말하였다.

"너무나 남을 능멸하는 자는 좋은 종말을 맞지 못한다. 지백이 어찌 오래갈 수 있겠는가?"

그러자 중항문자中行文子가 진성자에게 이렇게 일러주었다.

"진나라 군사 중에 저(寅)에게 알려준 자가 있는데, 장차 그들은 날쌘 전차 천 대를 준비하여 제나라 진영의 문을 제압하면 제나라 군사를 진멸시키게 될 것이라 하더이다."

그러자 진성자가 말하였다.

"우리 임금께서 나(恒)에게 '적은 수의 적이라 해도 무리하게 쳐들어가지 말고, 많은 적이라고 해서 두려워하지도 말라'라 명하셨소. 비록 그들의 천차가 천 대가 넘는다 할지라도 어찌 감히 피하겠소? 장차 그대의 말씀을 우리 임금께 고하리다."

중항문자가 말하였다.

"저는 이제야 내가 국외로 망명할 수밖에 없게 된 까닭을 깨달았습니다. 군자의 모책에는 일의 처음, 중간, 끝을 잘 살피고 나서야 일에 착수하는 것이거늘 지금 나는 이 세 가지를 알지 못하고 있었으니 역시 어렵지 않겠습니까!"

【荀瑤】知襄子. 智襄子. 晉나라 대부. 知躒의 손자. 晉六卿의 하나. 知伯, 智伯으로도 불리며 시호는 襄子. 杜預 注에 "荀瑤. 荀躒之孫, 知伯襄子"라 함.

【次】군사가 주둔함을 뜻함. 莊公 3년 傳에 "凡師, 一宿爲舍, 再宿爲信, 過信爲次"라 함.

【桐丘】지금의 河南 扶溝縣 서쪽.

【馹弘】鄭나라 대부. 馹歜의 아들. 자는 子般.
【陳成子】陳恒. 田常. 齊나라 대부. 簡公을 유폐시켜 시살한 인물. '陳恆'으로도 표기하며 '恆'은 '恒'의 異體字. 그 선조 陳完(田完, 敬仲)은 陳나라 출신으로 齊나라에 옮겨와 성을 田氏로 바꾸어 그 후손이 세력을 키움. 뒤에 결국 姜氏齊(姜太公의 후손)를 이어받아 田氏齊를 세웠으며 戰國時代를 맞이함. 한편 '恒'은 '常'과 뜻 및 韻이 같아 그 이름은 陳恒, 陳常, 田恒, 田常 등 여러 가지로 나타남. 《史記》田敬仲完世家 참조.
【孤子】나라를 위해 싸우다 죽은 집안의 고아들.
【乘車兩馬】士의 신분으로 승격시켜 줄 것임을 말함. 《儀禮》旣夕禮 鄭玄 注에 "兩馬, 士制"라 함.
【繄五邑】다섯 읍을 주기로 한 것으로 보기도 하나 이는 이치에 맞지 않아 章炳麟의 《左傳讀》(1)에서 "若爲國邑, 則不得言'繄'; 且下文「今君命女以是邑也」, 命當以官言, 不當以邑言. 邑當爲㯱字省文. 《說文》:「㯱, 書囊也.」此乃策書之囊. 竹簡繁重, 故一策書分爲五囊也. 時尙未見策文, 故但擧著見者爲言耳"라 하여 문서(竹簡)를 넣은 자루를 뜻한다고 보았음.
【顔涿聚】顔庚. 齊나라 대부. 《呂氏春秋》尊師篇에 "顔涿聚, 梁父之大盜也. 學於孔子"라 하였고, 《韓非子》十過篇에는 "田成子所以遂有齊國者, 顔涿聚之力也"라 하였음. 《後漢書》左原傳에는 "昔顔涿聚梁甫之巨盜, 卒爲齊之忠臣"이라 함.
【晉】顔晉. 顔涿聚의 아들. 그도 孤兒로 진성자의 부름의 대상이었음.
【隰之役】哀公 23년을 볼 것.
【留舒】지금의 山東 東平縣 서쪽. 齊나라 땅. 《山東通志》에 "留舒, 一作柳舒城, 魚山上有柳舒城, 卽留舒之訛也. 在今山東平阿縣西北八里"라 함.
【轂】哀公 24년을 볼 것. 역시 齊나라 땅. 제나라 군사들이 정나라를 구하러 나서 자신의 곡읍을 지나고 있었지만 아주 조용히 경과하여 그곳 사람들조차 알아차리지 못한 것임.
【濮】강 이름. 지금의 鄄城縣과 鉅野縣 서쪽을 흐름.
【子思】國參. 鄭나라 子産의 아들. 제나라 군사가 오고 있음을 모른 채 급한 사정을 제나라에 알린 것임.
【衣製】'衣'는 동사. '製'는 雨衣. 우의를 입음. 杜預 注에 "製, 雨衣也"라 함.
【不卜敵齊】齊나라 陳成子를 피할 의도로 평계를 삼은 것. 《說苑》指武篇에 "智伯曰:「吾聞田恒新得國而愛其民, 內同其財, 外同其勤勞, 治軍若此, 此其得衆也, 不可待也.」乃去之矣"라 함.

【陳之不祀】哀公 17년에 楚나라가 陳나라를 멸망시켰음. 鄭나라와 아무런 상관이 없었던 일. 그러나 智伯은 鄭나라가 무너뜨렸다고 하였음. 그 때문에 陳成子가 노한 것임.
【皆不在】'在'는 '좋은 결과'를 뜻함. 沈欽韓과 洪亮吉은 《爾雅》釋詁를 들어 "在, 終也"라 함.
【中行文子】荀寅. 晉나라 대부. 中行荀吳의 아들. 中行帥를 역임하여 荀氏에서 中行氏로 바뀌었으며 그 때문에 中行寅으로도 불림. 이들의 후손이 晉六卿의 하나인 中行氏로 세력을 키웠으나 뒤에 知氏에게 망하여 戰國時代가 됨. 그 무렵에 그는 齊나라로 도망가 있었음. 杜預 注에 "文子, 荀寅, 此時奔在齊"라 함.
【厭】'壓'과 같음. 危壓함.
【辟】'避'와 같음.
【衷】'中'과 같음. 이상 始, 衷, 終에 대하여 杜預 注에는 "謀一事, 則當慮此三變, 然後入而行之, 所謂君子三思"라 함.

㊀
公患三桓之侈也, 欲以諸侯去之; 三桓亦患公之妄也, 故君臣多間.
公游于陵阪, 遇孟武伯於孟氏之衢, 曰:「請有問於子, 余及死乎?」
對曰:「臣無由知之.」
三問, 卒辭不對.
公欲以越伐魯而去三桓.
秋八月甲戌, 公如公孫有陘氏.
因孫於邾, 乃遂如越.
國人施公孫有山氏.

애공이 삼환三桓의 위협을 걱정하여 다른 제후들의 힘을 빌려 이들을 제거하려 하였고 삼환들 역시 애공의 망령된 행동을 걱정하고 있었으므로 그 때문에 신하들 사이에 많은 틈이 벌어지게 되었다.
애공이 능판陵阪에 놀이를 나섰다가 맹무백孟武伯을 그 집 앞 거리에서 만나자 이렇게 말하였다.

"내 그대에게 물어볼 것이 있소. 나는 내 명대로 죽겠소?"

맹무백이 대답하였다.

"저는 알 도리가 없습니다."

애공이 세 번을 물었으나 맹무백은 끝내 사양하고 대답을 하지 않았다. 애공은 월越나라를 끌어들여 노나라를 치면서 삼환을 없애려 하였다. 가을 8월 갑술날, 애공이 공손유형씨公孫有陘氏 집으로 갔다. 그리고 그길로 주邾나라로 갔고 드디어 월나라로 갔다. 나라 사람들이 공손유산씨公孫有山氏를 문책하였다.

【三桓】魯나라의 三卿. 仲孫氏(孟孫氏)·叔孫氏·季孫氏. 이들은 모두 魯나라 桓公의 子孫이므로 三桓氏라 부르며《論語》季氏篇에 "孔子曰:「祿之去公室五世矣, 政逮於大夫四世矣, 故夫三桓之子孫, 微矣.」"라 함. 한편 당시 각 제후국들은 임금의 권위가 상실되고 경대부들이 실권을 잡고 임금을 능멸하는 것이 풍조를 이루었음. 예로 魯나라의 三桓, 晉나라의 六卿, 齊나라의 陳氏, 高氏, 國氏, 衛나라의 靈氏, 皇氏, 樂氏 등이었으며 이들은 결국 그 와중에 나라가 망하기도 하고 혹 三晉처럼 분리되기도 하며, 혹 齊나라처럼 易姓 革命으로 혈통이 바뀌기도 하여 戰國時代를 맞이하게 됨.

【侈】《說文》에 "侈, 掩脅也"라 하였고, 段玉裁 注에 "掩者, 掩蓋其上; 脅者, 脅制其旁. 凡自多耳陵人曰侈, 此侈之本義也"라 함.

【去之】杜預 注에 "欲求諸侯師以逐三桓"이라 함.

【陵阪】曲阜 성안의 지명. 梁履繩〈補釋〉에 "黃帝陵在曲阜城東北, 少皥陵在黃帝陵東, 相傳陵阪卽其地"라 함.

【孟武伯】孟孺子 洩. 魯나라 孟孫(仲孫何忌)의 아들. 이름은 彘. 杜預 注에 "洩, 孟懿子之子孟武伯也"라 함.

【越】당시 越王 句踐이 패자였으며 哀公은 그의 힘과 처리 능력을 믿었던 것임.

【甲戌】8월 朔日.

【公孫有陘氏】公孫有山氏. 魯나라 대부.《姓考》에 "有山, 魯大夫采邑, 因氏"라 함. 哀公 13년을 볼 것.《史記》魯世家에 "國人迎哀公復歸, 卒于有山氏"라 하여 뒤에 哀公은 귀국하여 그의 집에서 생을 마침.

【孫】'遜'과 같으며 임금이 자신을 낮추어 국외로 망명하거나 축출당함을 뜻함.

【邾】周 武王이 祝融 八姓의 하나였던 邾俠(曹俠)을 封하여 부용국으로 삼았었

으며 지금의 山東 鄒縣. 이 때문에 戰國시대에 이름을 '鄒'로 바꾸었음. 曹姓이며 子爵 작위를 받았으나 魯나라에 예속되어 있었음.
【國人】《左傳》 전체에서 國人은 나라의 영향력 있는 大夫나 執政者, 父兄, 國老, 元老들을 뜻하는 말로 쓰였음.
【施】 문책함. 벌을 내림. 杜預 注에 "以公從其家出故也"라 함.

㊉

悼之四年, 晉荀瑤帥師圍鄭, 未至, 鄭駟弘曰:「知伯愎而好勝, 早下之, 則可行也.」
乃先保南里以待之.
知伯入南里, 門于桔秩之門.
鄭人俘酅魁壘, 賂之以知政, 閉其口而死.
將門, 知伯謂趙孟:「入之!」
對曰:「主在此.」
知伯曰:「惡而無勇, 何以爲子?」
對曰:「以能忍恥, 庶無害趙宗乎!」
知伯不悛, 趙襄子由是惎知伯, 遂喪之.
知伯貪而愎, 故韓·魏反而喪之.

도공悼公 4년, 진晉나라 순요荀瑤가 군사를 이끌고 정鄭나라를 포위하였다. 진나라 군사가 아직 이르지 않았을 때 정나라 사홍駟弘이 말하였다.
"지백知伯(荀瑤)은 성질이 괴팍하고 이기기를 좋아하니 우리가 서둘러 항복하면 그는 떠나갈 것이다."
이에 먼저 남리南里에 보위하면서 그들을 기다렸다.
지백이 남리로 들어가 길질문桔秩門을 공격하였다.
그때 정나라 사람이 휴괴루酅魁壘를 포로로 하여 그에게 정나라 정치를 맡게 해주겠다고 유혹하였지만 그가 듣지 않자 그의 입을 막아 그는 죽고 말았다.

장차 성문을 공격하려 할 때 지백이 조맹趙孟에게 말하였다.

"밀고 들어가시오!"

　　그러자 조맹이 대답하였다.

"그대가 주장으로 여기에 있습니다."

　　지백이 말하였다.

"보기 싫게 생긴 데다가 용기도 없으니 어찌 그대가 그 집안의 후계자가 되었을까?"

　　그러자 조맹이 대답하였다.

"저야 능히 치욕을 참을 수 있습니다. 그저 우리 조씨 집안에 피해가 없을 것을 바랄 뿐입니다!"

　　지백이 전혀 지나친 말을 하였음을 뉘우치지 않자 조양자는 이때부터 지백을 미워하여 결국은 그를 망하게 하였던 것이다.

　　지백은 탐욕스럽고 괴팍하여 그 때문에 한씨韓氏와 위씨魏氏가 그에게 돌아섰으며 결국 망하게 한 것이다.

【悼之四年】魯 悼公. 이름은 寧. 哀公 죽은 다음 魯나라에서 임금으로 세웠음. 4년은 晉 出公 12년(B.C.463)에 해당함.
【荀瑤】知襄子. 智襄子. 晉나라 대부. 知躒의 손자. 晉六卿의 하나. 知伯, 智伯으로도 불리며 시호는 襄子. 杜預 注에 "荀瑤. 荀躒之孫, 知伯襄子"라 함.
【駟弘】鄭나라 대부. 駟歜의 아들. 자는 子般.
【南里】鄭나라 도읍 성 밖의 마을 이름.
【門于桔柣之門】앞의 '門'은 '성문을 사이에 두고 전투를 벌이다. 공격하다'의 동사. 桔柣門은 鄭나라 도성의 문 이름. 莊公 28년을 볼 것.
【鄶魁壘】晉나라 병사의 이름.
【知政】鄭나라 정치에 참여시켜 卿으로 삼아주겠노라 회유한 것.
【南里】鄭나라 도읍 성 밖의 마을 이름.
【閉其口】鄶魁壘가 거부하자 그의 입을 막아 질식사를 시킨 것임.
【趙孟】趙襄子. 趙鞅의 아들. 이름은 無恤(毋恤). 시호는 襄子. 趙鞅(簡子)은 적자 伯魯를 폐하고 첩의 아들 無恤을 후계자로 삼았음. 杜預 注에 "趙孟, 襄子無恤, 時有父簡子之喪"이라 함.

【主在此】 "지백 그대가 여기에 있는데 그대가 먼저 들어가지 어찌 나를 먼저 들어가라 하는가?"의 뜻. 杜預 注에 "主謂知伯也. 言主在此, 何不自入?"이라 함.

【惡而無勇】 추악하게 생겼으며 게다가 용기도 없음. 杜預 注에 "惡, 貌醜也. 簡子廢嫡子伯魯而立襄子, 故知伯言其醜且無勇, 何故立以爲子?"라 함.

【忍恥】 襄子(無恤)는 치욕을 참아내는 데 특장이 있었음. 《史記》 趙世家에 "毋恤曰:「君所以置毋恤, 爲能忍訽」"라 하였고, 《說苑》 建本篇에도 "趙簡子以襄子爲後, 董安于曰:「無恤不才, 今以爲後, 何也?」 簡子曰:「是其人能爲社稷忍辱.」 異日智伯與襄子飮, 而灌襄子之首, 大夫請殺之, 襄子曰:「先君之立我也, 曰能爲社稷忍辱, 豈曰能刺人哉!」"라 함.

【憖】 '忌'와 같음. 꺼림. 껄끄럽게 여김. 두 사람 사이 틈이 벌어짐.

【喪之】 知伯이 趙襄子를 晉陽에서 포위하였을 때 유격대로써 그를 맞받아 쳐 대패시킴. 그리고 그 원한으로 그의 해골을 술 바가지로 사용함. 《說苑》 建本篇에 "智伯圍襄子於晉陽, 襄子疏隊而擊之, 大敗智伯, 漆其首以爲飮器"라 함.

【韓·魏反而喪之】 春秋末 戰國初 交替期에 晉나라는 六卿(韓, 魏, 趙, 知, 范, 中行)이 분열을 일으켜 그중 知氏(知襄子, 荀瑤)가 가장 강하였으며, 이에 지씨는 范氏와 中行氏를 차례로 멸하고 그 다음으로 韓·魏를 이끌고 趙氏(趙襄子)를 없애고자 晉陽을 포위하였음. 그러나 韓·魏가 趙氏를 멸하고 나면 자신들이 망할 차례임을 눈치 채고 도리어 몰래 趙氏와 연합하여 知伯(智伯)을 멸망시킴. 이로써 戰國時代 三晉(韓, 魏, 趙)의 鼎立이 이루어졌으며 이들 세 나라는 모두 秦, 齊, 燕, 楚와 함께 戰國七雄의 반열에 들게 됨. 《戰國策》 韓策, 魏策, 趙策 첫머리에는 모두 이 고사를 자세히 싣고 있음.

애공(哀公) 在位期間(27년: B.C.494~468년)

B.C.	周	齊	晉	衛	蔡	鄭	曹	陳	宋	秦	楚	燕	魯
	敬王	景公	定公	靈公	昭公	哀公	伯陽	閔公	景公	惠公	昭王	簡公	哀公
494	26	54	18	41	25	7	8	8	23	7	22	11	1
493	27	55	19	42	26	8	9	9	24	8	23	12	2
492	28	56	20	出公 1	27	9	10	10	25	9	孝公 24	1	3
491	29	57	21	2	28	10	11	11	26	悼公 1	25	2	4
490	30	悼公 1	22	3	成侯 1	11	12	12	27	2	26	3	5
489	31	2	23	4	2	12	13	13	28	3	27	4	6
488	32	3	24	5	3	13	14	14	29	4	惠王 1	5	7
487	33	4	25	6	4	14	15	15	30	5	2	6	8
486	34	5	26	7	5	15	멸망	16	31	6	3	7	9
485	35	6	27	8	6	16		17	32	7	4	8	10
484	36	簡公 1	28	9	7	17		18	33	8	5	9	11
483	37	2	29	10	8	18		19	34	9	6	10	12
482	38	3	30	11	9	19		20	35	10	7	11	13
481	39	4	31	莊公 1	10	20		21	36	11	8	12	14
480	40	平公 1	32	2	11	21		22	37	12	9	13	15
479	41	2	33	3	12	22		멸망	38	13	10	14	16
478	42	3	34	起 1	13	23			39	14	11	15	17
477	43	4	35	—	14	24			40	15	12	16	18
476	44	5	36	出公後 1	15	25			41	共公 1	멸망	17	19
475	元王 1	6	37	2	16	26			42	2		18	20
474	2	7	出公 1	3	17	27			43	3		19	21
473	3	8	2	4	18	28			44	4		20	22
472	5	9	3	5	19	29			45	5		21	23
471	6	10	4	聲公 1	30				46	멸망		22	24
470	7	11	5	7	2	31			47			23	25
469	貞定 1	12	6	8	3	32			48			24	26
468	2	13	7	9	4	33			49			25	悼公 1

※〈大事記〉(B.C.)

494: 楚나라와 隨나라, 許나라 등 세 나라가 蔡나라를 포위하다.

493: 魯나라, 邾나라를 정벌하다.

492: 齊나라와 衛나라, 晉나라를 포위하다. 노나라 季孫斯와 叔孫州仇, 군사를 거느리고 가서 啓陽에 성을 쌓다.

491: 蔡나라 昭公, 吳나라로 달아나다. 魯나라, 서쪽 외곽에 성을 쌓다.

490: 齊나라, 宋나라를 정벌하다. 晉나라, 衛나라를 정벌하다.

489: 吳나라, 陳나라를 정벌하다. 宋나라, 曹나라를 정벌하다.

488: 宋나라, 鄭나라를 쳐서 공격하다.

487: 吳나라, 魯나라를 쳐서 공격하다.

486: 楚나라, 陳나라를 정벌하다. 宋나라, 鄭나라를 정벌하다.

485: 邾나라 군주, 魯나라로 달아나다. 晉나라, 齊나라를 쳐서 공격하다.

484: 晉나라 轅頗, 鄭나라로 달아나다. 衛나라 世叔齊, 宋나라로 달아나다.

483: 宋나라, 鄭나라를 정벌하다. 겨울 12월 메뚜기떼가 일어나다.

482: 楚나라, 陳나라를 정벌하다. 겨울 11월 彗星이 동쪽 하늘에 나타나다.

481: 齊나라 陳恒, 군주 壬을 舒州에 幽閉하다. 宋나라 向魋, 曹나라로 들어가 반란을 일으키다. 魯나라 서쪽에서 麟을 잡다. 孔子《春秋》절필하다.

480: 가을 8월 祈雨祭를 지내다. 晉나라, 鄭나라를 정벌하다.

479: 衛나라 군주, 魯나라로 달아나다. 여름 4월 孔子가 죽다.

478: 衛나라, 渾良夫를 죽이다. 陳나라, 楚나라를 쳐서 공격하다.

477: 宋나라, 皇瑗을 죽이다.

476: 越나라, 楚나라를 쳐서 공격하다.

475: 越나라, 吳나라를 포위하다.

474: 越나라 사람, 魯나라로 오다.

473: 邾나라 隱公, 越나라로 가서 말하다.

472: 宋나라 元公 夫人이 죽다.

471: 晉나라, 齊나라를 정벌하려 하다.

470: 衛나라 군주, 宋나라로 달아나다. 哀公, 越나라에서 돌아오다.

469: 叔孫舒, 위나라 군주를 들여보내려 하다. 宋나라, 太子를 세우지 못하다.

468: 荀瑤, 鄭나라를 정벌하다. 哀公, 三桓을 제거하려 하다.

임동석(茁浦 林東錫)

慶北 榮州 上茁에서 출생. 忠北 丹陽 德尙골에서 성장. 丹陽初中 졸업. 京東高 서울 敎大 國際大 建國大 대학원 졸업. 雨田 辛鎬烈 선생에게 漢學 배움. 臺灣 國立臺灣師範 大學 國文硏究所(大學院) 博士班 졸업. 中華民國 國家文學博士(1983). 建國大學校 敎授. 文科大學長 역임. 成均館大 延世大 高麗大 外國語大 서울대 등 大學院 강의. 韓國中國言語學會 中國語文學硏究會 韓國中語中文學會 會長 역임. 저서에《朝鮮 譯學考》(中文)《中國學術槪論》《中韓對比語文論》. 편역서에《수레를 밀기 위해 내린 사람들》《栗谷先生詩文選》. 역서에《漢語音韻學講義》《廣開土王碑硏究》《東北 民族源流》《龍鳳文化源流》《論語心得》〈漢語雙聲疊韻硏究〉 등 학술 논문 50여 편.

임동석중국사상100
춘추좌전春秋左傳

左丘明 撰 / 林東錫 譯註
1판 1쇄 발행/2013년 4월 10일
2쇄 발행/2017년 11월 11일
발행인 고정일
발행처 동서문화사
창업 1956. 12. 12. 등록 16-3799
서울중구다산로12길6(신당동,4층) ☎546-0331~5 (FAX)545-0331
www.dongsuhbook.com
잘못 만들어진 책은 바꾸어 드립니다.

*

이 책의 출판권은 동서문화사가 소유합니다.
의장권 제호권 편집권은 저작권 법에 의해 보호를 받는 출판물이므로 무단전재와 무단복제를 금합니다.
이 책의 일부 또는 전부 이용하려면 저자와 출판사의 서면허락을 받아야 합니다.

*

사업자등록번호 211-87-75330
ISBN 978-89-497-0820-1 04080
ISBN 978-89-497-0542-2 (세트)